ROLFES · MARXISMUS - CHRISTENTUM

GRÜNEWALD-MATERIALBÜCHER

1 Grabner-Haider Gott
2 Türk Glaube · Unglaube
3 Schierse Jesus von Nazareth
4 Hertz Moral
5 Türk Autorität
6 Rolfes Marxismus · Christentum

MARXISMUS CHRISTENTUM

herausgegeben von

HELMUTH ROLFES

MATTHIAS-GRÜNEWALD-VERLAG · MAINZ

Umschlag: Kröhl/Offenberg
Gesamtherstellung: Graphische Werkstätten Kösel, Kempten/Allgäu
ISBN 3-7867-0481-3

INHALT

VORWORT

Die Auseinandersetzung und das Gespräch der Christen mit dem Marxismus sind heute eine unausweichliche Notwendigkeit geworden. Der Grund dafür liegt nicht nur in den politischen Verhältnissen unserer Zeit, sondern vor allem auch darin, daß der Marxismus für viele Menschen, unter ihnen auch für viele Christen, in zunehmendem Maße die angemessenen Kategorien zum Verständnis und zur gezielten Veränderung der Wirklichkeit bereitstellt. Marxistische Deutungsmuster sind vielfach zum strukturierenden Merkmal gegenwärtigen Bewußtseins geworden.

Dieser Situation versucht das vorliegende Materialbuch gerecht zu werden. Es ist deshalb nicht beabsichtigt, unter dem Titel Marxismus – Christentum zwei weltanschauliche Systeme möglichst umfassend zu referieren, vergleichend nebeneinander zu stellen und auf Gemeinsamkeiten und Differenzen zu überprüfen, sondern es sollen über die Religionskritik hinaus eine Reihe von Problemen angesprochen werden, die vom Marxismus benannt und einer bestimmten Lösung zugeführt werden. Auf diesem Hintergrund ist dann zu fragen, wie christliche Theologie angesichts der Herausforderung durch den Marxismus sich zu verhalten hat und in welchem Verhältnis Marxismus und Christentum in einem Dialog einander gegenüberstehen.

Es muß schon an dieser Stelle darauf hingewiesen werden, daß es für das Thema Marxismus – Christentum in diesem Sinne keine endgültigen Feststellungen gibt, die in der Form einer neutralen Berichterstattung aufgelistet werden könnten. Soll deshalb dem Leser ein Eindruck von der realen Problematik des Verhältnisses von Marxismus und Christentum vermittelt werden, müssen bei aller notwendigen und sachbezogenen Information die angesprochenen Probleme engagiert behandelt werden. So kommen in diesem Band sehr unterschiedliche Positionen zu Wort, die nicht einfach auf einen Nenner gebracht werden können und die trotz Einbindung in eine Rahmenkonzeption als jeweils eigener Standpunkt gewertet werden müssen. Dem versuchen auch die mit Interpretation und Auswertung überschriebenen Ausführungen dieses Bandes zu entsprechen. Sie wollen nicht vorfabrizierte praktische Ratschläge zum Thema Marxismus und Christentum in der Bildungsarbeit geben (was ganz unmöglich ist), sondern es geht lediglich um eine Lesehilfe für das Studium einzelner Beiträge im Sinne eines Problemüberblicks und um einige knappe, an einzelnen Themenkomplexen orientierte Auflistungen von Informationen und Fragestellungen, wie sie für die Bildungsarbeit auf der Grundlage der Information des ersten Teils dieses Bandes verwandt werden können.

In einem kurzen Beitrag soll zusätzlich an einem einzelnen Beispiel (Religionsunterricht an öffentlichen Schulen) angedeutet werden, daß eine Aufnahme des Themas »Marxismus« in die Bildungsarbeit zugleich auch in eine grundlegende Reflexion bzw. konzeptionelle Diskussion über Bildungsarbeit führen kann und dann auf die Konzeption selbst modifizierenden Einfluß nimmt.

Der Herausgeber

INFORMATION

Kritik am Christentum – Erbe am Christentum

Walter Kern

DIE RELIGIONSKRITIK DES MARXISMUS

1. Der fromme Atheist Feuerbach

Es gebe keinen anderen Weg zur Wahrheit und Freiheit als durch den Feuer-Bach; Feuerbach sei das Purgatorium, das Fegefeuer der Gegenwart – meinte 1842 Karl Marx [1]. Und Friedrich Engels [2] stellte fest: »Wir waren alle momentan Feuerbachianer.« *Ludwig Feuerbach* (1804–1872) hat diese Wirkung vor allem durch sein Buch »Das Wesen des Christentums« von 1841 erreicht. Darin gewann Feuerbachs Religionskritik die für die Entwicklung des Marxismus maßgebliche Form.

»Gott war mein erster Gedanke, die Vernunft mein zweiter, der Mensch mein dritter und letzter Gedanke« [3]: Der ursprüngliche Theologiestudent hatte, in scharfer Reaktion gegen Hegel, seine zweite, hegelianisierende Periode überwunden. Was das Christentum Gott, was der die Religion in die Philosophie ›aufhebende‹ Hegel der absoluten Vernunft zuschrieb an Vollkommenheit und Bedeutung, das nimmt Feuerbach nun für den Menschen in Anspruch. Der Mensch hat sich dadurch sich selbst entfremdet, daß er Gott nach seinem, des Menschen, Bild schuf (VIII 236). Diese Selbstentfremdung will Feuerbach rückgängig machen. Wie es zu ihr gekommen war, dieses »psychologische Rätsel« (VII 255) versucht Feuerbach mit einer Theorie (wir würden heute sagen:) der Frustration und Projektion zu lösen. Der Mensch erfährt, daß er in seinem tatsächlichen Dasein weit hinter dem zurückbleibt, was er sein kann und sein soll. Darin zeigt sich die Spannung zwischen dem einzelnen menschlichen Individuum, das vielfältig beschränkt bleibt, und dem alle Beschränkungen ausgleichenden und in sich aufhebenden Reichtum des Gattungswesens Mensch, der Gesamtmenschheit. Die Versuchung liegt nahe, daß der über sich ent-

---

[1] Werke, hg. v. H. J. Lieber, Stuttgart 1960–1971, I, 109. (Falls dieses Urteil nicht etwa von Feuerbach selber stammt! Aber Marx hat sich sicher vielfach ähnlich geäußert.)

[2] K. Marx/F. Engels, Werke, Berlin 1960 ff, XXI, 272.

[3] Werke, hg. v. W. Bolin/F. Jodl/H.-M. Saß (Stuttgart 1959–1964²), II, 388.

täuschte Mensch sein Ungenügen nicht aushält, sondern es kurzschlüssig beheben zu können meint, indem er seine eigenen Möglichkeiten, die er sozusagen horizontal, in Raum und Zeit der Menschheitsgeschichte – gewiß mühsam – zu verwirklichen hätte, leichthin über sich hinausprojiziert in eine transzendente, vertikale Wunsch- und Scheinerfüllung, Gott genannt. »Was der Mensch nicht wirklich ist, aber zu sein wünscht, das macht er zu seinem Gott« (VIII 293). In der göttlichen Allwissenheit und Allmacht, Allgegenwart und Ewigkeit verwirklicht der Mensch nur seine eigenen Wünsche, alles zu wissen und alles zu können, an keinen Ort und an keine Zeit gebunden zu sein (VIII 345 f). »Gott als der Inbegriff aller Realitäten« ist »nichts anderes ... als der ... Inbegriff der unter die Menschen verteilten, im Lauf der Weltgeschichte sich realisierenden Eigenschaften der Gattung« (II 259). Die Menschheit hat also ihr Bestes, enttäuscht über dessen Unerreichbarkeit oder über die stets mangelhaften Verwirklichungen ihrer Anlagen, Bedürfnisse und Sehnsüchte, aus sich heraus in ein jenseitig vorgestelltes Sonderwesen verlegt. Der Mensch »schaut sein Wesen außer sich«; Gott ist »sein entäußertes Selbst« (VI 38), »ein außer uns existierendes Gespenst von uns selbst« (II 227), »der personifizierte Gattungsbegriff des Menschen« (VIII 345).

Die Projektion seiner selbst in Gott, die die Frustration des Menschen kompensieren soll, führt jedoch zur Verarmung des Menschen: »Gott ist nicht, was der Mensch ist; und der Mensch ist nicht, was Gott ist«: »Gott allmächtig, der Mensch ohnmächtig« (VI 41). »Um Gott zu bereichern, muß der Mensch arm werden; damit Gott alles sei, muß der Mensch nichts sein« (VI 32). »Gott ist ... der Ersatz der verlorenen Welt« (VI 237), und »wo das himmlische Leben eine Wahrheit, da ist das irdische Leben eine Lüge« (VI 194).

Worauf es deshalb nun ankommt, das ist eine Methode der Umkehr, genauer der Rückverwandlung der Theologie in die Anthropologie, Gottes in den Menschen (II 245); es geht um »die Reduktion des außermenschlichen, übernatürlichen und widervernünftigen Wesens Gottes auf das natürliche, immanente, eingeborene Wesen des Menschen« (VI 409). Das, was der Mensch, sich selbst enteignend, Gott zugeeignet hat (ihn dadurch erschaffend), soll der Mensch sich wieder für sich selber zurücknehmen (Gott dadurch abschaffend). Das erhoffte Resultat dieses gegenläufigen Prozesses, der von Gott zum Menschen zurückführt, die Wiedergutmachung des ›Sündenfalls‹ der Menschheit in Theologie und Religion, wird darin bestehen, daß der *Mensch* »das höchste Wesen« sein wird (II 252). »Homo homini Deus«: daß der Mensch der – einzige – Gott des Menschen sein soll, das wiederholt Feuerbach ein ums andre Mal.[4] Die Verabschiedung Gottes, der »über das Schicksal der Welt und des Menschen nach seinem Wohlgefallen entscheidet«, »gibt der Natur und der Menschheit die Bedeutung, die Würde wieder, die ihr der Theismus genommen« (VIII 29,357). Feuerbach verkündet damit nicht eine Diagnose der Gegenwart, sondern ein Programm der Zukunft, ein Postulat. Den postulatorischen, humanistischen Charakter seines Atheismus[5] bezeugt Feuerbach, indem er als Zweck seiner Schriften und Vorlesungen angibt: »die Menschen aus Theologen zu Anthropologen, aus Theophilen zu Philanthropen, aus Kandidaten des Jenseits zu Studenten des Diesseits, aus religiösen und politischen Kammerdienern der himmlischen und irdischen Monarchie und Aristokratie zu freien und selbstbewußten Bürgern der Erde zu machen... Ich verneine nur, um zu bejahen; ich verneine nur das phantastische Scheinwesen der Theologie und Religion, um das wirkliche Wesen des Menschen zu bejahen« (VIII 28 f). Feuerbach will »an die Stelle des Gottesglaubens den Glauben des Mensch an sich« setzen (VIII 359), statt zur christlichen Lehre vom Mensch-gewordenen Gott bekennt er sich zur neuen Lehre vom Gott-werdenden Menschen. Deshalb wäre ihm, wie er am 2. März 1842 in einem Brief schreibt, statt »Atheismus« der Ausdruck »Anthropotheismus« lieber (XIII 393).

2. *Die Umfunktionierung der Feuerbachschen Religionskritik durch Marx*

»Für Deutschland ist die Kritik der Religion im wesentlichen beendigt« (gemeint ist: durch Feuerbach). So beginnt der fundamentale Marx-Text.[6] Und er fährt fort: »und die Kritik der Religion ist die Voraussetzung aller Kritik«. Tatsächlich ist, was Feuerbach dachte, die bis heute nicht überholte Grundlage der marxistischen Religionskritik geblieben. Marx hat sie nur anders geortet. Seine Neusituierung und Umfunktionierung ist allerdings von großer Bedeutung, gerade heute.

Einerseits hat *Karl Marx* (1818–1883) in seiner geistigen Entwicklung zum Atheismus nicht auf Feuerbach gewartet. Diese vollzog sich vielmehr, vorbereitet durch aufgeklärt-liberale Einflüsse in seiner Jugendzeit,

---

[4] VI, 236; vgl. VII, 412; VI, 192, 200; VII, 259, 296, 304; VIII, 360.
[5] Der Ausdruck »postulatorischer Atheismus« geht auf M. Scheler (1917) zurück.
[6] »Zur Kritik der Hegelschen Rechtsphilosophie. Einleitung« (= I, 488–506, s. hier Anm. 1), geschrieben Ende 1843 bis Januar 1844.

im Umgang mit den Linkshegelianern des Doktorklubs zu Berlin, wo Marx 1837–1841 studierte. Schon in seiner Doktorarbeit (1841) setzt sich Marx aufs kritischste und mit durchaus negativen Ergebnissen mit den damals zwischen den verschiedenen Richtungen der Hegelschule diskutierten Problemen der Unsterblichkeit der menschlichen Seele und der Existenz Gottes auseinander.

Anderseits und vor allem: Marx, der 1840 noch selber aktiv, als Dozent in Bonn, an der Selbstkritik der Theologie teilnehmen wollte (ein Plan, der sich zerschlug), wirft schon bald seinen Kampfgefährten vom Doktorklub vor, daß die gesamte deutsche philosophische Kritik von D. F. Strauss bis M. Stirner sich auf die Kritik der *religiösen* Vorstellungen beschränke (II 13). Er konzentriert sich nicht wie Feuerbach, gleichsam hinter Hegel zurück, auf die Auflösung der Theologie und Religion: er geht, über Hegel und die Philosophie hinaus, zur Kritik der Politik und schließlich der sozio-ökonomischen Verhältnisse über. Zur Orientierung auf die Politik war Marx, dem sich die Universitätskarriere verschloß, veranlaßt durch die Übernahme der Redaktion der »Rheinischen Zeitung« (1842/43). Die Zeitung hält sich nicht lange, ab 1843 ist Marx im Exil in Paris. In seinen Beiträgen zu den von ihm zusammen mit A. Ruge herausgegebenen »Deutsch-französischen Jahrbüchern« hat Marx seine neue Position auf dem Boden der Politik klar umrissen.

Da ... das Dasein der Religion das Dasein eines Mangels ist, so kann die Quelle dieses Mangels nur noch im Wesen des Staates selbst gesucht werden. Die Religion gilt uns nicht mehr als der *Grund*, sondern nur noch als das *Phänomen* der weltlichen Beschränktheit. Wir erklären daher die religiöse Befangenheit der freien Staatsbürger aus ihrer weltlichen Befangenheit. Wir behaupten nicht, daß sie ihre religiöse Beschränktheit aufheben müssen, um ihre weltlichen Schranken aufzuheben. Wir behaupten, daß sie ihre religiöse Beschränktheit aufheben, sobald sie ihre weltliche Schranke aufheben. Wir verwandeln nicht die weltlichen Fragen in theologische. Nachdem die Geschichte lange genug in Aberglauben aufgelöst worden ist, lösen wir den Aberglauben in Geschichte auf.[7]

Die Religion, die nur Ausdruck eines tiefer liegenden Mangels ist, wird zugleich aufgehoben und verwirklicht, indem dieser Mangel behoben wird. Marx sagt ausdrücklich in einem Brief vom 30. 10. 1842, daß die Religion »mit der Auflösung der verkehrten weltlichen Realität, deren Theorie sie ist, von selbst [!] stürzt«.[8] Dies geschieht durch die Errichtung der wahren Demokratie, die von Marx nicht gleichgesetzt wird mit der

---

[7] Zur Judenfrage I, 1843; I, 157 f.
[8] An A. Ruge, in: MEGA I/1/2, 286.

demokratisch-republikanischen Staatsform, sondern mit einer neuen Weise des Zusammenfalls des privaten und des gesellschaftlich-politischen Daseins des Menschen (I 294 ff). Daß die Religion »ein verkehrtes Weltbewußtsein« ist, das produziert wird durch die Verkehrtheit von Staat und Gesellschaft in ihrem gegenwärtigen Zustand, das führen mit klassischer, predigthafter Kraft die religionskritischen Äußerungen vom Jahreswechsel 1843/44 aus.[9] Die Religion ist »die phantastische Verwirklichung des menschlichen Wesens«, das »keine wahre Wirklichkeit besitzt«. Die Entlarvung der »Heiligengestalt der menschlichen Selbstentfremdung« muß tiefer loten: auch die »unheiligen Gestalten« der Selbstentfremdung des Menschen müssen demaskiert werden. »Die Kritik des Himmels verwandelt sich damit in die Kritik der Erde« (I 488 f). In der Hauptsache handelt hier denn auch Marx, nach einer Einleitung über die Kritik der Religion, von den hinterwäldlerischen politischen Zuständen des damaligen Deutschland. »Die Kritik der Religion endet mit der Lehre, daß der Mensch das höchste Wesen für den Menschen sei, also mit dem kategorischen Imperativ, alle Verhältnisse umzuwerfen, in denen der Mensch ein erniedrigtes, ein geknechtetes, ein verlassenes, ein verächtliches Wesen ist...« (I 497). »... man muß diese versteinerten Verhältnisse dadurch zum Tanzen zwingen, daß man ihnen ihre eigene Melodie vorsingt!« (I 492).

Die Religionskritik von Marx bleibt keineswegs im Negativen stecken. Das religiöse Elend ist nicht nur der Ausdruck des wirklichen Elends, es ist zugleich auch der Protest dagegen. Es verklärt die mißratenen Zustände in etwa, als ihr »Heiligenschein«, und macht sie so leichter zu ertragen. Allerdings befestigt es sie dadurch auch. In dieser Doppelfunktion ist die Religion für Marx – dies ist seine berühmt gewordene Qualifizierung – »das Opium *des Volkes*«, vom Volk selbst hervorgebracht, ihm jedenfalls erwünscht als wohltuende Betäubung – nicht, wie Lenin[10] einseitig umformulieren wird, »Opium *für das Volk*«, Instrument also des täuschenden Betrugs der beherrschten durch die herrschenden Klassen, durch Adel, Klerus usw.

Die von Marx selbst vorgenommene Abgrenzung von Feuerbach kann auch seine Stellungnahme zur Religion verdeutlichen. Feuerbach, so wirft ihm Marx in seinen Thesen von 1845 vor (= II 1–4), fasse den Menschen nur als natürliche Gattung, d. h. als ein unwirkliches Abstraktum des We-

---

[9] S. o. Anm. 6.

[10] Werke, Berlin 1955 ff, X, 71.

sens des Menschen, er fasse jedoch nicht den geschichtlichen Verlauf seines glückenden bzw. verfehlten Werdens, den »wirklichen historischen Menschen« (II 25). Deshalb bleibt er dabei stehen, »das religiöse Gemüt für sich zu fixieren«, statt es mitsamt dem Menschen, der nichts anderes sei als »das Ensemble der gesellschaftlichen Verhältnisse« (6. These), zu hinterfragen auf seine ausschlaggebenden sozialen und ökonomischen Bedingungen. Schließlich, und dies ist für Marx der spürbarste Defekt der Feuerbachschen bloßen Theorie: diese führt nicht zur »revolutionären Praxis« (3. These), die die Umstände durch tätigen Einsatz ändert und die Gründe der menschlichen Selbstentfremdung ein für allemal beseitigt. »Die Philosophie hat die Welt nur verschieden *interpretiert;* es kommt darauf an, sie zu *verändern*«, lautet die berühmte 11. These. Nun wird man einräumen müssen, daß Marx, um sich von ihm möglichst abzuheben, das Denken Feuerbachs etwas einseitig stilisierte, als ob dieser z. B. nur das abstrakte Individuum analysiere (7. These); auch wird gerade heute darauf hingewiesen [11], daß Marx die Bedeutung der vorgegebenen Natur unterbelichte, um sein Interesse völlig auf die geschichtliche Selbstverwirklichung des arbeitenden, kulturschaffenden Menschen zu konzentrieren, die offensichtlich auch in technokratische Engpässe und Sackgassen führen könne, wie sich heute zeige..., und deshalb bedürfe Marx der Ergänzung durch Feuerbach. Das muß hier nicht näher ausgeführt werden, weil es hier nicht um geschichtliche Gerechtigkeit für Feuerbach geht, sondern um das Verständnis der Auffassungen von Marx und insbesondere des Stellenwertes, den er der Religionskritik zuweist. War sie für Feuerbach das *Ziel* seines Lebens und Wirkens, so ist sie bei Marx nur mehr ein erster Schritt, gar eine *Voraus*setzung. Die Religion bekämpfen hieße an Symptomen herumdoktern, statt das Übel an der Wurzel zu packen. Werden die politischen bzw. ökonomischen Mißstände beseitigt, verschwindet die dadurch unnötig, überflüssig gewordene Religion von selbst. Nur indirekt, mittelbar ist der Kampf gegen die reale Misere der Gesellschaft auch der Kampf gegen die über sie hinwegtäuschende religiöse Illusion. Was das für den Zusammenhang Marxismus – Atheismus bedeutet, ist später zu untersuchen.

Marx' Einstellung zur Religion dokumentiert sich auch darin, daß Marx später nur mehr selten und nur noch beiläufig auf sie zu sprechen kommt.

---

[11] Vgl. A. Schmidt, Der Begriff der Natur in der Lehre von Marx, Frankfurt 1971², 10–27, 130–135; ders., Emanzipatorische Sinnlichkeit, München 1973, 30–71.

In den Pariser Manuskripten von 1844 fixiert Marx noch einen prinzipiellen Gegensatz zu zentralen Gehalten der christlichen Religion, speziell zum Schöpfungsglauben:

Ein Wesen gilt sich erst als selbständiges, sobald es auf eigenen Füßen steht. Und es steht erst auf eigenen Füßen, sobald es sein Dasein sich selbst verdankt. Ein Mensch, der von der Gnade eines anderen lebt, betrachtet sich als ein abhängiges Wesen. Ich lebe aber vollständig von der Gnade eines anderen, wenn ich ihm nicht nur die Unterhaltung meines Lebens verdanke, sondern wenn er noch außerdem mein Leben *geschaffen* hat, wenn er der Quell meines Lebens ist; und mein Leben hat notwendig einen solchen Grund außer sich, wenn es nicht *meine eigene Schöpfung* ist (I 605).

Die »Frage nach einem fremden Wesen, nach einem Wesen über der Natur und dem Menschen« ist »eine Frage, welche das Geständnis von der Unwesentlichkeit der Natur und des Menschen einschließt« (I 607). Im Zusammenhang mit diesen Stellen läßt sich Marx auch auf eine ziemlich windige Gegenargumentation und Gegenspekulation ein [12], allerdings um eben die Nutzlosigkeit des Argumentierens für das Geschaffensein der Welt zu demonstrieren. Am 12. 9. 1847 veröffentlicht Marx in der »Deutschen Brüsseler Zeitung« eine von einem evangelischen Konsistorialrat provozierte Kampflitanei gegen die Unwirksamkeit der sozialen Prinzipien des Christentums, in der unter anderem zu lesen ist: diese »setzen die konsistorialrätliche Ausgleichung aller Infamien in den Himmel und rechtfertigen dadurch die Fortdauer dieser Infamien auf der Erde« [13]. Aber »Das Kapital« wird aus der »Nebelregion der religiösen Welt« nur noch Redensarten und ein gelegentliches Exempel, eine »Analogie« beziehen (IV 48).

3. Die Systematisierung des Marxismus durch Engels

Friedrich Engels (1820–1895), der Barmer Fabrikantensohn, war vier Jahrzehnte hindurch der Freund von K. Marx. Die Zusammenarbeit war so eng, daß ihre Anteile an gemeinsam verfaßten Schriften kaum voneinander zu trennen sind. Auch hat sich Marx z. B. ausdrücklich mit Engels'

---

[12] Etwa folgendermaßen (I, 606 f): Wäre die Welt geschaffen, müßte sie, da kontingent, auch nicht sein können. Der Versuch jedoch, sie als nicht seiend zu denken, müßte auch den Denkenden selber einbeziehen – der Denkende und sein Denken (über das Geschaffensein der Welt und seiner selbst) würde sich selber aufheben.

[13] K. Marx/F. Engels, Über die Religion, Berlin 1958, 65.

Anti-Dührung (1878) einverstanden erklärt. Vor allem hat gerade Engels, der schon 1844 die »Lage der arbeitenden Klassen in England« nicht zu Unrecht in den düstersten Farben schilderte, Marx, mit dem er in diesem Jahre näher bekannt wurde, auf die konkreten elenden Zustände des Proletariates hingewiesen. Die Religionskritik jedoch ist bei Engels nicht wie bei Marx getragen von einem eher nur indirekten existenziellen Postulat, sondern hat mehr den Charakter eines theoretischen, doktrinären Lehrstückes.

Diese Tendenz zeigt sich bei Engels schon allgemein im Ausbau dessen, was bei Marx als Historischer Materialismus angelegt ist, zu einem Gesamtsystem des Dialektischen Materialismus, in dem den grundlegenden Teil eine »Dialektik der Natur« (1883) darstellt. Engels will die der Natur und der Geschichte gemeinsamen Gesetze der Bewegung ermitteln und sie auf alle Gegebenheiten und Geschehnisse anwenden. Das geht nicht ohne Konstruktivismus ab. Dabei stützt sich Engels bezeichnenderweise vorwiegend auf die Ergebnisse der seinerzeitigen Naturwissenschaft. Er meint, entsprechend der weit verbreiteten Mentalität der zweiten Hälfte des 19. Jahrhunderts, daß sie in ihrem unaufhaltsamen Voranschreiten alle Geheimnisse der Natur aufkläre: Der Glaube »kapituliert vor dem Anmarsch der Wissenschaft, bis zuletzt das ganze unendliche Gebiet der Natur von ihr erobert und keine Stätte mehr in ihr ist für den Schöpfer«. Engels fährt fort: »Newton ließ ihm noch den ›ersten Anstoß‹, verbat sich aber jede fernere Einmischung in sein Sonnensystem. P[ater] Secchi komplimentiert ihn ... aus dem Sonnensystem ganz heraus und erlaubt ihm nur noch in Beziehung auf den Urnebel einen Schöpfungsakt. Und so auf allen Gebieten ... Welch ein Abstand vom alten Gott-Schöpfer Himmels und der Erden, Erhalter aller Dinge, ohne den kein Haar vom Haupt fallen kann!« (XX 471) [14] Diese Argumentation, die nicht schlechthin unbegründet ist, aber doch letztlich nicht durchträgt [15], richtet sich gegen den Lückenbüßer-Gott, den »Gott = nescio [d.h.: ich weiß nicht]«, der angesiedelt ist auf den – derzeit noch! – weißen Flecken der menschlichen Wissensgeographie.

Engels läßt es nicht dabei bewenden, daß die Fortschritte der Naturwissenschaft Gott immer mehr und in Zukunft einmal endgültig wohnungslos und funktionslos machen. Er bezieht gleich selber systematische und dogmatische Positionen, die den Atheismus begründen sollen. Die Konse-

[14] S. hier Anm. 2.
[15] S. u. S. 30–33.

quenz des Gedankens, so meint er, müsse der mangelhaften Erkenntnis der bloßen empirischen Forschung zu Hilfe kommen. Engels extrapoliert deren Ergebnisse, er integriert sie in seinem Sinne. Er nimmt an, daß die Materie ewig ist und daß ihr Wesen in der Bewegung besteht. Daraus folgt der Grundsatz von der Unzerstörbarkeit der Bewegung. Diese ist nicht nur quantitativ zu verstehen. Sie besagt auch qualitativ das Sichumsetzen der Materie in die Bewegungsformen der Wärme, der Elektrizität, chemischer Vorgänge, des Lebens, und zwar so, daß die Materie die Bedingungen dieses vielfachen Überganges von der einen zur anderen Bewegungsform selber schafft. Die Schwierigkeit, daß unser Sonnensystem mit der Zeit dem Kältetod der Entropie verfällt[16], ›löst‹ Engels durch die Annahme einer gegenläufigen Energiekonzentration, wie man etwa auch heute mit einem ›pulsierenden‹, nämlich sich expandierenden und sodann von neuem sich konzentrierenden Universum rechnet. Das letzte Wort behält für Engels »die sich ewig wiederholende Aufeinanderfolge der Welten in der endlosen Zeit«, wie es auch ein Nebeneinander zahlloser Welten im endlosen Raum gebe.[17] Von dieser Weltkonzeption aus meint Engels, sie schließe die Existenz eines Schöpfergottes aus.

4. Lenin, der Parteiführer

Wladimir Iljitsch Lenin (eigentlich Uljanow; 1870–1924) ist geistig beheimatet in der revolutionären russischen Intelligentsia des 19. Jahrhunderts. 1887 ist sein älterer Bruder Alexander im Zusammenhang mit einem Attentat auf den Zaren hingerichtet worden. Besonders die Erfahrung mit dem reaktionären Bund von Thron und Altar, in dem die russische Kirche eine unglückliche Rolle spielte, macht es verständlich, daß Lenin, schon bevor er mit den Schriften von Marx und Engels in Berührung kam, sich einem Atheismus im Sinne der französischen Materialisten des 18. Jahrhunderts verschrieben hatte. Aus all dem ist die Schärfe der Leninschen Religionskritik jedoch nur zum Teil zu erklären. Lenin sah in der Religion grundsätzlich das Herrschaftsinstrument der von ihm bekämpften Klasse: »Der Marxismus betrachtet alle heutigen Religionen und Kir-

---

[16] Eine Schwierigkeit, die übrigens auch E. Bloch (Werkausgabe Frankfurt, XIII/1, 195 f; V, 807) überspielen muß durch das Postulat eines menschliche Geschichte und kosmische Natur in harmonischem ständigem Fortschritt einenden Weltalls...

[17] XX, 327; vgl. 325 ff (»Dialektik der Natur«!).

chen, alle religiösen Organisationen stets als Organe der bürgerlichen Reaktion, die die Ausbeutung verteidigen und die Arbeiterklasse verdummen und umnebeln sollen« (XV 405). Auch wenn Lenin die Feuerbachsche Projektionstheorie übernimmt, die zum Grundbestand des revolutionären russischen Denkens gehörte, so setzt er sie um in eine ganz konkrete gesellschaftskritische Sicht:

Die Ohnmacht der ausgebeuteten Klassen im Kampf gegen die Ausbeuter erzeugt ebenso unvermeidlich den Glauben an ein besseres Leben im Jenseits, wie die Ohnmacht des Wilden im Kampf mit der Natur den Glauben an Götter, Teufel, Wunder usw. erzeugt. Demjenigen, der sein Leben lang arbeitet und Not leidet, lehrt die Religion Demut und Langmut hinieden und vertröstet ihn mit der Hoffnung auf himmlischen Lohn. Diejenigen aber, die von fremder Arbeit leben, lehrt die Religion Wohltätigkeit hinieden, womit sie ihnen eine recht billige Rechtfertigung ihres ganzen Ausbeuterdaseins anbietet und Eintrittskarten für die himmlische Seligkeit zu erschwinglichen Preisen verkauft (X 70 f).

Gerade »die raffinierte, vergeistigte, in die prächtigsten ›ideologischen‹ Gewänder gekleidete Idee von einem lieben Gott«, die das Volk in Sklaverei niederhalten hilft, ist »die gefährlichste Abscheulichkeit, die widerlichste Seuche«. Damit geht Lenin in Briefen an M. Gorki (Nov./Dez. 1913) gegen einen religiösen Sozialismus, mit dem Gorki sympathisierte, an: »Jeder Mensch, der sich mit der Erschaffung eines Gottes beschäftigt oder so etwas auch nur duldet, bespeit sich selbst in der übelsten Weise.« [18] Der postulatorisch-humanistische Hintergrund der harten Abwehr Lenins, der in allem, was mit Religion zu tun hat, sogleich »Fideismus« oder »Pfaffentum« wittert, schlägt auch hier durch.
In den Fragen der Taktik entwickelt Lenin allerdings einen nüchternen Opportunismus. Die atheistische Agitation muß der Hauptaufgabe untergeordnet sein: der Entfaltung des Klassenkampfes gegen die ausgebeuteten Massen (XV 408). Sie muß sich deshalb der jeweiligen Lage anpassen. Sie muß schrittweise vorangehen, z. B. zunächst die völlige Trennung von Staat und Kirche fordern (X 73). Und sie muß u. U. Rücksicht nehmen auf religiöse Vorurteile der Arbeiter, wenn diese dadurch besser für den gemeinsamen Kampf gegen die Kapitalisten gewonnen werden können: »Die Einheit dieses wirklich revolutionären Kampfes für ein Paradies auf Erden ist uns wichtiger als die Einheit der Meinungen der Proletarier über das Paradies im Himmel« (X 74). Wie zielstrebig Lenin zur Zusammenarbeit mit Andersdenkenden bereit ist, geht aus einer Äußerung des

[18] Über die Religion, 46, 50.

Jahres 1909 hervor, die R. Garaudy [19] bezeichnenderweise im Jahre 1970 zitiert:

Wenn ein Priester zu uns kommt, um gemeinsam mit uns politisch zu arbeiten, und wenn er seine Aufgabe innerhalb der Partei gewissenhaft erfüllt, ohne vom gemeinsamen Programm abzuweichen, dann können wir ihn in unseren Reihen aufnehmen, denn dann kann der Widerspruch zwischen dem Geist und einigen Grundsätzen unseres Programms und den religiösen Überzeugungen des Priesters seine private, persönliche Angelegenheit bleiben.

Lenin hielt jedoch stets daran fest, daß die Partei, deren Kader für ihn von besonderer Bedeutung sind, notwendigerweise die Propaganda des Atheismus zu betreiben hat (X 73). Dabei setzte sich ein Trend, der schon bei Engels stark am Werke war, vollends durch: die Umorientierung von der alles schlagartig umgestaltenden Revolution des Proletariats auf Weltebene, die ausblieb, zur langwierigen Organisation der kommunistischen Partei (die ohne bürgerlich-liberale Phase die proletarische Revolution in dem Agrarland Rußland vorbereiten und später den »Aufbau des Sozialismus in *einem* Land« durchführen sollte) und zum Ausbau einer geschlossenen Weltanschauung als ideologischen Rückgrats der Partei. Zu diesem Zweck übernimmt Lenin, der gewiß nicht in erster Linie ein philosophischer, sondern ein politischer Schriftsteller ist, bereitwillig das von Feuerbach und besonders von Engels bereitgestellte Instrumentarium. Deckt sich gelegentlich [20] die Erklärung des Gottesbegriffs bei Lenin mit derjenigen Feuerbachs, so ist doch charakteristischer der teils religionsgeschichtliche, teils soziologische Deutungsversuch:

Gott ist (historisch wie im Leben) vor allem ein Komplex von Ideen, die von der dumpfen sowohl durch die äußere Natur als auch durch die Klassenunterdrückung bewirkten Niedergedrücktheit des Menschen erzeugt wurden – von Ideen, die diese Niedergedrücktheit festigen, die den Klassenkampf einschläfern (XXXV 103).

Die wie bei Engels das Leben der Menschen beherrschenden, das Religionsopiat erzeugenden äußeren Mächte sind anfangs Naturkräfte, später soziale Verhältnisse, und hinter der Kritik an Gottesidee und Religion steht das Parteiangebot neuer Sicherheit durch die materialistische Weltanschauung.

---

[19] Kann man heute noch Kommunist sein?, Hamburg 1970, 260 f.

[20] Russische Werke-Ausgabe XXIX, 45, 59 f, 63, 406: anläßlich der Lektüre von Feuerbachs Vorlesungen über das Wesen der Religion!

5. *Die marxistische ›Orthodoxie‹ nach Lenin*

In den ersten Jahren nach der Oktoberrevolution von 1917 gab es noch keine streng einheitliche Parteidoktrin in der Sowjetunion; verschiedene Meinungen und Richtungen diskutierten miteinander. 1931 jedoch forderte das Zentralkomitee der KPdSU unnachgiebigen ideologischen Kampf nach rechts und links. 1938 fixiert *Stalin* die Grundzüge des Dialektischen und Historischen Materialismus im Sinne Lenins. Der »Marxismus-Leninismus« wird als die orthodoxe sowjetische Philosophie das ideologische Herrschaftsinstrument in der Epoche des siegreichen Aufstiegs des Sozialismus. Weil auf den objektiven Gesetzen von Natur und Gesellschaft aufruhend, beansprucht dieses System, die absolute Wahrheit zu sein. Als *die* wissenschaftliche Weltanschauung sieht es sich aufs engste verknüpft mit allen Wissenschaften und sucht diese unter die totalitäre Norm der Parteilichkeit des Denkens zu zwingen. Daraus entstehen Konflikte mit neuen physikalischen und biologischen Erkenntnissen, mit der Relativitätstheorie, Genetik und Kybernetik. Man muß zunehmend neutrale Wissens- und Kulturbereiche, wie Naturwissenschaft, formale Logik, später auch Rechts- und Sittlichkeitsnormen, aus dem Basis-Überbau-Schema teilweise lösen: sie sind *nicht nur* zeitbedingter Reflex sich wandelnder Gesellschaftssysteme. Stalins Aufsatz über die Sprache von 1951 galt hier als richtungweisend.

Ausgenommen von der Lockerung der einseitigen Rückführung der Ideologie auf die ökonomischen Bedingungen blieb die Religion: sie ist nach wie vor nur die illusionäre, phantastische Widerspiegelung überholter Zustände. Die gegenwärtige Religionskritik des Marxismus-Leninismus [21] beschäftigt sich nur ziemlich spärlich mit der Widerlegung der Gottesbeweise. Vor allem will sie »die sozialen und gnoseologischen Wurzeln der Religion« (so ein Buch von A. D. Suschow, Moskau 1961) bloßlegen und ihre Unvereinbarkeit mit der Naturwissenschaft nachweisen; »Wissenschaft und Religion« lautet denn auch der Titel der 1959 gegründeten Zeitschrift für »atheistisch-wissenschaftliche Propaganda«. Aber im Doktrinarismus regt sich noch das ursprüngliche humanistische Pathos:

---

[21] E. Adler, Grundlinien der atheistischen Propagandaliteratur im Ostblock, in: Concilium 3 (1967), 231–243; F. Skoda, Die sowjetrussische Religionskritik heute, Freiburg 1968; G. A. Wetter, Lenin e il marxismo sovietico, in: G. Girardi (Hg.), L'ateismo contemporaneo II, Turin 1968, 143–203; H. Bräker, Die religionsphilosophische Diskussion in der Sowjetunion, in: Marxismusstudien VI, Tübingen 1969, 115–151.

Der Marxismus-Leninismus unterscheidet sich grundlegend von allen anderen weltanschaulichen Systemen. Die Existenz irgendwelcher übernatürlicher Kräfte oder einer Schöpfung erkennt er nicht an. Er steht fest auf dem Boden der Realität der irdischen Welt. Der Marxismus-Leninismus befreit die Menschheit endgültig von Aberglauben und jahrhundertelanger geistiger Knechtschaft. Er fordert vom Menschen ein selbständiges, freies und folgerichtiges Denken. Der Marxismus-Leninismus nimmt die Welt so, wie sie ist, und erfindet keine Hölle und kein Paradies.[22]

Zwar hofft das Funktionärstum der Sowjetunion in der Auseinandersetzung mit der Religion, die – vor allem im Zusammenhang mit dem Vaterländischen Krieg von 1941–45 – sehr wechselvoll ist, auf das faktische Absterben der religiösen Gefühle. Das soll in erster Linie die areligiöse Erziehung der Jugend, das Fernhalten alles Religiösen aus dem öffentlichen Leben bewirken. Auch beruft man sich auf den der Modernisierung abgeneigten Konservatismus der Orthodoxen Kirche, deren Anhängerschaft sich fast nur noch aus älteren Menschen rekrutiere. Trotz der in Artikel 124 der Verfassung der UdSSR von 1936 proklamierten Trennung von Staat und Kirche übt der »Rat für die Angelegenheiten der Kirche« eine staatskirchliche Unterdrückung aus, wie sie auch in der Zeit der Hochblüte des fürstlichen Absolutismus im westlichen Europa unbekannt war. Anderseits wird aus der Sowjetunion und aus anderen kommunistischen Ländern (die bis in die 60er Jahre kaum eigenständige bedeutendere Beiträge zur Religionskritik, sondern im wesentlichen nur Übersetzungen aus dem Russischen lieferten) von einem erstaunlich starken Überleben oder gar Neuerwachen christlicher Gläubigkeit berichtet. Dadurch mag sich erklären, daß nach zwei Dekreten des Zentralkomitees der KPdSU von 1954 über die Fehler der bisherigen einschlägigen Propaganda mehrere größere Werke [23] über den »wissenschaftlichen« Atheismus sowie nacheinander gleich drei Zeitschriften [24] erschienen und daß allein für das Jahr 1964 in der Sowjetunion gut fünfzig Publikationen von je mehr als hundert Seiten über die Probleme der Religion und des Atheismus gezählt wurden [25]. Dazu gehört auch ein von der Akademie der Wissenschaften der UdSSR herausgegebenes »Kurzes wissenschaftlich-atheisti-

---

[22] Grundlagen des Marxismus-Leninismus (russisch 1962²), Berlin 1963², 8.
[23] Vgl. F. Skoda, Religionskritik, 24.
[24] »Fragen der Geschichte der Religion und des Atheismus« seit 1954, »Jahrbuch des Museums für Geschichte der Religion und des Atheismus« seit 1957, »Wissenschaft und Religion«, seit 1960 als Monatsschrift.
[25] Vgl. Voprosy naučnogo ateizma (Fragen des wissenschaftlichen Atheismus), Moskau 1966, I, 445–458; nach F. Skoda, Religionskritik, 11.

sches Wörterbuch«, das über die christlichen Dogmen schrieb: sie sind »phantastische Behauptungen der Kultdiener über Gott und andere religiöse Vorstellungen, die der gesamten Lebenserfahrung der Menschen und der Wissenschaft widersprechen, aber als unwiderlegbare ›von Gott offenbarte Wahrheiten‹ ausgegeben werden, deren Sinn den Verstand der Menschen übersteigt«[26]. Zur mehr oder weniger wissenschaftlichen oder populären Propagandaliteratur, Büchern und Zeitschriften, auch Neuauflagen und Übersetzungen, treten atheistische und antireligiöse Filme und Ausstellungen, Museen (z.B. im ehemaligen Höhlenkloster von Kijew, in einer Kathedrale von Leningrad), Universitätslehrstühle und Institute. Ein sowjetischer Autor stellt fest, daß überraschenderweise »die Krise des modernen Christentums für die Theologie kein Epilog, sondern vielmehr der Beginn ihrer künftigen Wiedergeburt ist«; aber auch er meint, daß »die Entwicklung der Wissenschaft nicht nur die Krise des biblischen Weltbildes hervorruft, sondern auch ... jeden Glauben an Gott untergräbt«.[27] M. P. Mchedlow, Beobachter auf dem Zweiten Vatikanischen Konzil, beschreibt das ›aggiornamento‹ der christlichen Kirchen als bloße Anpassungstaktik, als »religiöse ›Reformation‹ unter dem Druck des Lebens«[28]. Die Zwiespältigkeit nicht nur der Stellungnahme–zu, sondern bereits der Kenntnisnahme–von Religion und Christentum kommt zum Ausdruck in der Art und Weise, wie im Jahre 1970 zum einen die »Große Sowjetenzyklopädie« – sachlich falsch – über »Gott« in der christlichen Auffassung und zum andern die »Philosophische Enzyklopädie« – überaus gründlich und verständnisvoll – über das Christentum und dessen zentrale Glaubensgehalte unterrichtet, wobei z. B. Ju. Levada im Artikel »Christentum« anerkennt, daß dieses »den Grund für die Idee des zielgerichteten ethischen und sozialen Fortschritts legte« und zur Überwindung der antiken Sklaverei beitrug.[29]

Interessanterweise scheint gerade die neueste Auseinandersetzung der westlichen christlichen Theologie mit dem Marxismus selbst in der So-

---

[26] 175; nach E. Adler, Grundlinien, 237.

[27] V. M. Boriskin, Die Krise des Christentums und ihre Widerspiegelung in der evangelischen Theologie, in: Vestnik Moskovskogo Universiteta, Nr. 3 (VIII)/ 1965, 69–78, Zitate 70, 72; nach H. Bräker, Religionsphilosophische Diskussion, 132, 141.

[28] In: Ökumenische Diskussion IV, Genf 1968, 1,9; nach W. Zademach, Marxistischer Atheismus und die biblische Botschaft von der Rechtfertigung des Gottlosen, Düsseldorf 1973.

[29] Vgl. P. Ehlen, Rezeption der Theologie durch sowjetische Philosophen, in: Theologie und Philosophie 48 (1973), 107–114; Zitat 107.

wjetunion noch kein Echo gefunden zu haben. Noch immer dürfte das Programm des XXII. Kongresses der KPdSU von 1961 die Sachlage richtig zusammenfassen:

Die Partei macht Gebrauch von den Mitteln ideologischer Einflußnahme zur Erziehung der Menschen im Sinne der materialistisch-naturwissenschaftlichen Weltanschauung, um die religiösen Vorurteile zu überwinden, ohne die Gefühle der Gläubigen zu verletzen. Es gilt, systematisch eine wissenschaftlich breit angelegte atheistische Propaganda zu entfalten, mit Geduld die Nutzlosigkeit einer religiösen Gläubigkeit zu erklären, die in der Vergangenheit aus dem Ausgeliefertsein des Menschen an die blinden Naturgewalten entstand, aus der sozialen Unterdrückung, aus der Verkennung der wahren Ursachen natürlicher und sozialer Phänomene. Dabei ist es angebracht, auf die Leistungen der modernen Naturwissenschaft hinzuweisen, die uns die Welt immer besser verstehen lehrt, die Macht des Menschen über die Natur steigert und keinen Platz läßt für die phantastischen Erfindungen der Religion in bezug auf übernatürliche Kräfte.[30]

6. Marxismus ohne Atheismus?

»Marxismus ist nicht Atheismus«, das suchte schon 1913 der Austromarxist Max Adler in einem so betitelten Essay zu zeigen. Später waren vor allem christliche Theologen[31] der Meinung, der Marxismus sei nicht seinem Wesen nach, also nicht notwendig mit Atheismus verbunden. Eine differenziertere Bestimmung des Verhältnisses Basis–Überbau lasse, wie dies Marx selbst gelegentlich einräumt, durchaus auch Rückwirkungen der Ideologie auf die reale Wirklichkeit zu. Warum sollte dies nicht auch für die Religion so zutreffen können, daß diese nicht nur der illusionäre, ganz irreale Reflex bestimmter, heute überholter gesellschaftlicher Zustände wäre, sondern als nicht schlechthin zeitbedingte ›anthropologische Konstante‹ gelten könnte, und zwar auch dann, wenn der Marxismus tatsächlich bis heute anderer Meinung war?! Dieser Auffassung kommt die entideologisierende Marxinterpretation der Frankfurter Kritischen Theorie entgegen. Sie deutet Marx in einem konkret humanistischen Sinne, indem sie ihn entlastet von einer Geschichtsmetaphysik, die die Weltgeschichte als Ganzes umspannt und den Menschen ihrer vorauserkannten Entwicklungsnotwendigkeit unterwirft. Marx habe vielmehr nichts anderes verfolgt als »endliche Ziele endlicher raumzeitlich

[30] Nach: Christliche und marxistische Zukunft. Dokumente der Paulusgesellschaft XIV, München 1966, 320.

[31] G. Steinbüchel, Sozialismus, Tübingen 1950; M. Reding, Der politische Atheismus, Graz 1957; H. Gollwitzer, Die marxistische Religionskritik und der christliche Glaube, München [3]1970.

bedingter Menschen gegenüber begrenzten Bereichen der natürlichen und gesellschaftlichen Welt«, er wollte näherhin »den Menschen aus dem selbstgeschmiedeten Käfig undurchschauter ökonomischer Determination heraushelfen«.[32] Die Beantwortung der Frage »Marxismus mit oder ohne Atheismus?« wird verschiedene Gesichtspunkte unterscheiden müssen.

Gewiß hat die *Erfahrung* mit reaktionärem Religionswesen und Kirchentum ihrer Zeit viel dazu beigetragen, daß Marx und Engels, später Lenin mehr oder weniger selbstverständlich antireligiös und atheistisch empfanden und dachten. Und auch nach dem Urteil vieler heutiger Marxisten hat sich das Verhalten des Christentums zu sozialen und politischen Mißständen seither weithin zum Besseren verändert. Dennoch wird man nicht sagen können, daß der Atheismus im Marxismus nur ein politisch motivierter und geschichtlich verständlicher, eben deshalb aber nur zeitbedingter und somit ausscheidbarer Bestandteil seiner gegen die Unmenschlichkeit der Verhältnisse gerichteten Kritik sei. Dagegen spricht schon in etwa, daß Marx selbst sozial gesinnten Christen keineswegs mehr Sympathie entgegenbrachte als anderen, ihr Engagement vielmehr für gefährlicher hielt als Gleichgültigkeit und Asozialität der herrschenden Klassen.[33] Die Gründe des marxistischen Atheismus liegen tiefer.

Man hat für den atheistischen Charakter des Marxismus dessen *Messianismus* haftbar gemacht.[34] Höre der Marxismus auf (was z. B. in der Interpretation der Frankfurter Schule der Fall ist), die »*Religion* der Revolution« zu sein, so werde auch seine Verbindung mit dem Atheismus hinfällig, gegenstandslos. Der Satz von Ernst Bloch »Ohne Atheismus hat Messianismus keinen Platz« [35] soll also umgedreht werden: kein Messianismus, darum auch kein Atheismus. Es wäre jedoch zu fragen, ob eine Marxdeutung, die den Bezug auf das Ganze der Wirklichkeit und auf die letzten Belange des Menschen als solchen aufgibt, nicht eine weiterführende, bzw. genauer eine einschränkende *Um*deutung der Marxschen

---

[32] A. Schmidt, Der Begriff der Natur, 29, 34.

[33] Brief vom 25. 9. 1869 an F. Engels: »Bei dieser Tour durch Belgien, Aufenthalt in Aachen und Fahrt den Rhein herauf habe ich mich überzeugt, daß energisch, speziell in den katholischen Gegenden, gegen die Pfaffen losgegangen werden muß. Ich werde in diesem Sinn durch die Internationale wirken. Die Hunde kokettieren (z. B. Bischof Ketteler in Mainz, die Pfaffen auf dem Düsseldorfer Kongreß usw.), wo es passend scheint, mit der Arbeiterfrage« (K. Marx/F. Engels, Werke XXXII, Berlin 1965, 371).

[34] So H. Gollwitzer, Religionskritik, 77–97.

[35] Das Prinzip Hoffnung, Frankfurt 1959, 1413.

Lehre darstellt, was die Frankfurter J. Habermas und A. Schmidt anzunehmen scheinen. Auch H. Gollwitzer [36] ist sich nicht sicher, ob ein Kommunismus ohne Messianismus seinen Namen noch zu Recht trage. Allerdings: die Namensfrage müßte ja wohl nicht das drängendste Problem sein. – Selbstverständlich wäre wie der Histomat von Messianismus als Religionsersatz, so erst recht der Diamat von den Dogmata der selbstschöpferischen Materie, ihrer Ewigkeit und Unzerstörbarkeit und dergleichen zu entlasten, im Grunde also der Dialektische Materialismus überhaupt abzuschaffen.

Bedenklicher gegenüber den Versuchen, den Marxismus vom Atheismus als bloßer Begleiterscheinung zu entlasten, dürfte der folgende *anthropologische* Sachverhalt stimmen. Für Marx ist der Mensch das höchste Wesen. Das ist nicht eine vorgegebene Würde, es ist die aufgegebene Bestimmung des Menschen. Das menschliche Selbstbewußtsein, sagt er schon 1841, soll als »oberste Gottheit« anerkannt werden, und Prometheus ist der neue, vornehmste Heilige im philosophischen Kalender.[37] Gäbe es den für Marx in ein Konkurrenz-Schema, ja in eine Vampyr-Vorstellung rückenden Gott, so müßte er den Menschen der Fähigkeit berauben, sich selber voll und ganz zu verwirklichen – als das einzige Subjekt und Objekt seines Tuns! Von dieser Überzeugung scheint das Pathos des Marxschen Humanismus und Naturalismus, deren Verbindung den wahren Kommunismus ausmacht, getragen. V. Gardavsky [38] jedenfalls meint: »Der Marxismus ist seinem Wesen nach Atheismus. Oder anders gesagt: gerade der Atheismus ist die radikale Dimension der marxistischen Weltanschauung. Ohne sie ist *Marxens Konzept vom totalen Menschen* ebenso unbegreiflich wie seine Auffassung vom Kommunismus.«

Man wird die Bedeutung der Negation der Religion für den Marxschen Begriff der menschlichen Selbstentfremdung und deren Aufhebung nicht deshalb übersehen dürfen, weil Marx den Ausdruck ›Atheismus‹ aus einem ganz bestimmten Grunde eher vermieden sehen möchte:

> Der Atheismus, als Leugnung dieser Unwesentlichkeit [von Natur und Mensch], hat keinen Sinn mehr, denn der Atheismus ist eine Negation Gottes und setzt durch diese Negation das Dasein des Menschen; aber der Sozialismus bedarf als Sozialismus einer solchen Vermittlung nicht mehr [!] ... Er ist positives, nicht mehr durch die Aufhebung der Religion vermitteltes Selbstbewußtsein des Menschen (I 607).

---

[36] H. Gollwitzer, Religionskritik, 128.

[37] Werke, hg. v. H. J. Lieber, I, 22.

[38] Gott ist nicht ganz tot, München 1968, 173 (Hervorhebung von W. K.).

Aber die Aufhebung der Religion ist ebenso wie die hier mit ihr verglichene Aufhebung des Privateigentums das »für die nächste geschichtliche Entwicklung notwendige Moment der menschlichen Emanzipation und Wiedergewinnung« (I 608)! Marx will den *Ausdruck* Atheismus nicht, weil er sich auch nicht im Modus der a-theistischen Negation an den Theismus erinnern will. Aber der *Sache* nach ist Marx' »im Grunde bereits ›postatheistisches‹ Bewußtsein«[39] darum um nichts weniger radikal und fundamental.

7. Gegenkritische Bemerkungen

Wie immer es mit der Antwort auf die Frage »Marxismus ohne Atheismus?« stehen mag, über die die Akten wohl noch nicht geschlossen sind: Solange der Marxismus sich nicht selbst vom Atheismus trennt (ob er das nun grundsätzlich nicht kann oder faktisch nicht will), ist Gegenkritik zu den Hauptpunkten seiner Religionskritik nicht überflüssig.[40] Dieser Trend zeichnete sich ab: Der Atheismus als *humanistisches Postulat* bei Feuerbach und Marx (wobei Marx auch diese Theorie zurücktreten ließ hinter dem Programm der revolutionären Praxis) ging immer mehr auf in eine einheitliche *materialistische Weltanschauung und Parteidoktrin* bei Engels und Lenin (oder gar Stalin), mit gegenläufigen heutigen Tendenzen zu einem humaneren Marxismus. Beginnen wir mit den späteren doktrinären Positionen.

1. Zum *»wissenschaftlichen Atheismus«* bei Engels und im ›orthodoxen‹ Marxismus:

(a) Religion, Christentum und Theologie werden angeprangert als Exponenten eines überholten, mittelalterlichen Weltbildes. Damit konstruiert man einen Gegner, der leicht zu widerlegen ist. Denn es besteht *kein wirklicher Gegensatz zwischen Religion und Wissenschaft.* Die früheren Konflikte, wie der Fall Galilei, gingen auf Grenzüberschreitungen der einen oder der anderen Seite zurück. Der christliche Glaube ist nicht an bestimmte weltbildliche Vorstellungen gebunden. Auch haben sich die christlichen Kirchen, entschiedener allerdings im Westen als im Osten, zur Emanzipation der profanen Wissenschaften und zur modernen kultu-

[39] A. Schmidt, Der Begriff der Natur, 32.

[40] Zum Folgenden: E. Adler, Grundlinien, 242; I. Fetscher, Karl Marx und der Marxismus, München 1967, 217; W. Kern, in: K. Rahner (Hg.), Ist Gott noch gefragt?, Düsseldorf 1973, 40–45.

rellen Entwicklung bekannt. Die Theologie setzt der Freiheit der Wissenschaft keine Schranke. Wenn der Christ, nicht ohne umsichtige Verantwortung, sich gegen etwas zu protestieren berechtigt und verpflichtet weiß, dann gegen die skrupellose Anwendung technischer Errungenschaften, die sich gegen den Menschen, seine Personwürde und seine freie Zukunft richtet.

(b) *»Wissenschaftliche Weltanschauung«*, gar »wissenschaftlicher Atheismus« – Monopolansprüche und Propagandaformeln! – enthalten bei genauerem Zusehen einen *begrifflichen Widerspruch*. Die moderne empirische Wissenschaft, die gemeint ist, erforscht nach ihrem wissenschaftstheoretischen Selbstverständnis nur Wenn-dann-Zusammenhänge, d. h. sie untersucht, wenn sie praktisch orientiert ist, mit welchen Mitteln bestimmte, ihr vorgegebene Zwecke am besten erreicht werden können; dafür entwirft sie geeignete Modelle. Sie kann dagegen nichts ausmachen über die Welt im ganzen, über das letzte Ziel des menschlichen Daseins, über allgemeinverbindliche Werte und Normen des Zusammenlebens von Menschen. Diesbezüglich kann eine Überzeugung, die man als eine weltanschauliche Position bezeichnen mag, nur philosophisch (und theologisch) begründet werden. Auch die Existenz Gottes, das Wesen der Religion, der Anspruch der christlichen Offenbarung sind auf dieser Ebene zu diskutieren. Gewiß ist z. B. das Werden der Religionen vielfach bedingt durch primitive, vorwissenschaftliche Vorstellungen, die von der Religionsgeschichte festgestellt werden; sie dürfen und sollen auf ihre Tragfähigkeit hin geprüft werden, und der mündige, gebildete Zeitgenosse wird sie u. U. als für ihn belanglos übergehen. Aber damit ist keineswegs bewiesen, daß die Religion – ein beliebter Kurzschluß: – »nichts anderes als« das sei. Das läßt sich mit keinen wissenschaftlichen Forschungsmitteln – durch Statistik, Computer oder dergleichen – aus Tatsachenbefunden herausdestillieren. Wer Wissenschaft und Weltanschauung in einen Topf wirft, zeigt, daß er – weil er methodisch sauber zu Unterscheidendes vermengt – nicht recht weiß, wovon er redet.

(c) In der jüngeren Vergangenheit haben sich gerade die sowjetischen Religionskritiker immer wieder mit den philosophischen Gottesbeweisen beschäftigt. Sie haben diese jedoch oft in tatsächlich veralteter, unmoderner Form dargestellt – und ›widerlegt‹. Dabei unterlaufen auch *Fehlschlüsse:* Etwa wenn man meint, die als unkritische und in diesem Sinne dogmatische Voraussetzung eingeführte »Ewigkeit der Materie« mache die Annahme eines Schöpfergottes überflüssig, indem sie dem Gottesbeweis aus der Kontingenz (= nicht-notwendigen Existenz) der einzelnen

Weltdinge und der Welt als ganzer den Boden entziehe. Damit wird verkannt, daß dieser Beweis nicht auf dem etwaigen zeitlichen *Ent*stehen der Dinge aufruht, die auf ihren Anfang hin zurückgespult würden (Huhn vom Ei, Ei vom Huhn usw.), sondern darauf, daß alles Endliche in seinem jeweiligen kontingenten *Be*stehen den zureichenden Grund seiner Existenz nicht vollauf in sich selber trägt und deshalb ein absoluter Sinn- und Zielgrund von Welt und Mensch existieren muß. Natürlich ist eine solche Miniausführung eines ›Gottesbeweises‹ nicht sehr befriedigend! Vielleicht ist es wichtiger, auf eine *fatale Aporie* hinzuweisen, in welche die eigene Theorie des ›Diamat‹ gerät: Die Materie soll (1) *ewig* sein, als Gottesersatz, und (2) sich ständig aufwärts *entwickeln*. Beides ist miteinander nicht vereinbar. Denn eine Materie, die immer schon bestanden hat, müßte bei ständiger Aufwärtsentwicklung auch immer schon, jedenfalls in einem unvordenklichen ›eh und je‹ schon längst den Höhepunkt ihrer Entwicklung erreicht haben. Engels hat sich in dieser Notlage mit der Hypothese eines ewigen Kreislaufs im Auf und Ab der Welten mit je neuen Menschheitsgeschichten (?!) beholfen. Das ist Däneken-›Wissenschaft‹. Und vor allem ist damit der *humane* Sinn dieser Weltanschauung, die endgültige Bedeutung der Weltentwicklung für den Menschen, verlorengegangen.

2. Zur Theorie des *Absterbens der Religion* bei Marx und heutigen ›Neomarxisten‹: Nehmen wir einmal an, Marx habe recht damit, daß die Religion immer nur aus sozialen Verhältnissen, in denen der Mensch ein elendes und geknechtetes Wesen ist, hervorgehe als deren phantastische Widerspiegelung und daß sie zusammen mit diesen Verhältnissen verschwinde. Daraus ergibt sich die Aufforderung an den Marxisten, sich um die Herstellung möglichst günstiger Zustände zu bemühen, in denen der Mensch sich gemäß den Marxschen Zukunftsausblicken frei und allseitig entfalten kann, und im übrigen – gerade um die überlegene Wahrheit seiner Auffassung zu beweisen! – zuzuwarten, bis die Religion, weil überflüssig geworden, *von allein,* ganz automatisch abstirbt, ohne direkten Kampf gegen sie. Dieser widerspräche der Theorie, die sich in der Praxis bewähren, bewahrheiten soll. Der Christ seinerseits kann und soll mitarbeiten an der wahrhaft menschlicheren Welt des Menschen und kraft seiner anderen Überzeugung vom Wesen der Religion ebenfalls gelassen der Zukunft entgegengehn.

3. Zum *humanistischen Atheismus* von Feuerbach und Marx: Dessen negative, gegen die Existenz Gottes gerichtete Stoßrichtung bezieht ihre Kraft aus dem vorausgesetzten *Konkurrenz-Schema:* entweder Gott oder der Mensch! Gott: der den Lebenssaft des Menschen aussaugende Vam-

pyr ... »Gott allmächtig, der Mensch ohnmächtig.« Was man Gott gibt, muß man dem Menschen nehmen; und umgekehrt. Dabei erscheint Gott als ein mit dem Menschen konkurrierender Weltfaktor, der dem Menschen in Sachen Weltgestaltung und damit vollerer Menschwerdung Platz und Rang streitig macht. Ein solcher Gegensatz mag in etwa antik-griechischen Vorstellungen von den Göttern entsprechen, die neidisch sind auf die Erfolge der Menschen; oder einem platonischen und gnostischen Neben- und Gegeneinander eines das Chaos zum Kosmos nur umformenden Weltbaumeisters (Demiurgen) und der ebenfalls ewigen Weltmaterie. Jedenfalls widerspricht die christliche Schöpfungsauffassung jedem Modell einer Gott-Mensch-Konkurrenz. Von philosophischer Reflexion unterstützt, bekennt der Schöpfungsglaube den Gott, der gerade in seiner Allmacht nichts vom Menschen für sich braucht und einfordert, sondern allein für den Menschen und mit dem Menschen wirkt, der die Welt menschlicher macht. Der souverän und frei schaffende Gott setzt die Welt ein und gibt sie insgesamt frei in ihr eigenes Sein und Wirken. Er macht nicht an ihr dies und das *anders:* er läßt sie als ganze *sie selber* sein. Und er überantwortet dem Menschen die ganze Welt zu freier Gestaltung, laut Schöpfungsauftrag (Gen 1,28). »Um Gott zu bereichern, muß der Mensch arm werden; damit Gott alles sei, muß der Mensch nichts sein« (wiederum Feuerbach)? Das ist Antipodenmentalität. Gott *ist* alles, und eben deshalb darf und soll der Mensch *alles* sein und haben, wissen und können, was für ihn nur immer von Interesse sein mag. »Die *Siege*« – nicht die Niederlagen! – »der Menschheit sind ein Zeichen der Größe Gottes!« [41] – Hier bricht, über alle Theorie und theoretische Widerlegung hinaus, die Aufgabe nützlicher ›Konkurrenz‹ zwischen Christen und Marxisten auf.

---

[41] Zweites Vatikanisches Konzil, Pastoralkonstitution »Die Kirche in der Welt von heute« (7. 12. 1965), Nr. 34.

Helmuth Rolfes

MARXISTISCHE JESUSDEUTUNGEN

Die Frage nach Jesus von Nazareth, nach seinem Leben und seinen Lehren, hat im Kontext der frühen marxistischen Religionskritik keine Bedeutung. Der Anspruch, Religion – und also auch christliche Religion – grundsätzlich sowohl aktuell wie auch genetisch durchschaut zu haben, macht eine weiterführende Beschäftigung mit der Person Jesu von Nazareth und seiner Funktion z. B. für die Entstehungsgeschichte des Urchristentums oder gar für das gegenwärtige menschliche Leben überflüssig.
Erst wo im Verlauf der ideologischen Auseinandersetzungen der Ursprung des Christentums von marxistischer Seite im einzelnen untersucht wird, muß auch die Bedeutung Jesu mitdiskutiert werden. Im ersten Teil unserer Überlegungen soll eine von hier ausgehende Jesusdeutung vorgestellt werden.
Die Frage nach Jesus gewinnt jedoch erst dort an Aktualität, wo aufgrund konkreter Erfahrungen sowohl in der eigenen Geschichte als auch mit den Veränderungen innerhalb von Christentum und Theologie die Kritik am Christentum von marxistischer Seite selbst differenziert und problematisiert wird. Die Jesusinterpretationen von E. Bloch, V. Gardavsky, M. Machovec und L. Kolakowski sind hier vor allem zu nennen. Sie sollen im zweiten Teil dargestellt werden.

I.

1. Christentum ohne Jesus

Für K. Marx war eine detaillierte Auseinandersetzung mit der christlichen Religion über die grundsätzliche Kritik ihres Wesens und ihrer Funktion hinaus von untergeordneter Bedeutung.
Das gilt auch für F. Engels. In einigen kurzen Erörterungen zur Aufklärung des geschichtlichen Ursprungs des Christentums weist Engels darauf hin, daß schon am Beginn des Christentums »neben aller aufrichtigen

Schwärmerei«[1] Betrug und Geschichtsfälschungen gestanden haben. Allerdings wird man mit einer Religion, die es immerhin zur Unterwerfung des Römischen Imperiums und zur Beherrschung des größten Teils der zivilisierten Menschheit gebracht hat, auch nicht fertig, indem man alles für Betrug erklärt. »Man wird erst fertig mit ihr, sobald man ihren Ursprung und ihre Entwicklung aus den historischen Bedingungen zu erklären versteht, unter denen sie entstanden und zum Herrschen gekommen ist.«[2] Dieses Programm der Erklärung des Christentums kann von Jesus absehen, ja es ist durchaus möglich, das Christentum zu erklären, indem man Jesus als mythologische Gestalt annimmt. Engels selbst hegt gewisse Sympathien für diese These. Im Grunde trägt jedoch die Frage nach der Existenz Jesu oder auch nach möglichen Konturen seines Lebens und Wirkens nichts Entscheidendes zum Verständnis des Christentums bei. Viel wichtiger ist ein genaues Studium der damaligen gesellschaftlichen und ökonomischen Verhältnisse und der entsprechenden allgemeinen religiösen und vulgär-philosophischen Vorstellungswelt. Beides zusammen erklärt den Ursprung des Christentums.

Der Erfolg des Christentums läßt sich auch deshalb erklären, weil mit bestimmten Ideen, z. B. mit der Versprechung der inneren und jenseitigen Erlösung, der für die damaligen Verhältnisse angemessene Bewußtseinstrost gespendet wurde. So konnte das Christentum Weltreligion werden, »und zwar eine für die gerade vorliegende Welt passende Religion«.[3] Zu diesem von Engels eindeutig negativ bewerteten Inhalt des Urchristentums, der in jedem Fall vertröstend und narkotisierend auf die Unterdrückten wirken mußte, zeigt die Geschichte des Urchristentums unter gesellschaftlicher Rücksicht aber auch ein den damaligen Verhältnissen gemäßes revolutionäres Moment, denn mit dem Vordringen des Christentums als einer Massenbewegung kam nach Engels sogar eine Art »Sozialismus« im Christentum zur Herrschaft. »Nur daß dies Christentum, wie dies den geschichtlichen Vorbedingungen nach gar nicht anders sein konnte, die soziale Umgestaltung nicht in dieser Welt verwirklichen wollte, sondern im Jenseits, im Himmel, im ewigen Leben nach dem Tod, im nahe bevorstehenden ›Tausendjährigen Reich‹.«[4]

---

[1] F. Engels, Bruno Bauer und das Urchristentum, in: K. Marx/F. Engels, Über Religion, Berlin 1958, 155.

[2] AaO. 156.

[3] AaO. 163.

[4] F. Engels, Zur Geschichte des Urchristentums, in: K. Marx/F. Engels, Über Religion, 255 f.

Für die Frage, welche Beziehungen zwischen dem historischen Jesus und dem Urchristentum bestehen, trägt diese »revolutionäre« Sicht christlicher Frühgeschichte bei Engels nichts ein, weil für ihn die Bedeutungslosigkeit Jesu von Nazareth – falls er überhaupt existiert hat, was sehr fraglich ist – für die Erklärung des Wesens des Christentums feststeht. Diese Erklärung kann ohne Jesus auskommen.

2. *Jesus als Rebell*

Im Zuge einer ideologisch notwendigen, ausführlichen Auseinandersetzung mit dem Christentum im Hinblick auf seine Entstehung muß auch die Bedeutung Jesu thematisiert werden.
K. Kautsky hat mit seinem 1908 verfaßten Werk »Der Ursprung des Christentums« hierzu den für die ältere marxistische Tradition wohl ausführlichsten Beitrag gegeben.
Entsprechend der grundsätzlichen Einschätzung von Religion als Bewußtseinstrost für Unterdrückte und als Instrument zur Aufrechterhaltung von Unterdrückung kann die Bestimmung der Funktion Jesu für das Christentum nur in anti-theologischer Absicht geführt werden. Sie richtet sich gegen jede theologische Deutung Jesu, und entsprechend der für die ältere marxistische Religionskritik konstitutiven Anschauung, daß der Ursprung und die Geschichte der Religion aus den jeweiligen historischen Bedingungen zu begreifen sind, wird sich diese Anschauung auf die historisch nicht mehr ernsthaft bezweifelte Existenz der Person Jesu richten. Das bedeutet, daß neben den theologischen bzw. religiösen Momenten im Leben Jesu, die eine mehr oder minder gesellschaftsbezogene und religionskritische Deutung erfahren, Jesus selbst als Rebell gegen das damals herrschende Gesellschaftssystem angesehen wird. Die von Engels festgestellte Empörungstendenz bei den ersten Christen wird jetzt auf Jesus selbst angewendet. Dabei bleibt bei Kautsky die Auffassung grundsätzlich erhalten, »daß über die Person Jesu gar nichts Bestimmtes zu sagen sei und das Christentum ohne Heranziehung dieser Person erklärt werden könne«.[5] Aus den Evangelien lassen sich keine zuverlässigen Informationen über Jesus gewinnen. Das gleiche gilt auch für die außerbiblischen Quellen.
Wenn man aber nicht davon ausgeht, daß das Christentum ein Produkt Jesu sei, bzw. daß eine für die Größe »Christentum« konstitutive Linie

[5] K. Kautsky, Der Ursprung des Christentums, Stuttgart 1908, V.

auf den historischen Jesus zurückgeht, sondern daß die urchristlichen Bestrebungen, auch die in mythische Dichtung eingekleideten Ideale der Urchristen, ein Produkt der gesellschaftlichen Verhältnisse sind, dann lassen sich doch über die Erkenntnisse aus der Erforschung der Zeitgeschichte Jesu und der Entwicklung der ersten christlichen Gemeinde gewisse Rückschlüsse auf Jesus selbst anstellen. Dabei bleibt Kautskys Hauptinteresse bei der Struktur der urchristlichen Gemeinde, von der er meint, sie habe aufgrund der damaligen politischen Situation mit Sicherheit im gesellschaftlichen Sinne einen proletarischen Charakter gehabt. Aus diesem Gemeindebild läßt sich dann Jesus als Rebell verstehen.

Kautsky versucht diese These auch aus den Schriften des Neuen Testaments selbst zu belegen. Ein solcher Beweis ist deshalb möglich, weil Kautsky einen, wenn auch nur minimalen Zusammenhang zwischen dem historischen Jesus und der Schrift annimmt. In der Gebrochenheit und Widersprüchlichkeit der biblischen Texte, besonders der Passionsgeschichten, ist trotz aller Übermalung, mythischer Legenden und Fälschungen am eigentlichen Geschehen für Kautsky noch ein rebellischer Jesus zu entdecken. Auch wenn spätere Überlieferungsschichten den rebellischen Zug an Jesus auszumerzen suchten, sind nach Kautsky Jesu Verachtung überkommener Gesetzlichkeit (Mk 2,17), die auf Gewalttätigkeit hindeutende Ankündigung Jesu (Lk 12,49; Mt 10,34) Anzeichen einer rebellischen Mentalität. In gleicher Weise interpretiert Kautsky die Tempelreinigung. Jesus vertreibt während des Osterfestes in Jerusalem »die Verkäufer und Bankiers aus dem Tempel, was ohne gewalttätiges Eingreifen einer größeren von ihm erregten Volksmenge nicht denkbar ist«.[6] Jesus handelt demnach nicht als einzelner, sondern als Anführer einer aufgeregten Volksmenge. Es scheint, als habe er Jerusalem im Handstreich übernehmen wollen, denn kurz vor seiner endgültigen Katastrophe kommt es am Ölberg, der gerade als Ausgangspunkt für einen Handstreich auf Jerusalem geeignet war, »zum Zusammenstoß mit der bewaffneten Macht des Staates«.[7] In den evangelischen Texten sind unter den späteren Charakterisierungen Jesu als friedliebend und gewaltlos noch deutliche Spuren einer gewaltsamen Auseinandersetzung enthalten (Lk 22,35–38,49 und Par.), die offensichtlich um die Entstehungszeit dieser Texte noch zu bekannt waren, als daß man sie ganz hätte tilgen können. Jesus war nicht von vornherein gegen jede Gewaltanwendung.

---

[6] AaO. 386.
[7] Ebd.

»Ja, wenn Jesus von vornherein gegen jede Gewaltanwendung war, wozu dann der Ruf nach Schwertern? Wozu gestattete er, daß seine Freunde bewaffnet mit ihm zogen?«
»Dieser Widerspruch wird nur dann begreiflich, wenn wir annehmen, daß die christliche Überlieferung ursprünglich von einem geplanten Handstreich berichtete, bei dem Jesus gefangen wurde, ein Handstreich, zu dem die Zeit gekommen schien, nachdem die Vertreibung der Bankiers und Verkäufer aus dem Tempel gelungen war. Die späteren Bearbeiter wagten nicht, diesen Bericht, der tief gewurzelt war, ganz zu eskamotieren. Sie verstümmelten ihn, indem sie die Gewaltanwendung zu einem Akte machten, den die Apostel wider Willen Jesu versuchten.«
»Es ist vielleicht auch nicht ohne Bedeutung, daß der Zusammenstoß auf dem Ölberg erfolgte. Das war der gegebene Ausgangspunkt für einen Handstreich auf Jerusalem.« [8]
Auch der Verrat des Judas wird nach dieser Interpretation einsehbar. Kautsky meint, daß Judas ursprünglich den geplanten Handstreich verraten habe. Da die Evangelisten jedoch die Absicht hatten, möglichst den Bericht über den Handstreich selbst zu tilgen, der Verrat des Judas aber noch zu bekannt war, mußten sie eben einen neuen Verrat konstruieren.
Die Evangelisten haben in ihrer Bearbeitung der Passionsgeschichte über den Judasverrat hinaus sehr viel selbst erfunden und umgedeutet. So wird Jesu Kreuzigung in der biblischen Darstellung nach natürlichen Gesichtspunkten zu einer sinnlosen, unverständlichen Katastrophe. »Die Hinrichtung Jesu, die wohl begreiflich wird, wenn er ein Rebell war, bleibt nun ein völlig unverständlicher Akt sinnloser Bosheit, die ihren Willen gegen den römischen Statthalter selbst durchsetzt, der Jesus freisprechen will. Das ist eine Häufung von Ungereimtheiten, die nur erklärlich wird durch das Bedürfnis der späteren Bearbeiter, den wirklichen Vorgang nicht erkennen zu lassen.« [9] »Die Annahme, daß die Hinrichtung Jesu durch seine Rebellion herbeigeführt wurde, ist also nicht nur diejenige, die allein die Andeutungen der Evangelien verständlich macht, sie paßt auch vollständig in den Charakter der Zeit und des Ortes.« [10] Gerade zur Zeit Jesu waren ja Aufruhr und Straßenkämpfe etwas Alltägliches. Jesus als Rädelsführer »einer kleinen Gruppe von Proletariern« [11]

---

[8] AaO. 387.
[9] AaO. 389.
[10] AaO. 390.
[11] Ebd.

konnte wohl auf die Überlebenden des Putsches einen Eindruck gemacht haben, auch wenn die Geschichtsschreibung ihn unbeachtet ließ.

So etwa muß der historische Kern der Geschichte Jesu aussehen. Alles was darüber hinaus berichtet wird, geht auf das Konto der Evangelisten. Jede theologische Deutung ist für Kautsky indiskutabel. Theologische bzw. religiös orientierte Aussagen über Jesus werden von ihm aus der Perspektive der materialistischen Geschichtsauffassung aufgeschlüsselt. Das gilt auch für die Auferstehung des Gekreuzigten. Diese Idee fügt sich allerdings nicht so einfach in den geistesgeschichtlichen Hintergrund ein. Sie dürfte als spezifisch christliche angesehen werden. Denn normalerweise knüpft man ja seine Hoffnungen nicht an einen toten Messias. War der angebliche Messias gestorben, wartete man auf einen neuen.

Der Auferstehungsgedanke kann nach Kautsky nicht aus der Persönlichkeit Jesu erklärt werden – also z. B. auf einer psychologischen Ebene, insofern Jesus einen unauslöschlichen Eindruck auf die Jünger gemacht haben soll. Damit wird die nachfolgende Geschichte der Ausbreitung der christlichen Gemeinden nämlich nicht erklärbar. »Niemand hinterläßt ein Andenken an seine Persönlichkeit über den Kreis derjenigen hinaus, die ihn persönlich gekannt, der nicht eine Schöpfung hinterläßt, die auch losgelöst von seiner Person Eindruck macht...« [12] Weil Jesus eine solche Schöpfung hinterlassen hatte, die mit seinem Namen verknüpft wurde, erhielt das Christentum Durchschlagskraft. Diese Schöpfung bestand nach Kautsky in einer festen Organisation. Deshalb war Jesus »nicht bloß Rebell, er war auch Repräsentant und Vorkämpfer, vielleicht Stifter einer Organisation, die ihn überlebte und immer mächtiger anwuchs, immer kraftvoller wurde«.[13] Anders kann Kautsky sich jedenfalls nicht vorstellen, wie sich die christlichen Gemeinden hätten bilden und durchsetzen können. Die Entstehung der Gemeinden wird aber erklärbar, wenn man voraussetzt, daß es schon vor Jesus »kommunistische, mit messianischen Erwartungen erfüllte Unterstützungsvereine der Proletarier Jerusalems« [14] gegeben hat, für die Jesus Vorkämpfer, Repräsentant, Agitator oder ähnliches gewesen ist und die über Jesu Tod dessen Anhänger im Sinne einer Gemeindeorganisation zusammenbanden, in denen sie ihre schon vorher geübten kommunistischen Traditionen (gemeinsame Mahlzeiten, Gemeindearbeit) fortsetzten und darin auch die Erinnerung an

[12] AaO. 397.
[13] AaO. 398.
[14] AaO. 399.

Jesus lebendig hielten. Letztlich war es dieser feste Rahmen, der die Auferstehungshoffnung erschuf, die dann selbst zum Kennzeichen der Organisation wurde. »Es war nicht der Glaube an die Auferstehung des Gekreuzigten, der die christliche Gemeinde schuf und ihr ihre Kraft verlieh, sondern umgekehrt, die Lebenskraft der Gemeinde schuf den Glauben an das Fortleben ihres Messias.« [15] Dieser Messiasgedanke sammelte alle Mühseligen und Beladenen. Er war gegen jede Herrschaft gerichtet und unterschied sich deshalb auch von der nationalen Messiaserwartung der Juden. Nicht »Rassenhaß«, sondern »Klassenhaß« liegt dieser Messiaserwartung zugrunde.[16] Das machte sie für alle Proletarier akzeptabel, und darum überschritt das Christentum die nationalen jüdischen Grenzen. In der ausweglosen Situation der Armen aller Völker traf die kommunistische Form der jede Herrschaftsschranke sprengenden Messiaserwartung, die mit der jenseitigen reichen Entlohnung gekoppelt war, auf ein williges Ohr. Die Verbindung von Kommunismus und Messiasglaube machte die christliche Idee unwiderstehlich. Der gekreuzigte Messias eroberte so die Welt. »Aber er eroberte sie nicht für das Proletariat. Auf ihrem Siegeszuge verwandelte sich die proletarische, kommunistische Unterstützungsorganisation in die gewaltigste Beherrschungs- und Ausbeutungsmaschine der Welt. Dieser dialektische Prozeß ist nichts Unerhörtes. Der gekreuzigte Messias war weder der erste noch der letzte Eroberer, der die Armeen, durch die er gesiegt, schließlich gegen das eigene Volk wendete und zu dessen Niederwerfung und Niederhaltung benutzte.
Auch Cäsar und Napoleon waren aus einem Siege der Demokratie hervorgegangen.« [17]
Kautsky läßt, so können wir feststellen, lediglich zwei historisch diskutable Aussagen über Jesus und seine Intentionen zu: Sein Rebellentum und seine Stiftung oder wenigstens sein Anknüpfen an eine proletarisch orientierte Organisation. In diesem Sinne war Jesus ein Sozialrevolutionär. Diese Aussage über Jesus ist aber nicht primär auf seine Person bezogen, indem sie Jesus als eine einmalige oder doch wenigstens hervorragende Persönlichkeit charakterisiert, der von daher als Stifter des Christentums anzusehen wäre. Sie ist vielmehr schlußfolgernd zustande gekommen, etwa nach der Überlegung: Wenn es überhaupt etwas mit dem historischen Jesus und seiner Beziehung zum frühen Christentum auf

---

[15] AaO. 400.
[16] Vgl. aaO. 401.
[17] AaO. 403.

sich haben sollte, so kann das nach den historischen Bedingungen nur so sein, daß Jesus ein Rebell gewesen ist. Mit anderen Worten: Wenn im ersten Christentum proletarische Tendenzen feststellbar sind, wenn den historischen Umständen entsprechend im Christentum eine Art Sozialismus zur Herrschaft kam, wie Engels schon meinte, dann kann bestenfalls von hieraus ein bemerkenswerter Bezug zum historischen Jesus hergestellt werden. Das bedeutet jedoch nur, daß Jesus faktisch eine Funktion für die Bildung der Gemeinden gehabt hat, diese Funktion aber selbst nur durch eine bestimmte Umwelt möglich und begreifbar wird. Trotz vieler Aussagen über Jesus bleibt deshalb auch bei Kautsky die Auffassung gültig, daß das Christentum im wesentlichen ohne Jesus erklärt werden kann.

II.

Eine apologetisch-polemische und unmittelbar klassenkämpferische Einstellung setzt bestimmte Prioritäten bei der Beschäftigung mit dem Christentum. Kautsky kann dafür als Beispiel gelten. Das mag an den historischen Bedingungen liegen, unter denen sich Kautsky mit dem Christentum auseinandersetzt. Nach einem halben Jahrhundert aber haben sich diese Bedingungen tiefgreifend geändert. Der Marxismus blickt auf eine eigene politische Verwirklichungsgeschichte zurück, die nicht nur durch Fortschritt, sondern auch durch Perversionen und inhumane Rückschläge wie den Stalinismus, niedergeschlagene Aufbrüche im sozialistischen Lager, Reglementierungen der geistigen Auseinandersetzung gekennzeichnet ist. Solche Erfahrungen, werden sie ernst genommen, verunmöglichen theoretische Unschuld und Selbstsicherheit.
Im Hinblick auf das Verhältnis zum Christentum kommt hinzu, daß es zwischen Marxisten und Christen eine Phase eines intensiven Dialogs gegeben hat, in der beide Seiten sich auch aus ideologischen Verkrampfungen zu lösen versuchten. Dort, wo nun von marxistischer Seite die eigene Position einer grundlegenden humanistischen Selbstbesinnung unterzogen wurde, änderte sich auch der Umgang mit dem Christentum, was wiederum eine neue Perspektive in der Rede über Jesus eröffnete. Das mögen die folgenden Jesusdeutungen belegen.

1. Jesus der Menschensohn – Messias: Rebell und Erzketzer

Ernst Blochs Deutung des Lebens und der Predigt Jesu muß im Kontext seiner Auffassung von Religion verstanden werden.[18] Er übernimmt die Feststellung von Marx, daß das religiöse Elend in einem der Ausdruck des wirklichen Elends und in einem die Protestation gegen das wirkliche Elend sei. Aber während die übliche marxistische Religionskritik sich weitgehend auf die Analyse der ideologischen Funktion der Religion beschränkt und festgelegt hatte, erzählt Bloch darüber hinaus von der Religion als Ausdruck des Protestes des erniedrigten und geknechteten Menschen gegen seine herrscherlich unmenschlichen Verhältnisse. Die Analyse und Interpretation der Religion unter dem Aspekt der Protestation wird bei Bloch so zur Aufdeckung utopischer Gehalte, Intentionen und Sehnsüchte im Widerspruch zur Faktizität gegenwärtiger Entfremdung menschlichen Lebens. Bloch weist auf den protestierenden Menschen und seine Hoffnung hin. Der Befreiung des verlassenen und unterdrückten Menschen, der Einlösung seiner Hoffnung auf Heimat, die allen in die Kindheit scheint und worin noch niemand war [19], gilt das Interesse Blochs. Dieses Interesse versucht er geschichtsphilosophisch zu thematisieren – nicht in der Bestreitung der materialistischen Geschichtsauffassung und der damit verbundenen Bewertung der sozio-ökonomischen Verhältnisse, sondern in der ausdrücklichen Hervorhebung der menschlichen Hoffnungen innerhalb der sozio-ökonomischen Verhältnisse, die ja nicht als solche und um ihrer selbst willen wichtig sind, sondern nur die Ermöglichung bedeuten, das Reich der Freiheit wirklich herzustellen.

Unter diesen Voraussetzungen begegnet Bloch auch der jüdisch-christlichen Tradition. Gerade hier läßt sich ein Hoffnungserbe aufdecken, das Bloch für den Marxismus gewinnen möchte. Die Lektüre der Bibel »mit den Augen des kommunistischen Manifests« [20] kann dieses im offiziellen Christentum weithin verschüttete Erbe offenbaren. Das wird besonders deutlich, wo es um Jesus, um dessen Predigt und Leben geht.

---

[18] Aus dem umfangreichen Werk Blochs können im folgenden nur recht knapp einige wesentliche Züge seiner Jesusdeutung aufgezeigt werden. Für eine theologisch orientierte Konfrontation mit Bloch vgl. H. Sonnemans, Hoffnung ohne Gott?, Freiburg 1973. Zur weiterführenden Beschäftigung mit Bloch sei hingewiesen auf: Über Ernst Bloch, Frankfurt 1968, bes. 133–149 (Literatur).

[19] Vgl. E. Bloch, Das Prinzip Hoffnung, Frankfurt 1967, 1628.

[20] E. Bloch, Atheismus im Christentum, Frankfurt 1968, 98.

Jesus ist für Bloch »ein Zeichen unserer guten Sache«, denn was Jesus bedeutet, ist »wie nichts anderes mit den Menschen verbunden und bei ihnen bleibend«.[21] Bloch wendet sich gegen eine harmonisierende, alles glättende Vorstellung von der Person Jesu. Jesus war nicht »so still, so unbegrenzt duldsam«[22], so abgemildert in seinem Wesen und seiner Predigt, wie ihn aus durchsichtigem Interesse »die Wölfe vor allem für die Schafe zurechtgemacht haben«.[23] Jesus konnte leidenschaftlich zornig werden; das zeigt unter anderem die Austreibung der Wechsler aus dem Tempel. Dem widerspricht nicht seine Bergpredigt, wie Bloch meint. »Die Bergpredigt mit ihrer Seligpreisung der Sanftmütigen, der Friedfertigen ist aber nicht auf die Tage des Kampfs, sondern auf das Ende der Tage bezogen, das Jesus nahe herangekommen glaubte...«[24] Der in der Bergpredigt enthaltene Aufruf zum vollkommenen Verzicht auf jede Gewaltanwendung darf deshalb nicht als Anweisung zur Herbeiführung des Reiches mißverstanden werden.

Als Messias ist Jesus nicht von Anfang an, sondern nur zögernd aufgetreten. Nachdem er aber einmal »zu dem alles überbietenden Bewußtsein seiner Sendung« gekommen war, hat er diese keineswegs »nur inwendig und abstrakt« verstanden, »sondern mit sämtlichen, seit Daniel überlieferten und erwarteten Machtzeichen (Mk 14,62)«.[25] Mit der Übernahme des jüdischen Messiastraumes stand Jesus selbstverständlich auch in einer durch Eschatologie bestimmten politischen Tradition; ein Aspekt am Leben und an der Predigt Jesu, der vor allem durch die liberale Theologie völlig unterschlagen wurde. Jesus wurde hier auf reine Innerlichkeit reduziert, »die Eschatologie aus den Evangelien herausgeworfen«.[26] Demnach hätte Jesus lediglich ein »rein ethisches Gottesreich«[27] verkündigt. Gegen derartige Entschärfungsversuche des Lebens und der Predigt Jesu betont Bloch die intensive, auch politisch relevante Erwartung Jesu. Jesus war überzeugt, daß der Anbruch des neuen Äons mit ihm unmittelbar bevorstand. Wenn er sich deshalb als Messias verstand, so richtet sich seine Botschaft nicht auf ein überweltliches, völlig transzendentes Himmelreich, sondern es galt dem konkret anrichtbaren Reich. »Es war die

---

[21] AaO. 169.
[22] AaO. 170.
[23] Ebd.
[24] Ebd.
[25] AaO. 173.
[26] AaO. 174.
[27] Ebd.

Erde, die den Heiland brauchte und das Evangelium. Wenn überhaupt noch ein Zweifel darüber besteht, ob Jesus – vor der Kreuz-Katastrophe – als realer Heiland auftreten wollte, so wird der Zweifel durch *das Wort: Evangelium selber* behoben.«[28] Dieses Wort ist nach Bloch »unmißverständlich als religiös-politisches Heilswort fürs Ende des konkreten Elends, für den Beginn des konkreten Glücks«[29] gemeint. Bloch interpretiert das Selbstverständnis Jesu also durchaus politisch-revolutionär. So zeigt auch die Annahme des Hosiannarufes beim Einzug in Jerusalem den gegen Rom gerichteten politischen Anspruch Jesu. Aber mit der politischen Befreiung seines Volkes ist nur ein Aspekt der Sendung Jesu berührt. Die eigentlich skandalöse Bedeutung erhält Jesu Messianität nämlich durch die Aufnahme prophetischer Elemente in die Botschaft. Jesus kämpft nicht nur gegen die Fremdherrschaft, sondern auch gegen die »heimisch überkommene Welt« mit ihrer priesterlichen Theokratie. In diesem messianischen Selbstverständnis, das politisch doppelt gefährlich war, liegt nach Bloch dann auch der Grund der Verurteilung und Hinrichtung Jesu durch die »Interessengemeinschaft der jüdischen Oberschicht mit den römischen Bedrückern«.[30]

Jesus verstand seinen Kampf nicht ausschließlich politisch, sondern vor allem als Zeichen für den künftigen Äon, der die gesamte Welt mitsamt dem Herrschergott ablösen sollte. Das machte Jesu Auftreten eigentlich blasphemisch. »Der Menschensohn-Messias gab sich also auch nicht als kämpfender Erhalter oder als romantischer Wiederhersteller eines bloßen Davidreichs mit seinem Herrengott. Nein, er setzte sich durchaus als neuer, nämlich von Anfang bis Ende eschatologisch-umwerfender Exodus: – *in Gott als Mensch.*«[31] Mit diesem »in Gott als Mensch« ist deshalb auch wohl die bemerkenswerteste und zugleich revolutionärste Dimension des Selbstverständnisses Jesu und seiner Predigt gekennzeichnet. Der Menschensohntitel, den Bloch als die häufigste und treffendste Selbstbezeichnung des vorösterlichen Jesus ansieht, erhellt diesen Aspekt der Messianität Jesu.

Jesu Selbstbezeichnung als Menschensohn wird für Bloch zum Index der Diesseitigkeit seiner Sendung, er ist für ihn der höchste Titel, und meint, »daß es mit dem Menschen ganz außerordentlich weit her sei; seine Kraft

---

[28] AaO. 176.
[29] Ebd.
[30] AaO. 182.
[31] AaO. 183.

und Gestalt ist die letzte, die alles überwindende«.[32] Im Gebrauch des Menschensohntitels ist nicht nur die Solidarität mit den Mühseligen und Beladenen angesprochen, dieser Titel ist auch ein Protest (ein Zeichen) »gegen alles Oben, wo der Mensch nicht vorkommt«.[33] Bloch interpretiert den Menschensohntitel vollkommen »untheokratisch« [34], und selbst die spätere Bezeichnung Jesu als Gottessohn muß vom Inhalt des Menschensohntitels her verstanden werden: Wenn Jesus sich als Gottessohn bezeichnet, so heißt das nichts anderes, als daß er sich an Gottes Stelle setzt, als Mensch in Gott. In diesem Gottesbild liegt ein radikaler Bruch mit der herrschenden Gottesvorstellung. Der Gott Jesu hat nach Bloch vor allem die Funktion einer Absetzung von theokratischer Glaubenstradition. Jesu Verkündigung zielt auf eine Welt ohne Unterdrückung und ohne Herrengott. Die Maße der neuen Welt sind »nicht mehr die der alten, der Welt des dem Menschlichen abgetrennten, unbegreiflichen Jahwe«.[35] Von hier aus wird verständlich, wenn Bloch vom transzendenten Gott als »Despotiegott«, »Gott der Herren«, »Schreckensgott«, »Kultgott« oder »Priestergott« redet.[36] Gott und Welt erscheinen bei Bloch, wenn auch im Interesse eines Kampfes gegen Unterdrückung und Legitimation von Unterdrückung, in der radikalen Antithese von Oben und Vorn. Wenn das Wort Gott einen Sinn haben soll, dann nur so, daß Gott »als *hypostasiertes Ideal des in seiner Wirklichkeit noch ungewordenen Menschenwesens*« [37] erscheint.

Nach Bloch mußte Jesus mit den herrschenden religiösen und politischen Mächten in Konflikt geraten, die in dem »Rebellen und Erzketzer« genau den »adventhaften Umwerter der vorhandenen Welt« erkannt haben [38], der er auch zu sein beanspruchte. Allerdings ist für Jesus die Hoffnung auf Errichtung des Reiches mit der Kreuzeskatastrophe zerbrochen. Das heißt aber nicht, daß Jesus damit in seiner Bedeutung für die Menschen entschwindet. Er erhält vielmehr eine exemplarische Bedeutung für eine emanzipatorische Praxis. Sie gründet nicht im Glauben an Christus und seine Wiederkunft, wohl aber in der in Jesus utopisch-zeichenhaften Offenbarung des selbstlos Guten für die Welt und in der Welt. Auferste-

---

[32] AaO. 191.
[33] AaO. 211.
[34] AaO. 212.
[35] AaO. 197.
[36] Vgl. aaO. 109.
[37] E. Bloch, Prinzip Hoffnung, 1523.
[38] E. Bloch, Atheismus, 182.

hungsvorstellungen oder die Theologie vom Opfertod sind Umdeutungen, spätere Hinzufügungen. Ebenso ist die Sache Jesu anders gemeint als die der etablierten Kirche. Diese hat ja z. B. bezüglich ihrer Einstellung zum Reichtum »das Nadelöhr hernach sehr erweitert und so gewiß ihren Jesus aus dem Blick des Aufruhrs herausgenommen«.[39]
Gegen kirchenamtliche Vereinnahmung und theologische bzw. christologische Deutung interpretiert Bloch Jesus total weltlich-diesseitig. Diese Deutung erschöpft sich aber nicht in der Herausarbeitung politischer und sozialer Dimensionen. Nach Bloch radikalisiert sich Jesu Anspruch erst in der Absetzung Gottes zugunsten des Menschen. Jesus selbst setzt sich, setzt den Menschen in das Geheimnis »Gott« ein. Wo diese Intention Jesu aufgedeckt wird, dort wird auch das Wesen des Christentums erfaßt. Mit Jesus begründet und bestätigt Bloch so seine These vom »Atheismus im Christentum« und reklamiert gleichzeitig für den Marxismus die zentralen Gehalte christlicher Botschaft – freilich im Lichte einer vollkommenen theologischen Desillusionierung.

2. *Jesus: Urmodell menschlicher Entscheidung und Tat*

Aus den Fragestellungen des marxistisch-christlichen Dialogs, wie er in den sechziger Jahren geführt wurde, ist das Buch von Vitezslav Gardavsky, »Gott ist nicht ganz tot«, entstanden.[40] In diesem Buch beschäftigt sich Gardavsky auch mit Jesus. Ausgangspunkt bildet dabei die Frage, welche Bedeutung die sich um Jesus rankenden religiösen Vorstellungen und Theologisierungen für einen marxistischen Atheisten haben können und warum eigentlich die Idee Christi im Laufe einer zweitausendjährigen Geschichte die Menschen immer wieder so angesprochen hat, daß sie darin auch den Sinn ihrer Existenz zu deuten vermochten. Welches »Urmodell« [41] menschlichen Lebens, das hinter allen abgeleiteten und vordergründigen Vorstellungen des Christentums steht, verbindet sich mit dem Glauben an Jesus? Gardavsky, der in diesem Sinne zu erforschen sucht, »was die ureigentlichste christliche Motivation und der tiefste Sinn des Christentums ist«, begreift Jesus als »eines der Modelle des menschlichen Lebens«, durch das gegenüber alten und verbrauchten Antworten auf die

---

[39] AaO. 171.
[40] München 1971. Aus dem gleichen Geist entstammt auch die kleine Schrift von V. Gardavsky, Hoffnung aus der Skepsis, München 1970.
[41] V. Gardavsky, Gott ist nicht ganz tot, 48.

Grundfragen menschlichen Lebens eine so bedeutsame neue Antwort gegeben wurde, daß sie bis heute ihre Gültigkeit nicht verloren hat.[42]

Nach Gardavsky lehnt Jesus sich mit seiner Botschaft, die im Anfang nicht universal gemeint, sondern an die Juden gerichtet war, gegen Theologisierungen des Alten Testaments und damit verbunden gegen die Herabdeutung Gottes zu einem durch Gesetze, Kult und Riten verfügbaren Gott auf. Jesus knüpft damit an alte prophetische Traditionen an. »Alles spricht dafür, daß es Jesus darum ging, Israel zu seinem ursprünglichen Glauben zurückzuführen, zu jener Gestimmtheit, in der Gott der HERR ohne Unterlaß zu ihm kam, als Anruf an den Auserwählten – an den, der sich zu entscheiden hat, der zu wählen hat, während er zwischen zwei Abgründen steht, und der sich mit seiner ganzen Person in diesen Akt der Wahl hineinstürzen muß. Es ging ihm darum, daß wieder jenes Israel da sei, für das die ganze Zukunft sich gerade jetzt entscheidet, unbestechlich und mit allen Folgerungen; daß also jene Dynamik des Voranschreitens und des Überschreitens entstünde, die uns das, was schon von allem Anfang an da sein sollte, nahebringt – das verheißene Land, ›das Reich Gottes‹.«[43] Diese Charakterisierung des Anliegens Jesu zeigt, daß Gardavsky über eine ganz bestimmte Interpretation des jüdischen Glaubens, für dessen Erneuerung Jesus sich einsetzt, Jesus selbst zu charakterisieren versucht. Die ursprüngliche jüdische Gottesvorstellung, so meint Gardavsky, stellt Gott vollkommen in die Geschichte. Danach ist Gott derjenige, der die Menschen ständig zur Entscheidung aufruft, er ist ganz geschichtlicher Anruf. Mit der jüdischen Gottesvorstellung soll dem Menschen nicht eine selbständige Realität »Gott« demonstriert werden, sondern damit wird ihm ein bestimmtes Verständnis über sich selbst angeboten. In diesem Sinne versteht Gardavsky die jüdische Gottesvorstellung dann als »Offenbarung des Menschen als eines Wesens, das sich auf eine geheimnisvolle, auf ein Ende gerichtete Weise zu entscheiden und zweckvoll zu handeln hat und der Welt und den Mitmenschen aufgeschlossen ist«.[44]

Weil Jesu Predigt durch diese Gottesvorstellung gekennzeichnet ist, ist sie letztlich ein Plädoyer für den sich entscheidenden und in dieser Entscheidung sich jeweils auf neue Möglichkeiten hin transzendierenden Menschen. Jesus, der das Reich Gottes verkündigt, ist kein Sozialrevolu-

---

[42] Vgl. ebd.

[43] AaO. 53 f.

[44] AaO. 39.

tionär, denn nicht von der Idee einer sozialen Gerechtigkeit her ist seine Predigt konzipiert, sondern als Anruf zur Entscheidung für einen radikal neuen Lebensentwurf und in dem Sinne für eine neue Zukunft. Jesus selbst ist das Urmodell menschlicher Entscheidung und Tat. Nichts anderes zeigen auch die Wunder Jesu an, die für Gardavsky »Modellcharakter« für die einheitsstiftende Tat auf Zukunft haben – über alle Alltäglichkeit hinaus. Bei diesen Wundern geht es ja nicht um irgendwelche mirakulösen Eingriffe in den Naturablauf, sondern nach den Intentionen Jesu um den Einsatz der ganzen Persönlichkeit zu einer Tat, mit der die bislang für unüberwindbar gehaltenen Grenzen menschlichen Lebens überschritten werden. Eine solche Tat bewirkt Wunder. »Was hier geschieht«, meint Gardavsky, »ist etwas Einzigartiges und bedeutet restlose Selbstverwirklichung.« [45] Die Basis für solche Selbstverwirklichung liegt in der Liebe. Sie macht letztlich den Inhalt des Lebens und der Predigt Jesu aus und befähigt ihn, sich so radikal zu entscheiden, daß er mit seinen Taten »Wunder« zu wirken vermag. Liebe definiert Gardavsky dabei »als das Kompositionselement der Subjektivität in jedem Augenblick, da sie sich aktuell zu einer Tat entschließt und in diesem Entschluß die menschlich optimale Form zu geben bemüht ist«.[46]

Natürlich weiß Gardavsky, daß Jesus mit seiner Verkündigung des Reiches Gottes, mit seiner Botschaft von der Liebe und dem Aufruf, sich jetzt zu entscheiden, nicht irgendwelche humanistische Grundregeln aufstellen wollte, sondern daß diese Predigt eher »für den Hausgebrauch Israels« [47] bestimmt war. Dennoch konnte später seine Botschaft als besondere Radikalisierung des jüdischen Glaubens einen allgemeinen Sieg über den zusammenbrechenden Geist der Antike erringen, weil das Christentum wiederum auf die entscheidende Frage hinwies: *»Wer ist der Mensch?«* [48] Die Antwort, die auf diese Frage durch das auf die Predigt Jesu gegründete Christentum gegeben wurde, kann dann auch heute noch für den marxistischen Atheisten akzeptiert werden: »Der Mensch ist ein Geschöpf, das sich im Kampf und in der freien Entscheidung, mit der es auf den Anruf der Gegenwart antwortet, gestaltet. Bringt er es dabei fertig, radikal zu lieben, dann bricht er mit seiner Tat den Schoß der Zukunft auf und wird zu einem, der mehr ist, als in seinen Möglichkeiten

---

[45] AaO. 59.
[46] AaO. 235.
[47] AaO. 63.
[48] Ebd.

lag. Darin liegt sein ganzes Geheimnis, darin ist der Mensch selbst ein Wunder; etwas, was da ist und nicht wiederholt werden kann.« [49]
Jesus hat dieses Menschsein auf vorbildliche Weise gelebt. Das an ihm festzuhalten und zu konkretisieren, bestimmt Gardavskys Jesusbild.

3. Jesus für Atheisten

Bloch und Gardavsky haben mit ihren Jesusbildern jeweils die Inhalte zu nennen versucht, die für die menschliche Selbstverwirklichung zentral sind und deshalb auch für den Marxismus richtungweisend sein können. Ganz ausdrücklich wird ein so motiviertes Interesse an Jesus bei Milan Machovec. Wenn Machovec »Jesus für Atheisten« [50] deutet, so geht es ihm darum, vom »eigenen Marxismus tiefere, anspruchsvollere, modernere Vorstellungen« [51] zu entwickeln. Die Beschäftigung mit Jesus ist deshalb weder zufällig noch beliebig, sondern sie erfüllt ein aktuelles, auch politisch wirksames Bedürfnis. Sie zielt darauf ab, trotz des Einmarsches der Warschauer Paktstaaten in die CSSR im August 1968 und der daraus folgenden Zerschlagung eines hoffnungsvollen Dialogansatzes zwischen Christen und Marxisten, den Weg zu einem Sozialismus mit »menschlichem Antlitz« nicht aufzugeben, sondern mit Blick auf Jesus, und zwar unter Berücksichtigung der Erkenntnisse der modernen Bibelwissenschaft [52], gerade die Kritik aufzuzeigen, mit der die gegenwärtigen Verhältnisse auf eine menschlichere Zukunft hin aufgebrochen werden können.
Jesus steht nicht unvermittelt in der Geschichte. Er ist nur zu verstehen aus der jüdischen Religion vor seiner Zeit. Zentral für das Verständnis der jüdischen Religion ist nach Machovec der im Kern radikale und rigorose Monotheismus.[53] Auf der Basis dieses Monotheismus gestaltet sich das spezielle Verhältnis Israels zu Jahwe im Bund. *»Jahwe verpflichtet zum Handeln«* [54], er handelt nicht ersatzweise für den Menschen. Entscheidend ist für das alttestamentliche Gottesbild, daß Jahwe die Menschen anspricht. Er redet den Menschen bzw. den Stamm mit »Du« an.

---

[49] Ebd.
[50] Stuttgart/Berlin 1972.
[51] AaO. 19.
[52] Durch historisch-kritische Forschung lassen sich nach Machovec gewisse »Stützpfeiler im Denken Jesu« (aaO. 43) herausarbeiten.
[53] Vgl. aaO. 59.
[54] Ebd.

Damit tritt er in eine nicht zu verallgemeinernde Beziehung zu den Menschen, die Machovec folgendermaßen deutet: »Es ist die persönlichste unverwechselbare Sphäre eines jeden menschlichen ›Ich‹, ja es ist in einem gewissen Sinn das menschliche ›Ich‹ selbst als voll erlebtes, bewußtes, mit seiner Sendung identisches Ich, das aus der Verlorenheit des Menschen in der alltäglichen oft so erbärmlichen Realität zum maximalen Anspruch, zur größten Anspannung der menschlichen Kräfte, zum Handeln drängt.« [55] Für Machovec ergibt sich daraus die Möglichkeit, die Bibel nicht nur religiös, sondern auch atheistisch-humanistisch zu interpretieren.

Israel entdeckt durch seine Gottesvorstellung immer stärker die Dimension der Zukunft. Im prophetisch eschatologischen Denken bildeten sich im Laufe der Zeit verschiedene Aspekte dieser Zukunftserwartung (chiliastisch, apokalyptisch) heraus, an der Jesus mit seiner Botschaft vom Reich Gottes dann anknüpfen konnte. Die Reich-Gottes-Botschaft ist für Jesus zentral. Für die Erläuterung der Predigt Jesu setzt Machovec seine Deutung des jüdischen Gottesbildes voraus. Jesus hat eschatologisch von der Gegenwart gepredigt, d. h. er war »ein mitreißender Verkünder *des augenblicklichen Anspruchs an den Menschen*« [56] vom Standpunkt des Reichs. Daraus folgt Jesu Aufforderung zur Umkehr. Jesus macht die Zukunft zur Sache der Gegenwart, er gibt ihr »den eigentlich menschlichen Charakter«, ... er reißt den Menschen mit, »weil er *diese gelebte Zukunft* mit seinem ganzen Wesen *verkörperte*«.[57] Machovec belegt diese Einstellung Jesu durch verschiedene Momente der biblischen Botschaft, z. B. durch Jesu Gebet, das er im Gefolge seiner Interpretation der alttestamentlichen Gottesvorstellung als Vermögen, »voll und ganz bei sich selbst, bei seinem eigenen Ich zu sein« [58], versteht, oder durch die Gleichnisse, die darauf verweisen, daß man »die Authentizität der menschlichen Existenz nicht anders erreichen (kann) als in tiefstmöglich gelebter Gegenwart«.[59] Jesus ist deshalb auch kein Sozialrevolutionär. Seine Forderungen gehen weiter: der ganze Mensch soll sich wandeln. Natürlich hat die Botschaft Jesu dadurch auch eine hohe gesellschaftskritische Bedeutung, die Machovec an Jesu Bewertung des Kindes aufzuzeigen versucht. Bei Jesu liebender Zuwendung zu den Kindern, bei seiner Be-

[55] AaO. 61 f.
[56] AaO. 99.
[57] AaO. 103.
[58] AaO. 104.
[59] AaO. 110.

wertung des Kindes als des noch nicht verdinglichten Menschen und zugleich als des Symbols zu schützender Schwachheit, geht es nicht vorab um persönliche Erlebnisse und Erfahrungen Jesu mit Kindern, »im Kern geht es um eine Art der Gesellschaftskritik, um den kritischen Vergleich der Erlebnisweisen von Kindern und Erwachsenen«.[60]
Mit besonderer Sorgfalt untersucht Machovec den Menschensohntitel und die Messiasbezeichnung. Die emotional beladene, aber im Vorstellungsmaterial außerordentlich karge Aussage des frühen Christentums vom Menschensohn wird im Bewußtsein der Vielschichtigkeit des exegetischen Problems von Machovec als »eine der wirkungsvollsten Komponenten der verschiedenen prophetischen Reden Jesu« [61] gewertet, die mit der Parusie fest verbunden war und erst aus dem Bewußtsein schwand, als die Parusieerwartung selbst erlosch. Der Messiastitel wird Jesus dagegen von seinen Jüngern verkündigt, indem nämlich vor allem Petrus im Dialog [62] mit Jesus dessen messianisches Bewußtsein weckt. So versteht Machovec das Petrusbekenntnis in Mk 8,29 als »dramatische Komprimierung eines längeren Vorgangs zu einer prägnanten Begebenheit«.[63] Auch wenn einige Jünger Jesus als politischen Messias erwartet haben, gingen die messianischen Sehnsüchte der meisten seiner Jünger doch tiefer. Ihre Messiaserwartung schloß mit der Vorstellung vom leidenden Messias auch eine Reflexion auf menschliches Leid und Schmerz ein. Diesen Gesichtspunkt hebt Machovec ausdrücklich hervor.[64] Jesus selbst wird deshalb seinen Tod mit in seine Sendung einbegriffen haben. Es lag »in der Logik der eschatologischen Verkündigung, daß Jesus seine Mission und seine Botschaft mit dem eigenen Leid und Leben erhärtete«.[65] Allerdings hält Machovec die Vorstellung des »künftigen realen Kommens des ›Menschensohnes in all seiner Herrlichkeit‹« [66] wie auch die Heilsbedeutung des Leidens Jesu für mythologisch. Gerade bezüglich dieser Vorstellung vom Leiden steht für Machovec fest, »daß die Mythologie hier den Kern des

[60] AaO. 118.
[61] AaO. 155.
[62] Vgl. aaO. 160 f. Unter Dialog versteht Machovec nicht nur einen mehr oder minder intensiven Meinungsaustausch, sondern eine totale menschliche Kommunikation, bei der die gesamte Persönlichkeit vorbehaltlos eingebracht wird. Eine Theorie dieses Dialogs entwickelt Machovec in dem Buch: Vom Sinn des menschlichen Lebens, Freiburg 1971.
[63] M. Machovec, Jesus für Atheisten, 159.
[64] Vgl. aaO. 171 ff.
[65] AaO. 175.
[66] AaO. 177.

Problems selbst ausmacht«.[67] Verschärft stellt sich dann natürlich die Frage nach Golgatha und Ostern. Machovec meint, daß Jesus als großer jüdischer Frommer starb. Er habe mit seinem Schrei am Kreuze tatsächlich nach Elia gerufen. Er starb »nicht als Kierkegaard-Figur«.[68] Jesus rückt sich mit diesem Schrei selbst in die Nähe des Propheten Elia.

Die Depression und die Flucht der Jünger nach dem Tode Jesu sind die Folge der ausbleibenden Umwandlung Jesu in Elia. Wie kommt es nun, daß trotz der Katastrophe der Glaube an Ostern entstand? Petrus ist, genau wie bei der Verkündigung des Messiastitels, für Machovec auch der erste Verkündiger der Auferstehung. Er faßt sich nach Golgatha zuerst, kehrt um und erklärt das Kreuz als Sieg. Die Möglichkeit dieser Uminterpretation liegt darin, daß Petrus mit der Verkündigung der Auferstehung an alte Gehalte der Botschaft Jesu anknüpfen konnte. »Der Glaube an die Auferstehung konnte bei den Anhängern Jesu die ausgebliebene Parusie des Menschensohnes ersetzen« [69], und er war zudem geeignet, die tiefste und innerlichste Dimension des von Jesus verkündigten Königreiches über alle politischen Ausformungen hinaus zu erschließen. Zudem war gerade die Auferstehungsidee geeignet, eine Reihe von Problemen des menschlichen Lebens auszusprechen, z. B. das Problem des Sinnes des Todes.

Paulus, der an dem ethischen und theologischen Problem der Erlösung interessiert ist, kann die Auferstehungshoffnung aufgreifen und wird durch die Universalisierung der Erlösungsbotschaft dann nach Jesus und Petrus zur dritten Gründergestalt des Christentums. Im Johannesevangelium wird schließlich für eine spätere Zeit der Versuch unternommen, den »realen Mangel des Erlebens der Person Jesu, seiner Geistesstärke, seines charismatischen Zaubers« [70] zu ersetzen. Insofern enthält auch dieses Evangelium »gewisse historische Wahrheit« [71], bewahrt reale Erfahrungen auf.

Was ist aber nun die Sache Jesu, eingedenk des Anspruchs, Jesus für Atheisten entdecken zu wollen? Es ist der totale, ganz menschliche Anspruch, der von Jesus ausgeht, über jede Konfessionalisierung der Botschaft hinaus. In Jesus begegnet dem Menschen das, was ihn in seiner Menschlichkeit unbedingt angeht. »Es geht jedoch um den Menschen

[67] AaO. 178.
[68] AaO. 202.
[69] AaO. 215.
[70] AaO. 245.
[71] AaO. 246.

selbst, um seine Zukunft und seine Gegenwart, um sein Siegen und Versagen, seine Liebe und seinen Schmerz, um seine Verzweiflung und unauslöschliche Hoffnung.« [72]

4. Jesus: Offenbarer des Elends der Zeitlichkeit

Die Jesusdeutungen von Bloch, Gardavsky und Machovec sind wesentlich verbunden mit einer bestimmten Interpretation der jüdisch-christlichen Gottesvorstellung. Leszek Kolakowski, dessen Jesusdeutung abschließend erörtert werden soll, wählt eine andere Betrachtungsweise. Ihn interessiert vor allem, wodurch die abendländische Kultur mit Jesus verbunden ist.
»Rein historisch betrachtet«, meint Kolakowski, »war Jesus ein galiläischer Jude, der an den jüdischen Gott glaubte und daran, daß ihm Gott einen besonderen Sendungsauftrag anvertraut habe.« [73] Jesus verstand sich als jüdischer Reformator, der »die Nachricht von einem baldigen Weltende und einen Appell an alle brachte, sich unverzüglich auf eine letzte Katastrophe vorzubereiten«.[74]
Bei der Lektüre der Evangelien fällt auf, daß die einzelnen Züge in der Person Jesu sich nicht einfach harmonisch zusammenfügen lassen. Jesus verhält sich einerseits kompromißlos, impulsiv, ja gewaltsam, wo seiner Predigt Widerstand und Unglaube entgegengebracht wird, andererseits predigt er Gewaltlosigkeit und radikale Liebe. Jesus verweist auf die Schriften des Alten Testamentes und überschreitet sie doch prinzipiell. Er interpretiert die Wirklichkeit ganz aus dem Willen Gottes, und nur das gilt, was sich in diesen Willen einordnet, was diesen Willen zu erfüllen trachtet. Jesu Predigt lebt aus einer radikalen Dichotomie von Welt und Reich Gottes. Das bedeutet nach Kolakowski: »Die Mission Jesu Christi ist die Offenbarung des Elends der Zeitlichkeit.« [75] Das Reich Gottes verspricht er nicht den Satten, den Selbstsicheren und Mächtigen, sondern den Verachteten und Elenden, »und die glauben ihm, denn sie wissen, daß das zeitliche Leben Elend und Leid ist, und gerade das muß man anerkennen, um seine Lehre zu verstehen«.[76]
Mit der völligen Dichotomie zwischen der Welt und dem Reich Gottes überholte Jesus die Einteilung zwischen Israel als erwähltem Volk und

[72] AaO. 269.
[73] L. Kolakowski, Geist und Ungeist christlicher Traditionen, Stuttgart 1971, 27.
[74] AaO. 28.
[75] AaO. 31.
[76] AaO. 32.

den anderen Völkern, denn wenn Jesus sich auch als Reformator der jüdischen Tradition verstand, zerstörte er letztlich mit seinem universalen Prinzip der Teilung die Vorstellung vom auserwählten Volk. Die Jünger und hier wiederum speziell Paulus haben später den »Universalismus« aufgenommen und »eindeutig formuliert«, allerdings das von Jesus aufgezeigte »Elend der Zeitlichkeit umgewandelt zu einem Befehl der Askese«.[77] Die folgende Herausbildung des Christentums geschieht nach Jesu Tod nicht nur durch den Glauben an seine Predigt, sondern auch durch den Glauben an seine Auferstehung und Vergöttlichung. Für alle Richtungen des Christentums bleibt der Glaube an den geschichtlichen Jesus jedoch ebenfalls konstitutiv.

Jesu Bedeutung für uns, auch wenn darin keine Bindung an ein religiöses Bekenntnis impliziert ist, liegt in einigen seiner Weisungen begründet, die nicht als abstrakte Lehrformeln, sondern bleibend mit seiner Person verknüpft unsere Kultur geformt haben. Kolakowski nennt fünf solcher Weisungen.

1. Jesus lehrt die »Aufhebung des Gesetzes zugunsten der Liebe«.[78] Er wandelt den oft grausamen Gehorsam fordernden Gott des Pentateuch in einen Gott der Barmherzigkeit um. Von hieraus bestimmt sich bis auf den heutigen Tag das Gegenüber von Vertragsbund und Liebesbund in den verschiedensten Ausprägungen. »Und wenn Marx die Kontrakte des Interesses in der Waren- und Tauschgesellschaft den Verträgen der ungezwungenen Assoziation von Menschen, die freiwillig miteinander solidarisch sind, gegenüberstellt, dann übernimmt er mit den damaligen Sozialisten das gleiche Motiv, das seinen Ursprung in Jesus hat und im gegenwärtigen Christentum am häufigsten in Häresien und am seltensten in der Kirche zu finden ist.«[79]

2. Neben diesem Motiv einer Utopie allgemeiner Brüderlichkeit ist »der Gesichtspunkt der Gewaltaufhebung in den zwischenmenschlichen Verhältnissen«[80] ein weiteres zentrales Element in der Lehre Jesu. Es ist auch heute kein Ausweis von Naivität zu meinen, die menschlichen Verhältnisse müßten gewaltlos geregelt werden. Vielmehr ist es naiv zu meinen, daß man mit Gewalt alles erreichen kann. Gewaltlosigkeit heißt aber nicht Passivität, Gehorsam allem gegenüber. Jesus selbst zeigt nach Kola-

---

[77] AaO. 33.
[78] AaO. 34.
[79] AaO. 35.
[80] Ebd.

kowski, daß man gewaltlos um seinen Standpunkt kämpfen kann. »Die Idee des Lebens ohne Gewalt ist weder dumm noch utopisch: Sie erfordert *nur Mut,* den die Verehrer der Gewalt, die in ihr ein universales Mittel sehen, am wenigsten haben, so daß sie nur dann zu kämpfen bereit sind, wenn sie gegenüber den Schwachen mit Gewalt operieren können, sonst nie.« [81]

3. Das Wort Jesu, daß der Mensch nicht allein vom Brot lebt, ist zwar heute eine Selbstverständlichkeit, insofern die in unserer Kultur fest verankerte Auffassung besteht, daß es Werte gibt, die sich nicht auf die elementaren Lebensbedürfnisse reduzieren lassen. Aber auch eine solche Selbstverständlichkeit ist nicht immer selbstverständlich gewesen, sondern es erst dank der Verkündigung Jesu geworden.

4. »Jesus machte Gott für alle zugänglich« [82] und hob damit den Erwählungsgedanken eines einzelnen Volkes auf. Jesu Gott liebt alle Menschen ohne Ansehen der Person. Dieser Gedanke, daß es nämlich keine auserwählten Völker gibt, die unter Berufung auf den Willen Gottes eine hervorragende Rolle in der Weltgeschichte spielen, um damit ihre Herrschaft über andere zu legitimieren, ist heute Allgemeingut. Aber auch für diese Idee gilt nach Kolakowski: »Daß die fundamentalen Werte der Menschheit ein Eigentum aller sind, und daß die Menschheit ein Volk bildet – diese Idee ist dank der Lehre Jesu ein unveräußerbarer Teil unserer geistigen Welt geworden.« [83]

5. »Jesus erklärt den Menschen, sie seien elend und verheimlichten dieses Elend vor sich selbst.« [84] Er offenbart ihnen »das physische Elend der Zeitlichkeit« [85]; ein Gedanke, der unzählige Male dazu mißbraucht wurde, Unrecht, Unterdrückung, Ausbeutung und Herrschaft zu rechtfertigen. Und dennoch hat Jesus mit dem Hinweis auf die Unzulänglichkeit und Gebrechlichkeit der physischen Existenz der Menschen auf eine Tatsache hingewiesen, die ein andauerndes Thema der philosophischen Überlegungen bildet. »Man kann sich nämlich heftig bemühen und man kann endlos darum kämpfen, in den Verhältnissen des menschlichen Daseins alles, was man ändern kann, zu ändern, und dabei doch erkennen, daß das Absolute unerreichbar ist, daß einige physische Gebrechlichkeiten der menschlichen Existenz nicht zu ändern sind, daß in uns eine

---

[81] AaO. 38.
[82] AaO. 39.
[83] Ebd.
[84] AaO. 40.
[85] Ebd.

fundamentale Unfähigkeit besteht, die mit eben dieser menschlichen Endlichkeit verbunden ist. Das Thema wird nie aufhören, die Philosophen zu beschäftigen«.[86]
Kolakowski will Jesus für die Kultur zurückgewinnen. Auch wenn man mit Recht darauf hinweisen kann, daß alle genannten Werte nicht so typisch mit Jesus verknüpft sind, daß man sie nicht auch anderswo auffinden könnte, so bleibt es doch Tatsache, daß in unserer Kultur diese Werte unabdingbar ihren Ursprung in der Person Jesu haben. Jeder Versuch, sie in ihren nichtchristlichen Abwandlungen von ihrem Ursprung abzulösen, würde nicht nur »zu einer Art kultureller Armut«[87] führen, er würde zudem einen dogmatischen christlichen Alleinanspruch fördern, in dem die Gefahr auftritt, daß »sämtliche Dekadenzerscheinungen im Christentum ohne weiteres zu Dekadenz der historischen Bedeutung der Existenz Jesu werden«.[88] Für den Bestand und die Kontinuität unserer Kultur ist Jesus unverzichtbar, schon deshalb, weil er jahrhundertelang »das Beispiel der allerheiligsten Werte der Menschen«[89] gewesen ist. »In seiner Persönlichkeit verkörpert er nämlich die Fähigkeit, mit voller Stimme seine Wahrheit zum Ausdruck zu bringen, die Fähigkeit, sie bis zum Ende und ohne Kompromisse zu verteidigen, und die Fähigkeit zu einem letzten Widerstand gegen den starken Druck der Wirklichkeit, die ihn nicht annimmt. Er lehrte, wie man sich selbst und der Welt, ohne zu der Gewalt Zuflucht zu nehmen, die Stirn bieten kann. Er war also ein Beispiel für jene radikale Authentizität, in der jedes menschliche Individuum die eigenen Werte des Lebens aller erst wahrhaftig verwirklichen kann.«[90]
Kolakowskis Überlegungen zu Jesus dürfen nicht als allgemein kulturphilosophische, unpolitische Erwägungen mißverstanden werden. Sie müssen auf dem Hintergrund der kirchlichen und politischen Situation in Polen gewertet werden. In ihnen äußert sich nämlich der Widerspruch zu einer dogmatischen Monopolisierung Jesu durch die katholische Kirche. Die Rückgewinnung Jesu für die Kultur soll darüber hinaus dann die mit Jesus gegebenen Werte als unaufgebbar bewußt machen und sie so in ihrer gesellschaftskritischen Kraft für die sozialistische Gesellschaft entfalten. Dieses Jesusbild wird dem etablierten System und seiner Ideologie

[86] AaO. 41.
[87] Ebd.
[88] Ebd.
[89] AaO. 43.
[90] Ebd.

gefährlich, und es trägt bei Kolakowski deutliche Züge der Kritik an einem Marxismus, der sich die ethische und damit auch die humanistische Problematik zugunsten der Ausübung von Herrschaft erspart hat.[91]

Ein Rückblick auf die verschiedenen Jesusdeutungen zeigt, daß allen Überlegungen eine Absage an traditionell theologische und kirchliche Jesusdeutungen zugrunde liegt. Dennoch haben sich die Interessen an Jesus im Laufe der Zeit deutlich verschoben. In der älteren Tradition ging es lediglich darum, die »Normalität« Jesu und seine mögliche Bedeutung unter den damaligen Verhältnissen zum Zwecke einer gewissen historischen Rekonstruktion herauszustellen, um so wissenschaftlich im Sinne des historischen Materialismus jede theologische und religiöse Deutung Jesu zu widerlegen.

Dagegen äußert sich in den neueren Jesusdeutungen ein direktes Interesse an der Person Jesu selbst. Nicht die Funktion Jesu für das Entstehen des Christentums, sein Leben und seine Predigt werden zum Gegenstand der Überlegungen. Die Bedeutung Jesu wird dabei nicht vorrangig in seiner unmittelbar sozialen und politischen Wirksamkeit gefunden, sondern in seiner einzigartigen, mit dem eigenen Leben belegten Darstellung wahrer Humanität. In Jesus zeigt sich, was der Mensch zu sein vermag, und zugleich konkretisiert sich in ihm, was es in dieser Perspektive heißt, *menschlich* zu handeln. Das fasziniert an Jesus, macht seine Verbindlichkeit auch für den modernen Menschen aus. Ob Jesus dabei nun, wie bei Kolakowski, als Ursprung grundlegender humaner Wertvorstellungen unserer abendländischen Kultur angesehen wird oder als Vorbild gelungenen menschlichen Lebens: immer ist seine Bedeutsamkeit auch für zukünftige Humanität mitangesprochen. Kirche, Religion, Christentum, wenn sie sich auf Jesus berufen, werden an diesem Anspruch gemessen. Es ist ein Anspruch, der auch für den Marxismus nicht überholt ist, wie die eigene, relativ kurze Geschichte beweist.

So signalisieren die marxistischen Überlegungen zu Jesus eine gesellschaftskritische Zielsetzung: Zuwachs an Humanität läßt sich nicht kalkulieren durch reines Zweck-Mittel-Denken. Politik ohne Moral entartet zur Herrschaft. An Jesus gewinnt das Problem einer sozialistischen Moral

---

[91] In vielen anderen Veröffentlichungen hat Kolakowski den zur Herrschaftsideologie erstarrten Marxismus auf das schärfste kritisiert. Vgl. L. Kolakowski, Der Mensch ohne Alternative, München 1967; ders., Traktat über die Sterblichkeit der Vernunft, München 1967. Eine sehr gute Darstellung der Philosophie Kolakowskis bietet G. Schwan, Leszek Kolakowski, Stuttgart 1971.

damit eine verblüffende historische Anschaulichkeit, die sich nicht auf abstrakte Regeln und Ideale zurückdefinieren läßt, eben weil sie an eine historische Person gebunden ist, die durch sich selbst einen Maßstab für Humanität gesetzt hat.

Die Abwehr einer theologischen Deutung Jesu soll vor allem die mit Jesus verbundene Aufschlüsselung des Sinnes menschlichen Lebens erhalten. Dabei ist es nicht die Frage, ob Jesus für sein Leben und seine Predigt Gott vorausgesetzt hat, ob er an Gott geglaubt hat. Das kann als selbstverständlich angesehen werden. Die Frage ist nur, wie er diesen Glauben gelebt hat und ob es berechtigt ist, diesen gelebten Glauben letztlich atheistisch zu interpretieren. Diese Frage läßt sich nicht aufgrund einzelexegetischer Untersuchungen entscheiden; so notwendig solche Untersuchungen sind, auch gerade zur Korrektur mancher marxistischer Thesen zu Jesus.

Für ein Gespräch zwischen Christen und Marxisten wäre von christlicher Seite vielmehr zu zeigen, daß für ein konsequentes Zu-Ende-Denken der Aufschlüsselung menschlicher Wirklichkeit durch das Leben und die Botschaft Jesu eben jene Ankündigung des Reiches Gottes unverzichtbar ist, die jeder weltlichen bzw. gesellschaftlichen Totalkonstruktion widerspricht und so davor bewahrt, Humanität abstrakt unter dem Muster der absoluten Verfügung und damit Beherrschung durch den Menschen zu denken. Allerdings ist diese theologische Deutung des uneinholbaren Anspruchs Jesu nicht allererst eine Frage des Prinzipienvergleichs und schon gar nicht eine Frage des Beweises eines notwendig anzunehmenden Gottesglaubens, in dem Jesus gewissermaßen nur der christliche Anwendungsfall ist. Es ist eine Frage der Praxis, in der mit der Berufung auf Jesus Christus um der größeren Humanität willen die Zukunft des Menschen gegen jede menschliche Machtergreifung und gegen jede totale menschliche Selbsteinsetzung in den Sinn der Geschichte verteidigt wird. Nur so läßt sich durch die Rede von Jesus auch die Rede von Gott begründen.

Rupert Lay

DAS ERBE AN DEN HETERODOXEN TRADITIONEN DES CHRISTENTUMS

Den Marxismus unbesehen unter christliche Heterodoxie zu subsumieren, geht – trotz mancher gegenteiliger Versuche, ihn als eine vom liberalistisch-säkularistisch wie ökonomischen Geist geprägte christliche Sekte des 19. Jahrhunderts zu etablieren – nicht an. Man verwies auf die christlichen Früherwartungen vom Reich mit den sie begleitenden kommunistischen Idealen, auf Augustinus, auf Joachim von Fiore ... Zu Recht weist E. Bloch Vermutungen dieser Art zurück: »Der große Ketzer und Zukunftsträumer Joachim di Fiore passiert zwar noch, obwohl er doch auch nur so eine Art Jesaias des dreizehnten Jahrhunderts war, aber Marx, weil er der Ernstfall ist, wird angehalten und als soi disant – Kirchenräuber entlarvt.«[1] Dennoch ist manches, von dem vor allem der frühe Marxismus inspiriert wurde, alt – und hat mancherlei ortho- wie heterodoxe Elemente des Christentums bei sich. Er steht in einer kritischen Denktradition mit vielen christlichen Träumen um die Realisation des christlichen Idealzustandes auf Erden. Aber der Marxismus träumt nicht. Er probt (aus christlicher Sicht dieses »probt«) den eschatologischen Ernstfall.

1. Der Glaube der Ketzer

Sorglich gilt es zu scheiden zwischen Anders-glauben und Anderes glauben als das, was die Mehrzahl der christlichen Kirchen glaubt. Beides bezeichnet Heterodoxie – doch das eine geschieht im Raum der Kirchen, das andere außerhalb. Ketzerei pflegt man beides zu nennen. Beide Formen der Heterodoxie waren und sind ein Stachel im Fleisch der Kirchen, zugleich aber auch ihr Gewissen. Sie realisiert das entzweiende Erbe der Botschaft Jesu: »Glaubet nicht, ich sei gekommen, Frieden auf Erden zu bringen, sondern das Schwert. Denn ich bin gekommen, den Menschen zu entzweien mit seinem Vater und die Tochter mit der Mutter ... Und die

---

[1] E. Bloch, Das Prinzip Hoffnung, Frankfurt 1959, 1611.

Feinde des Menschen werden seine eigenen Hausgenossen sein« (Mt 10, 34–36). Wir wollen zunächst einige Gemeinsamkeiten des Glaubens großer Ketzer aufzeigen, die, obschon sie allzuoft in die Heterodoxie führten, doch durchaus auch orthodox interpretiert werden können:

1.1. Das Christentum ist keine Summe von Lehrformeln oder Geboten, sondern eine Bewegung

Jesus verurteilte wiederholt die Haltung des *Habens*, wie sie sich in Denken und Handeln mancher Pharisäer manifestierte: »Wir *haben* das Gesetz und nach diesem Gesetz muß er sterben« (Joh 19,7). Dem »Wir *haben* Moses und das Gesetz« entgegnet er: »Das Gesetz und die Propheten gelten bis Johannes; von da an wird das Wort Gottes aber durch die Heilsbotschaft verkündet, und ein jeder drängt mit Gewalt hinein« (Lk 16,16). »Seit dem Auftreten des Täufers bis jetzt dringt das Himmelreich *gewaltsam* voran, und die *Gewalttätigen* reißen es an sich« (Mt 11,12).
Jesus erkennt die Gefahr, die vom geistigen Haben ausgeht: »Selig sind, die geistig nichts *haben*, denn ihnen gehört das Himmelreich« (Mt 5,3). Seine Kritik gilt denen, die vom geistigen Haben gehabt, vom religiösen Besitz besessen werden, denn im Haben stirbt die Erwartung und mit ihr die Hoffnung.
Gegen das Haben steht das Werden. Das Gottesreich wird nicht gehabt, nicht besessen, sondern es *wird* wie die Ähre aus der Saat bis zum Tag der Ernte, es *wird* wie der Baum aus dem Samenkorn, es *wird* wie das Brot aus dem Sauerteig (vgl. Mt 13,3–43).
Auf all diese Worte beziehen sich die Ketzer immer und immer wieder, mahnend, fordernd bis zur Rebellion. Sie ziehen aus, das Christentum, das sie seit Konstantin im Haben wissen, vom Haben zu befreien, damit es wieder der tätigen Erwartung lebe – bis hin zum Aufruf zur Gewalt. Die Marxsche Bestimmung des Kommunismus läßt noch etwas von diesem Wollen ahnen: »Der Kommunismus ist für uns nicht ein *Zustand*, der hergestellt werden soll, ein *Ideal*, wonach die Wirklichkeit sich zu richten habe. Wir nennen Kommunismus die *wirkliche* Bewegung, welche den jetzigen Zustand aufhebt.« [2]

[2] Die deutsche Ideologie: Feuerbach, in: MEW III, 35.

1.2. Das Christentum fordert Ablösung vom Gegenwärtigen um des Gottesreiches willen

Das zentrale Jesusgebot »metanoeite« lesen die Ketzer nicht als ein blasses privates »Tuet Buße«, sondern als Forderung, sich von allen Bindungen, den materiellen, den geistigen, den sozial-etablierten zu *befreien,* damit Gottesreich werde. Solche »Befreiung« ist nicht Privatsache eines Büßers, sondern ein kollektives Bemühen, das Gegenwärtige um des Reiches willen in der Befreiung zu überwinden. Die Befreiung vom Gehabtwerden manifestiert sich

- in der Forderung der Freiheit vom materiellen Haben (der »Armut« des Evangeliums),
- in der Forderung nach Freiheit von geistigem Besitzen, insofern es zum Besessensein führt,
- in der Forderung eines kollektiven Bemühens zur qualitativen Veränderung alles Bestehenden (ins Gottesreich hinein). Dieses Reich ist nicht von dieser gegenwärtigen Welt, aber es wird auf *dieser* Welt, ist nicht »Jenseits«, sondern ins Reich verwandeltes »Diesseits«.

Um nicht im zweiten Teil immer wieder die Schriftstellen aufs neue anführen zu müssen, auf die die Ketzer sich beziehen, seien sie hier gesammelt:
[Wider das materielle Haben:] »Und wie sie so dahinzogen, sprach ihn unterwegs jemand an: ›Ich will dir folgen, wohin immer du gehst‹. Da sprach Jesus zu ihm: ›Die Füchse haben Baue und die Vögel Nester, der Menschensohn aber hat nichts, wohin er sich legen könnte‹« (Lk 9,57 f). Einem jungen Vorsteher, der Heil sucht, »antwortet er: ›Verkaufe alles, was du hast und gib es den Armen . . ., dann komm und folge mir nach‹. Der aber wurde, als er das hörte, sehr betrübt, denn er war reich. Als Jesus ihn so sah, sprach er: ›Wie schwer gelangen die Reichen ins Gottesreich! Denn leichter kommt ein Kamel durch eine enge Pforte als ein Reicher ins Gottesreich‹« (Lk 18,22–25).
Die frühe christliche Gemeinde verstand diese Worte. »Alle Gläubigen hielten fest zusammen und hatten alles gemeinsam. Sie verkauften ihren Besitz und verteilten ihn – nach Maßgabe der Bedürftigkeit – untereinander« (Apg 2,44 f). Doch spätestens seit Konstantin wurde die Kirche zunehmend reicher. Es kamen die Ketzer und protestierten: Jesus und die Apostel hätten kein Privateigentum besessen, und also gezieme es sich auch für die Gläubigen und ihre Kirche, arm zu sein. Am 12. November 1323 verurteilte Papst Johannes XXII. den Satz: »Jesus Christus und seine

Apostel haben nichts, nicht einmal etwas Gemeinsames besessen« als häretisch (D 930). Lange sollte es dauern, bis die Kirche zur Armut zurückfand.[3]

K. Marx sah – nicht außerhalb dieser Tradition – im bürgerlichen Privateigentum den ökonomischen Grund der Entfremdung des Menschen von sich, der Gesellschaft, der Welt:

»Der Kommunismus als *positive* Aufhebung des *Privateigentums* als *menschlicher* Selbstentfremdung und darum als wirkliche *Aneignung des menschlichen* Wesens durch und für den Menschen; darum als vollständige, bewußt und innerhalb des ganzen Reichtums der bisherigen Entwicklung gewordene Rückkehr des Menschen für sich als eines *gesellschaftlichen,* d. h. menschlichen Menschen. Dieser Kommunismus ist als vollendeter Naturalismus = Humanismus, als vollendeter Humanismus = Naturalismus, er ist die *wahrhafte* Auflösung des Widerstreits zwischen dem Menschen mit der Natur und mit dem Menschen ...« [4]

[Wider das geistige Besitzen:] »Ich bin gekommen, Sünder zur Befreiung zu rufen« (Lk 5,32). »Damals begann er gegen die Städte, in denen er Wunder gewirkt, Drohworte zu richten, weil sie nicht bereit waren, sich abzulösen« (Mt 11,20). »Wenn ihr euch nicht befreit, und das so leicht wie Kinder, könnt ihr nicht ins Reich kommen« (Mt 18,3).[5] Jesu Lehre ist

---

[3] Erst das 2. Vatikanische Konzil lehrte: »Wie aber Christus das Werk der Erlösung in Armut und Verfolgung vollzogen hat, so ist auch die Kirche gerufen, den gleichen Weg einzuschlagen« (Dogmatische Konstitution über die Kirche, Nr. 8). Die gleiche Konstitution stellt zudem fest, daß Jesus das Himmelreich *auf Erden* begründete (Nr. 3).

[4] 3. Ökonomisch-philosophisches Manuskript, in: MEGA I/3, 114. »Aber es zeigt sich bei Analyse dieses Begriffes (Privateigentum), daß, wenn das Privateigentum als Grund, als Ursache der entäußerten Arbeit erscheint, es vielmehr eine Konsequenz derselben ist« (1. Ökonomisch-philosophisches Manuskript, in: MEGA I/3, 91). Für Marx war und blieb die Ursache jeder Entfremdung die zur Sache, zur Ware gewordene und damit entmenschlichte menschliche Arbeit. So bezieht er denn auch konsequent das Reich der Freiheit von Entfremdungen auf die Freiheit von entfremdender Arbeit.

[5] »Jesus geht wie über die alttestamentliche Umkehrpredigt so erst recht über die jüdische Umkehrfrömmigkeit hinaus. Angesichts des Kommens der basileia haben die herkömmlichen jüdischen Ausdrucksformen ... keinen Wert, Reuegefühle, Trauergebärden, Bußwerke oder Selbstkasteiung ... Gottes letzte entscheidende Offenbarung fordert letzte, unbedingte Entscheidung vom Menschen: radikale Umkehr, Wandlung des Wesens, endgültige Abkehr vom Bösen ... Wer nicht umkehrt, verfällt dem Gericht ... Fern von allem eschatologischem Enthusiasmus, aber auch von jeglichem Moralismus und jeglicher Kasuistik, ist die Umkehrforderung der eine und einzige Imperativ seiner Reich Gottes-Predigt, an alle ohne Unterschied gerichtet, mit unausweichlicher Härte gestellt, um den *einen* Heils-

eine Forderung nach Befreiung von den Fesseln der Verstrickung ins Gegenwärtige, eine Lehre über Befreiung und sein Reich, das Reich der Freien. So kommentiert Paulus: »Wo der Geist des Herrn ist, da herrscht Freiheit« (2 Kor 3,17), und stolz erklärt er: »Vor den falschen Brüdern, die sich einschlichen, um unsere Freiheit, die wir mit Christus haben, zu belauern, und uns in die Knechtschaft des Gesetzes zu bringen, sind wir nicht zurückgewichen« (Gal 2,4 f).

Gottesreich, d. h. »Reich der Freiheit« wird zum zentralen Thema der großen Ketzerpredigten. Nicht zu Unrecht berufen sie sich darauf, daß Jesus nichts anderes gelehrt habe als vom Reich und wie man dahin gelange. Solche Predigt war und ist Protest gegen Lehre und Verhalten einer Kirche, die die Botschaft vom Reich (als einer qualitativ neuen Welt mit einer qualitativ neuen Gesellschaft) vergessen zu haben schien. Ihre falsche Identifizierung von Reich und »jenseitigem Himmel« klingt noch bei Marx und Engels wieder:

»Es sind wiederum die Christen, die durch die Aufstellung einer aparten ›Geschichte des Reiches Gottes‹ der wirklichen Geschichte alle innere Wesenhaftigkeit absprechen und die diese Wesenhaftigkeit allein für ihre jenseitige Geschichte in Anspruch nehmen.« [6] – »Diese Auffassung ist wirklich religiös, sie unterstellt den religiösen Menschen als den Urmenschen, von dem die Geschichte ausgeht ... Diese ganze Geschichtsauffassung samt ihrer Auflösung ... hat nur *lokales* Interesse für Deutschland, wie zum Exempel die wichtige, neuerdings mehrfach behandelte Frage: wie man denn eigentlich ›aus dem Gottesreich in das Menschenreich komme‹, als ob dieses ›Gottesreich‹ je anderswo existiert habe als in der Einbildung ...« [7]

Dagegen setzen sie die Vision eines weltweiten Reichs der Freiheit: »Der Himmel ist zur Erde herniedergekommen, seine Schätze liegen verstreut wie die Steine am Wege, wer nach ihnen verlangt, braucht sie nur aufzuheben. Alle Zerrissenheit, alle Angst, alle Spaltung ist verschwunden. Die Welt ist wieder ein Ganzes, selbständig und frei ... Wohl hatte Einer Recht, als er vor achtzehnhundert Jahren ahnte, daß die Welt, der Kosmos, ihn dereinst verdrängen werde, und seinen Jüngern gebot, der Welt abzusagen.« [8] – »Das Reich der Freiheit beginnt in der Tat erst da, wo das Arbeiten, das durch Not und äußere Zweckmäßigkeit bestimmt ist, aufhört.« [9]

---

weg zu bezeichnen, den es überhaupt gibt ... Der Radikalismus seiner Umkehrforderung hat Jesus in tödlichen Konflikt mit den Pharisäern gebracht.« (E. Würthwein, Metanoéo, in: Theologisches Wörterbuch zum Neuen Testament IV, 997 f)

[6] F. Engels, Die Lage Englands, Carlyles Post and Present, in: MEGA I/2, 427.

[7] Deutsche Ideologie, 40.

[8] F. Engels, Schelling und die Offenbarung, in: MEGA I/2, 226.

[9] K. Marx, Das Kapital III, c. 48, in: MEW XXV, 828.

[Für die Revolution:] *Revolution* meint hier – wie übrigens auch bei K. Marx [Revolution bedeutet »die vorgefundenen Dinge praktisch anzugreifen und zu verändern« (MEW III,42)] – ein kollektives gemeinsames Bemühen um eine qualitative Veränderung der menschlichen Gesellschaft. Revolutionär lasen unsere Ketzer manches Jesuswort: »Ihr wißt, daß die weltlichen Herrscher sich wie Herrn gegen ihre Völker aufführen und daß ihre Mächtigen sie vergewaltigen. Bei euch darf das nicht so sein« (Mt 20,25 f). »Wenn man euch vor die Gerichte der Mächtigen stellt, so sorgt euch nicht, wie ihr euch verteidigen sollt, denn der Geist wird euch sagen, was ihr reden sollt« (Lk 12,11 f). »Jetzt aber soll der, der einen Beutel hat, ihn nehmen ... und wer kein Schwert hat, verkaufe seinen Mantel und kaufe sich eins« (Lk 22,36).
Die Ankündigung der Vernichtung des herrschsüchtigen Jerusalem (vgl. Lk 19,41–44), die gewaltsame Vertreibung der Händler aus dem Tempel (Joh 2,13–17), die erwähnten Schwertreden Jesu ... all das wurde schon bald als Aufforderung und Beispiel verstanden, daß man etwas *tun* müsse, damit Gottesreich werde. Unvereinbar scheint damit die Bindung an den Staat: »Sobald er [Jesus] jede andere Herrschaft und jede Gewalt und Macht *vernichtet* hat, übergibt er dem Vater das Reich« (1 Kor 15,24). »Nachdem er die Mächtigen und Gewaltigen entmachtet hat, stellt er sie an den Pranger und triumphiert über sie« (Kol 2,15). Und immer wieder werden auch die sozialkritischen Worte des Magnifikat zitiert: »Machthaber stürzt er vom Thron und erhöht die Niedrigen« (Lk 1,52).
Für Marx wird die zweite Phase des Kommunismus die Aufhebung des Staats als Instrument der Herrschaft des Menschen über den Menschen bringen.[10]

»Schließlich erhalten wir folgende Resultate aus der entwickelten Geschichtsauffassung: ...
3. daß in allen bisherigen Revolutionen die Art der Tätigkeit stets unangetastet blieb und es sich nur um eine andere Distribution dieser Tätigkeit, um eine neue Verteilung der Arbeit an andere Personen handelte, während die kommunistische Revolution sich gegen die bisherige Art der Tätigkeit richtet und die *Arbeit* [als entfremdete und entfremdende] beseitigt und die Herrschaft der Klassen mit den Klassen selbst aufhebt ...; 4. daß sowohl zur massenhaften Erzeugung dieses kommunistischen Bewußtseins wie zur Durchsetzung der Sache selbst eine massenhafte Veränderung der Menschen nötig ist, die nur in einer praktischen Bewegung, in einer *Revolution* vor sich gehen kann; daß also die Revolution nicht

---

[10] Nationalökonomie und Philosophie, in: MEGA I/3, 113 f.

nur nötig ist, weil die *herrschende* Klasse auf keine andere Weise gestürzt werden kann, sondern auch, weil die stürzende Klasse nur in einer Revolution dahin kommen kann, sich den ganzen alten Dreck vom Halse zu schaffen, um zu einer neuen Begründung der Gesellschaft befähigt zu werden.« [11]

2. *Die Lehre der Ketzer*

Vor dem Hintergrund dieser Notizen sei die Lehre einiger Männer vorgestellt, die sich in Sorge um Jesus, seine Predigt und sein Reich in manchem gegen die herrschende Auffassung vom Wesen des Christlichen stellten. Es wäre falsch, sie als historische Singularitäten in einem Feld von Orthodoxie abzutun. Sie sind vielmehr symptomatisch für das Christentum als Bewegung, das niemals ganz erstarb und die kirchlich etablierten Strukturen des Christentums wie die herrschenden politischen Gebilde in Frage stellte.

2.1. Joachim von Fiore (1145–1205)

Den drei trinitarischen Personen entsprechen *drei Weltzeiten* (= drei Reiche). Er charakterisiert sie so [12]:

I	II	III
Reich des Vaters	Reich des Sohnes	Reich des Geistes
Schöpfung	Erlösung	Befreiung
Reich des Gesetzes	Reich der Gnade	Reich der Liebe
Knechtschaft der Knechte	Knechtschaft der Kinder	Freiheit
Wissenschaft	Weisheit	Fülle der Einsicht
Plagen	Arbeit (Aktion)	Kontemplation
Angst	Glaube	Liebe
Knechtschaft	Kindschaft	Freundschaft
Sternenlicht	Morgenröte	Heller Tag
Halm	Ähre	Weizen

---

[11] Deutsche Ideologie, 69 f.

[12] *Concordia* novi et veteris Testamenti V c. 84, ed. Venetiis 1519, 95vb; Expositio *in Apocalipsim* I c. 1; ed. Venetiis 1527, 27 vr, l. 38–44; aaO. Introductio c. 5 rb–6 rb.

Der Benediktinerabt Rupert von Deutz unterschied schon 100 Jahre zuvor: Die Periode des Vaters (von der Erschaffung des Lichts bis zum Sündenfall), die des Sohnes (bis zum Leiden Jesu Christi), die des Geistes (von der Auferstehung Christi bis zur Wiederkunft). Vgl. Prol. in Libros de Sancta Trinitate et operibus eius, in: PL 167, 199A.

Das Reich des Geistes

Im Jahre 1260 (nach 42 Generationen zu je 30 Jahren) nach Christi Geburt wird ein großer Führer aufstehen [13], der wie der Hund des Engels dem Tobias (vgl. Tob 5,16) dem Reich des Geistes vorausgeht. In diese Zeit fällt auch die Geburt des Antichristus.[14] Wann das Reich des Geistes anbrechen wird, ist Joachim jedoch unbekannt.[15] Im Reich des Geistes wird der *geistige* Inhalt des geschriebenen Evangeliums von einem neuen Mönchsorden [16] oder einem Engel [17] verkündet [18]. Es wird das eine Kirche ohne Sakramente und ohne Kleriker sein. An ihrer Spitze wird ein »geistiger Papst« (papa spiritualis) stehen.[19] Der Religion der streitenden Kirche wird eine neue entgegengesetzt sein, die frei sein wird und geistlich, in der das Papsttum, machtvoll durch den Frieden der neuen Kirche, nicht wankt.[20] Dabei wird jedoch die Kirche Christi nicht schwinden, sondern für alle Zeiten in großer Glorie fest und sicher bestehen.[21] Zwei Tugenden werden das Leben im Reich des Geistes bestimmen: Humanitas

---

[13] Concordia V c. 15; 67 vb und c. 6; 63 va. In der pseudojoachitischen Literatur (vgl. etwa den Jeremiaskommentar, p. 58 v) wird diese Aussage auf den Franziskanerorden (gegründet 1223) und den Dominikanerorden (gegründet 1216) bezogen. Vor allem die frühen Franziskanerspiritualen nahmen für sich in Anspruch, das Erbe Joachims zu verwalten.

[14] Psalterium decem cordarum I; ed. Venetiis 1527, 271 va, l. 31–33. Obschon der Antichrist von Joachim verschiedentlich erwähnt wird, spielt er für die Begründung des Geistreiches keine entscheidende Rolle.

[15] Concordia IV c. 31; 56 va l. 12–15.

[16] In Apocalipsim I c. 3; 95 ra–vb.

[17] In Apocalipsim IV d. 5; 173 rb.

[18] Obschon Joachim den *Term* »Evangelium aeternum« nur im Zusammenhang der Exegese von Offb 14,6 gebraucht, ist es der Sache nach als »geistiges Evangelium« oft genug beschrieben. Es ist keinesfalls von Joachim als eine Art geschriebenes 2. Testament gedacht, wie es der Franziskaner Gherado von Borgo San Donnino (1254) herausgab.

[19] Concordia C c. 84; 112 vb l. 5–12. Es ist nicht immer klar, ob Joachim das Papsttum in seiner alten Gestalt belassen will, nicht einmal, ob er es von Individuen besetzt hält. Das »geistige Papsttum« aber wird nicht enden (Concordia V c. 65; 95 vb), noch wird – wie in der jetzigen Weltzeit – der Einfluß des Papsttums nur wachsen, wenn der Papst wie ein Verbannter und den Seinen als fremd behandelt wird (Concordia V. c. 65; 95 va, l. 25–28). Am Anfang des neuen Jerusalem wird jedoch ein neuer allgemeiner Führer (novus dux universalis) stehen (Concordia IV c. 31; 56 rab). Ausdrücklich spricht er davon, daß das Volk der Heiligen (populus sanctorum) im dritten Reich die Papstnachfolge antreten wird (Concordia V c. 57; 89 ra, l. 34–36).

[20] Concordia V c. 65; 95 va.

[21] Concordia V c. 65; 95 vb, l. 14–19.

und Freiheit des Geistes.[22] Das neue befreiende und geistige Evangelium, mit dem die Einrichtungen des NT enden werden, wird vom Geist geleitet, der den Stand der Mönche (mit ihrer Armut) bis zum Ende der Zeiten verherrlichen wird.[23] Wiederum muß man sich fragen, ob Joachim hier an einen Orden im herkömmlichen Sinne oder aber an einen »geistigen Orden« denkt. Seine Berufung auf Joel 2,28 (»Ausgießen werd ich danach meinen Geist über alles Fleisch ... Selbst über Knechte und Mägde werde ich meinen Geist ausgießen in jenen Tagen«) scheint für einen »geistigen Orden« zu sprechen.

Zweifelsfrei aber ist das Reich des Geistes ein Reich auf dieser Welt. Es ist ein Reich in Geschichte, nicht ein geschichtstranszendentes Gebilde.[24] Um es herbeizuführen, sind unsägliche Mühen vonnöten. Erst im Reich des Geistes entfällt die actio (auch die der Predigt[25]). Freiheit meint nicht eine metaphysische Freiheit, sondern eine Befreiung von Notwendigkeiten, von Weltsorgen[26], von Handlungszwängen, von Riten und Sakramenten ... Obschon Joachims Zukunftsglaube nicht auf der Negation bestehender Zustände, sondern auf deren Aufhebung beruht[27], protestiert er jedoch auch gegen soziales Unrecht: »Man schmückt die Altäre, und der Arme leidet bitteren Hunger.«[28] Kirche und Staat sind nicht von ihren Greueln zu reinigen, sondern abzuschaffen.[29] So wird für E. Bloch Joachim zum Sinnbild christlich revolutionärer Sozialutopie. Zudem setze es fürs kommende kommunistische Gottesreich einen Termin.[30] »Aller Joachimismus kämpfte aktiv gegen die sozialen Prinzipien eines Christentums, das sich seit Paulus mit der Klassengesellschaft unter tausend

---

[22] Concordia III p. 1, c. 7; 28 vb.

[23] Concordia II tr. 1, c. 6; 9 ra l. 1–4.

[24] Vgl. H. Grundmann, *Studien* über Joachim von Floris, Leipzig/Berlin 1927, 127; E. Bloch, Prinzip Hoffnung, 592.

[25] Concordia IV c. 33; 57 ra, l. 9; dennoch wird im Geistreich »geistig« gepredigt werden (In Apocalipsim IV d. 7; 175 va).

[26] Concordia V c. 46; 81 rb, l. 8–10.

[27] Vgl. H. Grundmann, Studien, 117.

[28] E. Bloch kommentiert dazu: »Zum Religionsgespräch mit Expropriateuren ist dieser Gott ungemein schlecht gelaunt, seine Kollegen sind weder Baal noch Merkur« (Prinzip Hoffnung, 577).

[29] E. Bloch nennt Joachims Entwurf in diesem Zusammenhang »die folgenreichste Sozialutopie« (aaO. 590).

[30] AaO. 594.

Kompromissen verbunden hat.« [31] »Die Reise der Seele zu Gott wurde ... durch Joachim von Fiore zu einer Bewegung der Geschichte selbst verwandelt, zur Dynamik des letzten Evangeliums.« [32]

Die Folgen

a) *Die Almarikaner.* Almarich vertrat nach Vinzens von Beauvais (Speculum historiale, 30 c. 7) eine Drei-Reiche-Lehre, die mit der Joachims weitgehend identisch ist.[33] Mit ihm beginne das Reich des Geistes, in dem ein jeder innerlich inspiriert werden kann ohne irgendein Werk oder Sakrament. Seine Ansicht wurde durch die Universität von Paris 1210 verurteilt. Vergebens appellierte er an Papst Innozens III. Nach der Verurteilung durch das 4. Laterankonzil (1215) (D 808) unterwirft er sich der Kirche. Doch seine Schüler, schon 1209 entdeckt, werden zum Teil ergriffen und vor der versammelten Synode in Paris verhört und verurteilt (10 verbrannt, 4 eingekerkert). Sie lehrten:

- keine Heilsvermittlung durch die Kirche, keine Heiligenverehrung, keine moralischen Normen.
- radikale Sozialisierung: Der Mensch sei nichts, alles sei eins in Gottes Wesen, denn Gott wirkt alles in allen (1 Kor 12,6). Die Zeit der Kirche ist vorüber und die Zeit des Geistes kennt weder Sakramente noch Dogmen.

Cäsarius von Heisterbach berichtet über einen Anhänger des Almarich (den Goldschmied Wilhelm), daß er die Kirche als apokalyptisches Babylon und die Hierarchie als Manifestation des Antichristen gelehrt habe. Das Weltgericht sei nichts als eine Geschichtskatastrophe, die alles Bestehende verändere, die Widersacher vertilge und das Reich des Geistes herbeiführe, das der Himmel auf Erden sei, außer dem nichts mehr zu erwarten stünde.

---

[31] Bloch charakterisiert Joachims 3. Reich als ein Sozialgebilde, in dem die Armen die Erwählten sind, die lebendigen Leibes ins Paradies sollen. Es gibt keine Stände mehr. Im Brüderbund, dem Zeitalter des freien Geistes, gibt es weder Furcht noch Knechtschaft, weder Herrn noch Eigentum. »Jesus hört auf, Haupt zu sein, er löst sich in der societas amicorum auf« (aaO. 592 f).
Daran ist sicher das meiste richtig gesehen – nur war Joachim weder ein Chiliast (vgl. aaO. 236, 557 ...) ohne Jesus noch ein Kommunist im Sinne Marxens.

[32] AaO. 1138 f. Zu weit geht Bloch aber, wenn er den Duktus joachimscher Utopie in der Sowjetunion realisiert sieht: »Das dritte Reich beginnt in der Sowjetunion zu entstehen« und wird von der Finsternis nicht begriffen (aaO. 597).

[33] Das ist um so bemerkenswerter, als die Schriften Joachims kaum vor 1250 bekannt geworden sein dürften.

Um die Jahrhundertmitte wurde der letzte Almarikaner, der Magister Godinus, in Amiens verbrannt.

b) *Die Apostoliker.* 1260, im Jahre der beginnenden Reichpredigt Joachims, gründet Gerhard Segarelli, ein Handwerker aus Alzano bei Parma, die Gemeinschaft der Apostelbrüder. Sie fordern die Rückkehr zur Eigentumslosigkeit des Christentums vor die unheilige Allianz des Papstes Silvester I. mit dem Kaiser Konstantin. Scharf ist ihre Kritik an der reichen Kirche. Ihre Bußpredigt – 1260 ist das Jahr der ersten großen Geißlerzüge – führt ihnen großen Anhang zu. Als Papst Honorius IV. ihre Gemeinschaft 1285 für gesetzeswidrig erklärt, sie auffordert, ihre Tätigkeit einzustellen oder einem bestehenden Orden beizutreten, beginnt der Aufruhr gegen die Kirche. Martin IV. leitet 1294 ein Inquisitionsverfahren gegen Segarelli ein, er widerruft, wird frei, führt weiter, wird wieder gefangen und 1300 verbrannt. Sein Nachfolger Fra Dolcino von Novarra, seit 1291 Mitglied der Bruderschaft, übernimmt die Führung. Er nennt alle Kleriker, Mönche und Fürsten Kinder Satans und beginnt in Erwartung der neuen Geistkirche, die 1306 beginnen soll, einen Feldzug gegen alle Mächtigen der Kirche und des Staates; denn die Eigentumslosigkeit dürfe nicht nur erwartet, sondern müsse herbeigeführt werden. In ihm verbinden sich joachimische Reicherwartung und radikaler Umsturzwille. 1307 wird die Mehrzahl der Brüder von einem Kreuzheer niedergemacht. Aber die Bruderschaft lebte weiter: noch 1374 erließ die Synode von Norbonne gegen sie Strafverfügungen.

Einer der Apostelbrüder, Bentivenga aus Gubbio, trat dem Franziskanerorden[34] bei und begründete 1307 in Umbrien die Gemeinschaft des Geistes der Freiheit, die deutlich joachimitischen Einfluß verrät. Noch im gleichen Jahr wurden er und seine Gefährten zu ewigem Kerker verurteilt, weil sie – im Geist der Freiheit – nicht glaubten, den Befehlen der Kirche folgen zu müssen.

Auch in die Gemeinschaft der Begarden und Beginen hielt die joachimische Idee von der Freiheit im Heiligen Geist Einzug. Es begann vermutlich in den fünfziger Jahren in einem schwäbischen Beginenkonvent.

---

[34] Die »Spiritualen« im Franziskanerorden sowie die Führer der strengen Observanz (Johann von Parma, Petrus Joannis Olivi, Angelo Clareno, Ubertin von Casale ...) blieben dem Geist Joachims verpflichtet. Die Armutsauslegung Johannes XXII. (D 930) führte zur Auflehnung des Ordensgenerals Michael von Cesena und seiner Absetzung und Verbannung. Unter den Michaeliten lebten jedoch seine Gedanken weiter.

Bald darauf wurden viele Beginenkonvente Zentren der freigeistigen Bewegung (so um 1290 nach dem Zeugnis der »Colmarer Annalen« in Colmar und Basel). Wen der Geist frei gemacht habe, der bedürfe keiner Zwänge von Kirche oder Staat. Schon auf Erden könne man sündlos leben, wenn man im Geiste sei. Das joachimische Geistdiesseits konnte kaum deutlicher vertreten werden. 1312 verurteilte das Konzil von Vienne diese Strömung, darunter den Satz: »Diejenigen, die im Grad der Vollkommenheit und im Geist der Freiheit leben, sind keinerlei menschlicher Autorität unterworfen ... weil ›dort, wo der Geist des Herrn, Freiheit ist‹ (2 Kor 3,17)« (D 893).
Doch der »Geist der Freiheit« ließ sich nicht mit Konzilsbeschlüssen und Papstdekreten enden. Er lebte weiter – und immer wieder flammte der Name des Abtes Joachim auf wie ein Fanal. In einem Brief an den Schlosser Hans Zeiß schreibt unter dem 2. 12. 1523 Thomas Müntzer: »Ihr sollt auch wissen, das sie diese [meine] Lehre dem Abt Joachim zuschreiben und heißen sie ein ewiges Evangelium in großem Spott. Bei mir ist das Zeugnis des Abtes Joachim groß. Ich habe ihn allein über Jeremias gelesen.« [35]

2.2. Jan Hus (1370–1415)

Als Jan Hus in Südböhmen heranwuchs und die Schule besuchte, war Böhmen weitgehend Waldenserland. Als er in Prag lernte und lehrte, begegnete er der Lehre John Wiclifs, endlich waren es Lollarden, die ihn zu Lebzeiten unterstützten. Wir wollen hier nicht im einzelnen untersuchen, in welchem Umfang Hus von den geistigen Strömungen seiner Zeit abhing [36] und geprägt wurde, doch daß sie sein Denken beeinflußten, läßt sich kaum leugnen.

---

[35] G. Franz (Hg.), Thomas Müntzer, Schriften und Briefe, Gütersloh 1968, 398, 13–16.

[36] Die enge Verflochtenheit des Lebens Jans mit den Lehren Wiclifs zeigt schon seine Biographie. Umstritten ist das Maß seiner Eigenständigkeit. Die wörtliche Bindung mancher Schriften des Böhmen an solche Wiclifs hat J. Loserth (Huss und Wiclif. Zur Genese der hussitischen Lehre, München/Berlin 1925², 131–192) aufgezeigt. Dennoch meint E. Werner: »Die Fragestellung nach dem Abhängigkeitsverhältnis Hussens von Wiclif spielt in der modernen Forschung nur noch eine untergeordnete, wenn überhaupt noch eine Rolle. Das Interesse von Historikern und Theologen konzentriert sich vielmehr in den letzten Jahren auf die Frage nach dem Anteil des tschechischen Magisters an der böhmischen Reformation und Revolution« (Der Kirchenbegriff bei Jan Hus, Jakoubek von Mies, Jan Želivský und den linken Taboriten, Berlin 1967, 5).

Uns interessieren hier weniger seine nur vor dem Hintergrund scholastischer Theologie verständlichen Lehren (etwa über die Eucharistie), sondern seine Sozialkritik, in der er die Protestation gegen soziale Mißstände mit der Erwartung auf eine bessere Zeit, vergleichbar dem Geistreich Joachims, verband. Er erwartete den »Weltuntergang« als Untergang einer Kulturepoche, über die hinaus Hus seine Anhänger in den neuen Äon hinüberführen wollte. Eine Passage aus seinen Predigten mag darüber Aufschluß geben: »Die Letzten, das sind die Niedrigsten und Verachteten in dieser Welt, werden die Ersten sein, und die heute die Höchsten und Ersten sind, aber nicht Gott dienen, werden die Letzten sein. Der geringste Bauer wird dem Kaiser und König vorangehen.« [37]
Obschon Hus Joachim ausschließlich im Zusammenhang seiner Trinitätslehre zitiert [38], ist er doch in manchem von ihm inspiriert. Die wichtigsten Inhalte seiner Lehre folgern aus seiner Auffassung von Kirche: Sie ist die Gemeinschaft der Auserwählten (universitas praedestinatorum).[39] Diese Geistkirche hat nur ein Oberhaupt: Jesus [40]. Der Fels, auf dem sie steht, ist Christus [41], nicht aber Petrus oder irgendein Papst. Wenn also jemand erkennt, daß ein Befehl des Papstes einem Befehl oder Rat Jesu widerspricht, muß er mutigen Widerstand leisten.[42] Wer dem Papst eine Binde- und Lösegewalt zuspricht, muß annehmen, daß er unsündlich ist wie Gott.[43] Viele Päpste lieben nicht Gott, noch achten sie seine Gebote [44] und sind daher Manifestationen des Antichristus [45].

---

[37] Predigt zu Mt 19,30. Vgl. M. Vischer, Jan Hus, Frankfurt 1955, 161. Die Predigt fehlt in: Magister Joannis Hus, Opera omnia III, Osnabrück 1966.
[38] Opera omnia II, 61, 387.
[39] Magistri Johannis Hus, Tractatus de Ecclesia (ed. S. H. Thomson 1956), 2, 7, 112 f ... Diese Ansicht verkündigte Hus auch in seinen Predigten (vgl. Opera omnia III, 242).
[40] Opera (ed. Nürnberg 1558), 201 a.
[41] AaO. 211a.
[42] AaO. 235b.
[43] AaO. 215a. Verschiedentlich behauptet Hus auch die Fehlbarkeit des Papstes in Glaubensfragen (vgl. etwa: De ecclesia, in: Opera, 238b oder in seinem Sentenzenkommentar, in: Opera omnia II, 607). Dieser Satz wurde übrigens vom Konzil zu Konstanz nicht beanstandet. Mit der Leugnung der päpstlichen Bindegewalt leugnet Hus auch die Gewalt zu exkommunizieren oder sonstige Kirchenstrafen zu verhängen (vgl. u. a. Opera omnia III, 173, 224 f), denn sie widersprechen seiner Vorstellung von der Geistigkeit der Kirche.
[44] Opera omnia III, 86.
[45] AaO. 127; II, 7 f. Zumindest aber bereiten sie durch das Verhängen von Kirchenstrafen dem Antichristus den Weg (D 1219). Der Papst kann also nicht das

Bitter klagt er die Kleriker an, die sich von der geistigen Kirche lossagen, wenn sie den Papst mehr fürchten als Jesus [46], das Vorbild der Armut und Demut der Apostel verachten [47] und nach weltlicher Macht streben [48]. Diese Sätze, die sicherlich schon längst vor Hus formuliert wurden, hatten aber in seiner Zeit, da der Geist der Freiheit erwachte, der Geist, den so viele Ketzergenerationen von Joachim her bewahrten und predigten, eine ungeheure Wirkung. Sie fielen auf fruchtbaren Boden. Vor allem schien seine Behauptung, daß nicht einmal weltliche Macht von dem ausgeübt werden könne, der in schwerer Sünde lebe (D 1230), eine offene Kampfansage an die bestehenden Herrschaftsverhältnisse zu sein.

Die Folgen

Hus war gerade fünf Jahre zuvor hingerichtet worden, da kam es am 30. Juli 1419 zur offenen Rebellion gegen Staat und Kirche: das Neustädter Rathaus wurde gestürmt und sieben Ratsherrn aus dem Fenster geworfen. Kirchen und Klöster wurden im ganzen Land geplündert und verbrannt. Die Anhänger Hus' erhielten den Ketzernamen *Hussiten*. In den Prager Artikeln formulierten sie ihre Grundforderungen: freie Predigt, Laienkelch, Verzicht aller Geistlichen auf Privateigentum und weltliche Macht und Bestrafung der Todsünder durch den weltlichen Arm. Die Armen empörten sich gegen die Kirche, die ihnen die freie Predigt und den Laienkelch verbot (D 1258, 1277 f), und gegen die Reichen (zumeist Deutsche). Endzeitliche Erwartungen über die Herrschaft der Guten und Armen verbanden sich mit sozialutopischen Ideologien. Staat und Kirche boten fünf Kreuzzüge gegen die Hussiten auf, der 5. scheiterte 1431. Böhmen erhielt bis zur Gegenreformation eine von Rom zähneknirschend zugestandene Eigenkirchlichkeit (mit eigenem Ritus, eigenem Recht ...). Obwohl Hus niemals das Feudalsystem angriff, legte er doch den Grundstein zu seiner Überwindung.

2.3. Thomas Müntzer (um 1490–1525)

Man kann beim besten Willen die Theologie Müntzers nicht mit »Revo-

---

Haupt der römischen Kirche sein, sondern allein Christus (De ecclesia, 107). Das Papsttum wurde nicht von Jesus, sondern von den römischen Kaisern gestiftet (aaO. 123). Die Manifestation des Antichristus im Papsttum beschäftigte ihn immer wieder in seinem Buch über die Kirche (vgl. De ecclesia, 102–104, 143–146 ...).

[46] Opera omnia III, 259.

[47] AaO. 354.

[48] AaO. 146.

lution als Glaube« [49], ihn selbst nicht als »Theologen der Revolution« [50] charakterisieren. Sicherlich war er Reformator – aber nicht zunächst der gesellschaftlichen Strukturen, sondern der kirchlichen Organisation und Lehre. Im Gegensatz zu den meisten Ketzern, deren heterodoxes Erbe sich erst in revolutionärer Gewalt ausmünzte, erlebte er schon zu Lebzeiten die Übersetzung seiner theoretischen Kritik in die revolutionäre Praxis. Und stand dafür ein bis zum Tode.

Was der bestehenden Kirche zum Zeichen der Hoffnungslosigkeit wurde, daß sie gegen das ausdrückliche Geheiß Jesu daranging, schon vor dem Tag der Ernte Weizen vom Unkraut zu sondern (Mt 13,30) – schien sie doch nicht mehr recht an den Tag der Ernte zu glauben –, wird bei Müntzer zur erfüllten Hoffnung: Die Zeit der Ernte ist da [51], ist angebrochen mit der Zeit des Geistes [52]. Und so kann er denn schreiben:

»So anders die Christenheit soll recht aufgerichtet werden, so muß man die wuchersüchtigen Bösewichter wegtun und sie zu Hundsknechten machen ... Das arme, gemeine Volk muß des Geistes Erinnerung pflegen.[53] So die heilige Kirche soll durch die bittre Wahrheit erneut werden, so muß ein gnadenreicher Knecht Gottes hervor treten ... und muß alle Dinge ins rechte Lot bringen. Wahrlich ihr müßt viel müssen erweckt werden, auf daß sie mit dem allerhöchsten Eifer durch brünstigen Ernst die Christenheit reinigen von den gottlosen Regenten. Auch muß vorher das Volk ganz hart gestraft werden, um der ungeordneten Lust wegen ... Darum wissen gar wenig Menschen von der anfänglichen Bewegung des Geistes zu sagen.« [54]

Revolutionär – im sozialkritischen Sinn – wirkt erst die »Proklamation an die Allstedter Brüder« (verfaßt am 26. oder 27. April 1525), die

---

[49] Vgl. M. Freund (Hg.), Thomas Müntzer, Revolution als Glaube, Potsdam 1936.
[50] Vgl. E. Bloch, Thomas Münzer als Theologe der Revolution, Berlin 1960.
[51] »Die Zeit aber der Ernte ist allweg da ... Liebe Brüder, das Unkraut schreit jetzt an allen Orten, die Ernte sei noch nicht« (Ausgedrückte Entblößung [Mühlhausen 1704], in: G. Franz (Hg.), Schriften und Briefe, 310 f).
[52] »So nun Christus schon also, angenommen durch den alten und neuen bezeugten Bund Gottes, als Eröffnung des Geistes gepredigt würde, könnte ein ärgeres verwickeltes Affenspiel daraus werden, als mit den Juden und Heiden, wie ein jeder jetzt mit sehenden Augen sieht, daß die jetzigen Schriftgelehrten nichts anderes tun, als vor Zeiten die Pharisäer ... Sie schwatzen je länger je mehr: Glaube, Glaube und verlegen dadurch doch die Ankunft des Glaubens, verspotten den Geist Gottes und glauben gar überall nichts, wie du siehst« (Hochverursachte Schutzrede [Alstedt 1524], in: aaO. 325).
[53] Ausgedrückte Entblößung, in: aaO. 296.
[54] AaO. 300.

E. Bloch als »rasantestes Revolutionsmanifest aller Zeiten« [55] charakterisiert:

»Die reine Furcht Gottes zuvor, liebe Brüder. Wie lange schlaft ihr? ... Fanget an und streitet den Streit des Herrn! Es ist hohe Zeit, haltet eure Brüder alle dazu an, daß sie göttliches Zeugnis nicht verspotten, sonst müssen sie alle verderben ... Wann Eurer nur drei sind, die in Gott gelassen allein seinen Namen und Ehre suchen, werdet ihr hundert Tausend nicht fürchten. Nun dran, dran, dran! Laßt Euch nicht erbarmen ... Seht nicht an den Jammer der Gottlosen. Sie werden Euch also freundlich bitten, weinen, flehen wie die Kinder ... Reget an in Dörfern und Städten und sonderlich die Berggesellen mit anderen guten Burschen ... Wir müssen nicht länger schlafen ... Die Bauern vom Eichsfeld sind ihren Junkern feind geworden, kurz sie wollen ihrer keine Gnade haben ... Ihr müßt dran, dran, es ist Zeit!
Dran, dran, solange daß Feuer heiß ist. Laßt Euer Schwert nicht kalt werden ... Es ist nicht möglich, dieweil sie leben, daß ihr der menschlichen Furcht sollt loswerden. Man kann Euch vom Gotte nichts sagen, dieweil sie über Euch regieren. Dran, dran, dieweil ihr Tag habt. Gott geht euch vor. Folget, folget ...« [56]

Die Saat des revolutionären Denkens geht auf. Das Zeitalter der Revolutionen beginnt, zwar noch im Namen Gottes und um Gottes willen, doch die religiöse Revolution wird zur sozialen. Die Heterodoxie ist nicht mehr bloße Ketzerei – sie wird zum Motor sozialen Umsturzes. Die Zeit scheint nicht mehr fern, da sich der Gedanke der Revolution von seiner religiösen Basis emanzipieren wird. Sozialistische Revolutionen werfen ihre Schatten voraus. Die Protestation gegen vermeidbares Elend beginnt um des Menschen willen.

---

[55] Thomas Münzer, Frankfurt 1962, 76.
[56] G. Franz (Hg.), Schriften und Briefe, 454 f.

Gesellschaft und Geschichte – Dimensionen der menschlichen Selbstverwirklichung

Werner Post

ZUR MARXISTISCHEN THEORIE-PRAXIS-KONZEPTION

1. Problemstellung

In Platons Dialog »Menon« heißt es: »Menon: ›Und auf welche Weise willst du denn dasjenige suchen, Sokrates, wovon du überhaupt gar nicht weißt, was es ist? Denn als welches Besondere von allem, was du nicht weißt, willst du es dir denn vorlegen und so suchen? Oder wenn du es auch noch so gut träfest, wie willst du denn erkennen, daß es dieses ist, was du nicht wußtest?‹ Sokrates: ›Ich verstehe, was du sagen willst, Menon! Siehst du, was für einen streitsüchtigen Satz du uns herbringst? Daß nämlich ein Mensch unmöglich suchen kann, weder was er weiß, noch was er nicht weiß. Nämlich weder was er weiß, kann er suchen, denn er weiß es ja, und es bedarf dafür keines Suchens weiter; noch, was er nicht weiß, denn er weiß ja dann auch nicht, was er suchen soll.‹« [1]
Warum ein Platon-Zitat, wenn es um das marxistische Theorie-Praxis-Problem geht? Nun, worum geht es bei diesem Zitat? Menon bringt einen typisch sophistischen Einwand gegen das Tugendsuchen vor. Wenn man von Tugend nichts weiß, kann man sie nicht suchen; wenn man sie kennt, braucht man sie nicht mehr zu suchen. Gegen einen solchen Einwand ist kein Kraut gewachsen, formal ist er unwiderlegbar. Gleichwohl gehört er zu jenen Überrumpelungsversuchen, mit denen zwar formal ein Sieg in der Disputation errungen werden kann, ohne daß so jedoch der Sache nach ein Fortschritt erzielt werden könnte. Es ist der typische Fall von fruchtlosen Auseinandersetzungen. Platon rettet sich aus der Affäre – wie immer, wenn es besonders kompliziert wird – durch den Rückgriff auf den Mythos, in diesem Fall den der Präexistenz der Seele. Dieser Ausweg steht uns heute nicht offen. Ein ähnliches Problem aber ist geblieben: Wie kann Vernunft Wirklichkeit werden, wenn wir nicht genau wissen, wie eine verwirklichte Vernunft aussieht, weil sie historisch noch

---

[1] Menon, 80 d, e; zit. nach Platon, Sämtliche Werke II, Hamburg 1957, 21.

nie verwirklicht worden ist? Dieses Problem hört sich in einem Brief Marxens an Ruge 1843 folgendermaßen an: »Größer noch als die äußeren Hindernisse scheinen beinahe die inneren Schwierigkeiten zu sein. Denn wenn auch kein Zweifel über das ›Woher‹, so herrscht desto mehr Konfusion über das ›Wohin‹. Nicht nur, daß eine allgemeine Anarchie unter den Reformern ausgebrochen ist, so wird jeder sich selbst gestehen müssen, daß er keine exakte Anschauung von dem hat, was werden soll. Indessen ist das gerade wieder der Vorzug der neuen Richtung, daß wir nicht dogmatisch die Welt antizipieren, sondern erst aus der Kritik der alten Welt die neue finden wollen. Bisher hatten die Philosophen die Auflösung aller Rätsel in ihrem Pulte liegen, und die dumme exoterische Welt hatte nur das Maul aufzusperren, damit ihr die gebratenen Tauben der absoluten Wissenschaft in den Mund flogen. Die Philosophie hat sich verweltlicht, und der schlagendste Beweis dafür ist, daß das philosophische Bewußtsein selbst in die Qual des Kampfes nicht nur äußerlich, sondern auch innerlich hineingezogen ist. Ist die Konstruktion der Zukunft und das Fertigwerden für alle Zeiten nicht unsere Sache, so ist desto gewisser, was wir gegenwärtig zu vollbringen haben, ich meine *die rücksichtslose Kritik alles Bestehenden*, rücksichtslos sowohl in dem Sinne, daß die Kritik sich nicht vor ihren Resultaten fürchtet und ebensowenig vor dem Konflikte mit den vorhandenen Mächten.« [2]

Diese nicht unbedingt nur auf 1843 beschränkte Anarchie unter den Reformern, die nicht wissen, wohin genau die historische Reise gehen soll, läßt sich nur mühsam als ein Vorzug anpreisen, als der nämlich, daß es keine dogmatische Antizipation der Zukunft gebe. Vor allem ist nicht genau ersichtlich, wie aus der Kritik der alten Welt schon die neue gefunden werden soll. Nur wenn die gesamte Vorgeschichte schlecht war, kann ihre Negation die Aufhebung dieses Schlechten bedeuten. Das aber wäre keine Dialektik mehr, sondern bloße Antithetik von Gut und Böse, weil das vermittelnde Element in dieser Negation fehlt. Auch die »rücksichtslose Kritik alles Bestehenden« verläßt sich offensichtlich darauf, daß die Destruktion des Bestehenden schon identisch sei mit der Konstruktion des Kommenden, das sich sozusagen in der Praxis der Kritik automatisch die neue Welt ergebe.

Es wird einigermaßen klar, was Marx hier *nicht* will: Er will kein instrumentelles Anwendungswissen, er will auch keine dogmatisch-idealistische Konstruktion des Zieles der Geschichte, und er will ebenso keine ver-

---

[2] K. Marx, Frühe Schriften I, hg. v. H. J. Lieber/P. Furth, Stuttgart 1962, 447.

schwommene Utopie. Philosophie soll sich verwirklichen, Theorie und Praxis sollen eine neue Form der Beziehung annehmen, wie auch die bekannte 11. These zu Feuerbach über die Interpretation und Verwirklichung der Philosophie bezeugt. Aber eben diese 11. These, das ist oft eingewandt worden, ist selbst noch eine *philosophische* These. Es stellt sich also auch im Zusammenhang des Theorie-Praxis-Verhältnisses bei Marx die Frage nach der Aufhebung und dem Ende der Philosophie. Es ist bekannt, daß nach Marx die Philosophie nur aufzuheben ist, wenn sie verwirklicht ist, wie auch ihre Verwirklichung nur unter der Bedingung ihrer Aufhebung zu denken sei. Gleichwohl muß man hier verschiedene Reflexionsebenen unterscheiden, zumindest die der *unmittelbaren* Theorie und Praxisbeziehung und die der *Reflexion* dieser Beziehung, was nicht einfach miteinander vermischt werden darf. Es stellt sich also die Frage nach der *besonderen Struktur der Marxschen Theorie* anhand des Theorie-Praxis-Verhältnisses. Diese Frage ist eine der wichtigsten für den Marxismus überhaupt.

2. *Zur Geschichte des Theorie-Praxis-Problems im Marxismus*

Es empfiehlt sich nun ein kurzer Überblick über die Geschichte dieses Theorie-Praxis-Problems, an dem stets auch entscheidende Wendepunkte innerhalb der marxistischen und sozialistischen Theorie und Organisationen zu erkennen sind. Beginnen wir mit der Zweiten Internationale. Zu ihr gehört beispielsweise der Revisionismusstreit, insbesondere die Auseinandersetzung zwischen dem »orthodoxen« Kautsky und dem Revisionisten Bernstein. Bei näherem Hinsehen zeigt sich, daß es beim Streit um den Revisionismus und die Marxorthodoxie kaum so sehr um das Theorie-Praxis-Problem ging, sondern um Partei- und Ökonomiefragen. Mit anderen Worten, das Theorie-Praxis-Problem wurde weitgehend ausgeklammert. Praxis war weitgehend die politische Rolle der sozialistischen Partei, Theorie war weitgehend ökonomistische Theorie. Neben dem Ökonomismus fiel der Trend zur Verweltanschaulichung des Marxismus erheblich ins Gewicht. Man kann diese Tendenz auf zwei Grundlagen zurückführen: Einmal auf den Engelsschen Versuch, über die Naturdialektik so etwas wie ein dialektisches Totalprinzip für die Erklärung der Welt zu promovieren; es handelt sich dabei, und das ist vereinfachend gesagt, um einen Rückfall in das Denken des Materialismus des 18. Jahrhunderts. Das andere Element der Verweltanschaulichung besteht vor allem in einem sozialpsychologischen Motiv: Trotz der unbestreitbaren

Erfolge der Sozialdemokratie blieb die Hoffnung auf eine baldige Revolution gleichwohl unbefriedigt. Das führte zu Frustrationen, auch zu Zweifeln an der Revolutionsthese, welche nun durch eine Verweltanschaulichung, daß gewissermaßen Natur *und* Geschichte gleichermaßen mit ehernem *Gesetz* die Notwendigkeit einer Revolution enthielten, abgefangen werden sollten. Die Dialektik wird hier zu einer universalhistorischen Mechanik, zu einem weltanschaulichen System.

Die Frage der Partei bestimmte auch die Theorie-Praxis-Diskussion im berühmten Streit *Lenin – Rosa Luxemburg.* Lenins elitäre Revolutionskader wollten mit einer Revolution von oben beginnen und das revolutionäre Bewußtsein notfalls auch im Nachhinein ins Volk hineingetragen; Rosa Luxemburg dagegen insistierte auf der Zustimmung der Massen als dem entscheidenden Kriterium für die Verwirklichung der Vernunft in der damaligen Epoche. Damit soll nicht gesagt sein, daß dies das letzte Wort Lenins zum Theorie-Praxis-Problem darstellte; vielmehr zeigt sich, daß er in seinen philosophischen Studien ein guter Kenner Hegels und der zeitgenössischen wissenschaftstheoretischen Diskussion gewesen ist; von ihm stammt auch das Diktum, daß ohne das Studium der Hegelschen Logik das »Kapital« von Marx nicht ernsthaft zu verstehen und zu interpretieren sei. Ob sich Rosa Luxemburg mit der Berufung auf die Spontaneität der Massen bei konkreten Organisationsfragen als erfolgreich erwiesen hätte, ist schwer abzuschätzen. Das Modell der direkten Demokratie, das bei ihr durchscheint, hat einige utopische Züge, etwa das Problem der Einstimmigkeit, der Entscheidungsverzögerung usw.

Einerseits aus der Erkenntnis, daß das Proletariat einer neuen Funktion zugeführt werden mußte, andererseits aus Enttäuschung über eine gewisse philosophische Austrocknung des Marxismus haben auch die *Austromarxisten* das Theorie-Praxis-Verhältnis dahingehend verändert, daß sie vor allem im Rückgang auf Kant das Theorie-Praxis-Verhältnis auf Ethik stützten. Revolution war demnach nicht einfach ein aus dem Krisenzusammenhang der bürgerlichen Gesellschaft notwendig hervorgehendes Resultat, sondern ein moralisches Postulat.

Eine Umbestimmung der Größe »Proletariat« nahm auch *Georg Lukács* in seinem groß angelegten Werk »Geschichte und Klassenbewußtsein« 1923 vor. Die proletarische Klasse ist nicht einfach identisch mit der Klasse der Lohnabhängigen und Ausgebeuteten, wie sie empirisch feststellbar ist. Das Proletariat ist vielmehr das *identische Subjekt–Objekt der Geschichte,* wie Lukács nicht müde wird zu behaupten. Es ist, anders gesagt, Ziel und Prozeß der Geschichte in konkreter Form in einem. Das vermag es deswegen, weil es als erstes Subjekt im Lauf der Geschichte eines adäquaten gesellschaftlichen Bewußtseins objektiv fähig ist. Der konkrete Arbeiter, der sich über sich selbst als Ware bewußt wird, entwickelt das Selbstbewußtsein der Ware; dieses Selbstbewußtsein ist zugleich Selbsterkenntnis oder Selbstenthüllung der auf Warenproduktion und auf Warenverkehr fundierten kapitalistischen Gesellschaft. Diese Selbsterkenntnis des Arbeiters als Ware ist aber zugleich als Erkenntnis bereits praktisch. Durch diese Erkenntnis, weil sie kritisch ist, wird das Objekt der Erkenntnis verändert. Es ist, vereinfacht gesagt, der naturhafte Schleier von der gesellschaftlichen Selbstverständlichkeit genommen, es wird der Spezialcharakter der Arbeit als Warenproduktion in diesem Bewußtsein objektiviert. Indem nun deutlich wird, daß unter der dinglichen Hülle der Ware eine Beziehung zwischen Menschen verborgen ist, kann der Fetischcharakter der Ware enthüllt werden, d. h. durch die Erkenntnis des ideologischen Charakters der bürgerlichen Denkform und des ideologischen Schleiers der bürgerlichen Gesellschaft wird die Verdinglichung des Seins und des Denkens begriffen und damit in der Geschichte selbst eine Dialektik entdeckt, deren Erkenntnis jetzt vom Proletariat getragen wird, weil das Proletariat diese Erkenntnis ist. Schon die Kategorien wie Totalität, Dialektik, Selbstbewußtsein usw. machen deutlich, daß Lukács das Hegelsche Element in der Marxschen Theorie wiederentdeckt hat. In der bürgerlichen Theorie liegt gewissermaßen ein Überschuß, der von ihr selbst nicht mehr eingelöst werden kann, der nun auf das Proletariat als dem realen Vollstrecker und Vollender dieses Überschusses der bürgerlichen Ära übergeht. Etwas vereinfacht: Der Hegelsche Weltgeist übergibt seine Funktionen an das Proletariat. Die Dialektik von Theorie und Praxis wird deswegen erkenntnisträchtiger als die Erkenntnisse der bloßen Empirie, deren Tatsachen nicht berücksichtigen, daß den Entwicklungstendenzen der Geschichte – das Werden als die Wahrheit des Seins, der Prozeß als die Wahrheit der Dinge – eine höhere Wirklichkeit zukommt.

Was hiermit geschieht, ist die Aufhebung eines bloß dualistischen Verhältnisses von Theorie und Praxis, in dem sich Subjekt und Objekt, Erkenntnis und Erkenntnisgegenstand mehr oder minder unverbunden gegenüberstehen. Nur wenn man begreift, daß Praxis nicht einfach Materie, sondern vom Subjekt getane, geschaffene Wirklichkeit ist, kann man umgekehrt begreifen, wieso das Subjekt in der Erkenntnis der von ihm selbst geschaffenen Wirklichkeit die Verdinglichung dieser Wirklichkeit als Fehler, als Schein, durchschauen kann. Marxistisch hieran ist vor allem, daß diese Auflösung von Schein nicht nur begrifflich vonstatten geht, sondern durch die Tätigkeit, durch die historische Rolle des Proletariats selbst. Dieses Proletariat als der bewußtgewordene Widerspruch der gesellschaftlichen Entwicklung freilich entfernt sich, so sehr Lukács hier Marx im übrigen richtiger interpretiert als alle bisher zuvor genannten Theorie-Praxis-Interpretationen, stark vom *empirischen* Proletariat. Es spitzt sich zu auf einen *Standpunkt* des Proletariats, demgegenüber nur ein bürgerlich-regressiver übrigbleibt, wodurch dann die Geschichte zu einem gigantischen Dualismus zugespitzt wird. Auch wenn Lukács sich später von dieser Konzeption der Einheit des Subjekt–Objekt zugunsten einer Naturdialektik distanziert hat, bleibt der Rang dieses Werkes unbezweifelbar.

Auch der vielfach unterschätzte *Karl Korsch* spricht von einer Totalität, die aus der Entstehung der realen proletarischen Klassenbewegung und der Theorie des Marxismus zugleich besteht. Korsch betont weiterhin den Zusammenhang dieser marxistischen Theorie mit dem deutschen Idealismus, wobei er selbstverständlich das kritische Verhältnis des Marxismus dazu beibehält. Der Marxismus ist nicht einfach eine neue Philosophie anstelle der bisherigen alten bürgerlichen; marxistische Theorie ist vielmehr die Kritik der gesamten bürgerlichen Ideologie. Aber auch wenn Marx und Engels sich dagegen gewehrt haben, daß ihr Sozialismus eine Philosophie sei, so bleibe es, meint Korsch, ziemlich leicht zu zeigen, daß dieser Gegensatz zur Philosophie etwas anderes bedeutet hat als für den späteren Vulgärmarxismus. Revolution ist gleichsam der Augenblick der Wahrheit, das Zusammenfallen von Bewußtsein und Wirklichkeit, von Theorie und Praxis.

»Die Philosophie der Praxis ist der absolute ›Historismus‹, d. h. das Denken, das *vollkommen diesseitig* und irdisch wird, ein absoluter Humanismus der Geschichte. In dieser Richtung muß man die neue Weltauffassung weiter verfolgen.«[3] Diese vor allem gegen Bucharin gerichteten Sätze von *Antonio Gramsci* markieren ein Programm, das von Gramsci nicht nur aus Tarnungsgründen während seiner Haftzeit mit *Philosophie der Praxis* bezeichnet wurde. So kann Gramsci auch die Philosophie der Praxis als eine Reform und als eine Weiterentwicklung der Hegelschen Philosophie bezeichnen. Gramsci wendet sich damit besonders gegen abstrakte Gesetze soziologischer oder gar mechanischer Art innerhalb der Geschichte. Die Theorie-Praxis-Problematik entzündet sich vor allem an

---

[3] A. Gramsci, Œuvres choisies, Paris 1959, 171.

der Frage nach der Identität von Geschichte und Philosophie. Wenn der Marxismus auf abstrakte Soziologie, eine mechanische Formelsammlung reduziert wird, dann entstehe der Eindruck, man habe die ganze Geschichte in der Tasche. Gramscis Humanismus und Immanentismus der Geschichte will nun erklären, daß selbst die Kategorien, unter denen Geschichte begriffen wird, Produkte der Geschichte, menschlicher Tätigkeit, sind. Das verpflichtet vor allem zu einer genauen Historiographie in dem Sinne, daß konkrete Individuen und Ereignisse nicht abstrakten Gesetzen aufgeopfert werden. Es ist also kaum ein größerer Gegensatz als der von Gramscis Theorie zur Systematik von Geschichte oder strukturalistischer Betrachtung der Geschichte denkbar.

Auch die *Kritische Theorie* der Frankfurter Schule bewegt sich vor allem in ihrer frühen Phase auf den Spuren der hegelianisch orientierten Interpretation. Sie macht wie diese Front gegen ein dualistisches Theorie-Praxis-Verständnis. Gerade die Beachtung der gesellschaftlichen Konstitution von Gegenständen, in Anlehnung an Marx, unterscheidet die Kritische Theorie als kritische von der traditionellen Theorie. Der Kampf gegen eine positivistisch-instrumentalistische Reduktion der Theorie-Praxis-Beziehung wie zugleich gegen eine vorschnelle Identifizierung von Vernunft und (schlechter) Wirklichkeit macht den Grundzug der Kritischen Theorie aus. Es dürfte sich erübrigen, an dieser Stelle in aller Ausführlichkeit über dieses Thema zu verhandeln, weil die Diskussion der Kritischen Theorie inzwischen weit verbreitet ist.

Alle diese hegelianischen Ansätze der Bestimmung des Theorie-Praxis-Verhältnisses in der marxistischen Diskussion haben eine in sich jeweils verschiedene Gemeinsamkeit. Sie neigen zu idealistischen Rückfällen, zu komplizierten Selbstbegründungsschwierigkeiten bzw., um denen zu entgehen, zu dogmatischen Einstellungen. Am Beispiel der Kritischen Theorie läßt sich so etwa beobachten, daß in ihr zwar mit äußerster Subtilität Ideologiekritik auf der Grundlage des zuvor genannten Theorie-Praxis-Verhältnisses betrieben wird, jedoch unter Voraussetzung der anhaltenden Gültigkeit der Kategorien der Kritik der Politischen Ökonomie aus dem Marxschen »Kapital«. Mit anderen Worten: es wird nicht berücksichtigt, ob sich aus dem Wandel der ökonomischen Gegebenheiten auch ein Wandel für die ideologiekritischen Bestimmungen ergeben hat.

Auf der Folie von Gesellschaften, die sich selbst zwar als Übergangsgesellschaften, gleichwohl aber als nachrevolutionär begreifen, hat sich eine spezielle Version der Theorie-Praxis-Bestimmung entwickelt. Politisch handelt es sich dabei um Widerstand gegen eine dogmatische Bevormundung, theoretisch um Kritik am Identitätszwang des Dialektischen Materialismus. *Kolakowski* oder *Schaff, Vranicki* oder *Petrovič, Kosik* oder *Machovec,* um nur einige Namen zu nennen, haben vor allem in anthropologisch-humanistischen Reflexionen den Totalitätsanspruch einer zur Ideologie gewordenen marxistischen Theorie gegenüber der konkreten Praxis, dem Individuum also, zurückgewiesen. Der stark existentialistische oder existentialphilosophische Charakter, den diese Kritik bis ins Vokabular hinein an sich trägt, ist nur vordergründig der schlechte Subjektivismus, als der er parteiamtlich zurückgewiesen wurde. Hier wurde vielmehr das Recht des Einzelnen, des Besonderen und Individuellen in der Geschichte reklamiert, das unter einer abstrakten Notwendigkeit und Gesetzlichkeit, einem mechanischen Geschichtsablauf bedeutungslos wurde und einer abstrakten Logik der Geschichte aufgeopfert werden sollte. Geschichte war hier keine Geschichte, Praxis war keine Praxis, sondern stand völlig unter dem ideologischen Bann. Wie für die hegelianische Neuinterpretation des marxistischen Theorie-Praxis-Verhältnisses spielten auch hier die Marxschen Frühschriften – Sozialismus gleich vollendeter Humanismus – eine wichtige Rolle. Freilich, um es noch einmal zu sagen: diese anthropologisch-humanistische und geschichtsphilosophisch orientierte Theorie-Praxis-Version erklärt sich vor allem auf der Folie des Diamat und dem Hintergrund der sogenannten Übergangsgesellschaften zum Sozialismus. In unseren Verhältnissen, in denen diese Version des Marxismus als Humanismus sich bisweilen verdächtig großer Wertschätzung erfreute, ist durch diese einseitige Interpretation nahezu das Gegenteil der ökonomistischen Einseitigkeiten der Zweiten Internationale eingetreten; die philosophisch-humanistischen Frühschriften werden einseitig gegen die politischen und politökonomischen späteren Schriften, die doch immerhin das Hauptwerk Marxens ausmachen, abgesetzt. Unter diesen Bedingungen bleibt es beispielsweise schwer zu begründen, warum dieser Humanismus, etwa als »Vermenschlichung des Menschen« im Sozialismus, eine spezifisch *marxistische* Forderung darstellt; es ist vielmehr eine allgemeine ethische und philosophische Forderung, die, wenn sie nicht harmlos und so unverbindlich sein soll, daß sie niemandem wehtut, einer theoretischen Fundierung bedarf. Aus dieser Situation heraus ist es zu verstehen, daß der Theoriecharakter der Marxschen Lehre, was sich etwa in Titeln wie »Die Logik des Kapitals« und ähnlichem formuliert, erneute Aufmerksamkeit zu gewinnen scheint.

Eben diese Kritik bildet einen Teil der Voraussetzungen der von Paris ausgehenden *strukturalistischen Marx-Interpretation.* Ihre wichtigsten

Repräsentanten sind *Althusser, Balibar, Poulantzas, Godelier.* Strukturalistisch an ihnen ist vor allem, daß sie wie Lévi-Strauss an eine Totalität weder in Geschichte noch im Subjekt glauben. Bei Althusser heißt dies: Theoretischer Antihistorizismus und Antihumanismus. Diese beiden Begriffe gehören, wie Subjekt und Geschichte überhaupt, eng zusammen. Antihumanismus heißt hier nicht etwa Inhumanität oder Menschenfeindlichkeit, sondern bedeutet Ablehnung des Humanismus als bürgerlicher Kategorie, die für die Grundlegung der *wissenschaftlichen* Theorie von Marx deswegen nicht geeignet sei. Das Subjekt sei kein Erstes, auf das eine Theorie zu bauen sei. Mit der damit hinfälligen Problematik des Subjekt-Objekt-Verhältnisses nimmt auch die Theorie-Praxis-Relation andere Züge an. Nicht mehr Subjekte, sondern allgemeine Strukturen bestimmen unter anderem die Gesellschaft und damit auch das Individuum. Ähnliches gilt für die Geschichte; sie ist nichts anderes als die diachronisch geordnete Sichtweise der Wirklichkeit, im Gegensatz zur synchronischen. Für die Marxinterpretation heißt dies insbesondere, daß Althusser und seine Mitarbeiter zwischen den geschichtsphilosophisch-humanistisch orientierten Frühschriften bei Marx und dem Spätwerk einen strengen Bruch, »rupture« oder »coupure« konstatieren. Die wissenschaftliche Arbeit bei Marx fängt für die Marx-Strukturalisten erst mit den Schriften der Kritik der politischen Ökonomie an, denn erst sie gehen von der Absolutheit eines Prozesses ohne Subjekt aus.
Nun wird man, trotz des teilweise provokativen Charakters dieser Theorie, einiges nicht von der Hand weisen können. Dazu gehört die These vom Systemcharakter des Kapitalismus, dessen Geschichtslosigkeit in der Zeitlosigkeit des Tauschs als einer geschichtsfeindlichen Kategorie des gleich um gleich angelegt ist. Das besagt: Überall dort, wo kapitalistische Industrialisierungsprozesse einsetzen, lassen sich sehr leicht vergleichbare, sogar ähnliche Gesellschaftsstrukturen beobachten. In diesen Zusammenhängen gibt es in der Tat nur einen apersonalen Prozeß, Strukturen, die mit Subjekt und Geschichte im herkömmlich philosophischen Sinne nichts mehr gemeinsam haben. Darauf kann sich in der Tat ein eigener Wissenschaftsanspruch, der bei den Strukturalisten stark von der französischen Wissenschaftstradition (Bachelard) beeinflußt ist, stützen. Man kann kapitalistische Gesellschaften dann so analysieren, wie Lévi-Strauss primitive Gesellschaften als Funktionsmodell formulieren kann. Einschneidend sind auch die Folgerungen der Strukturalisten für das Theorie-Praxis-Verhältnis. Mit der Kritik der geschichtsphilosophischen und humanistischen Marxrezeption entfällt auch bis zu einem gewissen Grad

das Verwirklichungsproblem von Philosophie und Realität, das aus der Hegelschen Erbschaft in die Marxsche Theorie mit eingegangen ist. Wer Praxis betreiben will, so sagt Althusser kühl, möge in die Kommunistische Partei eintreten, dort sei der Platz für politische Praxis. Im übrigen sei streng zu unterscheiden, daß es eine Praxis der Politik und eine Praxis der Theorie gäbe. Diese Praxis der Theorie hat gleichsam hermeneutische Aufgaben. »Lire le capital« heißt, das Kapital heute, unter heutigen Bedingungen, so zu lesen, daß der wissenschaftstheoretische Systemcharakter, der bei Marx nicht vorangestellt sei, sondern im Vollzug der Theorie selber erst entwickelt werde, nun für den heutigen aktiven Leser in der Praxis der Theorie nachvollzogen und geleistet werde.

Eines der wesentlichen Ergebnisse der strukturalistischen Marx-Interpretation besteht, so Althusser, nun darin, daß im Unterschied zur hegelianisierenden Auslegung des »Kapitals« auf den Unterschied zwischen *chronologischer* und *systematischer* Analyse aufmerksam gemacht worden sei. Chronologisch wäre das »Kapital« interpretiert, wenn es gewissermaßen als Geschichtsbuch gelesen würde; dagegen sei der Strukturerkenntnis der Primat vor der historischen einzuräumen. Es sei, mit anderen Worten und vereinfacht, Marx nicht darum gegangen, eine lange Weltgeschichte à la Hegel zu verfassen, sondern um die Konstruktion der Strukturgesetze der bürgerlich-kapitalistischen Ära.

Diese Erkenntnis trifft zweifellos zu, sie ist aber nicht ganz so neu, wie es Althusser und seinen Gefolgsleuten scheinen mag. Zunächst gilt, daß auch die Kategorien von System und Struktur, so stabil sie über einen begrenzten Zeitraum angewandt werden können, nicht unvermittelt aus der Geschichte herausfallend gedacht werden können. Dies bezieht sich nicht nur auf die Begriffe, sondern auch auf die Konstitution des Systems selbst. Darüber hinaus liefert die von Althusser so attackierte Hegelsche Philosophie in der »Logik« ein Beispiel dafür, wie Prozeß und System oder Struktur und Geschichte oder synchronische und diachronische Sichtweise ineinanderfallen. Logik, Idee oder System kennzeichnen in verschiedenen Stadien auch der geschichtsphilosophischen Reflexion die Notwendigkeit der Konstruktion der Geschichte heute, also der systematischen, konstruierten Geschichte im Unterschied zur bloßen Darstellung des historischen Faktenmaterials. Was freilich schwer zu klären bleibt, ist in diesem Zusammenhang der Übergang von der Theorie des Kapitalismus bzw. der bürgerlichen Gesellschaft zur verändernden Praxis. Der Hinweis auf Aktivität in der Partei reicht dazu beileibe nicht aus. Denn woher soll diese politische Praxis ihre Kriterien beziehen?

3. Konsequenzen für das Theorie-Praxis-Verhältnis

Gehen wir nach diesen vielfältigen und z. T. widerspruchsvollen Konzeptionen des Theorie-Praxis-Problems noch einmal zu den Anfängen der Marxschen Theorie-Praxis-Problematik zurück. Die Verwirklichungsfrage der Theorie nach Hegel wurde zunächst von den *Junghegelianern* in drei deutlich unterscheidbaren Fragestellungen formuliert. Vom Selbstbewußtsein des Subjekts her bei *Bruno Bauer,* von Natur und Gattung bei *Feuerbach* und von der Philosophie der Tat bei *Cieszkowski* und *Hess.* Bauer vertreibt die Substanz aus der Geschichte und sucht in fichteanischer Manier vom Selbstbewußtsein des Subjekts, seiner Version des absoluten Wissens, die Geschichte zu kommandieren. Das endet mit einem weitgehenden Wirklichkeitsverlust dieser seiner Selbstbewußtseinskritik und einer hypertrophen Substantialisierung des übriggebliebenen Subjekts Bauer. Feuerbach geht den nahezu genau entgegengesetzten Weg: Die Wahrheit des Ganzen findet sich bei ihm in einer naturvermittelten Gattung Mensch. Die Marxsche Kritik daran ist bekannt: Dieses Gattungswesen ist zu abstrakt, es fehlt Geschichte und Gesellschaft. Cieszkowski und Hess kommen der Marxschen Konzeption relativ nahe, Marx hat sich insbesondere auf Hess oft bezogen und vor allem in der Pariser Zeit viel von Hess gelernt. Andererseits fehlt es bei Hess und Cieszkowski an jener ausgreifenden, politisch-ökonomischen Analyse, die Marx in dieser Zeit des frühen Exils begann. Diese »Philosophen der Tat« lösen das Verwirklichungsproblem, das aus der Hegelschen Philosophie verblieben war, schließlich doch eher aktivistisch – wiederum im Gegenteil zu Bauers theoretizistischem Selbstbewußtsein und Feuerbachs naturhaftem Materialismus.

Marx nun ist in den Frühschriften in einer von diesen junghegelianischen Kritikern kaum unterscheidbaren, oft bis in die Formulierung hinein gleichlautenden Theorie ausgegangen. Er erwartet sich wie Bauer Fortschritte von der »rücksichtslosen Kritik alles Bestehenden«, wie Feuerbach sieht er die Aufhebung der Entfremdung in der Versöhnung des Individuums mit der Gattung, und wie Hess sieht er im Proletariat den Träger des Umsturzes der alten Ordnung. Lange Zeit galt es parteiamtlicher Interpretation eher als peinlich, auf diese Frühschriften zu stoßen, und selbst Lukács, der es eigentlich besser wissen mußte, hat sich die Mühe gemacht, den jungen Marx vor einer bürgerlich-philosophischen Deutung zu bewahren, indem er ihn ganz von den politökonomischen Schriften des reifen Marx her interpretierte.

Es ist jedoch nicht einzusehen, warum dies nötig sein soll. Daß Marx in allen seinen Theorien von bürgerlicher Philosophie, Geschichtsschreibung oder Nationalökonomie ausgegangen ist, kann man nicht verleugnen: woher denn sollte er sonst kommen? Es kann auch keineswegs im Sinn einer dialektischen Theorie liegen, wenn statt eines Aufhebungsverhältnisses von bürgerlicher zu marxistischer Theorie nun eine antithetische Relation eingesetzt wird, in der die Vorgeschichte gewissermaßen vernichtet wird. Sowenig wie hier gibt es auch eine einfache »coupure« zwischen Früh- und Spätschriften, durch die das Anknüpfen an bürgerliche Theorie doch nur um eine Stufe verlagert und dann dort angegriffen werden soll.

Dies alles bedeutet natürlich nicht den Verzicht auf Kritik und völlige Veränderung der bürgerlichen Theorie. Der Fehler in der Interpretation der Frühschriften besteht deswegen häufig darin, deren humanistisch-geschichtsphilosophische Kategorien zu verabsolutieren oder sogar moralisch zu deuten. Gerade wenn das versucht wird, zeigt sich, daß damit in der Tat der Unterschied zu den Junghegelianern aufgegeben und die spezifische Marxsche Theorieform nicht begriffen wird, eine Erkenntnis, deren Weg den Fortschritt der Frühschriften zu einem gut Teil ausmacht. Es geht fortan nicht mehr um nochmalige Utopien, Postulate oder moralische Ideen, sondern um die Konstitution einer Theorie, die als Wissenschaft den Schein und die Ideologieverfangenheit des bürgerlichen Denkens sprengt, um dessen »objektive« Ideen erst realisieren oder legitimieren zu können.

Das heißt nun: Der Status von Theorie ändert sich grundsätzlich. Der Anspruch der traditionellen Philosophie oder Theorie, sich selbst zu begründen und sich selbst zu genügen, wird problematisch, Philosophie geht über in Kritik und kann nur noch so fortexistieren; denn als Kritik ist sie auf ein *praktisches* Ziel bezogen, das mit »wirklicher Erkenntnis« und »Revolution« bezeichnet sein mag; Theorie also steht im Dienst der Veränderung. Zugleich verändert sich das Verhältnis von Denken und Tatsachen: in der bürgerlichen Theorie als Subjekt-Objekt-Problem bekannt, bestimmte sich dieses Verhältnis seit Bacon und Descartes dualistisch, als instrumentalistisches Gegenüber, was schließlich dazu führte, daß auch das erkennende Individuum sich, wenn es über sich als menschliches Subjekt eine Aussage machen wollte, zum Objekt machen mußte, weil anders eine »wissenschaftliche« Aussage nicht zu legitimieren war. Bei Marx nun wird deutlich, daß die äußerste Objektivierung des Menschen in seiner Formierung und Reduzierung als Ware Arbeitskraft existiert; die

Kritik dieses Verhältnisses greift den ganzen Zusammenhang der bürgerlich-kapitalistischen Welt, das »System« dieser Gesellschaft an, aber es bleibt keine theoretische Kritik.
Darüber hinaus wird aus der Analyse der gesellschaftlichen Produktion deutlich, daß kein Gegenstand als Tatsache radikal vom Subjekt isoliert ist. Insofern Gegenstände dinghafter Art und soziale oder politische Verhältnisse nie »Dinge an sich«, sondern von der Gesellschaft produzierte sind, ändern sich auch die Konstitutionsbedingungen für die Tatsachenerkenntnis. Tatsachen sind ebenso gesellschaftlich konstituiert wie diejenigen, die sie erkennen; Subjekt und Objekt sind nicht länger auseinanderzureißen, sie sind aber auch nicht bloß begrifflich vermittelt. Und wie Tatsachen nicht einfach autarke Quantitäten – wie im rüden Positivismus gern behauptet – sind, so auch Ideen nicht. Marx hat in etwas angreifbarer Form von Ideen gesprochen, die sich immer dann vor der Wirklichkeit blamiert hätten, wenn sie von dem Interesse unterschieden worden seien, wenn sie also nichts als »reine Theorien« hätten sein wollen. Ideen an sich taugen sowenig wie Dinge an sich, sie fallen der Ideologiekritik deswegen anheim, weil sie sich theoretizistisch aus dem gesellschaftlichen Konstitutionsrahmen herauslösen wollen.
Damit ist nun nicht wieder, wie in zweckrationaler, instrumenteller Auffassung, Theorie auf Anwendungswissen festgelegt, sondern auf eine gesellschaftliche, historische Wirklichkeit als Legitimationsinstanz, was nichts anderes als »Interessen« bedeutet. Das Verwirklichungsproblem ist also nicht zuletzt dadurch gelöst, daß die Autonomiehypertrophie der traditionellen Theorie zerstört wurde.
Mit dieser Autonomie der Theorie verbunden war der Absolutheitsanspruch des Subjekts, im Idealismus wie in der schließlich bizarren Zuspitzung in der These vom »absoluten Selbstbewußtsein« bei Bauer und Stirner. Sowenig jedoch wie Tatsachen und Gegenstände an sich sind, so wenig gilt das auch für die erkennenden Subjekte; sie sind ebenso apriorisch gesellschaftliche Wesen, in Produktion und Reproduktion sich selbst und die anderen herstellend. Diese Gesellschaftlichkeit löst das alte Bewußtseinsapriori ab, wobei das letztere theoretischer Ausdruck des bürgerlichen Besitzindividualismus ist; Freiheit – und damit Wahrheit – war nur im Zusammenhang mit Privateigentum möglich. Bei Marx nun wird die Kategorie »System« unter anderem auch für diesen Zusammenhang relevant. Wie er im »Kapital« nicht eine Methode abstrakt voranstellt, um dann materialiter danach zu verfahren, sondern analog zur Hegelschen Logik Begriffe und Kategorien inhaltlich, im Verlauf der Entwicklung

der Theorie, also konkret bestimmt, so gewinnt auch das System des Kapitalismus gleichsam eine, wenn auch verkehrte Logik, die das Individuum hinterrücks determiniert und ihm Freiheit vorzugsweise in Form der Rollenangebote, als »Charaktermasken« zur Verfügung stellt. Veränderung ist deswegen nicht vom Subjekt, seiner spontanen Aktivität und moralischen Engagiertheit etwa zu erwarten, sondern in der Form, die der Logik des Systems entspricht. Wandlungen also stellen sich als übersubjektive Lernprozesse des Systems dar. Das aber bedeutet nicht, wie nun in heutigen spätbürgerlichen Systemtheorien formuliert wird, wenn man an Parsons oder Luhmann erinnert, daß das nahezu motivlose, konformitätsfreudige Übernehmen von Rollenangeboten bei nicht theoriefähiger Bedürfnisbasis das letzte Wort bei Marx sein muß; vielmehr zeigt die komplizierte Dialektik von Interessen bzw. Bedürfnissen und Logik des Systems bzw. der Evolution von Gattung und Gesellschaft im Zusammenhang mit der das ganze Marxsche Werk bestimmenden Theorie-Praxis-Beziehung und Subjekt-Objekt-Relation zumindest eine formale Vermittlung auch von Subjekt und System an.

LITERATUR

Texte zur Geschichte des Theorie-Praxis-Verhältnisses, in der Reihenfolge der genannten Autoren:

K. Kautsky, Karl Marx' ökonomische Lehren, gemeinverständlich dargestellt und erläutert, Wien 1887.

E. Bernstein, Der Revisionismus in der Sozialdemokratie, Amsterdam 1909.

F. Engels, Die Entwicklung des Sozialismus von der Utopie zur Wissenschaft (1882), Berlin 1948.

Ders., Dialektik der Natur, Berlin 1951.

W. I. Lenin, Materialismus und Empiriokritizismus, Moskau 1947.

Ders., Aus dem philosophischen Nachlaß, Berlin 1949.

Ders., Für und wider die Bürokratie, Schriften und Briefe, Hamburg 1970.

R. Luxemburg, Schriften zur Theorie der Spontaneität, Hamburg 1970.

O. Bauer/M. Adler/K. Renner u. a., Austromarxismus, hg. v. H. J. Sandkühler/R. de la Vega, Frankfurt/Wien 1970.

G. Lukács, Geschichte und Klassenbewußtsein, Berlin 1923.

Ders., Der junge Marx, Pfullingen 1965.

K. Korsch, Marxismus und Philosophie, Frankfurt/Wien 1966.

M. Horkheimer, Kritische Theorie I–II, Frankfurt 1968.

L. Kolakowski, Der Mensch ohne Alternative, München 1964.

A. Schaff, Marxismus und das menschliche Individuum, Hamburg 1970.

P. Vranicki, Geschichte des Marxismus I–II, Frankfurt 1972.

G. Petrović, Philosophie und Revolution, Hamburg 1971.

K. Kosik, Dialektik des Konkreten, Frankfurt 1967.
M. Machovec, Vom Sinn des menschlichen Lebens, Freiburg 1971.
L. Althusser/E. Balibar, Das Kapital lesen I–II, Hamburg 1972.
M. Godelier, System, Struktur und Widerspruch im »Kapital«, Berlin 1972.
B. Bauer, Feldzüge der reinen Kritik, hg. v. H. M. Saß, Frankfurt 1968.
M. Stirner, Der Einzige und sein Eigentum, hg. v. H. G. Helms, München 1968.
M. Hess, Philosophische und sozialistische Schriften, Berlin 1961.
L. Feuerbach, Sämtliche Werke I–X, Stuttgart 1959.
A. v. Cieszkowski, Prolegomena zur Historiosophie, Berlin 1838.

Literatur zum Thema Theorie-Praxis bei Marx:

A. Schmidt, Geschichte und Struktur, München 1971.
H. Reichelt, Zur logischen Struktur des Kapitalbegriffs bei Karl Marx, Frankfurt/Wien 1970.
J. Zelený, Die Wissenschaftslogik bei Marx und das »Kapital«, Frankfurt 1970.
J. Habermas, Theorie und Praxis, Frankfurt 1971².

Marcel Xhaufflaire

»ANTI-HUMANISTISCHE« ANTHROPOLOGIE

Das marxistische Menschenbild – Probleme des individuellen Lebens

Es ist natürlich hier nicht möglich, im einzelnen alles zu nennen, was Marxisten und Marxologen über das durch die Begriffe »Probleme des individuellen Lebens – Bild des Menschen« angedeutete Problemfeld geäußert haben. Eine solche Aufzählung hätte im übrigen nur Sinn, wenn sie sorgfältig in den wirklichen Kontext der Herausarbeitung der marxistischen Theorie eingebettet wäre, statt sich bestenfalls als ein Ausschnitt aus der Ideengeschichte oder gar nur als bloße Nomenklatur darzustellen. Dieser Kontext ist zunächst kein intellektueller Kontext. Er könnte als solcher nur gesetzt werden von einem Beobachterstandpunkt aus, der vielleicht dem Historiographen oder sogar dem des Hermeneuten entspräche. Jedenfalls ist es nicht der Standpunkt, von dem aus es nach der marxistischen Theorie angemessen ist, sich die Ideengeschichte – gleichermaßen die Geschichte der Herausarbeitung der marxistischen Theorie – anzueignen. So haben die alten und neuen Diskussionen über (marxistische) *Anthropologie* und *Humanismus* – woraus sich unser Thema ergibt – immer soziale Ursprünge und politische Implikationen in einem Kontext des Klassenkampfes (oder von Klassengruppen), die entwickelt werden müssen, wenn man ihren wirklichen Stellenwert erkennen und, dementsprechend, ihren Gehalt begreifen will. Selbstverständlich läßt sich im Rahmen dieser kurzen Darstellung etwas Derartiges nicht durchführen. Ich beschränke mich auf einige einführende Aspekte.

1. Marx unter dem Einfluß Feuerbachs (1842–1844)

Die Rezeption des *anthropologischen Materialismus* Feuerbachs gab Marx die Möglichkeit, sich vom *subjektiven Idealismus* oder der *Philosophie des Selbstbewußtseins* zu lösen, die seine linkshegelianische Periode be-

[1] Vgl. G. Hillmann, Marx und Hegel, Frankfurt 1966, 207 ff; L. Althusser, Pour Marx, Paris 1966, 27.

stimmte.[1] Diese Feuerbach-Rezeption kennzeichnet die Problematik der Marxschen Schriften im Zeitraum 1842–44. Zwar geht es Marx schon darum, von der »Kritik des Himmels« zur »Kritik der Erde« zu kommen. Er bleibt jedoch insofern Feuerbachianer, als man bei ihm den Mechanismus einer *Übertragung* des Feuerbachschen Modells der Religionskritik auf die Kritik des Staates[2] und des kapitalistischen Systems feststellen kann[3].

Feuerbach sah in den religiösen Objektivationen das entfremdete Ergebnis (als Prädikat eines nicht menschlichen Subjekts zum Fetisch gemacht) jenes Prozesses, durch den der Mensch sein wahres Sein oder sein ursprüngliches Wesen veräußerlicht hatte, indem er es sich selbst entfremdete. Die abstrakte Autonomisation des menschlichen Seins zur Göttlichkeit blokkierte von nun an seine Fähigkeiten zu universaler und unendlicher Emanzipation. Der Feuerbachsche Anthropologismus ist humanistisch, insofern er darauf abzielt, die Individuen über den grundlegenden Mechanismus aufzuklären, der sie an der Entfaltung aller ihrer Möglichkeiten hindert.[4]

In dem Augenblick, wo Marx zum *Kommunismus* übergeht, glaubt er derjenigen Bewegung anzugehören, die es den Menschen als *Produzenten* erlaubt, das menschliche Wesen wiederzugewinnen, dem sie sich selbst entfremdet haben und das sich ihnen in den Produkten ihrer Arbeit als fremd und zum Fetisch geworden darstellt. L. Althusser hat den Kern der Marxschen Argumentation zu jener Zeit folgendermaßen zusammengefaßt:

»Die Geschichte ist die Entfremdung und die Hervorbringung der Vernunft in der Unvernunft, des wahren Menschen im entfremdeten Menschen. In den entfremdeten Produkten seiner Arbeit (Waren, Staat, Religion) verwirklicht der Mensch, ohne es zu wissen, das Wesen des Menschen. Dieser Verlust des Menschen, der die Geschichte und den Menschen hervorbringt, setzt tatsächlich eine bestimmte präexistente Essenz voraus. Am Ende der Geschichte braucht dieser Mensch, zur unmenschlichen Objektivität geworden, nur noch als Subjekt sein eigenes, durch Besitz, Religion und Staat entfremdetes Wesen wiederzuergreifen, um totaler und wahrer Mensch zu werden.

Diese neue Theorie des Menschen begründet einen neuen Typ politischen Handelns: die Politik einer *praktischen* Wiederaneignung ... Die Politik ist nicht

---

[2] Vgl. bes. »Kritik der Hegelschen Rechtsphilosophie« und »Zur Judenfrage«.

[3] Vgl. bes. »Pariser Manuskripte«.

[4] Zum Werk Feuerbachs vgl. mein Buch: Feuerbach und die Theologie der Säkularisation, München/Mainz 1972; A. Schmidt, Emanzipatorische Sinnlichkeit, München 1973.

mehr einfache theoretische Kritik, Aufbau der Vernunft durch die freie Presse, sondern praktische Wiederaneignung seines Wesens durch den Menschen. Denn der Staat, ebenso wie die Religion, ist ja der Mensch, aber der Mensch in der Enteignung; der Mensch ist aufgespalten in den Bürger (Staat) und den Zivilisten ... Die Revolution wird nicht länger nur politisch sein (liberale, rationale Reform des Staates), sondern »menschlich« (»kommunistisch«), um dem Menschen seine Natur zurückzugeben, die in der phantastischen Form des Geldes, der Macht und der Götter entfremdet ist ...
Die Revolution ist selbst die Praxis der der Entfremdung immanenten Logik: sie ist der Augenblick, in dem die bislang entwaffnete Kritik im Proletariat ihre Waffen erkennt ... Das revolutionäre Bündnis zwischen Proletariat und Philosophie ist also, hier noch einmal, im Wesen des Menschen besiegelt.« [5]

Dieser Rückblick auf den Inhalt der Feuerbach-Problematik bei Marx war notwendig, da nicht nur die marxistische Theorie in der Tat von der Kritik dieser Problematik ihren Ausgang nimmt, sondern man oft auch in ihr den Kern des Marxismus gesehen hat.[6]

2. Kritik an Feuerbach und Aufbau der marxistischen Problematik (1845–1846)

Heute erkennt man allgemein, daß das Feuerbachsche Schema von Verwirklichung–Entfremdung und Aneignung–Wiedergewinnung des menschlichen Wesens – selbst wenn es auf politische und soziale Geschichte übertragen wird – mehr hinderlich als förderlich ist für den Zugang zur Kenntnis sozialer Verhältnisse, die das Sein, die Entwicklung der Individuen und die Möglichkeit einer Praxis ihrer Veränderung bestimmen. So

---

[5] L. Althusser, Pour Marx, 232 f.

[6] Die Veröffentlichung der Jugendschriften Marx' in Deutschland im Jahre 1932 hatte von Anfang an politische Bedeutung (insbesondere wegen der Auseinandersetzung Blochs, Horkheimers, Tillichs u. a. mit dem Leninismus). Ebenso führte sie nach 1945 im Kontext des Widerstandes gegen die ökonomisch-dogmatische Reduktion des Marxschen Werkes und gegen die unmenschlichen Bedingungen in den der KPdSU unterworfenen Ländern häufig zu einer sog. »philosophischen« (existentiellen, phänomenologischen oder anthropologischen) Interpretation des Marxismus (in den westlichen Ländern geschah dies in der Absicht, die theoretische und praktische Tragweite des Marx der Kritik der politischen Ökonomie zu disqualifizieren). Die Scheidung zwischen jungem und altem Marx, zwischen Marxismus als Variante der Philosophie und Marxismus als ökonomischer Wissenschaft konnte nach und nach aufgehoben werden dank der Werke einiger großer marxistischer Denker (Gramsci, Korsch, Lukács u. a.) und aufgrund der Wiederaufnahme der revolutionären Auseinandersetzungen zu Ende der sechziger Jahre.

bricht Marx in dem Augenblick, wo er zusammen mit Engels mit der deutschen Philosophie abrechnen will, gleicherweise mit dem Feuerbachschen Anthropologismus. In dieser Hinsicht hat die VI. These über Feuerbach eine entscheidende Bedeutung:

»Feuerbach löst das religiöse Wesen in das *menschliche* Wesen auf. Aber das menschliche Wesen ist kein dem einzelnen Individuum inwohnendes Abstraktum. In seiner Wirklichkeit ist es das Ensemble der gesellschaftlichen Verhältnisse. Feuerbach, der auf die Kritik dieses wirklichen Wesens nicht eingeht, ist daher gezwungen: 1. von dem geschichtlichen Verlauf zu abstrahieren und das religiöse Gemüt für sich zu fixieren, und ein abstrakt-*isoliert*-menschliches Individuum vorauszusetzen. 2. Das Wesen kann daher nur als ›Gattung‹, als innere, stumme, die vielen Individuen *natürlich* verbindende Allgemeinheit gefaßt werden.« [7]

Wie Marx' ganzes späteres Werk bestätigt, bedeutet dies, daß man, wenn man sich *theoretisch* die menschliche Wirklichkeit zueigen machen will, sich *auf jeden Fall* von der Idee befreien muß, es existiere als eine spezifische Essenz dieser Realität ein substantielles Etwas, welches (zumindest potentiell) in jedem Individuum gegenwärtig sei. Selbstverständlich ist diese Kritik am Feuerbachschen Anthropologismus auch eine Kritik an jeder abstrakten Geschichtsphilosophie, die dazu neigt, den *Sinn* der Natur- und Menschheitsgeschichte entweder in einer ›archä‹ oder in einem ›telos‹ der »Universal«-Geschichte zu suchen.[8] Wenn die gegenwärtige menschliche Wirklichkeit von nun an nicht mehr begrifflich gefaßt wird durch »menschliche Gattung«, sondern durch »soziales Ensemble« (Totali-

---

[7] In: MEW III, 6.

[8] Der »Anthropologismus« Feuerbachs bleibt einem (theo-)philosophischen Geschichtsmodell verhaftet und entspricht nicht dem modernen Begriff der Anthropologie, der sich in Absetzung nicht nur von der traditionellen Metaphysik und der mathematischen Naturwissenschaft, sondern auch von der Geschichtsphilosophie herausbildet, wie O. Marquard gezeigt hat (Zur Geschichte des philosophischen Begriffs »Anthropologie« seit dem Ende des achtzehnten Jahrhunderts, in: Collegium Philosophicum. Studien Joachim Ritter zum 60. Geburtstag, Basel/Stuttgart 1965, 209 ff). Nach 1845 reinigte Feuerbach (insbesondere aufgrund der Kritik, die Max Stirner an ihm geübt hatte) seine Theorie von jeglichem theophilosophischen Rest und näherte sich dem modernen (wissenschaftlichen) Begriff der Anthropologie. Selbstverständlich macht die Kritik an Feuerbach als Exponenten einer idealistischen Anthropologie und einer Philosophie der Geschichte die Frage nach der Beziehung zwischen marxistischer Geschichtstheorie und der anthropologischen Problematik noch nicht überflüssig. Darauf kommen wir im folgenden zurück. Bezüglich des Wiedererwachens und der Komplexität dieser Problematik vgl. bes. W. Lepenies, Soziologische Anthropologie, Materialien, München 1971.

tät mit verschiedenen Strukturationsebenen auf der Basis einer bestimmten Produktionsweise) und wenn die revolutionäre Praxis von nun an ausgedrückt wird in Begriffen nicht der Aufhebung des entfremdeten Wesens des Menschen (oder, allgemein, der Identitätsphilosophie), sondern in solchen der Wirkung des fundamentalen Widerspruchs zwischen »Produktivkräften« und »Produktionsverhältnissen« (dieser Widerspruch schafft das Proletariat als mögliches Subjekt der sozialen Bewegung, die den gegenwärtigen Zustand verändert), so schließt das mit ein, daß das, was wir mit den Begriffen »Gesellschaft« und »Geschichte« bezeichnen, nicht mehr zu begreifen ist als konstituiert durch die Summe der Interaktionen zwischen den als autonome Subjekte vorausgesetzten Individuen.[9]

J. Guichard drückt diesen Gedanken so aus:

»Wenn man keinen festen Begriff eines menschlichen Wesens als ›Ganzes sozialer Verhältnisse‹ herausarbeitet, so kann man die wirkliche Stellung des Individuums in einer vorgegebenen Gesellschaft nicht denken, und man macht aus dem Indi-

---

[9] Im Zusammenhang mit der kritischen Analyse der Unterscheidung von »Arbeit« und »Interaktion« durch Habermas vgl. H. Kerber, Kritik der neueren Marx-Kritik; Sozialtechnologie-reflektierte Theorie-Praxis-Vermittlung; das Konzept des gesellschaftlichen Subjekts, in: K.-J. Bruder (Hg.), Kritik der bürgerlichen Psychologie. Zur Theorie des Individuums in der kapitalistischen Gesellschaft, Frankfurt 1973:

»Indem die Marxsche Theorie demonstriert, daß das Kapitalverhältnis ein objektives, über die Köpfe der Menschen hinweg sich durchsetzendes Verhältnis ist, in welchem die Kapitalisten – wie vordem schon die einzelnen Warenbesitzer – ›die ökonomischen Charaktermasken ... die Personifikationen der ökonomischen Verhältnisse sind, als deren Träger sie sich gegenübertreten‹, macht sie deutlich, daß innerhalb der bestehenden Verhältnisse die Interaktion der Subjekte subjektlos verläuft. Der Interaktionsrahmen ist hier nicht, wie in solchen Theorien, wo Interaktion und instrumentelles Handeln systematisch getrennt werden, losgelöst von der Naturwüchsigkeit des kapitalistisch betriebenen Produktions- und Reproduktionsprozesses der Gesellschaft, sondern sein integraler Bestandteil. Entsprechend entzieht sich jeder Rekurs auf den hermeneutischen Ansatz notwendigerweise dem Phänomen, daß die interagierenden Subjekte dem gesellschaftlichen Prozeß gegenüber blind bleiben und daß insofern die Dialektik dieses Prozesses zunächst eine ist, die sich über die Köpfe der Gesellschaftsmitglieder hinweg durchsetzt ...

Begreift also die hermeneutisch orientierte Kritik an Marx herrschaftslose Kommunikation nur als Entzerrung von Zwangsverhältnissen, die sich auf der von der Produktion abzuhebenden Ebene der Interaktion bewegen, so ist demgegenüber nach Marx herrschaftfreie Kommunikation immer nur als Resultat eines Prozesses zu verstehen, der einen objektiv-naturwüchsigen Charakter hat, dessen Merkmale aus der Produktion stammen« (59 ff).

viduum entweder die Grundlage oder den Ursprung der sozialen Verhältnisse, oder ein unbestimmtes Wesen ›frei‹ von jeglicher sozialen Bestimmung, das immer ›etwas anderes‹ als seine konkreten Beziehungen ist; in beiden Fällen rühmt man in Worten das absolute Recht des Individuums, aber tatsächlich ist man unfähig, die konkreten Individuen von ihren Ketten zu befreien.« [10]

Auf dieser Ebene der Analyse erscheinen der »Kapitalist« und der »Proletarier« nicht mehr als einzelne Subjekte, die für die »Entfremdung« und das »Heil« der Menschheit verantwortlich sind, sondern als »Personifikationen«, als »Stützen von Interessen und Klassen«, als durch die sozialen Beziehungen erzeugte »Geschöpfe« und »Agenten« als »Träger«.[11] L. Althusser hat aus dem Bruch mit der Identitätsphilosophie (in ihren historizistischen und anthropologistischen Varianten) und dem Humanismus (als ethisches oder utopisches Wertsystem, das sich der Praxis in Form eines Postulats aufzwingt) die Konsequenz gezogen und kennzeichnet die marxistische Theorie der Geschichte und der Gesellschaft folgendermaßen als *antihumanistisch:*

»In strenger Hinsicht auf die Theorie kann und muß man also offen von einem *theoretischen Anti-Humanismus* bei Marx sprechen und in diesem *theoretischen Anti-Humanismus* die Bedingung der absoluten (negativen) Möglichkeit der (positiven) Erkenntnis der Welt selbst und ihrer praktischen Veränderung sehen. Etwas über die Menschen *erkennen* kann man nur unter der absoluten Bedingung, den philosophischen (theoretischen) Mythos über den Menschen einzuäschern.« [12]

Nachdrücklich ist hier die Tatsache hervorzuheben, daß die marxistische Kritik am Humanismus eben in dem Maße keine neue Variante der *abstrakten* Sicht des Menschen voraussetzt, in dem sie selbst nicht nur zeigen kann, von welchen sozialen Bedingungen aus Philosophen über Mensch und Sinn (die scheinbar ihre sozialen Bedingungen der Begründung und Glaubwürdigkeit transzendieren) sich entwickeln können, sondern auch, inwiefern solche Philosophien die Funktion haben, ideologisch die Fiktion einer Sicht der Gesellschaft zu verstärken, nach welcher sie sich aus der Summe autonomer, über ihre Lebensbedingungen mittels personaler Interaktionen frei verfügender Individuen zusammensetzen würde.[13]

---

[10] Le marxisme, Lyon 1970, 224.

[11] Vgl. Zur Kritik der Politischen Ökonomie, in: MEW XIII, 128; bes.: Das Kapital.

[12] L. Althusser, Pour Marx, 236.

[13] Diese Beweisführung wird durchgeführt ausgehend von der Analyse des Systems, dem der Tauschwert und die soziale Aufteilung der Arbeit zugrundeliegt. Hierzu vgl. A. Sohn-Rethel, Geistige und körperliche Arbeit, Frankfurt 1970.

3. Politischer Kontext des Marxschen Anti-Humanismus

Um den Marxschen Anti-Humanismus richtig einordnen zu können, muß man ihn nicht nur mit der idealistischen Religion und Philosophie in Beziehung setzen, sondern auch mit den Formen ihrer *Verdoppelung* in verschiedenen Auffassungen des Kommunismus, wie sie in den Jahren 1840 und folgende dominierten. Marx und Engels, »schon in die politische Bewegung vertieft« und »in engem Kontakt mit dem organisierten Proletariat« [14], nahmen damals an diesen, noch ganz von religiösen und idealistischen Vorstellungen geprägten Lehrmeinungen Anstoß, die aus der Veränderung der elenden Bedingungen des Proletariats nicht die Resultante von in der sozialen Entwicklung enthaltenen Möglichkeiten machten, sondern das Resultat entweder der konzertierten Aktion von »aufgeklärten Minderheiten« (vgl. den utopischen Sozialismus und den Sozialismus der »Geheimgesellschaften«) oder aber der demagogischen Aktion von Propheten der wilden Selbst-Befreiung des Proletariats (vgl. gewisse Formen des religiösen Sozialismus und des »wahren Sozialismus«).[15] Die 1846 von Marx gegen Weitling und Kriege (und indirekt gegen Lamennais und Feuerbach) im Rahmen der *Liga der Kommunisten* geführte Polemik ist symptomatisch für seine Überzeugung, wonach die Arbeiterbewegung keine Befreiungsmythen oder solche der Umkehrung der herrschenden humanistischen Ideologien zu ihren Gunsten nötig hatte, sondern eine *praktische Wissenschaft der Revolution.* So waren im März 1845, bei einer Versammlung des Korrespondenz-Komitees in Brüssel, Marx und Weitling in einer heftigen Diskussion aneinandergeraten. Während letzterer behauptete, angesichts des Elends des Volkes führten abstrakte Analysen zu gar nichts, soll Marx sich wütend erhoben, mit der

---

Zur politischen Funktion dieses Bildes von Individuum und Gesellschaft vgl. N. Poulantzas, Pouvoir politique et classes sociales II, Paris 1971, 31 ff.

[14] Vgl. A. Cornu, Karl Marx et Friedrich Engels III, Marx à Paris, 1961, 197.

[15] Kürzlich hat M. Lowy erneut den Versuch gemacht, die Entstehung des Marxismus als Theorie zu analysieren, indem er vom politischen Kontext ausgeht, in den sich Marx verflochten fand: La théorie de la révolution chez le jeune Marx, Paris 1970. M. Lowy vertritt eine »historische« Sicht der Probleme. Jene Periode, in der Marx sich intensiv politisch betätigte, ist nämlich auch jene, in der er in der konkreten Form seinen Begriff von »Religion« und seine Verwerfung einer »religiösen« Legitimation der revolutionären Praxis herausbildete. Zur theoretischen Bedeutung dieser Konfrontation s. H. Desroche, Socialisme et sociologie religieuse, Paris 1965 und J. Guichard, Eglise, luttes de classes et stratégies politiques, Paris 1972.

Faust auf den Tisch geschlagen und gerufen haben: »Bis jetzt hat die Unwissenheit noch nie irgend jemandem gedient... Vor allem sich in Deutschland an die Arbeiter zu wenden, ohne streng wissenschaftliche Ideen und eine konkrete Lehre zu haben, ist nichts anderes, als ein falsches und sinnloses Spiel zu spielen; das käme einer Propaganda gleich, wo auf der einen Seite ein begeisterter Apostel, auf der anderen jedoch nur Dummköpfe stünden, die ihm mit offenem Munde lauschten.« [16] Das berühmte Rundschreiben gegen H. Kriege (Mai 1846) hat eben den Zweck, die kommunistische Bewegung gegen alle religiösen oder moralisierenden Auffassungen abzugrenzen. Die sozialen Bedingungen, die »Kapitalisten« und »Proletarier« in eine strukturelle Situation absoluter Ungleichheit stellen, können nicht durch Interaktionen oder friedliche Verhandlungen verändert werden, ohne an das System des Privateigentums zu rühren; noch weniger können sie es durch einen Wechsel der Einstellung oder des Verhaltens (das war im Grunde die Strategie der »wahren Sozialisten«). Der Kommunismus ist weder das Ergebnis der »christlichen Barmherzigkeit« noch das des »schlechten bürgerlichen Gewissens«.

Unter dem besonderen Gesichtspunkt unseres Themas hat der Ausschluß Weitlings und Krieges aus der Liga der Kommunisten die Bedeutung, uns vor einem gewissen, wenig verantwortlichen Entgegenkommen zu warnen, das sich in den gegenwärtigen »Dialog« zwischen Christen und Marxisten unter dem Banner des Humanismus oder als Bekenntnis zu einer absoluten Zukunft der Geschichte einschleichen kann. Wenn man über punktuelle anti-kapitalistische und anti-imperialistische Aktionen, bei denen Christen und Marxisten zusammenarbeiten, hinaus versucht, Begründungen für eine Solidarisierung auf längere Sicht zu vertiefen, so kann das nur auf der Grundlage einer Untersuchung der sozialen Verhältnisse geschehen. Unter den gegenwärtigen Umständen mußte diese Untersuchung wahrscheinlich die objektive »Proletarisierung« gewisser traditionell christlicher, sozialer Schichten hervorheben sowie die Notwendigkeit einer Erweiterung der Fronten des revolutionären Kampfes, der den anti-ideologischen Kampf auch im Inneren der verschiedenen Institutionen der menschlichen Sozialisation – unter anderem der Kirchen – mit einschließt.[17]

---

[16] Zit. nach: H. Desroche, Socialisme, 318.

[17] Vgl. J. Guichard, Eglise, luttes de classes et stratégies politiques; G. David/S. Larche, La contestation dans l'église, in: L'Homme et la société, April/Mai 1970, 335 ff. Zur Einbeziehung der theologischen Problematik in diesem Zusam-

4. *Der Marxismus – ein Humanismus?*

Die marxistische Theorie als anti-humanistisch darzustellen, mag überraschen, ja empören. Wird so nicht die Meinung der Apostel der bürgerlichen Kultur und der Apologeten des Christentums bestätigt, die immer zu der Behauptung neigten, die unter der Herrschaft des Stalinismus begangenen Verbrechen und die dauernde Verletzung der »Menschenrechte« in den Volksdemokratien seien nicht das Ergebnis einer Verirrung, sondern ergäben sich im Gegenteil notwendig aus der marxistischen *Theorie*? Es ist wichtig, hier weder mit einem Glaubensbekenntnis noch auf der Ebene einer abstrakten Lehre über den Menschen (die leicht mit Zitaten von Klassikern des Marxismus angereichert werden könnte) zu antworten noch auch den zur Last gelegten Fakten andere Fakten gegenüberzustellen, die das Urteil, der Marxismus sei ein Anti-Humanismus, widerlegen (was natürlich möglich ist).[18]

Aber was ist denn dieser Humanismus, an dem man sich berauscht? Angesichts des Feudalismus war der Humanismus mit seiner Affinität zur Freiheit und Gleichheit der Individuen und zum Vertrauen in den auf die Vernunft gegründeten Fortschritt das Eisen der ideologischen Lanze für die aufsteigende bürgerliche Klasse, die den Proletariern nur den Eindruck gab, sie vom religiösen Irrationalismus und der obskurantistischen klerikalen Macht befreit zu haben, um sie desto besser auszubeuten.[19]

Unter den gegenwärtigen Umständen ist es nur zynisch, wenn man mit den Arbeitern in der Sprache des abstrakten Humanismus spricht und wenn besonders Philosophen, Theologen oder Psychologen so tun, als ob

---

menhang vgl. bes.: F. van den Oudenrijn, Kritische Theologie als Kritik der Theologie, Mainz/München 1972; ders., Die materiellen Bedingungen der (theologischen) Kritik, in: H. E. Bahr (Hg.), Politisierung des Alltags, Darmstadt/Neuwied 1972, 272 ff; M. Xhaufflaire (Hg.), De theologie tussen religie en politiek, in: Toekomst van de religie: Religie van de toekomst?, Verslagboek v. h. congres van de Theologische Faculteit te Nijmegen in maart 1972, 63 ff und M. Xhaufflaire (Hg.), La pratique de la théologie politique, Tournai/Paris 1974.

[18] Zu den Voraussetzungen einer diesbezüglichen Auseinandersetzung, die apologetische, idealistische Versuchungen ausschließt, vgl. H. Fleischer, Zum marxistischen Begriff der Humanität, in: Marxismusstudien VII. Das Humanum als Kriterium der Gesellschaftsgestaltung, hg. v. H. E. Tödt, Tübingen 1973, 1 ff.

[19] Die Unmenschlichkeit aufgewiesen zu haben, auf der sich das Prinzip der bürgerlichen Individualität aufbaut, ist einer der Grundpfeiler der »Kritischen Theorie«.

jedes Individuum potentiell ein Subjekt sei, das die Bedingungen seiner Existenz auf sich nehmen und bewältigen könne und folglich in der Lage sei, alle in ihm liegenden Möglichkeiten zu entfalten. Hier wird man L. Sève in der Behauptung zustimmen, daß selbst in der Form der Kritik der politischen Ökonomie die marxistische Theorie konkreter die für die Individuen konstitutive Wirklichkeit erreicht als die meisten Theorien, die rhetorisch den »Wert« der menschlichen Persönlichkeit hervorheben oder die Bedingungen der Fähigkeiten und Anlagen der Individuen nur im Bereich der Biologie, Psychologie und Soziologie suchen wollen und von der kritischen Analyse der politischen Ökonomie absehen.

»In seinem persönlichen Leben kann das Individuum wahrscheinlich wohl seine Aktivität frei bestimmen und sie konkret auf seine wirklichen Bedürfnisse beziehen, aber da es nicht die schöpferischen Produktionskräfte der universalen Entwicklung des Individuums besitzt, da die Grenzen dieses persönlichen Lebens in jeder Hinsicht engstens durch die sozialen Verhältnisse festgelegt sind, da mitten in dieser persönlichen Aktivität die Reproduktion der Arbeitskraft über jede (andere) Notwendigkeit siegt, weil sie die Lebensmöglichkeit selbst bedingt, wird dieses wirkliche Leben des Individuums zu einer untergeordneten Vorgegebenheit, zu einer simplen Ablenkung, zu einem Anhängsel der abstrakten Form der Arbeitskraft. Bei der sozialen Arbeit dagegen ist das Individuum im Besitz fortgeschrittener Produktionskräfte: hier könnte es eigentlich seine individuellen Fähigkeiten reich entwickeln. Aber hier ist alles umgekehrt: nicht nur daß diese Entwicklung nicht das Ziel der Aktivität ist, sondern es kann sich auch nur in den Grenzen verwirklichen, in denen sie zur Schaffung des Tauschwertes für den Kapitalisten beiträgt, Grenzen also, mit denen es sich in jedem Augenblick in Widerspruch befindet. Die konkrete Arbeit, die Manifestation der lebendigen Persönlichkeit, die Bedingung ihrer eigenen Entwicklung ist, kann sich also niemals frei entfalten; dort, wo sie es könnte, fehlen ihr die Mittel, und dort, wo sie die Mittel dazu hätte, ist es ihr untersagt. Gerade weil die konkrete Aktivität so völlig den Forderungen der abstrakten Aktivität unterworfen ist, *fällt sie als solche mit der Reproduktion der Arbeitskraft zusammen*, erscheint sie als *die natürliche Grundlage und das treibende Element der Persönlichkeit* ... (In der kapitalistischen Gesellschaft) ist es wohl wahr, daß der Mensch eben in dem Maße *arbeitet, um zu leben*, in dem er *lebt um zu arbeiten* – statt für die Arbeit selbst als freie Manifestation seiner selbst arbeiten zu können, statt daß das Leben die ›Entwicklung aller menschlichen Kräfte als solche, die nicht nach einem vorher festgelegten Standard bemessen werden‹ bedeutet.« [20]

---

[20] Marxisme et théorie de la personnalité, Paris 1969, 245 f. In dem Bemühen, genauestens die Implikationen einer Theorie des menschlichen Individuums hervorzuheben, wie sie in den Werken des reifen Marx enthalten sind, zeigt L. Sève, daß für die marxistische Theorie (als *Kritik* der politischen Ökonomie) nicht die Rede davon sein kann, »Anleihen« bei den Humanwissenschaften zu machen, ohne jedesmal eine Kritik analog derjenigen der politischen Ökonomie durchzuführen.

Man würde gänzlich die Eigenart von Marx' theoretischem Anti-Humanismus verkennen, wenn man dächte, daß seine Analyse der Ausbeutung und der Verinstrumentalisierung der Individuen in der kapitalistischen Gesellschaft ein für allemal den Gedanken mit einschließt, das Individuum sei Opfer, weil es nur erfaßt werden könne durch Fetisch-Begriffe (wie »Gesellschaft« und »Geschichte«), die angeblich das Identitätszentrum der Wirklichkeit »repräsentieren«. Im Gegenteil, wenn der Ausdruck »Menschliche Gattung« durch den Ausdruck »Ensemble der sozialen Verhältnisse« ersetzt wird, so entmystifiziert der *gleichzeitig* das abstrakte (versachlichte) Bild des Individuums und der Gesellschaft (und ihres einfachen Gegensatzes). Wenn der »historische Materialismus«, den Engels später »Wissenschaft der wirklichen Menschen und ihrer historischen Entwicklung« nannte, eine *Voraussetzung* hat, so sind es die Individuen,

»nicht wie sie in der eigenen oder fremden Vorstellung erscheinen mögen, sondern wie sie *wirklich* sind, d. h. wie sie wirken, materiell produzieren, also wie sie unter bestimmten materiellen und von ihrer Willkür unabhängigen Schranken, Voraussetzungen und Bedingungen tätig sind«.[21]

---

[21] In: MEW III, 22. Wenn auch die Gruppe um Althusser das große Verdienst hat, die marxistische Theorie vom ökonomischen Empirismus und der idealistischen Philosophie befreit zu haben (vgl. L. Althusser/J. Ranciere/P. Macherey/E. Balibar/R. Establet, Lire le Capital I–II, Paris 1965), so bleibt doch zu fragen, ob ihr Anti-Humanismus nicht in dem Maße übertrieben ist, als er das Korrelat einer *Übertragung* der Natur des analysierten Gegenstandes (die sozialen Verhältnisse in der kapitalistischen Produktionsweise, wo die Individuen tatsächlich zu reinen »Träger[n] der Warenwelt« »reduziert« werden) auf die Natur der marxistischen Theorie darstellt. In diesem Falle enthielte diese nicht mehr genügend das Moment der *negativen Kritik* (welches die »Darstellung« des kapitalistischen Systems durchzieht), die der »Subjektivität« des Proletariats entspräche, als *Nicht-Identität* Prüfstein der Geschichte wäre und in der Theorie in anderer Weise wirksam sein müßte als »Gegenstand des Denkens« oder als ideologisches Moment. Diese Kritik an Althusser sowie dessen Selbstkritik (bezüglich der Unterscheidung zwischen Philosophie und Wissenschaft vgl. Réponse à John Lewis, Paris 1973, 55 ff) berührt das Problem der Beziehung von Theorie und Praxis und ändert nichts am Prinzip der Kritik der Geschichtsphilosophie und der idealistischen Anthropologie (selbst wenn sie besser erkennen läßt, was das Werk des jungen mit dem alten Marx über den »Einschnitt« hinweg verbindet). Hierzu vgl. M. Xhaufflaire, Feuerbach, 266 ff; A. Schmidt, Geschichte und Struktur. Fragen einer marxistischen Historik, München 1971 (bes. 76 ff; die historisch-kritische Analyse des Hintergrundes von Althussers Wissenschaftstheorie findet sich auf S. 107 ff); F. van den Oudenrijn, Kritische Theologie, 125 ff.

L. Althusser hat mit dem politischen Kontext seiner Betonung des Anti-Humanismus der marxistischen Theorie nie hinter dem Berge gehalten. Er meint, daß der Formalismus der vom XX. Kongreß der Kommunistischen Partei der UdSSR benannten Motive der Grund dafür ist, daß diese nicht der Ausdruck eines wirklichen Abschlusses der stalinistischen Abweichung sind. Im Umkreis der Länder Westeuropas hat dies eine »unbestimmte Öffnung nach rechts« aufkommen lassen, die »den Sozialdemokraten und Vertretern der Religion« die Oberhand bei der »Ausbeutung der Marxschen Jugendwerke« gab, »um daraus eine Ideologie des Menschen, der Freiheit, der Entfremdung, der Transzendenz usw. abzuleiten...«, welche ein Hindernis für eine »ernsthafte Untersuchung ihrer (d. h. der stalinistischen Verirrung) fundamentalen historischen Gründe darstellt«. Angesichts dieser Situation glaubte Althusser die Zweiheit Humanismus *und* Ökonomismus (Humanismus nicht als »Wort« oder Ausdruck von »großzügigen Perspektiven«, sondern als »philosophischer Traktat«, in dem der Mensch eine Kategorie mit »*theoretischer Funktion* darstellt«) angreifen zu müssen. Diese untrennbare Zweiheit könnte in den Marxismus und die revolutionäre Bewegung nur hineingetragen werden in der Absicht, die »konkreten Formen« des »Klassenkampfes« zu verschleiern. Für Althusser ist die einzige historische (linke) »Kritik« der stalinistischen Verirrung (eine Kritik an den Voraussetzungen, die weder die III. noch die IV. Internationale überstanden hätten) von der chinesischen Revolution geleistet worden.[22]

Ist der Marxismus ein Humanismus? Die Antwort auf diese Frage hängt davon ab, ob es nötig ist, den Begriff »Humanismus« mit dem oben kritisierten Denkmodell in Verbindung zu bringen. Mit anderen Worten: ob man, wie M. Lowy es ausdrückt, analog zu den Begriffen Dialektik, Materialismus usw., deren Inhalt Marx verändert hat, den Begriff »Humanismus« nicht beibehalten kann, indem man seine Bedeutung ändert?[23]

---

[22] L. Althusser, Réponse à John Lewis, 77 ff; vgl. ders., Pour Marx, 243 ff.

[23] Dialectique et révolution. Essais de sociologie et d'histoire du marxisme, Paris 1973, 57 f. Wie viele andere vor ihm, hat Lowy daran erinnert, daß das Kapital unstrittig ein Plädoyer für die Humanität eben in dem Maße ist, als es die verdinglichten und verdinglichenden Formen der Arbeit in der kapitalistischen Produktionsweise aufdeckt. Die negative Kritik ermöglicht vorzustellen, welcher Art die sozialistische Produktionsweise sein sollte. Die sozialistische Produktionsweise ist also diejenige, die den Fetischismus und die Entfremdung zerstört, in der das Verhältnis der Menschen zu den Produkten ihrer Arbeit *transparent* ist und in welcher die Produktion durch die Gemeinschaft der Produzenten rational organi-

Gibt es nicht neben dem Humanismus als Identitätsphilosophie oder als Wertsystem in Form eines »hilflosen Antistalinismus« [24] »einen *ganz anderen* marxistischen Humanismus ..., der den *revolutionären Krieg* des Volkes gegen Imperialismus und Kapitalismus herausstreicht«? [25] M. Lowy denkt hier besonders an den Humanismus, der in den Werken Mao Tsetungs (»Der entscheidende Faktor ist der Mensch und nicht die Dinge«) und Che Guevaras (»Der neue Mensch«) zum Ausdruck kommt. Der militante und revolutionäre Humanismus entgeht jedoch nicht spezifischen Aporien. Die Tatsache, daß man nur anfangen kann, menschlich zu sein, indem man die bestehende Unmenschlichkeit bekämpft (von der man möglicherweise selbst noch infiziert ist), wirft schwere praktische Probleme auf, die nicht durch eine humanitäre Rhetorik gelöst werden können, die eher der Ausdruck eines ohnmächtigen Protestes ist als eine Erörterung, die über eine gesicherte operationale Basis verfügt. Ungeachtet der Theorie Althussers wirft H. Fleischer das Problem des Humanismus auf der Ebene der *praktischen Vernunft* auf und definiert als human »die solidarisch-kooperativen Verhaltensweisen, in denen Menschen einander fördern und achten« (und als inhuman »die kompetitiven, oligokratischen und destruktiven Beziehungsformen«). Das verweist uns, auf dem Wege der Analyse der Sozialgeschichte, nicht auf ein ideales Wertsystem, nicht auf eine Geschichtsphilosophie, sondern auf eine *anthropologische*

---

siert wird. Sie ist weiterhin die Produktionsweise, welche den Menschen die freie, volle und »vielfältige« Entwicklung ihrer Fähigkeiten gestattet, darüber hinaus in ihrem letzten Stadium – dessen erste Bedingung die Verkürzung der Arbeitszeit ist – die Entwicklung und Bereicherung menschlicher Möglichkeiten als Selbstzweck (70).

Ebenso wie Marx auf die vulgäre Auffassung eines Kommunismus reagiert hatte, der darin bestünde, aus jedem Individuum einen »kleinen Kapitalisten« zu machen, so ist es vielleicht nützlich, daran zu erinnern, daß die Freisetzung der individuellen Fähigkeiten nicht einfach darin besteht, diejenige Art des *Genusses* der Güter, wie sie sich gegenwärtig den Vertretern der privilegierten Klassen bietet, einfach auf jeden einzelnen Menschen auszudehnen. Für Marx ist das »Reich der Freiheit« auch das Reich des Glücks nur durch die Kritik der in den gegenwärtigen sozialen Bedingungen scheinbar glücklichen Seinsweisen hindurch. Vgl. W. Gottschalk, Marxismus und Hedonismus, in: D. Kerbs (Hg.), Die hedonistische Linke, Neuwied 1971, 10 ff.

[24] So beurteilt H. Fleischer den Rekurs auf die humanistische Ideologie bei den Philosophen der Volksdemokratien, die darauf bedacht sind, gegen Ökonomismus und unmenschliche Zustände zu protestieren (vgl. Begriff der Humanität, 24). Siehe vor allem die Werke von Kolakowski, Schaff, Kosik u. a.

[25] Dialectique et révolution, 79 f.

Möglichkeit: insofern verschafft sich ein Menschheits*bedürfnis* selbst seine Rechtfertigung.[26]

5. *Der subjektive Faktor*

Wenn die Revolution für Marx, wie man weiß, *objektiv* notwendig ist aufgrund des fundamentalen Widerspruchs zwischen der Entwicklung der Produktivkräfte und der gegenwärtigen Strukturierung der Produktionsverhältnisse, so bleibt ebenso wahr, daß sie auch das Ergebnis eines *bewußten und entschiedenen* Handelns ist, das Ergebnis eines Prozesses, durch den sich das Proletariat, dank der Vermittlung der Bildung einer autonomen Partei, die Möglichkeit verschafft, die Bedingungen der Veränderung der Wirklichkeit in den Griff zu bekommen.

---

[26] Begriff der Humanität, 3 ff: »(es erscheint) sowohl im praktischen als auch im deskriptiven Gebrauch ... kein begründetes Veto dagegen zu geben, daß man die konkret-historischen Bilanzen der Bedürfnisbefriedigung und der Beziehung zwischen Menschen auch noch unter allgemeinere sozial-anthropologische Charakterisierungen subsumiert« (6).
»Will man auf der Plattform einer kritischen Anthropologie, wie Marx und Engels sie mit ihrer Abkehr vom normativ-anthropologischen Dogmatismus ihrer ›vorkritischen‹ Phase umrissen haben ..., eine anthropologische Einordnung des Humanen vornehmen, so wird vor allem folgendes zu sagen sein: Humanität ist nicht die Affirmation einer menschlichen *Wesens-Totalität,* sondern eher die einer bestimmten, selektiv gefaßten Wesens-*Partialität.* Sie ist nicht direkt und vollständig ein Implikat der allgemeinen Menschennatur, sondern eine konkrete, bedingte, sehr voraussetzungsreiche und möglicherweise kontingente Ausformung der historisch modifizierten Menschennatur. Schließlich dürfte Humanität nicht im Wege der Erkenntnis, sondern vielmehr einer praktischen Affirmation zu etablieren sein« (8 f).
Diese Auffassung kommt derjenigen von W. Lepenies ziemlich nahe, der jegliche Legitimationsfunktion sozialer Praxis für den Naturalismus (Anthropologismus) ebenso wie für den Antinaturalismus (Antianthropologismus) ablehnt und bei Marx das Beispiel einer »experimentellen Anthropologie« erblickt. Marx ist in bezug auf den »anthropologischen Faktor« (mit seiner natürlichen Basis) ambivalent: einerseits bleibt die »Natur« immer die grundlegende materielle Basis (bis hinein in das Reich der Freiheit), andererseits ist es unmöglich, sie rein theoretisch zu bestimmen. Also ist es die soziale Praxis, die es erlaubt, das Mögliche vom Unmöglichen zu unterscheiden. Angesichts der Versprechungen der »neuen Linken« für die Begründung einer »neuen Natur« und eines »neuen Menschen« darf für Lepenies die Wissenschaft nicht utopische Programme legitimieren wollen, sondern muß sie kritisieren, um sie realisierbar zu machen. Vgl. Soziologische Anthropologie, bes. 115 ff; ders. mit H. Nolte, Kritik der Anthropologie, München 1971, 9 ff.

Die Tatsache, daß die Revolution – im Gegensatz zur marxistischen Theorie – in einem Lande stattgefunden hat, in dem sich die Produktivkräfte in einem rückständigen Zustand befanden und die sozialen Verhältnisse noch ganz vom Feudalismus geprägt waren, darüber hinaus die Tatsache, daß diese Revolution deshalb isoliert bleiben mußte, weil die kommunistischen Parteien der übrigen Länder Europas unfähig waren, die Massen zu mobilisieren, obwohl diese als »objektiv« revolutionär beurteilt wurden, hat dazu beigetragen, die Bedeutung des *subjektiven Faktors* zu erhellen.

Lukács[27] hat im Kontext seiner Polemik gegen die Spontaneität R. Luxemburgs nachdrücklich die Lücke zwischen dem psychologischen und empirischen Bewußtsein (verschiedenartiger Komplex von versachlichten, weil in weitem Maße durch die herrschende Ideologie geprägten Vorstellungen, in denen die Individuen leben und sich ihre Existenz vorstellen) und dem Klassenbewußtsein als Höchstmaß an objektiver Erkenntnis des Ganzen hervorgehoben, das in den Individuen nur dank des Handelns der Partei artikuliert wird.

»Für Lukács ist die kommunistische Partei die organisatorische Form des Klassenbewußtseins, das als Träger der höchsten objektiven Möglichkeit des Bewußtseins und des revolutionären Handelns eine Vermittlerrolle zwischen Theorie und Praxis, zwischen Mensch und Geschichte ausübt.«[28]

Wie besonders H. J. Krahl und O. Negt gezeigt haben, erlaubt diese Dichotomie zwischen »psychologischem Bewußtsein« und »Klassenbewußtsein« nicht mehr, konkret all das zu vermitteln, was die Welt der Lebenserfahrung mit der objektiven Erkenntnis verbindet – es sei denn gerade durch den Einfluß der Partei, die dann *geschichtsphilosophisch* als eine Art von transzendentaler Subjektivität verstanden wird, die Totalität repräsentierend und die Geschichte schaffend – was wiederum in unhistorischer Weise das historische Modell der leninistischen Partei mit ihrer bürokratisch-zentralistischen und autoritären Struktur und ihrer Forderung nach strikter Disziplin und strenger Zucht der Individuen hypostasiert.[29] Im Gegensatz zur Theorie von Lukács kam Reich[30] aufgrund der Entdeckungen der Psychoanalyse dazu, die biologisch-psychische Basis der Individualität zu betonen, um den Mechanismus der Ver-

---

[27] Geschichte und Klassenbewußtsein, Neuwied 1968.
[28] M. Lowy, La théorie, 203.
[29] H. J. Krahl, Konstitution und Klassenkampf, Frankfurt 1971, 164 ff, 199 ff; O. Negt, in: Geschichte und Klassenbewußtsein – heute, Amsterdam 1971.

dinglichung des empirischen Bewußtseins der Individuen sowie die Erfolglosigkeit der Strategie der revolutionären Partei zu erklären oder, ganz allgemein, die der Avantgardisten, wenn sie diese Infrastruktur der Individuen nicht beachten. Die Entfremdung des Bewußtseins geschieht weniger aufgrund eines kognitiven Mechanismus als aufgrund einer libidinösen Anlage. Zwar versank Reich schließlich infolge seiner theoretischen Irrtümer und seines dramatischen Ausschlusses aus den beiden kommunistischen und psychoanalytischen Kirchen in einem naturalistischen und biologistischen Denkmodell. Man hat schreiben können, daß sein Übergang zur »sexuellen Ökonomie« als autonomer Wissenschaft, zur »Vegetotherapie«, die Rückkehr zu einer Variante des »wahren Sozialismus« bedeutete.[31]

Das ändert nichts an der Tatsache, daß das Werk Reichs, wenn man die Prozesse der Bewußtwerdung und der revolutionären Mobilisierung in Verbindung bringt sowie die Prozesse der Institutionalisierung und der Organisation der revolutionären Instanzen in Beziehung setzt zu dem System der Bedürfnisse und Antriebe der Individuen, das Zeichen für die Notwendigkeit bleibt, das Feld des revolutionären Kampfes auf alle Instanzen der Sozialisation und der Akkulturation der Individuen von früher Kindheit an (Familie, Schule, Massenmedien, Kultur, Religion ...) nicht nur auszuweiten, sondern sogar diesen Kampf so zu führen, daß man nicht im revolutionären Lager die bürgerlichen Modelle der Instrumentalisierung und Arbeitsteilung wiederholt, die jede Förderung der Kreativität und jede Möglichkeit der Solidarisierung verhindern.[32] Von seiner Analyse der Erscheinungsweise des späten Kapitalismus aus hat besonders H. Marcuse gezeigt, daß das »Wachstum der Produktivkräfte« dazu berechtigt, die qualitative Veränderung der Lebensweise in den Vordergrund der Strategie zu stellen – und daß es dies sogar in dem Maße

---

[30] Unter allen Schriften der Periode 1927–1935 siehe vor allem zu diesem Thema: Was ist Klassenbewußtsein?, Kopenhagen/Paris/Zürich 1934. Eine ausgezeichnete Gesamtdarstellung des damaligen Werkes von W. Reich findet sich bei: C. Sinelnikoff, L'œuvre de Wilhelm Reich, Paris 1970.

[31] Vgl. H. Dahmer, Wilhelm Reich, Freud et Marx, in: Les Temps modernes 1972, 362 f.

[32] Über die Wechselbeziehung zwischen dem sozio-historischen Kontext und der Entwicklung eines rationalistisch-autoritären Verständnisses menschlichen Verhaltens, das auch die gewerkschaftlichen und politischen Organisationen der Arbeiterbewegung gekennzeichnet hat, vgl. M. Vester, Solidarisierung als historischer Lernprozeß. Zukunftsperspektiven systemverändernder Praxis im neueren Kapitalismus, in: D. Kerbs, Die hedonistische Linke, 143 ff.

erfordert, in dem dank der vielfachen Bemühungen der »Fortschritte« der sogenannten Humanwissenschaften der Kapitalismus seine Möglichkeiten der Integration verstärkt. Von nun an muß sogar auf der biologischen und natürlichen Ebene der Klassenkampf stattfinden: die Beachtung des *subjektiven Faktors* führt dazu, in die revolutionäre Strategie die Lernprozesse einer *neuen Sensibilität* mit einzubeziehen. Die Ästhetik als Bezug auf die natürliche Wirklichkeit im Innern und Äußern des Menschen, die sich begrifflich nicht als Herrschaftsverhältnis und Instrumentalisierung bestimmt, muß auf allen Ebenen der Verwirklichung in die Praxis der Produktion und der Revolution einbezogen werden.[33]
Diese Perspektive berechtigt vielleicht zu einer neuen Lektüre von Marx' Schriften aus der Feuerbachschen Periode, vorausgesetzt, daß man bei Feuerbach die erste Skizze einer von der Realität der Sinnlichkeit ausgehenden Metakritik der sozialen und kulturellen Objektivationen anerkennen will, die dem Prinzip der »erörternden« Subjektivität entsprechen.[34] Das anthropologische Moment beim jungen Marx bestünde dann in dem Versuch, die Sinnlichkeit – gleichermaßen als Prinzip einer Logik des Glücks – in seinen Begriff der Praxis einzubeziehen (vgl. das von E. Bloch hervorgehobene Thema der Versöhnung zwischen Natur und Mensch).[35] Man könnte also behaupten, daß das anthropologische Moment beim jungen Marx auch der utopische Ausdruck einer treffenden Kritik an der bestehenden Wirklichkeit ist, die noch nicht mit einer Theorie und einer möglichen Praxis in Verbindung gesetzt ist – ähnlich wie der Versuch Marcuses unter den jetzigen Umständen.[36] Dies stellt keines-

---

[33] Siehe vor allem: Triebstruktur und Gesellschaft, Frankfurt 1966; Der eindimensionale Mensch, Neuwied 1967; Versuch über die Befreiung, Frankfurt 1969 und Konterrevolution und Revolte, Frankfurt 1973.

[34] Hierzu vgl. meine Studie: »Das Evangelium der Sinne und die Politische Theologie«. Dieser Beitrag zur Tagung des Interdisziplinären Zentrums der Universität Bielefeld über Feuerbach (September 1973) erscheint in den Tagungsdokumenten. Diese Problematik wird besonders bei Reich und Marcuse thematisiert anläßlich des Vergleichs zwischen dem Marxismus und den an Freud entdeckten revolutionären Wendungen. Lit. zu diesem Thema bes. in: A. Lorenzer/H. Dahmer/K. Horn/K. Brede/E. Schwandenberg, Psychoanalyse als Sozialwissenschaft, Frankfurt 1971 und in der Einleitung von K. Horn (Hg.), Gruppendynamik und der »subjektive Faktor«, Frankfurt 1972. Die ganze Problematik wied wieder aufgenommen in dem erstaunlichen Werk von G. Deleuze/F. Guattari, Capitalisme et schizophrénie. L'anti-Oedipe, Paris 1972.

[35] Hierzu s. A. Schmidt, Emanzipatorische Sinnlichkeit, 30 ff.

[36] Vgl. G. Hillmann, K. Marx, Texte zu Methode und Praxis II, 229.

wegs die Kritik an der idealistischen Philosophie von Mensch und Geschichte in Frage, auf der wir mit Nachdruck bestanden haben. Nur erscheint so die positive Seite dieser Kritik besser als Ausdruck der wirklichen Solidarität mit dem Standpunkt, der die historisch-sozial bestimmte Ausbeutung und Verstümmelung des Menschenmaterials bei der Mehrzahl, wenn nicht gar der Totalität der Individuen ablehnt. Man macht keine Revolution, um ein vorher festgelegtes Wesen des Menschen hervorzubringen, sondern um wirksam den Gründen für die Zerstörung des menschlichen Potentials zu widersprechen. In diesem Sinne, und nur in diesem, kann man – auf der Ebene der »praktischen Vernunft« – von einem sozialistischen Humanismus sprechen.[37]

(Aus dem Französischen übersetzt von Lioba Mackensen)

---

[37] »Wenn Marx sagte, daß das Ziel des Sozialismus darin bestünde, die schöpferischen Fähigkeiten des Menschen zu entwickeln und zu bewirken, daß die Arbeit mehr und mehr verringert werde, die Muße dagegen einen immer größeren Raum im Dasein einnähme – eine Muße allerdings, die auf die Entwicklung der schöpferischen Möglichkeiten des Menschen gerichtet sei, außerhalb selbst des ökonomischen Bereichs –, so forderte Marx im Grunde einen sozialistischen Humanismus ... Marx und Engels haben in der Utopie einen rationalen Kern erkannt, welcher dem Menschen verfügbar und erreichbar ist, wenn gewisse Bedingungen erfüllt sind. Er (Marx) hat also den Utopismus nicht kritisiert, weil dieser einen Humanismus verteidigte. Er hat nur die Utopisten kritisiert, weil sie behaupteten, dieser Humanismus sei unter beliebigen Umständen realisierbar ...« (A. Godelier, Marxisme, anthropologie et religion, in: Raison présente, 1971, Nr. 18, 65).

Gesine Schwan

DAS INTERESSE AN FREIHEIT ALS INTERESSE AN DER GESELLSCHAFTLICHEN BEFREIUNG DES MENSCHEN

1. Freiheit im liberalen und im Marxschen Verständnis

Das Interesse an Freiheit gehört zu den großen traditionellen Motiven philosophischer Anthropologie und politischer Philosophie. In der Geschichte der abendländischen Philosophie hat es zunehmend an Bedeutung gewonnen und ist schließlich mit der Heraufkunft des Liberalismus zum Fundament politischer Theorie und Praxis geworden. Locke, Montesquieu, Rousseau, Kant, Fichte, Hegel und Marx richteten ihre denkerischen Bemühungen zentral auf dieses Problem – allerdings mit jeweils verschiedenen, ja z. T. gegensätzlichen Ergebnissen in der Definition dessen, was unter Freiheit näherhin zu begreifen ist und wie sie, als Ziel politischer Praxis, realisiert werden kann und soll.

In der Gegenwart nun stehen sich zwei große Traditionsstränge in der Interpretation der Freiheit gegenüber: der liberale und der marxistisch-sozialistische. Gemeinsam ist ihnen das Interesse an Freiheit, in Gegensatz geraten sie bei der theoretischen Präzisierung und politischen Konkretisierung ihrer Freiheitsbegriffe. Um zu einer Klärung dieser begrifflichen Unterschiede vorzudringen, sei es erlaubt, die gegenwärtig vorherrschende Betrachtungsweise politisch-philosophischer Theoreme, die deren Inhalt und Geltung ideologiekritisch in deren sozialer Genesis und politischer Funktion sieht, beiseitezulassen. Statt dessen sei der Versuch unternommen, die zentralen sich durchhaltenden theoretischen Elemente der beiden Traditionen zusammenzustellen und die Ansätze ihrer Synthesis in gegenwärtigen reformkommunistischen Bemühungen zu skizzieren.

Die Tradition des Liberalismus dreht sich um den Angelpunkt der Freiheit des Individuums. Freiheit heißt dabei vornehmlich Vorhandensein eines gesicherten privaten Bereichs, in dem das Individuum unbehelligt von staatlichen, gesellschaftlichen oder individuellen Eingriffen selbstbestimmt leben, wirken, entscheiden kann. Dabei ist vorausgesetzt, daß das

Individuum als Vernunftwesen auf Selbstbestimmung, d. h. auf freie, autonome Entscheidung angelegt ist und zugleich ein Recht darauf hat. Die inhaltliche Ausfüllung des privaten Entscheidungsbereichs wird von dieser Freiheitsdefinition grundsätzlich offengelassen, d. h. dem Individuum überantwortet. Mit der Offenheit des privaten Freiraums ist allerdings zugleich dessen strikte Begrenzung verknüpft. Sie findet ihre Legitimation im gleichen Recht aller Individuen auf Freiheit, das für den Fall des Konflikts zwischen den jeweiligen individuellen Freiheitsansprüchen eine Grenze des individuellen Freiraums ernötigt. Die Freiheit des einen findet ihre Grenze dort, wo sie die Freiheit des anderen beeinträchtigt oder gar zerstört. Die Sicherung der Freiheit geschieht durch das staatlich gesetzte Recht, dessen Grundzelle das Recht des Individuums auf Eigentum ist, welches als unabdingbare Voraussetzung der Unabhängigkeit des Individuums gilt. Machtkontrolle durch Teilung und gegenseitige Ausbalancierung von Macht soll die Funktionsfähigkeit des Rechts gegen Machtusurpation gewährleisten. Als Grundrecht des Individuums wird Freiheit so zum Organisationsprinzip der Gesellschaft. Diese erscheint als konstante Größe, die sich aus prinzipiell gleichrangigen autonomen Individuen zusammensetzt.

Diesem – hier nur in Stichworten umrissenen – im 17. und 18. Jahrhundert grundgelegten, noch nicht geschichtsphilosophisch konzipierten und insofern statischen Freiheitsbegriff hat Marx einen geschichtlich-dynamischen Begriff entgegengesetzt: der liberalen Freiheit als Recht des autonomen Individuums die gesellschaftliche Emanzipation, den Prozeß der Befreiung der Gesamtgesellschaft. Damit entwickelt Marx den liberalen Freiheitsbegriff nicht weiter, sondern setzt ihm eine antithetische Position gegenüber. Drei zentrale Gedankenstränge markieren diesen Gegensatz. Erstens: Gegenüber dem ahistorisch konzipierten Freiheitspostulat wendet Marx den Blick auf das Problem der historisch-empirischen Voraussetzung seiner Realisierbarkeit. Die liberale Freiheit kann unter den sozialen Umständen seiner Zeit nur von der Klasse des Bürgertums auf der Grundlage einer breiten Schicht von Unterprivilegierten beansprucht und ausgefüllt werden. Sofern Freiheit kein Privileg einer Klasse, sondern Lebenswirklichkeit der ganzen Gesellschaft sein soll, kann sie nur durch die soziale Emanzipation, die gesellschaftliche Befreiung gerade der Unterprivilegierten, des Proletariats, vom Bürgertum realisiert werden. Dem theoretisch für alle Menschen geltenden, faktisch-historisch in seiner Zeit nur von einer kleinen gesellschaftlichen Klasse realisierbaren liberalen Freiheitsbegriff setzt Marx ein theoretisch ausdrücklich zunächst nur für eine gesellschaftliche Klasse (das Proletariat), in der Zukunft (Kommunismus) für die gesamte Gesellschaft geltendes Befreiungspostulat entgegen.

Dieser historischen Konkretisierung, Dynamisierung und periodischen Einengung des liberalen Freiheitsbegriffs zum sozialen Befreiungspostulat für das Proletariat geht zweitens eine wichtige inhaltliche Veränderung parallel. Die liberale Rückbindung der Freiheit an das Individuum wird verworfen, weil sie nach Marx den Menschen als atomisiertes, egoistisches Wesen fixiert. Freiheit soll nun gerade nicht Unabhängigkeit und privaten Entscheidungsraum des Individuums garantieren, sondern das Individuum aus seiner Isolierung und Beschränkung befreien und so das wahre, durch gegenseitige Erfüllung und Bereicherung charakterisierte Verhältnis zwischen Individuum und Gesellschaft freilegen. Freiheit als Ziel des gesellschaftlichen Befreiungsprozesses gilt der Realisierung des gesellschaftlichen Menschen. Konflikten zwischen Individuum und Gesellschaft bzw. zwischen den Individuen – im liberalen Freiheitsbegriff Grundlage für die Notwendigkeit der Sicherung und Eingrenzung individueller Freiheit sowie der Kontrolle von Macht zum Zwecke der Rechtssicherung – soll durch Revolutionierung der sozialen Verhältnisse der Boden entzogen werden. Liberale Konfliktregelungsmechanismen zum Schutz der Freiheit werden aufgrund der radikal neuen zwischenmenschlichen Situation überflüssig. Staat und Recht sterben ab.

Diese inhaltliche Umdeutung verweist auf das dritte wichtige Unterscheidungsmerkmal zwischen liberalem und Marxschem Freiheitsbegriff. Zwar setzt auch der liberale Freiheitsbegriff eine Anthropologie voraus – Mensch als Vernunftwesen, Autonomiepostulat, zwischenmenschliches Konfliktpotential etc. –, die inhaltliche Füllung der individuellen Freiheit wird dadurch jedoch nicht präjudiziert. Anders bei Marx: Die Forderung nach Emanzipation des Individuums zum gesellschaftlichen Menschen richtet sich auf eine konkrete Ausfüllung der Freiheit in der individuellen und ineins gesellschaftlichen Selbstverwirklichung durch Arbeit. Diese positive Ausfüllung ist zugleich die anthropologische Voraussetzung für die Realisierbarkeit von Marx' Emanzipationspostulat. Die Ausfüllung der Freiheit steht nicht zur Disposition des Individuums: Das Individuum ist auch im Kommunismus nicht frei, wenn es sich in seine private Sphäre zurückzieht, sondern nur, wenn es sich als gesellschaftlicher Mensch betätigt. Darin bei Marx eine bewußt antiindividuell-kollektivistische Absicht zu sehen, wäre falsch. Dennoch ergeben sich wie beim liberalen Freiheitsbegriff Probleme. Sie wurden gerade auch von marxistischen und

reformkommunistischen Theoretikern in Osteuropa herausgestellt und verarbeitet.
Diese gelangen zu einer Neueinschätzung sowohl des liberalen als auch des Marxschen Freiheitsbegriffs. Die liberale Freiheitskonzeption wird nicht mehr, wie von Marx, anthropologisch-dogmatisch als radikal falsch und schädlich für den Menschen (Isolierung und Atomisierung der Individuen), sondern als unzureichend betrachtet. Als unzureichend gilt sie, weil sie die historisch-konkrete soziale Voraussetzung von Freiheit ungenügend beachtet und so in der Realität vielfach zu formal-rechtlicher, faktisch-materiell nicht einlösbarer Freiheit degeneriert und weil sie in der einseitigen Herausstellung der Freiheits*grenze* als des Kontaktpunktes individueller Freiheiten die *Solidarität* als Medium der Begegnung und der Verbindung zwischen den Menschen nicht gleichrangig einbezieht, die zwischenmenschlichen Beziehungen vielmehr auf die Ebene der rechtlichen Gleichheit reduziert. Umgekehrt erfährt die liberale Rückbindung der Freiheit an das Individuum und die Betonung der Notwendigkeit eines rechtlich geschützten, durch keine gesamtgesellschaftliche Instanz beanspruchbaren, der individuellen Selbstbestimmung überantworteten Freiraums ebenso wie die damit zusammenhängende Forderung nach Machtkontrolle und -ausbalancierung infolge der Erfahrungen mit dem Stalinismus und mit dem Neostalinismus eine positive Bewertung. Individuelle Freiheit, Gewaltenteilung und unabhängige Rechtsprechung gelten nicht mehr als Hindernis, sondern als notwendige Voraussetzung gesellschaftlicher Emanzipation.
Dem korrespondiert, daß die Marxsche Annahme der grundsätzlichen Aufhebbarkeit des zwischenmenschlichen Konfliktpotentials in der kommunistischen Gesellschaft und die von Marx konzipierte strikte Einlinigkeit des historischen Befreiungsprozesses zurückgenommen werden. Dagegen erscheinen die Marxsche Betonung der sozialökonomischen Voraussetzungen von Freiheit und deren positive Füllung durch schöpferische Tätigkeit als nach wie vor notwendige Komponenten eines für die Gegenwart theoretisch haltbaren und politisch fruchtbaren Freiheitsbegriffs.
Von den verschiedenen ost- und südosteuropäischen Versuchen einer neuen Freiheitskonzeption – der jugoslawischen »Praxis«-Gruppe, der tschechoslowakischen Reformkommunisten, der ehemaligen Warschauer Gruppe um Baczko, Bauman, Kolakowski – sei hier derjenige von Leszek Kolakowski exemplarisch zur Konkretisierung einer Synthese von liberalem und Marxschem Freiheitsbegriff kurz dargelegt.

2. *Leszek Kolakowski – Versuch einer Synthese von liberalem und Marxschem Freiheitsbegriff*

2.1. Freiheit als Grundbefindlichkeit des Menschen

Der Begriff der Freiheit ist die zentrale Kategorie der Kolakowskischen Anthropologie. Kolakowski bestimmt den Menschen zunächst grundlegend mit Marx als Wesen des Bedürfnisses und gelangt von dort zu einer generellen Zweiteilung der Bedürfnisse: nach technischer Verfügung über die Welt zum einen, nach Orientierung und Sinn in der Welt zum anderen. Eines der Symptome für diese Zweiteilung sieht Kolakowski im jahrhundertealten Streit zwischen dem naturwissenschaftlichen Positivismus und der Metaphysik. Während eine streng positivistische Wissenschaft alles metaphysische Suchen als Resultat von Sprachverwirrung oder zumindest als nutzloses, ja schädliches Bemühen betrachtet, weil es, wie Erfahrung und logische Überlegung zeigen, ohne Antwort bleiben muß und zudem der wissenschaftlich-technisch verwertbaren Geistesarbeit unsinnig Energien raubt, relativiert die auf metaphysische Fragen gerichtete Vernunft ihrerseits den Wert jeder technisch verwertbaren Wissenschaft, weil diese auf metaphysische Fragen – nach dem Sinn des Seienden im Ganzen, nach dem Sinn der menschlichen Existenz etc. – keine Antwort zu erteilen vermag.[1]

Dieser Streit macht zugleich deutlich, daß die beiden menschlichen Grundbedürfnisse nicht in harmonischer Parallelität oder in Indifferenz, sondern in gegenseitiger Eingrenzung und Konkurrenz zueinander stehen. Sie bezeichnen eine Entzweiung, die in immer neuen Varianten antagonistischer Tendenzen im Menschen wiederkehrt: in seiner animalischen Trägheit bzw. in seinem Bedürfnis nach Anpassung einerseits, im Streben, die Welt des Gegebenen in Frage zu stellen und zu transzendieren, anderseits, in der Angst vor sich selbst, im Bedürfnis nach Integration und Schutz einerseits und in der Befürchtung, sich seiner Individualität zu begeben, im Bedürfnis nach individueller Entfaltung und Expression anderseits, im Verlangen nach Gemeinschaft und Solidarität einerseits und im Bedürfnis nach Selbstkonstitution und nach Entwicklung der eigenen Potenzen anderseits.[2] Eine endgültige Harmonisierung dieser gegensätz-

---

[1] Filozofia pozytywistyczna. Od Hume'a do Kola Wiedeńskiego, Warschau 1966, 232 ff (Die Philosophie des Positivismus. Von Hume zum Wiener Kreis).

[2] Der Priester und der Narr, in: Der Mensch ohne Alternative, München 1960, 252, 260, 267; Die Philosophie als Disziplin und Funktion, in: Traktat über die

lichen Tendenzen hält Kolakowski nicht für möglich. Die Entzweiung im Menschen ist unaufhebbar. Sie bewirkt zugleich, daß der Mensch im Unterschied zu allem übrigen Seienden frei ist.

Denn die Entzweiung manifestiert, daß der Mensch gleichzeitig teilhat an zwei divergierenden Ordnungen: derjenigen der Natur und der des Geistes. Infolgedessen ist er keiner der beiden, auch nicht derjenigen der Natur, unentrinnbar verhaftet. Der Grund dafür liegt im Phänomen des menschlichen Selbstbewußtseins. Die Fähigkeit des Menschen, alles ihm Begegnende ebenso wie sein eigenes Verhalten im Selbstbewußtsein zu transzendieren, bedeutet, daß er es jederzeit in Frage zu stellen vermag. Das Infragegestellte aber verliert mit seiner Selbstverständlichkeit zugleich seine Notwendigkeit und dies um so eindeutiger, als alles Infragestellen des Menschen Kolakowski zufolge nie zu einer gesicherten Antwort führt. Das Selbstbewußtsein befreit den Menschen von Selbstverständlichkeit und Notwendigkeit. Den freien Willen definiert Kolakowski infolgedessen als »Intervention jenes ursächlichen Wirkens, das zugleich ein zielgerichtetes Wirken ist, also eine Tätigkeit der Natur, die sich selbst aufklärt« [3].

Die Freiheit von Selbstverständlichkeit und von Notwendigkeit gibt dem Menschen zugleich die Möglichkeit, den Gang der Ereignisse in eigener Initiative schöpferisch zu beeinflussen, die Zukunft selbst zu gestalten. Dieser freien selbstbestimmten Tätigkeit kann sich der Mensch nicht einmal entziehen. Freiheit, Selbstbestimmung und Verantwortung zu leugnen, bedeutet Selbsttäuschung. Der Mensch ist frei, d. h. er ist zugleich zur Freiheit verurteilt.

Sie findet jedoch eine dreifache Einschränkung: 1. Der Mensch ist endlich. Er hat keine Allmacht. 2. Der Mensch ist in seinem Handeln gebunden an nichtbeliebige Werte. Solche Gebundenheit erscheint Kolakowski als notwendige Bedingung echter Freiheit. Die Absage an moralische Gebundenheit, an werthafte Begründung unseres Handelns in Vortäuschung scheinbarer Spontaneität, die die immer schon vorhandene bewußte Vermittlung unseres Verhaltens auszuschalten vorgäbe, bedeutete nicht wahre Freiheit, sondern Abhängigkeit von unseren jeweiligen physischen Bedürfnissen. Daß der Mensch an nichtbeliebige Werte gebun-

---

Sterblichkeit der Vernunft, München 1967, 32; Der Rationalismus als Ideologie, in: aaO. 267; Ethik ohne Kodex, in: aaO. 103 f.

[3] Determinizm i odpowiedzialność (Determinismus und Verantwortung), in: Fragmenty Filozoficzne, seria druga, Warschau 1959, 43.

den ist, zeigt ihm überdies die Erfahrung der unbedingten Verantwortlichkeit. 3. Sie bindet ihn zugleich an die geschichtliche Tradition und damit an eine Form von Verdinglichung, in der allein die Werte dem Menschen übermittelt werden. Freiheit als Grundbefindlichkeit des Menschen umfaßt im Verständnis Kolakowskis mithin einerseits Unabhängigkeit von notwendiger und eindeutiger Bestimmung und anderseits Gebundenheit an Endlichkeit, nichtbeliebige Werte und Dinglichkeit.

Die so zunächst definierte Freiheit gerät bei Kolakowski durch das Element der Gebundenheit an nichtbeliebige Werte zu einer Situation der Spannung. Der in der Erfahrung der Verantwortung von Kolakowski phänomenologisch erhellte Imperativ der unbedingten Verpflichtung gegenüber nichtbeliebigen Werten entdeckt dem Menschen, daß er vor der Alternative steht, sein Dasein zu verfehlen oder es gemäß einem ihm Vorgegebenen zu verwirklichen. Diesen Vorgang, der die Momente der Selbsttätigkeit und der Vorgegebenheit vereint, bezeichnet Kolakowski als »Selbstverwirklichung« [4]. Freiheit als Spannung bedeutet mithin Voraussetzung und Auftrag zur Selbstverwirklichung des Menschen.

Die Erfahrung der Verantwortung, d. h. des Imperativs unbedingt verpflichtender Werte, führt Kolakowski zu einem Neubedenken des Problems der Transzendenz. Er gelangt zu dem Schluß, daß der verantwortungsbewußt handelnde Mensch nicht auf die Bindung an die transzendente Realität eines Mythos verzichten kann. Ohne hier auf Ausweis und Inhalt des Kolakowskischen Mythosverständnisses eingehen zu können [5], sei davon zusammenfassend festgehalten, daß der Mythos, wie Kolakowski ihn begreift, den Menschen einerseits zur Vervollkommnung der Welt in Solidarität mit seinen Mitmenschen verpflichtet und ihn anderseits mit der Unmöglichkeit konfrontiert, diese Vervollkommnung in fixierter, endgültiger Gestalt zu artikulieren. Er ist diejenige Größe, nach der sich der Mensch richten muß, will er sein Dasein nicht verfehlen. Da sich der Mythos jeder endlichen, ein für allemal gültigen Artikulierung und Fixierung entzieht, kann die Selbstverwirklichung nicht im Erzielen einer gesicherten Übereinkunft der menschlichen Existenz mit ihrem mythischen Vorbild geschehen, sondern muß in der Spannung zwischen

---

[4] Cogito, historischer Materialismus, expressive Persönlichkeitsinterpretation, in: Sterblichkeit der Vernunft, 160.

[5] Vgl. L. Kolakowski, Die Gegenwärtigkeit des Mythos, München 1973. Eine ausführlichere Interpretation des Mythosproblems in: G. Schwan, Leszek Kolakowski. Eine Philosophie der Freiheit nach Marx, Stuttgart 1971.

unbedingtem Auftrag und Ungesichertheit der Verwirklichung verharren. Der Selbstverwirklichung eignet unlöslich das Moment der Offenheit und des Unvollendetseins.
Innerhalb dieses formal abgegrenzten Rahmens erteilt der Mythos das materiale Gebot der Vervollkommnung der Welt in Solidarität mit den Mitmenschen. Die erste Konkretisierung dieser Vervollkommnung besteht in der maximalen technischen Dienstbarmachung der Welt und ihrer Ressourcen zur Stillung der physischen Bedürfnisse aller Menschen. Darüber hinaus bedarf es einer Gestaltung der Welt, die dem Menschen erlaubt, sein Dasein nicht nur ohne physische Entbehrung dahinzubringen, sondern es auch als Wert zu empfinden. Dies ist nur in und dank derjenigen Gestalt zwischenmenschlicher Beziehungen möglich, in der die Menschen sich gegenseitig als unersetzbare Persönlichkeiten begegnen und erfahren. Die Vervollkommnung der Welt erheischt daher die Schaffung von Verhältnissen, in denen die Menschen als Persönlichkeiten in persönliche Beziehungen zueinander zu treten vermögen. Sich selbst zur Persönlichkeit zu machen und zugleich an der Veränderung der Welt gemäß dem genannten Ziel zu arbeiten – darin besteht die in der Freiheit aufgetragene Selbstverwirklichung des Menschen.

2.2. Die Selbstverwirklichung des Menschen in freier schöpferischer Expression

Voraussetzung dafür, daß der Mensch sich zur Persönlichkeit machen kann, ist seine Grundbefindlichkeit der Freiheit. Zur Persönlichkeit, die der Mensch nicht schon per definitionem ist, sondern zu der er sich erst machen muß, gehört jedoch als weiteres unverzichtbares Merkmal die Unersetzbarkeit. Sie läßt sich nicht verbal definieren. Die einzelnen Eigenschaften, die einer als unersetzbar erfahrenen Person eignen, sind als solche nicht unersetzbar, lassen sich grundsätzlich auch bei anderen Menschen finden. Nicht durch Definition, sondern durch Interpretation der Voraussetzung von Unersetzbarkeit versucht Kolakowski, diese näher zu fassen. Wichtig und weiterführend ist für ihn der Umstand, daß die Unersetzbarkeit der Persönlichkeit in den zwischenmenschlichen Beziehungen nicht nur *erfahrbar* ist, sondern sich überhaupt erst dank solcher zwischenmenschlichen Beziehungen *konstituieren* kann und nicht etwa in einer irgendwie gearteten Autarkie. Dem Menschen nämlich eignet Unersetzbarkeit nur insofern, als er *für andere* unersetzbar ist, und er empfindet sein eigenes Dasein nur dann als unersetzlichen Wert, wenn er Menschen um sich weiß, die er für unersetzlich hält. Ein persönliches

Leben ist nur möglich im Zusammenleben mit anderen, den persönlichen Beziehungen kommt somit für die Persönlichkeit konstitutive Bedeutung zu.

In Beziehung zueinander treten Menschen nur, indem sie sich manifestieren, d. h. indem sie ihr subjektives, inneres Erleben in das dingliche Medium von Sprache, Schrift, Musik, Malerei, Gestik etc. transponieren. Die Verdinglichung von subjektivem Erleben macht daher ein weiteres Merkmal der Persönlichkeit aus. Die Verdinglichung ist dabei Medium nicht nur der Manifestation, sondern auch der Konstitution der Persönlichkeit. Die spezifisch menschliche Art nämlich, die Welt zu erleben, geschieht in Kolakowskis Sicht als Expression des Erlebnisses in eine artikulierte Form, und daher kann auch eine Entwicklung der Persönlichkeit nur als Entwicklung ihrer Ausdrucksmittel im Medium der Verdinglichung erfolgen.

Daß es zur Fortentwicklung solcher Ausdrucksmittel kommt, begründet sich in der Heterogenität von subjektiver und objektiver Welt. Ihretwegen gelingt es dem Menschen nie, sein subjektives Erleben vollkommen in der Dingwelt zu realisieren, in einer Objektivation – einem Gedicht, einem Musikstück, einem philosophischen Traktat oder einem Bild – restlos zum Ausdruck zu bringen. Jeder Versuch schöpferischer Expression hinterläßt ein Ungenügen, das zur Quelle neuen Schaffens wird und damit die hoffnungsvolle Chance unaufhörlicher schöpferischer Fortentwicklung eröffnet. Als das entscheidende constituens der Persönlichkeit begreift Kolakowski somit die schöpferische Produktivität, und zwar so, daß sich die Persönlichkeit in ihr einerseits herausbildet und anderseits das Medium ihrer Manifestation findet, dank dessen allein jene zwischenmenschlichen Beziehungen entstehen können, die es dem Menschen erlauben, die anderen und sich selbst als Persönlichkeit zu verstehen. In diesem Sinne bezeichnet Kolakowski seine Deutung als »dynamische und expressive Interpretation der Persönlichkeit« [6].

2.3. Politische und soziale Freiheit als Bedingung der Selbstverwirklichung des Menschen

Wenn die Selbstverwirklichung des Menschen nur als Prozeß der Verdinglichung im Medium zwischenmenschlicher Beziehungen, also im Rahmen der Gesellschaft, möglich ist, so bedarf sie zu ihrer Realisierung bestimmter Voraussetzungen der Organisation der Gesellschaft, nämlich

[6] Cogito, 160.

solcher, die eine weitestgehende Freiheit der persönlichen Expression ermöglichen, indem sie den Menschen in seiner schöpferischen Tätigkeit nicht nur nicht hindern, sondern fördern. Zwei Aufgaben gehören daher nach Kolakowski zu den schwierigsten und zugleich wichtigsten Aufgaben unserer Zeit: erstens eine Erziehung, »die das menschliche Individuum den Wunsch nach jener ständigen Selbsterschaffung durch die Mitteilung seiner selbst an andere Menschen hegen läßt, ohne daß es die Flucht vor sich ergreift in Gestalt einer vollkommenen Anpassung an das Milieu und in Gestalt der Identifikation mit jenem, ohne daß es in sich selbst flieht und eine eigene illusorische oder auch tatsächliche Unausdrückbarkeit und Inkommensurabilität heranzüchtet«[7]; und zweitens die Schaffung solcher sozialen Verhältnisse, »unter denen alle unvermeidlichen Formen sozialer Disziplin eine möglichst minimale Erschwernis der individuellen Expression im sozialen Kontakt darstellen würden«[8]. Damit wird die Freiheit des persönlichen Ausdrucks zum fundamentalen Wert für den Menschen und eine auf ihre Ermöglichung und Realisierung ausgerichtete Gestalt der Gesellschaft zur Grundvoraussetzung für ein sinnvoll erlebtes menschliches Dasein.

Die erste Grundentscheidung über die Organisationsprinzipien einer dem entsprechenden Gesellschaftsorganisation folgt aus der Rolle, die der Konflikt im Denken Kolakowskis – wir sahen dies – spielt. Die Vorstellung einer konfliktlosen Gesellschaft erscheint ihm unfruchtbar, unrealisierbar und gefährlich, weil sie sich vor totalitären Interpretationen nicht zu schützen vermag. Daher muß auch die bestorganisierte Gesellschaft über Institutionen und Regelungsprozesse verfügen, die der Schlichtung von Konflikten und der Sicherung individueller Freiheit und individueller Rechte dienen. Grundsätzlich geht es darum, die Rechte und Freiheiten der bürgerlichen Demokratie, die in einer nichtsozialistischen Gesellschaft in Kolakowskis Sicht formal zu bleiben drohen, durch die Aufhebung sozialer Ungleichheit wahrhaft zu verwirklichen, d. h. er strebt einen demokratischen Sozialismus an.

Infolgedessen verstand er auch den Sozialismus in Polen als unumkehrbare Ordnung. Als brennende Probleme des Sozialismus in Polen erkannte Kolakowski im Jahre 1957 jedoch das Problem der Meinungsfreiheit und der Rolle der Partei. Er forderte Freiheit des Wortes, der Rede und der politischen Initiative für alle, die auf dem Boden des Sozialismus stehen,

---

[7] AaO. 133.
[8] Ebd.

wobei er damals allerdings offenließ, wer über diese Zugehörigkeit letztlich befinden sollte. Auch betonte er die Notwendigkeit, Partei und Staatsapparat zu trennen, und schrieb der Partei in erster Linie eine Erzieher- und Inspirationsfunktion zu. Grundsätzlich kann es – und dies gehört zu den wichtigsten Anliegen von Kolakowskis Engagement – keinen Sozialismus ohne demokratische Rechte und Freiheiten geben, und auch der *Weg* zum demokratischen Sozialismus kann nur in Freiheit, nicht jedoch aufgrund von Zwang und Unterdrückung zum Erfolg führen. Nur ein authentisches, d. h. freies, offenes politisches Leben vermag die reaktionären und antisozialistischen Kräfte zu überwinden.[9]

Die genannten politischen Änderungsvorschläge stammen aus dem Jahre 1957. Dies war das letzte Mal, daß man Kolakowski in Polen Gelegenheit gab und Wert darauf legte, seine politischen Ansichten zum demokratischen Sozialismus zu veröffentlichen. Gegenwärtig ist er ebenso wie seine Geistesgenossen in den übrigen »sozialistischen« Ländern aus dem politischen Leben seines Landes ausgeschaltet (Kolakowski lebt zur Zeit in Oxford). Neuerdings gilt diese Tendenz der Ausschaltung von Reformkommunisten und demokratischen Sozialisten auch für Jugoslawien. Die Zeit der Realisierung eines demokratischen Sozialismus ist im etablierten Sozialismus vorerst nicht in Sicht.

[9] Tendencje, perspektywy i zadania. O demokratyzacje zycia (Tendenzen, Perspektiven und Aufgaben. Zur Demokratisierung des Lebens), in: Zycie Warszawy, 1957, Nr. 29, 3, 6.

Ferdinand W. Menne

GEGENKULTUR – KULTURREVOLUTION – RELIGION

Auf dem langen Marsch zu einer neuen Kultur?

Vorbemerkung

Über neue kulturelle Tendenzen im Westen zu schreiben, ist wegen der Komplexität der Phänomene schwierig. Analysen aus zweiter oder gar dritter Hand zur »Großen Proletarischen Kulturrevolution« in China zu geben, grenzt an Anmaßung. Die folgenden Anmerkungen können also weniger Antwort auf Fragen sein als Hinweis auf ein ungenügend bearbeitetes Teilproblem der Thematik »Christentum und Marxismus«. Es wird vorausgesetzt, daß sich in dieser Thematik interkulturelle Sensibilität und produktive Neugier als Lebensbedingungen einer differenzierten Weltkultur artikulieren.

1. Zu den Begriffen »Gegenkultur« und »Kulturrevolution«

Mit dem Ziel der Differenzierung im Begriff »Subkultur« (als normatives System von »sub-societies«) prägte J. Milton Yinger 1960 den der »Gegenkultur« (als in Konfliktsituationen entstehendes neues Orientierungssystem).[1] Im gleichnamigen Buch von Theodore Roszak sind Gedanken über »alternative, aber äußerst ungesicherte Zukunftsansätze« formuliert.[2] Eine soziologische Anthropologie kann diese kulturelle Innovation begreifen als Wahrnehmung einer neuen (in der Hominisierung grundsätzlich angelegten) Humanisierungschance, einer neuen Chance menschlicher Entfaltung, die in der alten Kultur zum Teil verwirklicht, in der Verwirklichung aber auch begrenzt worden war. Der Mensch entwickelt neue Souveränität gegenüber seiner Herkunft, gegenüber der aus alter

---

[1] Vgl. J. M. Yinger, Contraculture and Subculture, in: D. O. Arnold (Hg.), Subcultures, Berkeley 1973³, 121–134. Erstdruck 1960 in: American Sociological Review, Vol. 25, 625–635.

[2] Th. Roszak, Gegenkultur. Gedanken über die technokratische Gesellschaft und die Opposition der Jugend, Düsseldorf/Wien 1971, 13.

Natur und alter Kultur; es deutet sich an die kontrollierte Kultur als »Nova Natura« [3].

Marcuse u. a. verwenden für das Gemeinte auch den Begriff »Kulturrevolution«: Sie zielt eine neue Zivilisation an, »in der Kultur kein privilegierter Sektor der gesellschaftlichen Arbeitsteilung mehr ist, sondern die Gesellschaft insgesamt, einschließlich der materiellen Produktion und ihrer Sektoren, in allen Bereichen formt und die herrschenden Werte und Wünsche radikal verändert« [4].

In China bedeutet »Revolution« (ko-ming) »den Auftrag ändern«; »Kultur« (wen-hua) meint, »sich mittels des Geschriebenen zu etwas machen«. Die Große Proletarische Kulturrevolution: »Die Massen ändern den Auftrag: Herrschen sollen alle, denen die Produktionsmittel zukommen, damit sie Kultur haben können – die Massen selber; historia facit saltum«.[5] Nach Konrad Farner nennen die Chinesen die Revolution nicht nur des Materiellen, sondern vor allem die des Geistes »Kulturrevolution«, »weil sie die mehr als problematische Trennung von Zivilisation und Kultur nicht kennen und weil für sie eine Revolution, so sie echt ist, alle Lebensbereiche einbeziehen muß«.[6]

Die Bedingungen der Möglichkeit einer kulturellen Revolution liegen demnach zum einen in der *Distanzierung von alter Natur*, zum anderen spezifischer in der *Distanzierung von alter Kultur*. Welche Kultur dabei als alt, als zu überwinden oder aufzuheben gilt, das ist noch einmal kultur-spezifisch, d. h. von der alten Kultur her bestimmt.

1.1. Westliche Gegenkultur

Eine in diesem Sinne spezifische Kultur ist die alteuropäische, abendländische, westliche. Von welchen Kräften immer man sie in Geschichte und Gegenwart bestimmt glaubt, sie hat eine charakteristische Eigengestalt gewonnen mit Grenzen gegenüber anderen kulturellen Konfigura-

---

[3] Vgl. dazu D. Claessens, Nova Natura. Anthropologische Grundlagen modernen Denkens, Düsseldorf/Köln 1970.

[4] H. Marcuse, Konterrevolution und Revolte, Frankfurt 1973, 40 f. In diesem Beitrag soll der Begriff »Gegenkultur(en)« den westlichen Phänomenen, der der »Kulturrevolution« den chinesischen Ereignissen vorbehalten bleiben.

[5] J. Schickel, Dialektik in China. Mao Tse-tung und die Große Kulturrevolution, in: Kursbuch 9, Berlin 1967, 45–129, hier: 48.

[6] K. Farner, Marxistisches Salz für christliche Erde – Christliches Salz für marxistische Erde. Aufsätze von einem Marxisten im Auftrag von Christen für Christen geschrieben, Zürich 1971, 55.

tionen. Als Auswahl aus dem, was Menschen überhaupt möglich ist, ist in ihr immer auch die Möglichkeit angelegt, weitere Chancen der Humanisierung einzuklagen. Die gegenwärtigen Proteste gegen die westliche Kultur oder Teile von ihr sind nichts Neues; sie haben eine vielgestaltige Vorgeschichte.

Eine Stammeskultur kann erreichen, daß alle ihre Angehörigen (im Guten wie im Bösen) an den »kulturellen Errungenschaften« in nahezu gleicher Weise teilnehmen. Das komplizierte Gebilde, das man abendländische Kultur nennt, hat im Maße seiner Differenzierung Teilkulturen hervorgebracht: Subkulturen der Privilegierung, in denen die kulturellen Güter gehäuft und genossen werden konnten; Subkulturen der Unterprivilegierung, in denen Lasten und Leiden sich sammelten.

Wo kulturelle Ungleichheit nicht mehr als gegeben (vor allem als natur- oder gottgegeben) anerkannt, wo sie als kulturelle (Un-)Tat von Menschen durchschaut wird, bilden sich gegenkulturelle Initiativen. Von Gegenkulturen (als westlicher Form der Kulturrevolution) soll dort gesprochen werden, wo Subkulturen nicht der Anpassung (des Individuums an die Kultur, der Kultur an die Individuen) dienen, sondern der Auflehnung gegen die herrschende (dominante) Kultur, gegen ihre »Träger«, ihre entscheidenden Institutionen.

Die Gegenkultur im Westen ist angetreten unter dem Anspruch des »Progressiven«. Progressivität erscheint dabei weitgehend identisch mit Marxismus, Sozialismus, Kommunismus. Schon diese Dreiteilung läßt erkennen, daß es im Westen keine einheitliche Vorstellung von einer »progressiven« Alternativkultur gibt. Viele Variationen marxistischer, sozialistischer, kommunistischer Ideologien beinhalten Variationen des Projekts einer neuen Kultur. Diese Gegenkulturen sind nicht konsequent revolutionär, wenn unter Revolution die Totalnegation eines bestimmten umfassenden Systems der Problemlösungen verstanden wird, die die gattungsgeschichtlich »verunsicherten« Menschen fanden. Sie verhalten sich vielmehr auswählend gegenüber den Beständen traditionaler Kultur. Auswählend verhalten sie sich auch zu den formulierten Marxismen und praktizierten Sozialismen und Kommunismen.

1.2. Proletarische, vor allem chinesische Kulturrevolution

In den ersten Jahren nach der russischen Oktoberrevolution kam es zu einer Unterscheidung der zu revolutionierenden Bereiche. Im Gefolge der *ökonomischen* und *politischen* Revolution sollte die *kulturelle* in Angriff genommen werden. Die Vorstellungen darüber waren uneinheitlich: Lenins pragmatische Konzeption rief auf zur kritischen Durchsicht und Aneignung des kulturellen Erbes durch Bildung aller Volksschichten. Der Proletkult (Proletarskaja kul'tura) strebte dagegen eine unvermischte Klassenkultur an, die kulturelle Diktatur des Proletariats aus schöpferischer Selbsttätigkeit vor allem der Industriearbeiterschaft, der Avantgardefunktionen zugedacht waren. Sozialutopische Züge tragen viele der Vorstellungen Lunačarskijs, der die russisch-sozialistische (Lenin) und die proletarische (Proletkult) Kulturrevolution zu einer allgemein menschlichen, sozialistischen, jenseits der Klassen entstehenden Kultur transformieren wollte.

Die chinesische Große Proletarische Kulturrevolution bezeichnet nicht nur ein Konzept, sondern auch einen relativ genau zu markierenden Abschnitt der Geschichte des neuen China. Sie begann im November 1965 mit einer Kampagne gegen »bürgerliche« Intellektuelle und Künstler, die sich den Ansprüchen der Partei nicht mehr voll unterwerfen wollten. Der »Beschluß über die Große Proletarische Kulturrevolution« des 11. Plenums des 8. ZK vom 8. 8. 1966 formulierte das Programm.[7]

Das primäre Interesse dieser allzu knappen Aussagen über die Kulturrevolution gilt weniger dem, was an ihr Macht- und Interessenkampf vor allem der Führung ist; es gilt eher ihrer *Idee*, ihrem spezifischen *Programm* als den Phasen der politischen Durchsetzung.[8] Sicher ist, daß die Notwendigkeit einer Kulturrevolution als solcher (und nicht als Instrument des Machtkampfes) von Mao spätestens seit 1940 (in der Schrift »Über die neue Demokratie«) proklamiert wurde.

2. *Zur Dialektik kultureller Revolutionen*

2.1. Übereinstimmungen und Gegensätzlichkeiten von Gegenkultur und Kulturrevolution

Aus dem zeitlichen Zusammentreffen gegenkultureller Initiativen im Westen und der chinesischen Kulturrevolution lassen sich kaum direkte

---

[7] Vgl. E. Snow, Die lange Revolution. China zwischen Tradition und Zukunft, Stuttgart 1973, 103 ff, 271 ff; A. Hsia, Die chinesische Kulturrevolution. Zur Entwicklung der Widersprüche in der chinesischen Gesellschaft, Neuwied/Berlin 1971, 163, 225 (Versuch der Rückdatierung durch die Pekinger Führung, um die Kontinuität der Klassenkämpfe zu betonen).

[8] Zur Unterscheidung des machtpolitischen und des kulturrevolutionären Aspekts vgl. R. J. Lifton, Die Unsterblichkeit des Revolutionärs. Mao Tse-tung und die chinesische Kulturrevolution, München 1970, 21 ff; A. Hsia, Kulturrevolution, 290, Anm. 4.

Schlüsse ziehen. Einige Entwicklungen scheinen Vergleiche nahezulegen, womit keineswegs gesagt ist, auch die historische Kausalität sei gleich; andere lassen sich nur in ihrer Differenz begreifen.
In China wie im Westen wurde »Veränderung« zu einem Spitzenwert, wobei der für notwendig gehaltene Wandel als revolutionär behauptet wird. Man vertraut entschieden auf die *Kraft des Willens* zur Veränderung. China akzeptiert dabei das Muster Einheit – Kampf – Einheit: »Es besteht darin, daß ein Zustand relativen sozialen Friedens durch eine in hohem Maße organisierte Explosion von Diskreditierungen und eine Woge von Kritik, Selbstkritik und Geständnissen unterbrochen wird, denen wiederum eine Form der Lösung und Rückkehr zur Stabilität folgt.«[9]
Insofern jede Revolution wenigstens eine partielle Negation der Geschichte erfordert, wenden sich Gegenkultur und Kulturrevolution zumindest gegen Teile der eigenen Geschichte. Schlechte Kontinuität in der Geschichte scheint insbesondere in den herrschenden Autoritäten verkörpert; so sind die Bewegungen anti-autoritär.[10] Differenzierend ist zu sagen, daß sich das anti-autoritäre Syndrom nicht notwendig gegen die Alten richtet, eher gegen die etablierten »Macher«, die überwiegend der mittleren Generation angehören. »Jugend« wird emphatisch aufgewertet (allerdings entwickeln in der Praxis vor allem Schüler und Studenten, weniger junge Arbeiter revolutionäre Aktivität). Der Wert »Jugend« ist nicht gebunden an das physische Alter: Kritiker sprechen von einer Anbiederung der Greise (Mao, Marcuse, Ho u. a.); die Jugendlichen aber vertrauen dem Nonkonformismus einiger Alter als einer ideologisch jugendlichen Gegenelite.
Lernwillen und Begeisterung für die als gemeinsame proklamierten Ziele sucht man in *China* in jeder Weise zu fördern. Konkurrenzdenken, Rivalität, Leistungsdruck – also die Identitätsfindung durch Selbstdefinition gegen den andern – gelten dabei als Ausfluß bürgerlichen Subjektivismus.[11] Aus der Praxis erwuchs die Einsicht in die »Weisheit der Massen«, denen die Partei nicht schlechthin ihren Willen aufzwingen darf. Vom Volk ist zu lernen: Intellektuellem Hochmut soll entgegengearbeitet, die

---

[9] R. J. Lifton, Die Unsterblichkeit, 205. Snow spricht von der »Dreiphasenformel für Erlösung« (Die lange Revolution, 24).
[10] Für China ist diese Aussage zu modifizieren; anti-autoritäre Erziehung im westlichen Sinn wurde nie gutgeheißen.
[11] Vgl. A. Hsia, Kulturrevolution, 194 ff; O. Lagercrantz, China-Report, Frankfurt 1972², 48 ff.

Achtung vor körperlicher Arbeit erhöht werden; Schüler und Studenten erwerben handwerkliche Fähigkeiten, Arbeiter geben praktische Kurse an Schulen und Universitäten.[12]

Auch Programme und Strategien der *Gegenkultur* enthalten neue Vorstellungen über den Wert des Kollektivs. Nach dem Scheitern globaler Vorstellungen von einer umfassend-gleichzeitigen Systemveränderung verlagerte sich die Hoffnung – bescheidener geworden – vor allem auf die »Gruppe« als Medium der Veränderung.[13] Diese Hoffnung ist allerdings nicht identisch mit dem chinesischen Vertrauen in die Kraft der Massen; die eine ersteht auf dem Hintergrund der Krise des neuzeitlichen Subjektivismus, das andere kann sich auf traditionale Einstellungen und Verhaltensweisen sozialer Disziplin gründen.

Mit der Ablehnung der Verwalter des Status quo, mit der Polemik gegen die Pragmatiker und sogenannten Realpolitiker hängt zusammen der Protest gegen Experto- und Technokratie, denen vorgeworfen wird, daß sie zu Zwecken der Herrschaft über Menschen unter dem Diktat instrumenteller Vernunft und sogenannter »Sachzwänge« einem Moloch dienen statt den Menschen und ihren Bedürfnissen.[14] Die Angst vor der »Komplexität«, vor allem der »gemachten« Komplizierung des Lebens und die Vorstellung, das »einfache Leben« sei das menschlichere, gibt es in beiden Kontexten.

In dieser Wendung gegen die Normativität des Machbaren ist beschlossen die Entscheidung für eine Wissenschaft, die ihren sozialen und politischen Nutzen ausweist gegenüber einer solchen, die sich unschuldig (»wertfrei«) gibt angesichts gesellschaftlicher und politischer Probleme oder die offen den Verwertungsinteressen der gesellschaftlich Starken dient.[15]

---

[12] Arbeiter und Bauern beraten – wie Lagercrantz (China-Report, 72) berichtet – z. B. auch darüber, was in Museen gezeigt werden soll. Vgl. Bettelheim/Macciocchi u. a., China 1972. Ökonomie, Betrieb und Erziehung seit der Kulturrevolution, Berlin 1972.

[13] Vgl. F. W. Menne (Hg.), Neue Sensibilität. Alternative Lebensmöglichkeiten, Darmstadt/Neuwied 1974.

[14] Für China vgl. die Debatte um die Differenz zwischen »roter« (im Unterschied zur »schwarzen«) Gesinnung und Fachverstand; für den Westen die Technokratie-Debatte. Ein fester proletarischer Standpunkt gilt in China nicht als Ersatz von Leistungen für das Kollektiv, sondern dialektisch als Motivation und Folge von Leistung: Wer richtig denkt und fühlt, kann nicht falsch handeln *wollen.*

[15] Vgl. R. Terrill, Im Reich der 800 Millionen. China ganz nah, Hamburg 1973, 153 ff (»Bildung für die Revolution«); F. Tomberg, Bürgerliche Wissenschaft. Begriff, Geschichte, Kritik, Frankfurt 1973.

Erfolg für die Einzelinitiativen wird erwartet im Rahmen einer anti-bürgerlichen, anti-kapitalistischen, anti-imperialistischen Globalstrategie. Im Westen wie in China heißt der Gegner oder Feind »Bürger«; Bürger sind jene Minderheit, die die historisch jüngste Chance der Humanisierung und Emanzipation wahrnahm gegen Bedürfnisse und Interessen der Mehrheit. Als Kern bürgerlicher Weltanschauung gelten Selbstinteresse, Selbstsüchtigkeit, extremer Individualismus.[16]

Der Bürger wird gesehen als Repräsentant und Garant des Kapitalismus, der – im wörtlichen Sinn – den Massen die Chance ihrer Humanisierung (durch »Ökonomismus«, wachsenden Warenausstoß, Konsumorientierung usw.) abzukaufen sucht. Gegenkultur und Kulturrevolution zielen daher auf eine neue Bedürfnisbasis, die den direkten Gebrauchswert von Dingen und Beziehungen (gegenüber ihrem Geld- bzw. Tauschwert) zur Geltung bringt. Dies auch im internationalen Maßstab: Gegen den angenommenen kulturellen Totalanspruch des Weltkapitals richtet sich internationale Solidarität. Die Unterstützung von Volksbefreiungskriegen eint Gegenkultur und Kulturrevolution; für beide wurde der Krieg in Vietnam zum Symbol der Brutalität des Imperialismus.[17]

Neben solchen Übereinstimmungen zwischen Gegenkultur und Kulturrevolution dürfen – zum Teil strukturell und funktional fundamentale – *Unterschiede* nicht vernachlässigt werden. Zu einfach scheint allerdings die These, das Unbehagen in der Kultur resultiere in China aus dem »Nochnicht« bestimmter kultureller Entwicklungen (also lediglich aus kulturellem Nachholbedarf, den man »selbstverständlich« in Richtung des sogenannten westlichen Fortschritts vermutet, während im Westen das »Nicht-mehr-Genügen«, der Überdruß am Fortschritt ausschlaggebend sei. Gleichwohl modifiziert die unterschiedliche Ausgangslage Wege und Ziele der Revolution entscheidend. In China geht es *auch* darum, Stadt- und Landkultur miteinander zu versöhnen, eine agrarische Kultur in eine industrielle überzuführen.[18] Im hochindustrialisierten urbanisierten Westen dagegen wird man der »Grenzen des Wachstums« gewahr; das Land erscheint in nostalgischer Perspektive als Ort befriedeten

---

[16] Vgl. R. J. Lifton, Die Unsterblichkeit, 84 f.

[17] Obgleich die USA vor allem attackiert werden, gelten Angriffe (von China mit dem Schlagwort »Sozialimperialismus« geführt) auch der UdSSR, etwa dem Einmarsch der Truppen in die CSSR.

[18] Vgl. A. Hsia, Kulturrevolution, 230 ff; O. Lagercrantz, China-Report, 83 f; R. J. Lifton, Die Unsterblichkeit, 76 f, 113 ff; E. Snow, Die lange Revolution, pass.

Daseins, man sucht es mehr mit der Seele, als daß man dort arbeitend lernen möchte.

Auf bezeichnende Weise von westlicher Lebensform abgehoben ist der Puritanismus und ethische Rigorismus in den Einstellungen und Verhaltensweisen des chinesischen Volkes.[19] Die gegenkulturellen Bewegungen in der Phase der Spontaneität suchten eine Versöhnung von revolutionärem Engagement und Sinnlichkeit (»linker Hedonismus«). Zeitweilig erschien »sexuelle Revolution« als Revolution schlechthin bzw. als Motor jeder anderen, ein Gedanke, den Mao kaum hätte haben können.

Relativ unterschiedlich ist – und damit ist das Entscheidende über Wirkungschancen gesagt – das Ausmaß, in dem Gegenkultur und Kulturrevolution das jeweilige kulturelle Grundmuster berührt haben. Von Gegenkultur als einheitlicher Bewegung kann man nicht sprechen, sondern nur von einem Pluralismus gegen die herrschende (dominante) Kultur gerichteter subkultureller Initiativen. In der Kulturrevolution dagegen offenbart sich – bei allem ideologischen Streit – ein weit einheitlicherer Wille. Zudem hat sich dieser Wille stärker im Zentrum der herrschenden Kultur gebildet, nicht so sehr an ihren Rändern wie bei den westlichen Gegenkulturen. Das hängt erkennbar zusammen mit der zentralen Bedeutung der Person, vor allem aber der Lehre Maos.[20]

2.2. Erinnerung und Emanzipation[21]

Übereinstimmungen und Unterschiede von Gegenkultur und Kulturrevolution gründen zu einem erheblichen Teil in den unterschiedlichen Möglichkeiten, Vergangenheit zu vergegenwärtigen und aus einer solchen Vergegenwärtigung bestimmte Negationen auszusprechen, die konsensfähig sind. Im Westen ist der Streit um Bilder der Vergangenheit und

---

[19] Vgl. den Beitrag von MacInnes, in: Lutherische Rundschau 23 (1973), 144f; M. Meisner, Utopian Goals and Ascetic Values in Chinese Communist Ideology, in: Journal of Asian Studies, 1968, Vol. 28, No. 1, 101–110.

[20] In ihrer Bestimmungsmacht für das revolutionäre Geschehen sind Mao und Marcuse letztendlich nicht zu vergleichen; Marcuse bleibt der anregende Theoretiker, Mao initiierte direkt eine umfassende und folgenreiche Praxis. Marcuse spricht darum neuerdings von einer »Revolte«; die nächste Revolution nennt er das Werk von Generationen. Vgl. F. W. Menne, Neue Sensibilität, 42 ff.

[21] Ohne dem Ansatz gerecht werden zu können, stehen die folgenden Überlegungen im Zusammenhang mit solchen von J. B. Metz; vgl. Art. »Erinnerung«, in: H. Krings u. a. (Hg.), Handbuch philosophischer Grundbegriffe (Studienausgabe), München 1973, 386–396, und: Erlösung und Emanzipation, in: Stimmen der Zeit 98 (1973), 171 ff.

entsprechende Wertung von Traditionen komplexer als in China. Zumindest für die politische Praxis kann der Bezug auf die Geschichte in China unmittelbarer, funktionaler sein.[22] Den chinesischen Bauern z. B. wird ihre Leidensgeschichte in Serien einfacher Bilder durchsichtig. Auch das Bewußtsein der chinesischen Führer ist von der Erinnerung an die lange Erniedrigung Chinas geprägt.[23] Die positiven Gegenbilder – der revolutionäre Held und die Taten des revolutionären Anfangs – lassen sich ebenso einprägsam darstellen oder (in Literatur, Oper, Film) dramatisieren.

Im Westen begegnet man einer Fülle von Interpretationen der Vergangenheit (deren prominenteste vielleicht die ist, sich nicht zu erinnern). Um zu einem politischen Willen zu kommen, muß man sich für *eine* Vergangenheitsdeutung *entscheiden*. Die Verwendung geschichtlicher Klischees wird man nicht nur deuten können als Ergebnis westlicher Geschichtsvergessenheit, sondern auch als Ausdruck der Sehnsucht nach einer Polarisierung, nach Aufteilung der Geschichte in Gut und Böse. Sie würde bestimmtes Handeln ermöglichen, die Identifikation eines deutlichen Ziels und eines »reinen« Subjekts der Geschichte.

Die Stärke gegenkultureller Initiativen und der Kulturrevolution lag zunächst in bestimmten Negationen; es gelang ihnen aber auch (in sehr unterschiedlicher Weise), »verallgemeinerungsfähige Interessen« (Habermas) im jeweiligen Kontext zu artikulieren. Der Satz: »Jetzt können alle lesen und niemand hungert« formuliert für China (wie für jede Kultur) die grundlegende Revolution gegenüber der alten Kultur.[24] Will man seine gegenwärtige Lage werten, muß man sie dem gegenüberstellen, was einst war.[25] Erst vor dem Hintergrund der Befriedigung von Grundbedürfnissen für alle konnte der Gedanke einer so umfassenden Kulturrevolution zur materiellen Gewalt werden. In den Anstrengungen zur Um-

---

[22] Dabei werden auch eingreifende Umwertungen für notwendig gehalten; Mao darf sich nicht geirrt haben. Vgl. R. J. Lifton, Die Unsterblichkeit, 79, 110 f, 186 ff.

[23] Vgl. A. Hsia, Kulturrevolution, 245; O. Lagercrantz, China-Report, 83; E. Snow, Die lange Revolution, pass.

[24] O. Lagercrantz, China-Report, 131; vgl. 31. Mit Pathos (und biblischem Anklang) sagt auch Terrill, die chinesische Revolution habe »auf wunderbare Weise die Kranken geheilt, die Hungrigen gespeist und dem einfachen Mann in China Sicherheit gegeben« (Im Reich, 27).

[25] O. Lagercrantz, China-Report, 131 f. »Tut man das, *muß* man *für* das jetzige Regime Stellung nehmen und darauf hoffen, daß es in Frieden weiter arbeiten kann« (132).

wälzung des Überbaus und zur Änderung des Bewußtseins lebt das Interesse an der humanen Existenz für alle. Der Prozeß der Denkreform kann verstanden werden als kollektiv angebotene Methode individueller Reinigung, »die mit Hilfe detaillierter Selbstprüfung für ähnliche Erfolge sorgt wie die Psychotherapie oder die geistige Aufklärung«.[26] In China spricht man positiv von der »Reinigung des Gehirns der Menschen«, die offenmachen soll für das sozialistische Bewußtsein der »neuen Menschen« in einer neuen Kultur. Als Chance der Umkehr wird die Reinigung auch denen angeboten, die sich gegen kollektive Interessen vergangen haben. Dieser Glaube an eine praxiswirksame Metanoia hat das neue China offenbar vor Terror wie den stalinistischen Säuberungen weitgehend bewahrt.[27]
Verteidiger der kapitalistischen Wirtschaftsordnung, die häufig ein deterministisches Menschenbild vertreten, weisen immer wieder darauf hin, daß sich in jedem praktizierten Sozialismus und so auch in China zwangsläufig neue Klassen bildeten. Für den gegenwärtigen Stand zumindest, aber auch für die projektierten Absichten der chinesischen Führung sei eine Aussage des liberalen Wirtschaftstheoretikers Galbraith zitiert: »Irgendwo in der chinesischen Führungsspitze mag es eine privilegierte Partei- und Beamtenhierarchie geben. Sie stellt aber sichtlich die am wenigsten auffällige herrschende Klasse der Geschichte dar.« [28]

2.3. Fortsetzung der menschlichen Leidensgeschichte

Dafür, daß menschliche Befreiung möglich sei ohne neue Leiden, fehlt historische Evidenz; Gegenkultur und Kulturrevolution haben sie nicht erbringen können. Der Kampf gegen – durch die alte Kultur verursachtes – menschliches Leid zeugte Leiden im Namen des Neuen. (Da Geschichte von den Siegern geschrieben wird, gibt es zu wenige Zeugen und Zeugnisse der Unterdrückung.[29])

---

[26] R. J. Lifton, Die Unsterblichkeit, 71. Vgl. G. Bermann, Eine neue Medizin für Massen. Sozialpsychiatrie in China, Frankfurt 1973, bes. 209 ff, 230 ff, 238 ff.
[27] Vgl. A. Hsia, Kulturrevolution, 256; O. Lagercrantz, China-Report, 123 ff; Pu Yi, Ich war Kaiser von China. Vom Himmelssohn zum Neuen Menschen, München 1973; R. Terrill, Im Reich, 279 ff.
[28] J. K. Galbraith, China. Impressionen einer Reise, München/Zürich 1973, 150. »... zwischen arm und reich gibt es so gut wie keinen Unterschied ... Es handelt sich um eine strikt autoritäre Gesellschaft, in der die Befehlenden lächeln und bitte sagen« (151).
[29] Vgl. O. Lagercrantz, China-Report, 73; E Snow, Die lange Revolution, 115 ff.

Die Frage nach allenfalls zu lindernden, nicht abschaffbaren Leiden und ihrer Sinngebung durch die kulturrevolutionären Initiativen kann nur angemeldet werden, obgleich hier einer der Grundmängel marxistischer Anthropologie konstatiert wurde und sichtbar ist.[30] Lifton ist der Meinung, die Macht und Reinheit des revolutionären Mythos habe auch in China nur zeitweise die universalen Probleme des Leidens, der Sinnlosigkeit und des Todes verdrängen können.[31]

Indem die Roten Garden die Zerstörung der »vier Alten« (der alten Ideen, der alten Kultur, der alten Sitten und der alten Lebenshaltungen) als erstes Ziel der Kulturrevolution proklamierten, fühlten sie sich zur Gewalt gegen Sachen frei. Bücherverbrennungen z. B. bleiben aber – als kulturelles Symbol – Barbarei, wo immer sie geschehen.[32]

Die Verpönung des Alten führte jedoch auch zur Diffamierung der Repräsentanten des Alten, zur Proskription der zu Bestrafenden.[33] Die Verhöhnung der »Träger« der traditionalen Kultur, die man mit den spitzen Hüten der Narren durch die Straßen führte, war die theatralische und harmlosere Form der Stigmatisierung.[34] Versuche *mechanischer* Gleichmacherei haben nicht nur bourgeoisen Privilegierten-Stolz verletzt, sondern manchen Menschen ihre Identität geraubt; physische und moralische Selbstmorde sind dafür ein Indiz.[35] Auch »Diktatur durch den Gedanken« (vor allem durch das »Mao-Tse-tung-Denken«) erscheint humanitätsgefährdend. Die Definition einer im Sinne der Revolution »reinen Klasse« wirkt in der Richtung einer Ächtung, einer Freigabe der Un-

---

[30] Vgl. R. J. Lifton, Die Unsterblichkeit, 30–48 (»Der Tod des Führers«); H. Rolfes, Der Sinn des Lebens im marxistischen Denken. Eine kritische Darstellung, Düsseldorf 1971.

[31] Lagercrantz meint: »Im kommunistischen China ist man streng gegen den Tod, man spricht nicht über ihn. Der Tod paßt nicht in die große Aufbauarbeit« (China-Report, 69). Lifton attestiert Mao allerdings »eine ungewöhnliche Sensitivität gegenüber Todesvorstellungen im allgemeinen und gegen Überlebensschuld im besonderen« (Die Unsterblichkeit, 107; vgl. 118, 192).

[32] Vgl. A. Schelochowzew, Chinesische Kulturrevolution aus der Nähe, Stuttgart 1969, 208 ff, 270 ff. Sein Buch ist eine mit Vorsicht zu brauchende Quelle; in diesem Punkt wird er durch andere bestätigt.

[33] Vgl. A. Hsia, Kulturrevolution, 172 ff, 209; R. J. Lifton, Die Unsterblichkeit, 58 ff. Hier ist aber genau zu scheiden zwischen verbaler Gewalttätigkeit und faktischer Gewaltanwendung.

[34] Vgl. A. Schelochowzew, Chinesische Kulturrevolution, 153; R. Terrill, Im Reich, 284 f.

[35] Vgl. A. Schelochowzew, Chinesische Kulturrevolution, 135 ff, 254 ff, 280 ff, 288 ff.

reinen.[36] Die permanente Uminterpretation des revolutionären Programms und der Strategien führte aufgrund von Symbol- und Kontinuitätsverlust zu verbitterter Desillusionierung und zu Identitätskonflikten.[37] Liu Schao-Tschi (später und gemäßigter auch Lin Biao) wurde zur Inkarnation alles Dummen und Bösen in der chinesischen Gesellschaft erklärt, damit zum sozialen »Sündenbock«; er wurde zum Symbol aller antagonistischen Widersprüche, seinen Namen benutzte man wie eine Beschwörung.[38]

Auch die gegenkulturellen Impulse im Westen brauchten den Feind, um sich selbst zu definieren. Den Feind, nicht den Gegner, der auch in seiner Niederlage noch am Ergebnis des Konflikts mitwirkt; den Feind, den man überdesavouieren muß, um sich die Aggressivität gegen ihn zu erhalten.[39] Der *folgenreiche* Vergleich mit Tieren (wo er also nicht einer surrealistischen Metaphorik zuzurechnen, sondern »ernst gemeint« ist) signalisiert die Dehumanisierung wie die Verteufelung des Gegners.[40]

Ende 1966, Anfang 1967 mußten die Rotgardisten korrigiert, ihre Aktivität umgeleitet werden; sie sollten Argumente, aber keine Gewalt anwenden (»keinen Menschen schlagen«) und mehr Selbstkritik üben (sich also auch als Objekte der Revolution begreifen lernen).[41] Analog ging es in den Grundsatzdebatten der »Neuen Linken« zunehmend um die Frage, welche ihrer Programme, Strategien und Aktionen die »bürgerliche Kälte« – nur mit umgekehrten Vorzeichen – reproduzierten.[42]

---

[36] Eine solche Definition ist nicht unbedingt maoistisch; für Mao gibt es die Möglichkeit, seine Ursprungsklasse zu verlassen und die revolutionäre Klasse zu *wählen.*

[37] Vgl. R. J. Lifton, Die Unsterblichkeit, 183: »Die Konfusion in der Beziehung zu Vergangenheit und Zukunft – in der Beziehung zur Zeit überhaupt – hatte eine so extreme psychische Fluktuation erzeugt, daß der Befehl von gestern zum Verbrechen von heute wurde«.

[38] Vgl. O. Lagercrantz, China-Report, 99 ff, 123; E. Snow, Die lange Revolution, 92 ff.

[39] Für die Kulturrevolution vgl. R. J. Lifton, Die Unsterblichkeit, 44 ff, 167–192 (»Zeit und Totalismus: Psychologische Schranken«); für gegenkulturelle Initiativen Menne, Neue Sensibilität, 23 ff.

[40] Vgl. die sog. »Pig-Sprache« und Marcuses Bemerkungen dazu in: Konterrevolution und Revolte, 64 ff.

[41] Vgl. A. Hsia, Kulturrevolution, 179 ff, 193; A. Schelochowzew, Chinesische Kulturrevolution, 217 ff; J. Schickel, Dialektik, 96 f; R. Terrill, Im Reich, 86 ff (»Der ›Kult‹ und die ›Ultra-Linke‹«). Snow nennt die 7. Mai-Kader-Schulen »Schulen der Umerziehung der Umerzieher« (Die lange Revolution, 139).

[42] Vgl. z. B. P. Brückner, Kritik an der Linken. Zur Situation der Linken in der BRD, Köln 1973; R. Rossanda, Die sozialistischen Länder: Das Dilemma der westeuropäischen Linken, in: Kursbuch 30, Berlin 1972, 1–34.

3. Konstruktion von Gegen-Sinn?

Die Frage nach Erinnerung und Emanzipation, nach Befreiungs- und Leidensgeschichte angesichts gegenkultureller und kulturrevolutionärer Impulse sollte den Blick freimachen für eine Perspektive, die diese Phänomene im Zusammenhang sieht mit anthropologisch-kulturologisch-soziologischen Problemen von Welterrichtung und Welterhaltung, der Sinnkonstituierung bestimmter Kulturen und Gesellschaften. Mit dem Angebot von Gegen-Sinn zur alten Kultur ist das Thema »Religion« gestellt, wenn man Religion begreift als System »letzter« Hintergrundserfüllungen, Motivationen und Legitimationen.

Der Komplex Gegenkultur, Kulturrevolution und Religion ist aber nicht nur auf dieser Ebene (c) der Abstraktion anzugehen, auf der der Religions-Begriff so ausgeweitet wird, daß er kaum noch differenzierend wirkt.[43] Vorher seien zwei geläufigere Variationen des Themas angesprochen, über die ebenfalls genauere Daten und plausible Interpretationen wünschenswert wären: Zunächst (a) könnte man fragen, inwieweit Religion bzw. konkrete *Religionen Objekte kulturrevolutionärer Initiativen* wurden (wobei das Extrem solcher Revolutionierung ihre Abschaffung – jedenfalls in einer historisch greifbaren Form – wäre). Eine andere Frage könnte (b) die nach *Religionen als Subjekten von Revolutionen* sein: Haben Religionen Revolutionen beeinflußt oder gar bestimmt? [44]

a. Die Bereiche »Religion« und »Großkirchen« stehen nicht im Zentrum gegenkultureller Angriffe. Etablierte Religion gilt überwiegend als sich anpassendes, nicht (mehr) kreatives Kultursegment (»adaptive culture«). Marxsche und auch Freudsche Religionskritik werden als Deutungsschema bevorzugt. Mit dem Marx seit der Einleitung zur »Kritik der Hegelschen Rechtsphilosophie« hat die Kritik von Politik und Wirtschaft, haben polit-ökonomische Analysen Vorrang vor der Kritik der Überbauformationen und ihrer Organisationen. Außendruck gilt den Kirchen dort, wo sie erkennbar an der herrschenden Gesamtkultur partizipieren: Bei gegenkultureller Kritik am organisierten Spätkapitalismus beispielsweise

[43] Vgl. dazu P. L. Berger, Zur Dialektik von Religion und Gesellschaft. Elemente einer soziologischen Theorie, Frankfurt 1973. Er kritisiert an Luckmanns Religions-Begriff, daß er Religion zu *dem* anthropologischen Phänomen par excellence mache; seine Alternative zu diesem Ansatz, die Kategorie des »Heiligen« als konstitutiv für den Religions-Begriff beizubehalten, hat aber wieder eigene Schwierigkeiten.

[44] Vgl. M. Reyes Mate, Art. »Revolution«, in: J. B. Bauer (Hg.), Die heißen Eisen von A bis Z, Graz/Wien/Köln 1972, 315–324.

geraten die Kapitalverflechtungen und Finanzmanipulationen der Kirchen in den Umkreis der Polemik, bei der Diskussion des Sozialisationssystems die kirchlichen Erziehungs- und Bildungseinrichtungen.

Direktes Objekt gegenkultureller Impulse wurden die bürokratischen Großkirchen für Initiativen, die *in den Kirchen selbst* (allerdings abgestützt von Entwicklungen anderer sozio-kultureller Teilsysteme) entstanden. Die Bildung von Spontangruppen und Basisgemeinden, anti-hierarchische und anti-synodale Opposition organisieren den Protest gegen die großkirchlich-bürokratische Verwaltung des Christentums und eine ihm entsprechende affirmative Theologie.[45] Die programmatischen und organisatorischen Antworten auf solche Initiativen sind oft widersprüchlich und unflexibel. Die Isolation in einem ungleichzeitigen Ghetto mit reduziertem Personal erscheint zuweilen als Ausweg vor dem Zwang zur Dauerverteidigung gegen innere und äußere Gegner.

Der *Einfluß der chinesischen Revolution auf die Religion und ihre Institutionalisierungen* ist außerordentlich schwer abzuschätzen. Eine öffentliche Ideen- und Kulturpolitik analog zu der mit der Sowjetunion und ihren Verbündeten hat es mit dem auf sich selbst konzentrierten China bislang kaum gegeben. So auch keinen Dialog zwischen Christentum und Maoismus entsprechend dem zwischen Christentum und Marxismus. Die Frage nach einem solchen Dialog ist allerdings gestellt und findet zunehmendes Interesse.[46] Leicht macht es sich ein Anti-Kommunismus, der durch Analogieschluß von den osteuropäischen Erfahrungen oder von dokumentierbaren Einzelfällen her auf die Lage in China schließt. Kritisch zu beurteilen sind aber auch Meinungen, die China, das äußerlich nicht christlich sei, für »innerlich« viel christlicher halten als den Westen.[47] Für Mao gehört die religiöse Gewalt neben der politischen und der Sippengewalt (für Frauen kommt die Gattengewalt hinzu) zur Gesamtheit der feudal-patriarchalischen Ideologie und des feudalen Systems; sie ist einer der »dicken Stricke, mit denen das chinesische Volk, insbesondere

---

[45] Vgl. F. W. Menne, Art. »Gruppenbildung in der Kirche«, »Institutionalisierungsprozesse in der Kirche«, »Rollenerwartung und -konflikte in der Kirche«, »Sozialer Wandel und Kirche«, in: F. Klostermann/K. Rahner/H. Schild (Hg.): Handbuch der Pastoraltheologie V (= Lexikon), Freiburg/Basel/Wien 1972.

[46] Vgl. A. Künzli, Dialog mit Mao?, in: Neues Forum 15 (1968), 309–314. Das »Department of Studies« der »Lutheran World Federation« unterhält eine Studiengruppe »LWF Marxism and China Study«. Vgl. LWF/PRO MUNDI VITA, Theological Implications of the New China. Papers presented at the ecumenical seminar held in Bastad/Sweden January, 29 to February, 2, 1974, Genf 1974.

[47] Vgl. P. Digan, in: Lutherische Rundschau 23 (1973), 137.

die Bauernschaft« gefesselt war.[48] Mao ist offenbar davon ausgegangen, daß die mit dem Feudalsystem verquickte institutionalisierte Religion mit diesem verschwinden werde. Die verfassungsmäßige Garantie der Religionsfreiheit wurde auch während der Kulturrevolution nicht widerrufen. In der »Roten Fahne« wurde 1969 eine Passage aus Maos Schrift über die Koalitionsregierung neu gedruckt, die Schutz für alle Glaubensformen durch die Regierung versprach, solange sie sich dem Staat gegenüber loyal verhielten.[49]

In der Praxis der Kulturrevolution wurde Religion zweifellos den zu bekämpfenden »Alten« zugerechnet, den Teilen des Überbaus, die nicht der sozialistischen Wirtschaftsbasis entsprachen.[50] Sie stand jedoch nicht im Mittelpunkt der Bewegung, da sich die eigentlichen Feinde, die inkriminierten Personen und bekämpften Ideologien nicht zentral religiös artikulierten. Obgleich die offiziellen Führer die Religion so eher ignorierten, führten die Roten Garden ihren Kampf auch explizit gegen Institutionen und Vertreter von Religionen.[51] Wie andere Träger der alten Kultur, so haben auch religiöse Personen unter den Ereignissen der Kulturrevolution gelitten. Es scheint keine öffentliche religiöse Praxis gegeben zu haben, und der kurzzeitige Vandalismus der Roten Garden hat unersetzbare Denkmäler der religiösen Kultur Chinas vernichtet. Nach Überleitung der Kulturrevolution in eine Phase neuer Konsolidierung kann man nun begrenzte Toleranz der chinesischen Führung im Rahmen ihrer Minderheitenpolitik und eine Rückkehr zu Restformen religiöser Praxis erwarten.[52]

---

[48] Vgl. Mao Tse-tung, Ausgewählte Werke I, Peking 1968, 46.

[49] Vgl. D. E. MacInnes, Religious Policy and Practice in Communist China. A Documentary History, New York/London 1972, bes. 283, 299, 305, 376; jetzt auch deutsch unter dem Titel: Religionspolitik im kommunistischen China. Theorie und Praxis in Dokumenten, Göttingen/Zürich 1974. St. R. Schram, Das Mao-System. Die Schriften vom Mao Tse-tung. Analyse und Entwicklung, München 1972, bes. 259 ff, 403.

[50] Vgl. E. Snow, Die lange Revolution, 272. Als Überbauphänomene besonders genannt sind im Beschluß des ZK der KPCh über die Große Proletarische Kulturrevolution vom 8. 8. 1966 Erziehung, Literatur und Kunst.

[51] Die Roten Garden, so meint MacInnes, seien in der Kulturrevolution davon ausgegangen, daß Religion ein Versteck für Drückeberger und Reaktionäre sei (vgl. Religious Policy, XX, 283).

[52] Vgl. MacInnes, Religious Policy XVIII ff, 374; P. Digan u. a., in: Lutherische Rundschau 23 (1973), 135–154. Choanseng Song erwartet sich für Asien etwas von einer politischen Theologie: »Politische Theologie hat die Aufgabe, theologische Fragen an die Machtstruktur des neuen China zu stellen« (154).

b. Die Frage nach der *Bestimmung gegenkultureller Impulse durch Religion* im Westen kann hier nur angedeutet werden als Frage nach der Rolle des Christentums für diese Impulse. (Die vieldeutigen Phänomene religiöser Sensibilisierung, die a- oder anti-christlich sich verstehen, müssen ganz übergangen werden.) Ohne Theorien über die kulturelle Rolle des Christentums auch nur erwähnen zu können, wird man sagen können, daß die in den Großkirchen durchgesetzte dominante Form des Christentums die herrschende Kultur jeweils mittrug, wie sie von ihr getragen wurde.[53] So hat das (amts-)kirchliche Christentum – nur noch in reduziertem Maß kulturell konfliktfähig – gegen die herrschende Religionstheorie und -praxis gerichtete Impulse überwiegend abgewiesen; akzeptiert wurde Neues nur dann, wenn es sich als *im Effekt* ungefährlich erwies für das bürokratische Establishment (vgl. z. B. die Rezeption der Jesus-People-Bewegung).

Gegenkulturelles Potential fand sich (s. o.) am Rande der Großkirchen bei Individuen und Gruppen, die sich nur teilweise und in kritischer Solidarität mit dem kirchlichen Status quo identifizierten. Ihre historische Kontinuität fanden sie in der Mobilisierung verschütteter Traditionen des Christentums. Diese Aufarbeitung subversiver Traditionen reichte von der Neuinterpretation der »Sache Jesu« bis zur Formulierung von Theologien der Befreiung und der Revolution, von der Organisation von Basisgruppen bis zur Formierung von »Christen für den Sozialismus«.

c. Die gleiche Problemstellung (Wirkung von Religion auf kulturelle Revolutionen) wäre noch diffiziler für die chinesische Kulturrevolution. Man müßte auch und gerade angesichts der Antikonfuzius-Kampagne zum Beispiel fragen nach Strukturen des Konfuzianismus im »Mao-Tse-tung-Denken« und in der Lebenspraxis des chinesischen Volkes. Die Kulturrevolution soll jedoch als Beispiel für die dritte Möglichkeit der Interpretation des Verhältnisses von Kulturwandel und Religion dienen: Der Deutung kulturrevolutionärer Impulse selbst als Religion.[54]

Einen Versuch religiöser Deutung des Maoismus macht Robert J. Lifton,

---

[53] Vgl. F. Houtart/A. Rousseau, Ist die Kirche eine antirevolutionäre Kraft?, München/Mainz 1973.

[54] Obgleich es schwieriger scheint, die Gegenkultur als funktionales Äquivalent für Religion oder als »verkappte« Religion zu analysieren, gibt es dazu Ansätze. Etwa in dem von E. K. Scheuch herausgegebenen Band »Die Wiedertäufer der Wohlstandsgesellschaft. Eine kritische Untersuchung der ›Neuen Linken‹ und ihrer Dogmen«, Köln 1968², wo Scheuch die Neue Linke als eine »sich letztlich auf Offenbarung berufende Erweckungsbewegung« kennzeichnet.

indem er mit seiner psycho-historischen Methode Maos Kulturrevolution in China interpretiert als Suche des Revolutionärs nach symbolischer Unsterblichkeit.[55] Unter revolutionärer Unsterblichkeit begreift er dabei »das gemeinsame Gefühl der Teilhabe am permanenten revolutionären Gärungsprozeß und der Transzendierung des individuellen Todes durch ein unbestimmtes ›Weiterleben‹ innerhalb dieser kontinuierlichen Revolution«.[56] Ziel ist, »eine harmonische Verbindung der unsterblichen kulturellen und rassischen Substanz des chinesischen Volkes mit der gleichermaßen unsterblichen kommunistischen Revolution zu erreichen« und damit – analog zu Verräumlichungen und Verzeitlichungen des Reiches Gottes – ein »Königreich der ewigen Revolution« zu errichten.[57] Kritiker des Maoismus rücken als »Anti-Unsterblichkeits-Kräfte« ins Zentrum einer Dämonologie.[58]

Die Angst vor dem Tod der Revolution ist vor allem auch die Angst davor, daß die Enkel die Revolution womöglich nicht durchführen und vollenden, sondern – nicht mehr motiviert durch die Erfahrungen des revolutionären Anfangs – einer Entsymbolisierung der revolutionären Welt erliegen. Von da her ist die Kulturrevolution auch als der Versuch zu sehen, gerade die Jugendlichen an den Ursprung (und damit auch das Ziel) der Revolution zu binden. Lifton zieht eine Parallele zwischen den Roten Garden und dem Kinderkreuzzug: »Hier war eine Masse von Jugendlichen, die durch eine transzendente Vision zusammengeschmiedet und von einem Gefühl der Tugend quasi bis zur Seligkeit erfüllt waren.«[59]

---

[55] Mao selbst lehnt – vgl. W. Schilling, Einst Konfuzius – heute Mao Tse-tung. Die Mao-Faszination und ihre Hintergründe, Weilheim 1971, 225 – eine solche Deutung ab: »Jeder, der im Marxismus-Leninismus ein religiöses Dogma sieht, verrät blinde Unwissenheit«. Vgl. W. Bauer, China und die Hoffnung auf Glück, München 1971; C. K. Yang, Religion in Chinese Society, Berkeley/Los Angeles 1967, Kap. XIV.

[56] R. J. Lifton, Die Unsterblichkeit, 26. »Der Revolutionär negiert die Theologie als solche, macht sich jedoch eine säkulare Utopie anhand von Vorstellungen zu eigen, die denen der spirituellen Überwindung des Todes und sogar des Lebens nach dem Tode nahe verwandt sind« (28).

[57] AaO. Anm. **, 62. Künzli spricht von »Revolutionsmetaphysik«.

[58] AaO. 44 f. »Man sprach von ihnen als den ›Dämonen‹, ›Teufeln‹, ›Ungeheuern‹, ›Menschenfressern‹, ›Geistern‹ und ›Mißgeburten‹«; nach Hsia werden die von den Maogegnern beherrschten Organe und Einheiten als »Paläste der Höllenfürsten« (Kulturrevolution, 264) bezeichnet.

[59] R. J. Lifton, Die Unsterblichkeit, 57; vgl. G. Bermann, Eine neue Medizin, 248 (»maoistischer Messianismus«); Lifton, Die Unsterblichkeit, 13, 29, 66, 82.

Seine heilige Schrift (»rote Bibel«) besitzt der Maoismus in den »Worten des Vorsitzenden Mao Tse-tung«. In ihnen ist die »Offenbarung unsterblicher Worte« geschehen, die in einer Kombination von Ritualismus und echtem Nachvollzug offenbar zu ungewöhnlichen Leistungen inspiriert.[60] Durch diese Worte (aber nicht nur durch sie) ist die »Vergottung« des Führers grundgelegt, seine Ausstattung mit zumindest gottähnlicher Weisheit und Tugend. Mao werden Attribute zuerkannt, die dem chinesischen Gott-Kaiser vorbehalten waren.[61] Bermann konstatiert, die Chinesen erleben hier eine Phase des Monotheismus, die sie durchlaufen und überwinden müßten.[62] Für die Perspektive eines russischen Atheisten scheint die Äußerung Schelochowzews typisch: »Bin ich nicht Zeuge des Entstehens einer neuen Religion, eines neuen Glaubens? Wird nicht Mao Tse-tung zum Rivalen Christi oder des Propheten Mohammed? Ist es nicht ein Wunder, so etwas in den 60er Jahren des 20. Jahrhunderts mit anzusehen, unter einem Himmel, den bereits Hunderte von Sputniks und Dutzende von Raumschiffen durchziehen?« [63]
Die Symbole und Riten des Mao-Kults muten aus ethnozentrisch-westlicher Perspektive einerseits erschreckend, andererseits lächerlich an. Terrill vertritt die Auffassung, dieser Kult (der entsprechend ausdrücklichen Wünschen Maos schon reduziert wurde) wirke »vor Ort«, im Kontext des neuen China weit weniger schockierend und um vieles sinnvoller.[64] Assoziationen an den Stalin- und Hitlerkult hält Lagercrantz zwar für verständlich; doch glaubt er beträchtliche Unterschiede feststellen zu können. Der entscheidende scheint der zu sein, daß es sich weniger um einen Personen- als um einen Ideenkult handelt: Es geht um die »Sache Maos«, die

[60] Vgl. R. J. Lifton, Die Unsterblichkeit, 86–132 (»Die Unsterblichkeit der Worte«). Zu fragen ist, ob der Interpretations-Akzent mehr auf dem mechanischen Auswendiglernen und damit einem kollektivistischen Ritualismus liegt oder auf dem Sozialisieren des »Mao Tse-tung-Denkens«.

[61] Vgl. A. Hsia, Kulturrevolution, 256; R. J. Lifton, Die Unsterblichkeit, 73 f, 86 f (Kontrast zur Entsakralisierungstendenz in der übrigen Welt), 124 ff (»Auswüchse der Vergottung«); E. Topitsch, Gottwerdung und Revolution. Beiträge zur Weltanschauungsanalyse und Ideologiekritik, Pullach b. München 1973.

[62] Vgl. G. Bermann, Eine neue Medizin, 206.

[63] A. Schelochowzew, Chinesische Kulturrevolution, 250. Er antwortet: »Nein, hier gibt es keine Wunder. Das hier ist eine Tragödie, die Tragödie der jungen Generation, die Tragödie eines großen Volkes, des menschenreichsten der Erde«. Er ist typischer Interpret des offiziellen sowjetischen Standpunkts.

[64] R. Terrill, Im Reich, 20. Zur ambivalenten Haltung Maos gegenüber dem Mao-Kult vgl. E. Snow, Die lange Revolution, 81 ff, 194 ff.

im »Mao-Tse-tung-Denken« (als objektivem Bestand der Gedanken Maos wie als Methode, selbst zu denken) lebt, nicht oder nicht zuerst um die machtfestigende Selbstdarstellung eines Despoten.[65]

4. Eine Neue Kultur und ein Neuer Mensch?

Bei den gegenkulturellen Initiativen im Westen scheint es – zumindest anfänglich – ein gewisses Übergewicht der Vorstellung gegeben zu haben, daß das primäre Ziel der Revolution die radikale Änderung der Institutionen, der gesellschaftlichen und kulturellen Strukturen sei. Ein »neuer Mensch« wurde als Ergebnis der Enkulturation und Sozialisation in neue Verhältnisse erwartet. In der chinesischen Kulturrevolution ist – über Bewußtseinsreform und Umerziehung – das direkte Ziel der neue sozialistische Mensch, von dem man annimmt, daß er die adäquaten Formen des Miteinanderlebens finden wird: Das Subjektive erzeugt das Objektive.[66]

Das Dilemma kulturrevolutionärer Impulse scheint dieser circulus vitiosus: Das Heraufführen einer »neuen Kultur« würde alle Anstrengungen eines »neuen Menschen« verlangen – ein neuer Mensch aber scheint nur denkbar als ein in einer neuen Kultur enkulturierter und sozialisierter. Gegenüber der vor diesem Dilemma möglichen Resignation sagt man in China: Wenn eine Kulturrevolution nicht genügt, müssen andere folgen.[67] Angesichts der Mühen des »langen Marsches zum Menschen« [68] kann man

---

[65] Vgl. O. Lagercrantz, China-Report, 100, 103 ff. Diese These vertritt auch Schickel entschieden (z. B. in seinem Beitrag: Die Selbsterziehung der Massen oder Die Pädagogik revolutionieren, in: Kursbuch 24, Berlin 1971, 181–198): »... permanente Aufgabe, auch und sogar Maos Denken zu überdenken ... Maoisten qua Dogmatiker oder Doktrinäre sind nicht gefragt« (197, Anm. 7).

[66] Lifton (vgl. Die Unsterblichkeit, 96, 130, 140 f) hält für eine der psychologischen Grundvoraussetzungen des Mao-Denkens das Vertrauen in die grenzenlose Möglichkeit der Modellierbarkeit, Reformierbarkeit, Transformierbarkeit und Korrigierbarkeit des menschlichen Bewußseins.

[67] Wenn W. Schulz-Heidorf (in: China – ein armes Land ohne Reiche, Köln 1972) für das Deutsche Industrieinstitut formuliert: »Auch die angekündigten Errungenschaften der Kulturrevolution sind ausgeblieben: der ›neue Mensch‹, das kommunistische Pfingstwunder eines geistigen Aufbruchs zu neuen Kenntnissen und Erkenntnissen« (23), so beweist er eine kurzsichtige Perspektive. Im übrigen ist Maos Lehre von den Widersprüchen im Volk wirkungsvoller als einige Parolen der Kulturrevolution.

[68] Vgl. Han Su-Yin, Modell China, in: Neues Forum 15 (1968), 635–638, hier: 636.

auf die Diskussion solcher Entschiedenheit und der aus ihr folgenden Erfahrungen, die ein Fünftel der Menschheit betreffen, allein um den Preis einer begrenzenden kulturellen Reduktion verzichten. Zu einer wirklichen Mitteilung werden diese Erfahrungen jedoch nur, wenn man weder den Feind braucht, um seine Freunde definieren zu können, noch allein mit der Seele sucht, was in der Realität keinen Anhalt findet.

Peter Ehlen

DIE MATERIALISTISCHE GESCHICHTSAUFFASSUNG

In dem Versuch, die Geschichte in ihrem Ablauf zu verstehen und sie so begreifend beherrschen zu können, drückt sich das zentrale Anliegen des Werkes von K. Marx und F. Engels aus. »Die Geschichte ist unser Eins und Alles und wird von uns höher gehalten als von irgendeiner andern, früheren, philosophischen Richtung«, schrieb Engels schon 1844.[1]
Mit diesem auf die Geschichte konzentrierten Interesse stehen die Begründer des Marxismus innerhalb einer philosophischen Tradition, von der hier nur Hegel als ihr bedeutendster Vertreter erwähnt werden soll. Von ihm konnten Marx und Engels die Überzeugung übernehmen, daß die Geschichte nicht »als ein wüstes Gewirr sinnloser Gewalttätigkeiten« zu verstehen sei, »sondern als der Entwicklungsprozeß der Menschheit«, in dem eine »innere Gesetzmäßigkeit durch alle scheinbaren Zufälligkeiten hindurch« walte.[2]
Die Überzeugung Hegels, daß die Welt und insbesondere die Welt-Geschichte Ausdruck eines – mit dem Denken und Wollen der Menschen nicht schlechthin identischen – sich entfaltenden großen Gedankens sei und gerade darin der Grund ihrer Ordnung, Gesetzmäßigkeit und Vernünftigkeit liege, konnten die Junghegelianer und L. Feuerbach und mit ihnen Marx und Engels allerdings nicht mehr teilen. Ihnen schien, daß in der Hegelschen Geschichtsphilosophie die wirklichen Triebkräfte der Geschichte zu Scheinkräften degradiert würden.
Doch während die Junghegelianer die entscheidende Kraft der Geschichte im kritischen menschlichen Selbstbewußtsein sahen, Feuerbach die Rolle einzelner menschlicher Triebe untersuchte, erblickten Marx und Engels die Grundlage aller geschichtlichen Erscheinungen in der von einer Gesellschaft zur Befriedigung ihrer Bedürfnisse durchgeführten Produktion. »Diese Geschichtsauffassung beruht also darauf, den wirklichen Produk-

---

[1] F. Engels, Die Lage Englands, in: MEW I, 545.
[2] F. Engels, Die Entwicklung des Sozialismus von der Utopie zur Wissenschaft, in: MEW XIX, 206.

tionsprozeß, und zwar von der materiellen Produktion des unmittelbaren Lebens ausgehend, zu entwickeln und die mit dieser Produktionsweise zusammenhängende und von ihr erzeugte Verkehrsform ... als Grundlage der ganzen Geschichte aufzufassen ... wie die sämtlichen verschiedenen theoretischen Erzeugnisse und Formen des Bewußtseins, Religion, Philosophie, Moral etc. etc., aus ihr zu erklären ...«[3] Diese Konzeption hat Engels später als »materialistische Geschichtsauffassung« oder »historischen Materialismus« bezeichnet.[4] Ihren ersten Niederschlag fand sie bereits in den Arbeiten und Briefen von Marx zu den »Deutsch-Französischen Jahrbüchern« (1843/44); philosophisch entfaltet wurde sie vor allem in Marx' »Ökonomisch-philosophischen Manuskripten« (1844), in den »Feuerbach-Thesen« und der »Deutschen Ideologie« (1845/46); eine Zusammenfassung fand sie in Marx' Vorwort zu seiner »Kritik der politischen Ökonomie« (1859); mittelbar vorausgesetzt ist sie in fast allen Schriften von Marx und Engels. Letzterer hat sie nach Marx' Tod in mehreren Briefen erläutert und teilweise ergänzt.[5]

Als ihre frühen Verteidiger und Interpreten im deutschen Sprachraum sind F. Mehring, M. Adler, G. Lukács, K. Kautsky und K. Korsch zu nennen, als ihre ersten bedeutenden Kritiker M. Weber, W. Sombart, R. Stammler; in Rußland fand die Marxsche Geschichtsauffassung außer durch V. I. Lenin vor allem durch G. V. Plechanov und N. J. Bucharin Anerkennung und Verbreitung. Heute bildet sie mit dem dialektischen Materialismus in einer den Erfordernissen des politischen Machtkampfes angepaßten Akzentuierung den philosophischen Kern der »marxistisch-leninistischen Weltanschauung«.[6]

---

[3] K. Marx/F. Engels, Die deutsche Ideologie, in: MEW III, 37.

[4] F. Engels 1859 in einer Rezension der im gleichen Jahr von Marx veröffentlichten Arbeit »Zur Kritik der politischen Ökonomie«, in: MEW XIII, 469; F. Engels an J. Bloch, 1890, in: MEW XXXVII, 464.

[5] Brief an P. Ernst vom 5. 6. 1890, an C. Schmidt vom 5. 8. 1890, an J. Bloch vom 21./22. 9. 1890, an C. Schmidt vom 27. 10. 1890, an F. Mehring vom 14. 7. 1893, an H. Starkenburg vom 25. 1. 1894.

[6] Vgl. Einführung in den dialektischen und historischen Materialismus, Berlin 1972, 24.

1. Die Geschichtsauffassung bei Marx und Engels

1.1. Von der »Utopie« zur »Wissenschaft«

In bewußter Abgrenzung gegenüber den Frühsozialisten wollten Marx und mit ihm Engels ihr Ziel, »alle Verhältnisse umzuwerfen, in denen der Mensch ein erniedrigtes ... Wesen ist«[7], nicht mittels eines Appells an die kritische Vernunft und den guten Willen der Beteiligten verwirklichen – hier bliebe der Erfolg von ungewissen subjektiven Faktoren abhängig. Sie glaubten vielmehr, daß die Geschichte selbst infolge in ihr wirksamer *objektiver* Kräfte eine auf die endgültige Emanzipation hinführende Entwicklung durchlaufe, daß man also in der Geschichte eine Bewegungsrichtung erkennen und sie, weil objektiv begründet, »wissenschaftlich« analysieren könne. Mit der Anwendung des Begriffs der *Wissenschaft* und des ihm zugeordneten Begriffs der *Gesetzmäßigkeit* auf die Geschichte erwiesen sich die Begründer des Marxismus sowohl von der Geschichtsphilosophie Hegels (für den Wissenschaft sich in der Erkenntnis der Logik der Geschichte erfüllte) als auch vom objektivierenden naturwissenschaftlichen Denken ihrer Zeit beeinflußt. Gerade die letzte Komponente – hier ist vor allem Ch. Darwin zu erwähnen[8] – sollte in der Entwicklung des Marxismus immer stärker an Gewicht gewinnen.

1.2. Die anthropologische Grundlegung

Die unterscheidende Eigenart der materialistischen Geschichtsauffassung und dabei gerade das Prinzip, aus dem ihre einzelnen Thesen hervorgehen, wird nur verständlich, wenn man ihre anthropologischen Voraussetzungen untersucht.

Die Prämisse, die es Marx erlaubt, die Geschichte als einen objektiven Prozeß aufzufassen, liegt in der These, daß der Mensch gerade in der schöpferischen Arbeit sich in seinem Menschsein entfalte.[9] Arbeit aber ist Gestaltung von Naturstoff zum Gegenstand des Menschen. Dieses Werden der Natur zum menschlichen Gegenstand geschieht, indem die Kräfte des Menschen sich ihrerseits zu bestimmten Produkten *vergegenständlichen.* Marx sagt deshalb: »Die Geschichte selbst ist ein wirklicher Teil ... des

---

[7] K. Marx, Zur Kritik der Hegelschen Rechtsphilosophie, Einleitung (1843/44), in: MEW I, 385.

[8] Die Analogie der Marxschen Geschichtsauffassung zur Darwinschen Entwicklungslehre ist von Engels mehrfach betont worden, so in seiner Rede am Grabe von Marx, in: MEW XIX, 335.

Werdens der Natur zum Menschen«, und vom Menschen heißt es: »Gegenstand wird er selbst.«[10] Der Mensch wird also wesentlich durch seine Beziehung auf den *Gegenstand* konstituiert; nur durch diese Vermittlung findet er zu sich selbst, wird er der wahre Gegenstand seiner selbst. Gleiches gilt für die Beziehung zum Mitmenschen, denn in der Arbeit am gemeinsamen Produkt und dessen Genuß realisiert sich auch die Beziehung zu ihm, die Gesellschaft.

Mit der Voraussetzung, daß die aus dem Bedürfnis nach Existenzsicherung hervorgehende Gegenstandsproduktion, in die Erkennen und Wollen eingeschlossen sind, der Wesensausdruck des Menschen sei, hat Marx zugleich auch die Voraussetzung geschaffen, menschlich-gesellschaftliches Verhalten, Geschichte, von einem wissenschaftlicher Analyse zugänglichen *objektiv Gegebenen* her zu bestimmen. Schon früh hat Marx die dieses Beziehungsverhältnis erfassende Wissenschaft als »Naturwissenschaft« charakterisiert, wobei deren Unterschied zur sog. exakten Naturwissenschaft noch deutlich ist.[11]

Eine zur harmonischen Einheit von Natur und Mensch führende schöpferische Produktion und darin die Vergegenständlichung des Menschen und die gleichzeitige Vermenschlichung der Natur ist jedoch, wo das Produkt zum *Privateigentum* geworden ist, unmöglich gemacht. Das Produkt beherrscht hier seinen Schöpfer, dieser wird zum Objekt seines Geschöpfes, er wird in pervertierter Weise zum Gegenstand, er wird selbst zum Privateigentum. Die Geschichte ist hier zur »Bewegung des Privateigentums« geworden.[12] Dessen Bewegung lenkt die Aktivität des Subjekts, führt aber kraft ihrer eigenen Widersprüche schließlich auch wieder zur Aufhebung des Privateigentums.

1.3. Die Gesetzmäßigkeit in der Geschichte

Zwar wird die Geschichte auch in der Privateigentümergesellschaft von den Menschen gemacht, bleibt aber hier ihrer planenden Verfügung weitgehend entzogen und stellt sich im wesentlichen als »naturwüchsige« Entwicklung von Produktion und Industrie dar[13]; sie wird deshalb von Marx und Engels immer wieder als eine Art »Naturprozeß« und die in

---

[9] Vgl. K. Marx, Philosophisch-ökonomische Manuskripte, in: MEW I (Erg.Bd.), 516; K. Marx/F. Engels, Deutsche Ideologie, 21.

[10] K. Marx, Philosophisch-ökonomische Manuskripte, 544, 541.

[11] AaO. 543 f.

[12] Vgl. aaO. 536.

[13] Z. B. aaO. 542, 543; K. Marx/F. Engels, Deutsche Ideologie, 37.

ihr waltende Ordnung als »Naturnotwendigkeit« oder »Naturgesetz« charakterisiert [14]. Im Vorwort zur ersten Auflage des »Kapitals« (1867) zögert Marx nicht, seine Forschungsweise mit der Beobachtung des Naturprozesses durch den Physiker zu vergleichen und von einer »ehernen Notwendigkeit« zu sprechen, mit der die »Naturgesetze der kapitalistischen Produktion« sich durchsetzen.[15]

1.4. Notwendigkeit und Dialektik

Begründet ist diese Notwendigkeit in der *Dialektik* des Geschichts- bzw. Produktionsprozesses. Ihrzufolge geht Bewegung aus der Sprengkraft eines Widerspruchs hervor, dessen Pole zugleich von einer Einheit umfangen sind.

Der Ursprung und die Grundform dialektischer Bewegung (im Sinne Hegels) liegt in der Dynamik des Geistes, der sich selbst erkennt, sich selbst so gegenüberstellt und doch nicht die Einheit mit sich selbst verliert. Dieses Bewegungsgesetz des Geistes war für Hegel auch das der Geschichte, weil die Welt in ihrer Bewegung letztlich eine Weise der Selbsterkenntnis eben des Geistes ist. Die Notwendigkeit der Geschichte ist hier also die Notwendigkeit des Geistes, in der Selbsterkenntnis sich selbst gegenüberzustellen und so in dialektischen Widerspruch zu sich selbst zu treten.

Marx glaubte, ohne die Voraussetzung der dialektischen Identität von Idee und Geschichte dennoch die der Dialektik eigene Notwendigkeit in der Bewegung der Gesellschaft erkennen zu können, und meinte, er habe die Dialektik erst eigentlich vom Kopf, auf dem sie in Hegels Denken gestanden habe, auf die Füße gestellt. (Auf die Problematik dieser »Umkehrung« kann hier nicht eingegangen werden.)

1.5. Das Gesetz des Klassenkampfes

Nach Marx geht die Notwendigkeit gesellschaftlicher Veränderung aus dem Widerspruch zwischen den entwickelteren materiellen Produktivkräften und den ihnen nicht mehr entsprechenden Produktionsverhältnissen hervor. Dieser Widerspruch entsteht, weil die in den Besitz der Produktionsmittel gelangte Klasse an einem bestimmten Entwicklungs-

[14] Z. B. F. Engels an J. Bloch, 21./22. 9. 1890, 464; K. Marx, Das Elend der Philosophie, in: MEW IV, 97; ders., Das Kapital I, in: MEW XXIII, 360, ferner die zustimmende Wiedergabe der russischen Rezension durch Marx, aaO. 26.

[15] K. Marx, Das Kapital, in: MEW XXIII, 12.

punkt kein Interesse mehr an einer Angleichung der Produktionsverhältnisse bzw. der in ihnen sich ausdrückenden Eigentumsverhältnisse an die Produktivkräfte hat. Wird der Widerspruch unerträglich, so werden die zur Fessel gewordenen Produktionsverhältnisse von der an der Veränderung interessierten ausgebeuteten Klasse in einer sozialen Revolution gesprengt.

Grundgesetz der Geschichte – solange es Privateigentum an Produktionsmitteln gibt – ist daher der Klassenkampf zwischen den sich gegenseitig bedingenden und zugleich negierenden antagonistischen Klassen, in der bürgerlichen Gesellschaft, der Kapitalisten und Proletarier. Hier, wo das Proletariat die vollendete Negation aller historischen Rechte und Besitztitel ist, führt dieser Widerspruch, da bis zum Letztmöglichen gesteigert, »notwendig zur Diktatur« eben dieses Proletariats und weiter »zur Aufhebung aller Klassen und zu einer klassenlosen Gesellschaft«.[16]

1.6. Das Verhältnis von Basis und Überbau

Für den historischen Materialismus in besonderem Maße charakteristisch ist das Gesetz von der Priorität des »gesellschaftlichen Seins« gegenüber den gesellschaftlichen Bewußtseinsformen. Es besagt, daß die sog. ideologischen Formen«, d. h. die Politik und die ihr dienenden Einrichtungen, die Rechtsvorstellungen, die sittlichen Normen, die Kunst, bis hin zur Philosophie und Religion aus dem »vorhandenen Konflikt zwischen gesellschaftlichen Produktivkräften und Produktionsverhältnissen« hervorgehen und aus ihm allein zu erklären sind.[17] Den geistigen Kräften des Menschen ist damit die Unabhängigkeit von der jeweiligen ökonomischen Struktur der Gesellschaft abgesprochen, obgleich eine Rückwirkung und so eine Wechselbeziehung zwischen gesellschaftlichem Sein und Bewußtsein nicht ausgeschlossen wird. Von bestimmendem Einfluß auf die Gestaltung der Geschichte ist jedoch letztlich allein die »Produktion des materiellen Lebens«.

Gerade diese für das Verständnis des geschichtlichen Geschehens einschneidende These ist unmittelbar mit der anthropologischen Prämisse des Marxschen Denkens verbunden: »Religion, Familie, Staat, Recht, Moral, Wissenschaft, Kunst etc. sind nur besondere Weisen der Produk-

---

[16] K. Marx, Brief an Weydemeyer, 5. 3. 1852, in: MEW XXVIII, 508.

[17] Vgl. K. Marx, Kritik der politischen Ökonomie, 8 f (Vorwort); F. Engels, Vorrede zur englischen Ausgabe des Manifests der kommunistischen Partei, 1888, in: MEW XXI, 357.

tion und fallen unter ihr allgemeines Gesetz«, weil alle Lebensäußerungen aus dem Grundakt der gegenstandsbezogenen Arbeit hervorgehen und dessen Ausprägungen sind.[18]
In Gesellschaften, die in antagonistische Klassen gespalten sind, gibt es infolgedessen auch gegensätzliche Vorstellungen von Moral, Kunst, Wissenschaft usw. Sowenig die antagonistischen Klassen jedoch gleichberechtigt nebeneinanderstehen, die eine vielmehr den Fortschritt und die Zukunft repräsentiert, während die andere an geschichtlich bereits überholten Interessen festhält, so auch die ihnen entsprechenden »ideologischen Formen«. Ein Relativismus der Meinungen und Interessen ergibt sich also aus dem historischen Materialismus, gerade weil er eine dialektische Bewegung der Geschichte voraussetzt, nicht.

Die weitere Entfaltung und die beginnende Kontroverse um die materialistische Geschichtsauffassung hier im einzelnen zu schildern, ist nicht möglich. Lediglich auf den Anfang des Jahrhunderts von E. Bernstein, H. Cohen, K. Vorländer u. a. vertretenen »Ethischen Sozialismus« sei hingewiesen, weil er ein erster reflektierter Versuch innerhalb der sozialistischen Bewegung selbst war, der Entscheidungsfreiheit, die durch die Betonung von Notwendigkeit und Gesetzmäßigkeit zumindest eingeschränkt erschien, wieder den Vorrang einzuräumen. Die Gesetzmäßigkeit der Geschichte sei ein mit der dialektischen Methode verknüpftes bloßes Postulat, das in einer nicht-hegelschen Weltanschauung keinen Grund habe. Die ausschlaggebende Rolle gerade in der Gestaltung einer Gesellschaft, die selbst von sittlichen Mängeln, wie Unterdrückung und Ausbeutung, frei sein sollte, komme der sittlichen Entscheidungskraft zu.

2. *Die materialistische Geschichtsauffassung im Marxismus-Leninismus*

In der Sowjetunion und der DDR, die sich als durch den historischen Materialismus begründete sozialistische Gesellschaftsformationen ausgeben, dienen dessen Thesen nicht nur als Werkzeug zur Analyse der bürgerlichen Gesellschaft, sondern zugleich zur Rechtfertigung der eigenen und deren politischer Strategie.
Mit besonderem Nachdruck wird hier darauf verwiesen, daß der historische Materialismus nicht nur eine Methode oder bestimmte heuristische

---

[18] K. Marx, Philosophisch-ökonomische Manuskripte, 537; vgl. hierzu auch die Kritik J. Habermas' an Marx: Erkenntnis und Interesse, Frankfurt 1969, 58 ff.

Prinzipien zur Erforschung geschichtlicher Zusammenhänge beinhalte, sondern unablösbarer Teil der »materialistisch-monistischen« Weltanschauung des Marxismus-Leninismus sei. Man könne deshalb auf keines seiner Bestandteile, am allerwenigsten auf die Voraussetzung einer universal gültigen materialistischen Dialektik verzichten und seine Kriterien einer anderen Weltanschauung einfügen.[19] Die Unabweisbarkeit einer kommunistischen Gesellschaftsordnung könne sonst nicht mehr begründet werden.

Die Betonung des materialistischen Monismus schließt eine Sicht der Gesellschaft und der Geschichte ein, die bei Marx noch nicht ausgeprägt ist: die Gesellschaft wird verstanden als ein nach spezifischen Gesetzen sich bewegendes materielles System, wobei der Begriff der »Spezifik« auf die menschliche Eigenart dieser »Bewegungsform« verweist.[20]

2.1. Determination und Gesetzmäßigkeit

Schon R. Stammler hatte angesichts der von Marx im »Kapital« betonten »Naturgesetzlichkeit« des Untergangs des Kapitalismus (deren Vermittlung mit menschlicher Freiheit kaum noch sichtbar ist) ironisch bemerkt, an einer historischen Notwendigkeit festzuhalten und zugleich revolutionäre Aktivität zu fordern, sei genauso sinnlos, wie eine Partei zur Herbeiführung einer Mondfinsternis zu gründen. Wenn heutige marxistische Autoren Geschichte als eine spezifische Form der gesetzmäßigen Entwicklung von Materie auffassen, stellt sich mit besonderer Dringlichkeit die Frage, wie mit der hier behaupteten Gesetzmäßigkeit und Determination Entscheidungsfreiheit vereinbar sei.

»Es ist eine der wichtigsten Aufgaben der marxistisch-leninistischen Philosophie innerhalb der einheitlichen und geschlossenen Weltanschauung des Marxismus-Leninismus, das deterministische Herangehen an alle Probleme philosophisch zu sichern und keine Unterschätzung oder kein leichtfertiges Verhalten zur Frage der Gesetzmäßigkeiten zuzulassen« [21], schreibt ein Autor der DDR. Welcher Art ist also die Determination der Geschichte?

Das offizielle Lehrbuch »Grundlagen der marxistisch-leninistischen Philosophie« erklärt, daß es sich bei der Geschichte »um einen ebenso gesetz-

---

[19] Vgl. Einführung, 267 f.

[20] Vgl. aaO. 122 f.

[21] W. Eichhorn, Zur Bestimmung des Gegenstandes der Philosophie, in: Deutsche Zeitschrift für Philosophie 21 (1973), 18.

mäßigen, notwendigen und objektiven Prozeß handelt, wie es die Naturprozesse sind, daß dieser Prozeß nicht vom Willen und Bewußtsein der Menschen abhängt, vielmehr ihren Willen und ihr Bewußtsein bestimmt«. Würde die Auskunft, die Geschichte werde von objektiven Gesetzen »bestimmt«, »beherrscht« und »geleitet« [22], allein stehen, könnte von Freiheit tatsächlich keine Rede sein. Auch die gleichzeitige Versicherung, daß die Geschichte Ergebnis menschlichen Tuns sei, würde daran nichts ändern.

Das Bild verändert sich jedoch etwas, wenn man beachtet, was unter »Gesetz« verstanden wird. Hier zeigt sich, daß gleichwertig mit diesem Begriff auch von »objektiv vorgefundenen Bedingungen« gesprochen wird, unter denen die Menschen »leben und arbeiten müssen, ... in die sie hineingeboren werden, die vom Wollen dieser Menschen unabhängig sind und die ... auch ihre Ideen und Bestrebungen bestimmen« [23]. In einer Monographie zu diesem Thema erläutert H. Hörz: »Die objektiven Gesetze geben einen Rahmen für das menschliche Verhalten, aber determinieren es nicht eindeutig.« Innerhalb dieses Rahmens gebe es einen »Entscheidungsspielraum«, d. h. die Möglichkeit der »Variantenwahl«; die Gesetze hätten den Charakter von »Systemgesetzen«. »Determiniertheit« bedeute also, daß die »Handlungen durch die Gesamtheit der Beziehungen usw., in denen sich der Mensch befindet, bedingt und bestimmt sind«. Soweit es sich »um den menschlichen Organismus und den einzelnen Menschen handelt«, sind die Gesetze, die das Verhalten determinieren, die »der Biologie, Medizin, Psychologie. Soweit es aber um den Menschen als gesellschaftliches Wesen geht, sind das gesellschaftliche Gesetze«.[24]

Determination bedeutet hier gegen alle philosophische Exaktheit des Ausdrucks soviel wie *Abhängigkeit* von Bedingungen, *Begrenzung* der Verhaltensmöglichkeiten durch den Rahmen einer vorgegebenen Situation.[25]

Mit dieser Begriffsklärung ist aber noch nicht erklärt, weshalb die Autoren an dem Begriff der *Determination* festhalten. Zwei Gründe dürften hier zu nennen sein. Einmal besagt die von Marx im »Kapital« betonte Naturgesetzlichkeit durchaus mehr als nur Begrenzung oder Ab-

---

[22] Grundlagen der marxistisch-leninistischen Philosophie, Berlin 1972, 260 (Übersetzung aus dem Russischen); vgl. Einführung, 285.

[23] Z. B. Einführung, 287.

[24] H. Hörz, Der dialektische Determinismus in Natur und Gesellschaft, Berlin 1971, 222, 228 f, 233, 258.

[25] Vgl. P. Ehlen, Die philosophische Ethik in der Sowjetunion, Analyse und Diskussion, München 1972, 297–323.

hängigkeit des Handelns der Proletarier von den gegebenen Umständen. Dieser Begriff ist Ausdruck einer auf dem dialektischen Charakter der Geschichte beruhenden Gewißheit, daß die Aufhebung des Widerspruchs zwischen Proletariat und Bourgeoisie und damit die klassenlose Gesellschaft schlechthin unabweisbar und unausbleiblich ist. Die Entscheidungen hierzu folgen – als dem gesellschaftlichen Bewußtsein zugehörig – mit innerer Notwendigkeit den sich verändernden Produktionsverhältnissen. Eine die Möglichkeit des *Nein* einschließende Entscheidungsfreiheit des Proletariats in Hinblick auf die kommunistische Gesellschaftsform kann Marx – infolge der dem Proletariat zugewiesenen Stelle als vollendeter Negation innerhalb des dialektischen Widerspruchs – nicht zugestehen. (Hier wird deutlich, daß die von H. Marcuse aufgrund der gegenüber Marx' Zeit veränderten Situation angenommene nur »relative« Verelendung keine Notwendigkeit der Veränderung begründen kann.)

Daher wird verständlich, daß die sozialistischen Staaten, die sich selbst als Vorstufe zur kommunistischen Gesellschaft definieren, für sich beanspruchen, nicht nur das Resultat einer »Variantenwahl« zu sein, die auch anders hätte ausfallen können, sondern unabdingbarer geschichtlicher Notwendigkeit [26] – und so am Begriff Determination festhalten.

Etwas Weiteres kommt hinzu. Das System des Sozialismus wird von seinen Führern eben nicht als bloßer Rahmen, sondern als Lebensgemeinschaft verstanden, die in einem weit stärkeren Maß Verhaltensregeln für ihre Mitglieder aufstellt als eine bürgerliche Gesellschaft. Der historische Status des Sozialismus und damit die Richtung der weiteren Entwicklung ist in einem besonderen Maße der Avantgarde der Arbeiterklasse, der Partei, bewußt. Sie determiniert deshalb in *normativem* Sinne das Verhalten.[27]

Die Begriffe der Gesetzmäßigkeit und Notwendigkeit in der marxistischen Literatur sind also vieldeutig. Zumindest folgende Bedeutungsaspekte lassen sich herausheben: 1. eine Notwendigkeit, die aus der Priorität des materiellen Produktionsprozesses gegenüber jedem geistigen Tun hervorgeht. Sobald der dialektische Widerspruch seine höchstmögliche Zuspitzung erreicht hat, ist der Umschlag in die neue Qualität un-

---

[26] Hörz und andere Autoren kennen deshalb neben den »Systemgesetzen« auch noch »allgemeinste gesellschaftliche Gesetze, die für die Entwicklung als Ganzes gelten«.

[27] »Die Partei- und Staatsführung entscheidet über das Verhalten aller Parteimitglieder und Staatsbürger. An den von ihnen eingeführten Normen wird das Verhalten aller gemessen«. H. Hörz, Der dialektische Determinismus, 234.

ausweichlich, die Freiheit des Nein ist ausgeschlossen; 2. eine mit der Begrenztheit jeder Situation verknüpfte »Notwendigkeit«, sich innerhalb ihres Rahmens zu entscheiden; 3. eine axiologische Notwendigkeit des Seinsollens, die selbst wieder zur Normativität der Staatsräson verengt sein kann.[28]

2.2. Freiheit

Freiheit ist in diesem Verständnis völlig auf die Anerkennung von Notwendigkeiten bezogen und, wie H. Fleischer treffend formuliert, zu einem »Modus des Gehorsams« geworden.[29] Sie wird bestimmt »als Erkenntnis der objektiven Notwendigkeit und als Anwendung und Ausnutzung der erkannten Notwendigkeit in der gesellschaftlichen Praxis. In der dialektischen Relation zwischen Notwendigkeit und Freiheit ist die Notwendigkeit die Voraussetzung der Freiheit, da sie absolut wirkt... Indem wir das objektiv Notwendige wollen und entsprechend handeln, hört die Notwendigkeit auf, spontan zu wirken, ist sie in der Freiheit aufgehoben und verwandelt sich in diesem Sinne in Freiheit, ohne indessen aufzuhören Notwendigkeit zu bleiben«.[30] Da die Notwendigkeit immer als subjektunabhängig gedacht wird, fehlt ein Verständnis von Freiheit als Selbstbestimmung des Subjekts oder als Übereinstimmung mit dem eigenen Wesensgesetz. Ansätze, die hierfür beim frühen Marx zu finden sind, werden kaum beachtet.[31]

3. Konsequenzen, Probleme

Die Konzeption bei Marx (Engels, Kautsky, Lukács u. a.) und im Marxismus-Leninismus weist unübersehbare Differenzen auf. Gemeinsam ist der »materialistische« Grundzug; er besteht nicht darin, daß die Menschen zu Schöpfern ihrer eigenen Geschichte erklärt werden, sondern in der

---

[28] Vgl. H. Fleischer, Die Idee der historischen Notwendigkeit im historischen Materialismus, in: Studies in Soviet Thought 2 (1962), 181–202; P. Ehlen, Die philosophische Ethik, 317 ff.

[29] H. Fleischer, Das handelnde Subjekt im historischen Materialismus, in: Studies in Soviet Thought 6 (1966), 83.

[30] Art. »Freiheit«, in: Kleines politisches Wörterbuch, Berlin 1973, 235; gleichbedeutend mit dem Art. »Freiheit«, in: Philosophisches Wörterbuch, Leipzig 1971.

[31] Das gilt vor allem für die DDR; in der UdSSR hingegen hat sich in jüngster Zeit ein Wandel angebahnt, vgl. P. Ehlen, Die philosophische Ethik; ders., Emanzipation durch Sittlichkeit, in: Stimmen der Zeit 98 (1973), 249–263.

Behauptung, der Mensch erweise sich primär in seiner *Arbeit* als Mensch; die den Lauf der Geschichte »in letzter Instanz« entscheidende Kraft sei die Entwicklung der Produktivkräfte in ihrer widersprüchlichen Einheit mit den Produktionsverhältnissen; die *Produktionsweise* bestimme folglich das menschlich-gesellschaftliche Leben in allen seinen Formen.

Damit ist nicht nur gesagt, daß die Produktion materieller Güter *Voraussetzung* auch des geistigen Lebens sei (primum vivere, deinde philosophare), sondern, daß dieses auch aus der jeweiligen Produktionsweise hervorgehe und aus ihr zu erklären sei.

Hierzu ist zu bemerken: Beim Begriff des geistigen Seins sind nicht nur einzelne Bewußtseinsinhalte (Normenbewußtsein, künstlerische, wissenschaftliche Theorien usw.), die (etwa über die Sprache) durch die gesellschaftliche Situation *mit*bestimmt sind, zu berücksichtigen, sondern vor allem auch die Denk*fähigkeit* wie die stets gegebene Möglichkeit sittlicher Werterfahrung und Entscheidung selbst unter widrigsten materiellen Umständen und *gegen* die gesellschaftliche Ordnung, ferner das sittliche Gutsein als ideale Qualität eines Menschen.[32]

Diese Potenzen sind nicht aus der Fähigkeit zur Produktion (will man diesen Begriff seines spezifischen Inhalts nicht völlig entkleiden) ableitbar. So vermag sich das künstlerische oder philosophische Können über die Beschränktheit der Produktionsweise und anderer gesellschaftlicher Lebensformen zu erheben und zu *allgemeingültigen* Ergebnissen zu gelangen, ohne deshalb die Bindung an die Bedingungen der Zeit völlig zu verlieren.[33]

Das hier angeschnittene Problem von »Basis« und »Überbau« liegt auch der Kontroverse um den Begriff »gesellschaftliches Sein« zugrunde. Schon A. Bogdanov (1873–1928) hatte zu bedenken gegeben, ob dieses Sein als die aktuelle Lebenswirklichkeit nicht erst durch *bewußtes Wollen* zu-

---

[32] Vgl. P. Ehlen, Die philosophische Ethik, 259 ff.

[33] Man denke etwa an die Schönheit einer altägyptischen Goldplastik oder an die Erkenntnisse eines Sokrates über den Sinn des Lebens und Sterbens; vgl. Marx' eigene verwunderte Betrachtung darüber, daß die griechische Kunst auch heute trotz völlig veränderter Produktionsverhältnisse noch als Muster künstlerischer Vollkommenheit gilt, in: MEW XIII, 642. – Es soll hier nicht eine völlige Unabhängigkeit der geistigen Potenzen vom Stofflichen behauptet werden! Die reale Einheit beider im Menschen schließt die Unzurückführbarkeit des menschlichen Geistes auf die stofflichen Voraussetzungen nicht aus. Diese Beziehung der Einheit und der wesentlichen Differenz läßt sich in einem materialistischen Monismus nicht adäquat aussagen.

stande komme. Marx hatte ja selbst einmal erklärt, daß »die größte Produktivkraft die revolutionäre Klasse selbst« sei.[34] Bedenkt man weiter, daß die materiellen Produktivkräfte sich mit dem technischen Fortschritt, d. h. infolge des Erkenntnisstrebens des menschlichen Geistes verändern, wird immer undurchsichtiger, wie »gesellschaftliches Sein« *unabhängig* vom gesellschaftlichen Bewußtsein existieren und dessen materielle Basis bilden soll. Wird auch noch die Wissenschaft als »Produktivkraft« gewertet, wie heute in der DDR (so auch schon bei M. Adler), verschärft sich diese Schwierigkeit weiter.

Ferner wäre zu fragen, ob die These, Geschichte lasse sich als gesetzmäßiger Vorgang deuten, der Unberechenbarkeit menschlicher Spontaneität genügend Rechnung trägt. Ist es nicht ein rationalistisches Vorurteil, zu meinen, die Vielfalt des Lebens lasse sich von *einem* Prinzip her durchschaubar machen, solche »irrationale« Motivationen, wie der Wille zu herrschen, die Lust am Bösen, aber auch die alle Kalkulierbarkeit durchbrechende Opferbereitschaft und Liebe ließen sich als geschichtliche Wirkkräfte aus der Privateigentumsordnung bzw. dem Trieb zur Produktion erklären?

Werden diese Kräfte nicht in ihrer eigenen Ursprünglichkeit anerkannt, rückt die Geschichtsbetrachtung unter den Aspekt des Machtdenkens. Geschichtliche Veränderung zu einer menschlicheren Gesellschaft wird im wesentlichen nur durch revolutionären Kampf für möglich gehalten.

Der Optimismus dieser Geschichtsauffassung, beruhend auf der Zuversicht, daß die Höherentwicklung aufgrund »objektiver« Gesetze unausbleiblich sei, ist begleitet von einem tiefen Mißtrauen gegenüber den Möglichkeiten und Auswirkungen freier menschlicher Selbstbestimmung. Es bleibt deshalb die Frage, ob Emanzipation, Vermenschlichung in einem Geschichtsverständnis gefördert werden können, in dem die sittliche Tat von der Entwicklung materieller Produktivkräfte und damit von einem dem Menschen gegenüberstehenden Faktor abhängig gemacht wird.

---

[34] K. Marx, Elend der Philosophie, 181.

Ursula Pasterk

DIE UTOPIE VOM REICH DER FREIHEIT

Hoffnung als geschichtsphilosophisches Prinzip

Das Thema legt nahe, von der Philosophie Ernst Blochs zu sprechen, nicht bloß von ihrem philosophischen Gehalt, sondern ebenso von ihrer politischen, d. h. gesellschafts- und wissenschaftskritischen Absicht. Beide sind nicht voneinander zu trennen, denn sie bilden den Kern einer Geschichtstheorie, die auch im scheinbar abstrakt philosophischen Diskurs noch gegen die in allen Weltanschauungslagern bemerkliche Eindimensionalität der politischen Vorstellungskraft Stellung bezieht, gegen das Eingeschworen-Sein auf das, was ist:

> »Am fehlenden Brot fehlt am wenigsten das Fehlen, sondern das Brot selber. Aber das Wozu, um dessetwillen man überhaupt ißt, das Wozu der Lebensmühe insgesamt und schließlich des Lebensmutes, kann an sich selbst fragwürdig werden, wenn das andere Brot des Lebens, das weitere Was im Wohin und Wozu auch trotz des täglichen Brotes nachläßt.« [1]

In diesem Sinne hat denn auch Blochs Philosophie der Hoffnung vor allem im theologischen Bereich viel Zustimmung gefunden. Freilich auch immer mit dem gewichtigen Vorbehalt, daß eine materialistische Geschichtsphilosophie, die keinen Gott mehr kennt, weder »der futurischen Offenheit alles Wirklichen« gerecht werden kann, noch erst recht dem, was als Würde und Freiheit der menschlichen Person zum Leitmotiv der modernen Theologie gehört.[2]

Wenn in diesem Zusammenhang immer wieder vom Tod und vom Sterben die Rede ist, dem »natürlichen« wie dem »gewaltsam herbeigeführten«, so darf gerade die Koppelung der beiden Fragestellungen als symptomatisch betrachtet werden für eine Auseinandersetzung, die – ob sie sich dessen bewußt ist oder nicht – immer auch schon politisch argumentiert

---

[1] E. Bloch, Atheismus im Christentum, Frankfurt 1968, 344 f.

[2] J. Moltmann, Messianismus und Marxismus, in: Über Ernst Bloch, Frankfurt 1968, 56.

hat und argumentiert, vor den Zeiten des »Dialogs mit dem Marxismus« genauso wie heute. Sehr deutlich zeigt sich dieser gesellschaftlich politische Aspekt in der evangelischen Theologie, die an Blochs materialistischer Utopie-Konzeption besonders die »Herausforderung und Korrektur eines bloß jenseitig mißdeuteten christlichen Hoffens« (Iring Fetscher) positiv hervorhebt.

Verstellter, aber um nichts weniger offenkundig präsentiert sich diese Dimension in der katholischen Theologie und bei jenen Vertretern der philosophia perennis, die beständig mit der Frage beschäftigt zu sein scheinen, »ob die Menschheit, was immer sie auch erreichen möge, ihrer Geschichte aus eigenem Machtanspruch werde entrinnen können?« Eine Frage, die einigermaßen überflüssig ist, weil vorweg, fast statistisch ausgezeichnet, immer schon die Antwort kommt, nämlich der Hinweis auf »jenen anthropologischen Irrtum, als wäre der Mensch von sich aus gut und einer absoluten Vervollkommnung fähig« (Ivo Frenzel).

1. Die Wahrheit des Gottesideals: Utopie vom Reich der Freiheit

Zweifellos gehört die Philosophie Ernst Blochs in die große Tradition der materialistischen Aufklärung. Auch Bloch will Atheist und Materialist sein, denn »der Mensch ist nicht anders in die Welt gelangt als die Dinge um ihn herum«, und nur der Materialismus ist es, der die Welt »entzaubert«. Verbindlich bleibt daher das – schon lange vor Marx übrigens gefüllte – Arsenal neuzeitlicher Religionskritik. Die Vorstellung von einem im Jenseits waltenden und von dort aus die Geschicke der Menschheit bestimmenden Gott ist ihr eine anthropomorphe Projektion, die durchaus, wie schon der junge Hegel bemerkt, ihre politisch verwertbare Funktion besitzt: »Religion und Politik haben unter einer Decke gespielt, jene hat gelehrt, was der Despotismus wollte, Verachtung des Menschengeschlechts, Unfähigkeit desselben zu irgendeinem Guten durch sich selber zu kommen.« [3] Ebenso gilt für Bloch die neuzeitliche Alternative von Religion und Philosophie, doch nicht in der bis heute gängigen Alternative von Humbug und wahrer Erkenntnis. Bloch setzt vielmehr fort, was die radikalsten Vertreter religionskritischer Aufklärung, der junge Hegel und der von Marx so hoch geschätzte Ludwig Feuerbach intendierten. Ausdrücklich hat Feuerbach die Aufgabe der Philosophie darin bestimmt,

[3] Hegel-Brief an Schelling, 16. April 1795, in: Hoffmeister (Hg.), Briefe von und an Hegel I, Hamburg 1951, 24.

den ursprünglichen Sinn des konkreten Glaubens zu realisieren, weil es nicht darauf ankommt, »wider die Religion«, aber »über ihr« zu sein: »Die Philosophie bezieht sich auf den denkenden, die Religion aber auf den sinnlich-praktischen Menschen.«[4] Nicht Gott, der Heiland, dem es »um das Wohl der Menschen« geht, ist Gegenstand der Kritik, wohl aber die »theoretische Verarbeitung und Auflösung«[5], das heißt, die »Entfremdung der Religion von ihrem praktischen Wesen«[6], wodurch die Hoffnung auf Jesus, den Menschensohn, zur geschichtsphilosophisch garantierten Heilslehre wird.

Aufgabe der Religionskritik ist es, das »ins Jenseits entfernte göttliche Wesen ins Diesseits« zu versetzen, also hier und jetzt zu verwirklichen, womit auch die für Bloch relevante Gleichung vom Atheismus im Christentum gilt: »Nur ein Atheist kann ein guter Christ sein«, nur der Atheismus ist die »realisierte Idee, die Wahrheit des Christentums«[7].

Während Ludwig Feuerbach und Karl Marx noch daran festhielten, daß die Religionskritik mit der »Entlarvung Gottes als Projektion des Menschen« im wesentlichen beendet sei, sieht sich Bloch zu einer Revision dieser Auffassung genötigt: Mit dem Zuspruch der Prädikate Gottes an den Menschen ist das »reale Problem eines human qualifizierten Reichs der Freiheit«[8] noch nicht erledigt – wie die realgeschichtliche Erfahrung nicht nur mit dem Kapitalismus, sondern auch mit dem Kommunismus, eindringlich vorgeführt hat: Der technische Fortschritt ist noch lange nicht gleichbedeutend mit dem politischen, die Verfügungsgewalt über die Natur, die Bearbeitung der Natur durch den Menschen hat noch nicht die Bearbeitung des Menschen durch den Menschen abgeschafft.

Anthropologisch gefaßt in der Formel, daß das Subjekt der Geschichte, der Mensch, etwas sei, »was erst noch gefunden werden muß«; religionskritisch gewendet in der These, das »ens perfectissimum« (Gott) sei das »hypostasierte Ideal des in seiner Wirklichkeit noch ungewordenen Menschenwesens«[9], wird der unter Gott gedachte Inhalt nicht einfach negiert, sondern als das eigentliche Problem gesellschaftsverändernder Praxis er-

---

[4] L. Feuerbach, Sämtliche Werke XI, hg. v. F. Jodl/W. Bolin, Stuttgart 1960², 326, 319.

[5] L. Feuerbach, Sämtliche Werke II, 246.

[6] J. Mader, Fichte Feuerbach Marx. Leib Dialog Gesellschaft, Wien 1968, 170 f.

[7] L. Feuerbach, Sämtliche Werke II, 244; E. Bloch, Atheismus, 352 f.

[8] E. Bloch, Atheismus, 316.

[9] E. Bloch, Das Prinzip Hoffnung, Frankfurt 1959, 1523.

kannt. »Und die mögliche Lösung dieses Problems heißt nicht Gott, sondern Reich.« [10]

2. Die Welt als »Versuchswerkstatt zu möglichem Heil«

Gefordert ist eine »neue Anthropologie« und eine »neue Eschatologie der Religion. Beides ohne Religion, doch beides mit dem berichtigten, dem unabgegoltenen Problem solch ungeheurer Flügelbildungen der Menschheit« [11]. Gegen eine materialistische Deutung der Religion, die in ihr – wie Friedrich Engels beispielsweise – nur »höheren Blödsinn« vermuten kann, weil sie deren Gehalt einzig am Maßstab intersubjektiv überprüfbarer empirischer Wissenschaft bemißt, also an dem, was ohnehin der Fall ist, rückt Bloch die Kritik der Religion wieder in jenen Bereich der praktischen Vernunft, in dem einzig sinnvoll über sie zu sprechen ist: als »Protestation gegen das wirkliche Elend« und Versuch, diesem Elend Einhalt zu gebieten.[12]

Mit dem ökonomischen Determinismus, der alle kulturellen Erscheinungen als Ausdruck von Klasseninteressen oder bloßer Sanktionierung wirtschaftlicher Unrechtverhältnisse versteht, ist weder die Wirkung längst vergangener Kulturen erklärt noch erst recht das Phänomen des falschen Bewußtseins. Worum es Bloch geht, das ist die verschlüsselte Wahrheit in

---

[10] AaO. 1528.

[11] AaO. 1416.

[12] Eine genauere Analyse müßte zeigen, daß Blochs »Prinzip Hoffnung« sich in der Deutung der Religion als Antwort auf die Dialektik der Grenzbestimmung der Vernunft versteht: die Tatsache, daß wir nur über das überprüfbares Wissen erlangen können, was uns durch die Erfahrung gegeben ist, schon das theoretische Wissen aber und erst recht das (gesellschaftskritische) praktische Handeln auf Sinnzusammenhänge angewiesen ist, die über diese »empirisch« verifizierbaren Tatsachen hinausgehen. Schon im »Geist der Utopie« notiert Bloch, daß »gerade die scharfe Betonung aller (ökonomisch) transzendierenden Momente (...) den Marxismus in die Nähe einer Kritik der reinen Vernunft rückt, zu der eine Kritik der praktischen Vernunft noch nicht geschrieben worden ist«. Die »Kritik der praktischen Vernunft in diesem Sinne: als eine der Perspektiven, die über den nächsten Fünfjahresplan hinausgehen, als eine des Wohin und Wozu der ganzen Freiheitsbewegung« ist das eigentliche Thema der Blochschen Geschichtsphilosophie.

Vgl. dazu: E. Bloch, Geist der Utopie (bearb. Neuauflage von 1923), Frankfurt 1964, 304.

E. Bloch/F. Vilmar, Ein Gespräch über ungelöste Aufgaben der sozialistischen Theorie, in: Über Ernst Bloch, 92 ff.

allen Ideologien, denn diese sind ja nicht einfach bewußte Täuschung und Lüge, sondern jene Gestalt des gesellschaftlichen Bewußtseins, die erst in der eigentümlichen Verschränkung von Wahrem und Falschem ihre herrschaftsstabilisierende Funktion entfalten kann:

»Die Geschichte des Bewußtseins der Menschen von Gott ist so keineswegs die Geschichte des Bewußtseins Gottes von sich selbst, wohl aber des jeweils höchstmöglichen Front-Inhalts der in ihrem Vorwärts, ihrem Oben, ihrer Tiefe offenen Existenz.« [13]

Nicht ihren Mut zum Transzendieren legt Bloch der Theologie und der traditionellen Metaphysik zur Last, »sondern ihr falsches Bewußtsein davon: als erschließe sie sich transzendierend ein einstmals immer schon Gewesenes« [14]. Zum Problem steht die Denkfigur der »Anamnesis« in der Philosophie von Platon bis Hegel (und ihrer Neuauflage bei Heidegger): kritische Philosophie als bloße Wiedererinnerung an ein oberstes Seinsprinzip, das immer schon ist und war, ein Fix und Fertiges, dem man bloß nachzudenken braucht, um richtig zu handeln. Ändern kann dieses Handeln freilich nichts, denn der Gang der Geschichte ist in dieser Spekulation immer schon durch dieses Fix und Fertige bestimmt: sei dies nun Gott, die Materie oder eben jene »ökonomische Gesetzmäßigkeiten und Notwendigkeiten«, von denen der dialektische Materialist Friedrich Engels charakteristischerweise behauptet, daß sie nachzuvollziehen die eigentliche »Freiheit des Menschen« bedeutet.[15]

Gegen eine solch deterministische Geschichtsphilosophie, die in der Entwicklung der Produktivkräfte den alleinigen Motor des Fortschritts erblickt, setzt Bloch ein neues Seins-Pathos, das »des Noch-Nicht-Seins«, das am Wort »nicht« das Zeichen bemerkt, »das sinnvoll auf das Seine zeigt«: nämlich das Nicht-Haben.

Neben und über aller materiell notwendigen Technologie steht das »Prinzip Hoffnung« als die weltgeschichtliche Produktivkraft des kritischen Impulses, der die »vorhandene Welt nicht in Kauf nimmt« und nehmen kann, weil da etwas in ihm treibt, was nach Besserem Ausschau hält. Durchaus materialistisch ist diese Sehnsucht – »die durchgehende und vor allem die einzige ehrliche Eigenschaft des Menschen« – begriffen: Der Daß-Grund im Menschen bleibt »tief unten«, dort, wo »wir anfangen, leibhaft zu sein«. Der »Hunger ist die Begierde, als das erste verbum fiat«

[13] E. Bloch, Prinzip Hoffnung, 1414.
[14] J. Habermas, Ein marxistischer Schelling, in: Über Ernst Bloch, 62.
[15] Vgl. dazu: E. Bloch, Prinzip Hoffnung, 781, 815 f.

(Jakob Böhme), das »Öl auf der Lampe der Geschichte« (Ernst Bloch), freilich nicht biologisch konstant und natürliche Triebstruktur, sondern geschichtlich sich wandelnd und erweiternd.[16]
Hinter dem physischen Hunger wird der »transzendentale appetitus« entdeckt, die Utopie als das »methodische Organ des Neuen«, das immer neue Wunschbilder vom besseren Leben entwirft: Von den kleinen Tagträumen angefangen über die technischen und sozialen Utopien bis hin zu jenen Wunschbildern des »erfüllten Augenblicks«, wie sie in Kunst, Philosophie und Religion – vorab der christlichen, »mit ihrem kräftigen Startpunkt und ihrer reichen Ketzergeschichte« zum Vorschein kommen: »nämlich nicht ein statischer, darin apologetischer Mythos, sondern humaner, eschatologischer, darin sprengend gesetzter Messianismus« [17]. Nur von diesem Zukunftshorizont her, der den Gedanken des absoluten, von Ewigkeit her seienden Gottes auflöst zum »höchst utopischen Problem des Endes«, erläutert sich für Bloch, was Atheismus intendiert: die Welt als das »laboratorium salutis« und »Versuchswerkstatt zu möglichem Heil« [18].

3. Das »Ganz Andere« – ohne Hintergründigkeit und Jenseiterei

Für Bloch besteht Materialismus im Begreifen der Welt aus sich selbst, insofern die Welt kein Jenseits hat, »doch sie hat auch keine Schranken im Diesseits« [19]. Gegen die theologisch-metaphysische Alternative von Transzendenz und Immanenz stellt Bloch das »Transzendieren ohne Transzendenz«, denn auch ohne Jenseits bleibt der offene Topos des Vor-uns, das Novum »des Einen, das nottut«, bleibt schließlich jenes »metareligiöse Wissen-Gewissen des letzten Wohin-, Wozu-Problems: Ens perfectissimum« [20]. Wie nur ein Atheist ein guter Christ sein kann, so gilt dieser Satz für Bloch auch umgekehrt, wenn anders sich gerade sein

---

[16] AaO. 49 f, 72 ff.
[17] AaO. 1404.
[18] E. Bloch, Philosophische Grundfragen I. Zur Ontologie des Noch-Nicht-Seins, Frankfurt 1961, 15. Besonders an der christlich-mystischen Spekulation vom »Deus absconditus«, als dem noch unerschienenen in der Zeit, erläutert sich für Bloch das Problem des »Homo absconditus«. Vgl. dazu: U. Pasterk, Utopie und Religion. Ernst Bloch zum 85. Geburtstag, in: Wissenschaft und Weltbild 2 (1970), 119 ff.
[19] E. Bloch, Prinzip Hoffnung, 1303.
[20] AaO. 1414.

gesellschaftskritischer Materialismus nicht mit der Immanenz des Vorhandenen zufriedengeben und auf jene Allseitigkeit Verzicht leisten kann, wie sie im Begriff der christlichen Erlösung impliziert ist: »als Chiffre, die zu ihrer Lösung dämmert, nicht aber als diese Lösung selbst« [21].
Jesu Botschaft vom Reich Gottes ist apokalyptische Verkündigung »von Grund auf«, in der deutlich wird, daß jene »Utopie der Vollkommenheit« als »vollkommene Utopie« keine inhaltlichen Aussagen mehr zuläßt. Nur als »das Ganz Andere« allem Bisherigen gegenüber kann sie ausgemacht werden, aus der Ungelichtetheit des menschlichen Lebens selber hervorkommend und erst mit seiner Erläuterung sich erläuternd. Das Reich der Freiheit bleibt der »religiöse Kernbegriff«, der in seiner Unbedingtheit und Schrankenlosigkeit des Verlangens auch noch die »klassenlose Gesellschaft« transzendiert:

»Sowenig sich das religiöse Selbst mit dem kreatürlich vorhandenen Menschen deckt und sowenig die religiöse Geborgenheit mit dem selbstgefälligen Einspinnen des Positivismus in den empirischen Lebensinhalt zusammenfällt: sowenig fällt der religiöse Reichsgedanke, seinem intendierten Umfang und Inhalt nach, selbst mit irgendeinem der Sozialutopie ganz zusammen.« [22]

Doch gleichwohl gilt auch, daß die großen alten Utopiebücher in ihrem Begriff des Unbedingten »die unbedingt guten Verhältnisse im Sinne haben«. Sie sind »der Roman eines unbedingt sozialen Glücks«, womit Bloch auch schon andeutet, was an seinem Utopie-Begriff mißverstanden werden könnte. Und tatsächlich auch mißverstanden wird – zumal von jenen Philosophen und Theologen, die gerade im Zusammenhang mit der Unbedingtheit des Hoffnungsgehaltes und ausgerechnet immer dort, wo es um die »Berechtigung rationaler Zukunftsplanung« geht (um die soziale Bedürfnisbefriedigung und deren gesellschaftliche, also politisch ökonomische Regelung), ihre mahnende Stimme erheben: die wahre Freiheit des menschlichen Wesens sei die Befreiung von aller Natur und Sinnlichkeit.[23] Gegen allen Idealismus und blasses Denken, die die Dialektik von Geist und Natur nur um den Preis des Spiritualismus zu lösen ver-

---

[21] AaO. 1582.
[22] AaO. 1410.
[23] Beispielhaft vorgeführt von K. Rahner, Marxistische Utopie und die christliche Zukunft des Menschen, in: K. Rahner, Schriften zur Theologie VI, Zürich/Köln 1965, 85. Ferner: H. Kimmerle, Eschatologie und Utopie im Werke Ernst Blochs, in: Neue Zeitschrift für systematische Theologie und Religionsphilosophie 7 (1965), 299.

mögen, zielt Blochs Philosophie auf die Bestimmung einer humanen Bedürfnisbefriedigung, genauer eine Bedürftigkeit des Menschen, die – sowenig sie aufs bloß Physische reduzierbar ist – selbst in der höchsten und sublimsten Form der Hoffnung: der auf das Reich, nicht der Sinnlichkeit und Leibhaftigkeit entraten kann. Und daran – so Bloch – sei festzuhalten, auch oder besser: weil es das Schicksal des Jesus Christus gibt und derer, die ihm nachfolgten. Denn nicht die »Welt in Jenseiterei überfliegend«, sondern »in der Welt und für sie, die im argen liegt«, geschah die »gemeinte Frohbotschaft« [24].

4. Die Utopie vom Reich der Freiheit und die Frage nach Tod und Gewalt

Nicht immer hat Blochs marxistische Hoffnungsphilosophie die »Fahndung nach jener Transzendenz, welche die Immanenz der Kultur versprengt« (Th. W. Adorno), so kompromißlos materialistisch vollzogen wie dort, wo sie ums Kleinste sich bemüht, das Unscheinbare, »vor allem, wenn das Schiff mit Musik ankommt; dann verbirgt sich in dem Kitsch (nicht dem kleinbürgerlichen) etwas vom Jubel der (möglichen) Auferstehung von den Toten« [25]. Bloch will sich nicht damit zufriedengeben, daß der Tod eben »der harte Sieg der Gattung über das Individuum« (Karl Marx) sei. Gerade um der Geknechteten und Beleidigten willen kann sein Materialismus nicht auf das »Vertrackte« Verzicht tun, »will lieber sich selber als Schein« und zu diesem bekennen, als daß er »zum Positivismus resignierte oder zur Positivität des Glaubens« [26] oder zu anderen Formen herrschaftlichen und ausbeutenden Eh-schon-Wissens: »Es hilft also nichts, die Angst vor dem Chaos durch das Pathos der Flachheit zu vertreiben.« [27]

Doch nicht immer liest man es so; und auch Blochs Philosophie gerät – ganz selten zwar, aber immerhin – in die Nähe jener Ideologie, die selbst für die Verreckten noch den Zuspruch parat hält, den man gerne gibt, weil er nichts kostet:

---

[24] E. Bloch, Atheismus, 218.

[25] E. Bloch, Spuren, Frankfurt 1959, 165.

[26] Th. W. Adorno, Noten zur Literatur II, Frankfurt 1965, 143. Adornos Interpretation von Blochs »Spuren« ist wohl eine der angemessensten Deutungen der Blochschen Philosophie. Vgl. dazu auch: ders., Minima Moralia. Reflexionen aus dem beschädigten Leben, Frankfurt 1964, 33 f; ders., Henkel, Krug und frühe Erfahrung, in: S. Unseld (Hg.), Ernst Bloch zu ehren, Frankfurt 1965, 9–20.

[27] E. Bloch, Erbschaft dieser Zeit, Frankfurt 1962, 402.

»Sosehr ist das Personenbewußtsein im Klassenbewußtsein aufgenommen, daß es der Person nicht einmal entscheidend bleibt, ob sie auf dem Weg zum Sieg, am Tag des Sieges erinnert ist oder nicht. Keine Idee im Sinne des abstrakten Glaubens, sondern konkrete Gemeinsamkeit des Klassenbewußtseins, die kommunistische Sache selber hält hier aufrecht, ohne Delirium aber mit Stärke.« [28]

Doch was ist dagegen zu sagen? Verdrießlich bleibt diese Art des Atheismus und fatal wie sein Gegenteil. Noch weitaus fataler und verdrießlicher freilich ist jene »christliche« Kritik, die lieber nachrechnet, daß hier billiger Trost gespendet werde, statt sich zu fragen, ob sie selbst – im Verweis auf die individuelle Auferstehung in Gott – nicht das Gleiche tut, oder, was man überhaupt gegen das billige Trösten unternehmen könnte. Doch diese Frage wird nicht gestellt, weil sie schon beantwortet scheint durch den Hinweis auf einen Gott, der uns das Heil verheißen hat und eben deshalb der einzige sein kann, der uns dieses Heil zu bringen vermöchte.[29]

Gegen ein christliches Hoffnungsverständnis, das in der »reinen Intention auf Künftiges« verbleibt, weil »die Erwartung die einzige Weise sei, in der der Gegenstand der Erwartung, das Reich Gottes gehabt werden könne« [30], hält Bloch am rationalen Charakter des utopischen Geschehens

---

[28] E. Bloch, Prinzip Hoffnung, 1380.

[29] J. Moltmann, Theologie der Hoffnung, München 1966, 93; ders., Gottesbeweis und Gegenbeweise, Wuppertal 1967, 8 f; W. D. Marsch, Hoffen worauf? Auseinandersetzung mit E. Bloch, Hamburg 1963, 109 f. Wie bei Moltmann, so auch bei Marsch der Vorwurf an Bloch, billige Tröstung zu liefern. Für den katholischen Bereich vgl. K. Rahner, Christentum und Ideologie, in: K. Rahner, Schriften VI, 62 ff, 68 ff.

[30] E. Schwerdtfeger, Der Begriff der Utopie Blochs, in: Neue Zeitschrift für systematische Theologie und Religionsphilosophie 7 (1965), 322 f. Schwerdtfeger bezieht sich hier ausdrücklich auf W. D. Marsch und P. Tillich.

Daß solche Spekulationen nicht allein auf den fachtheologischen Bereich beschränkt sind, zeigt deutlich: A. Neusüß (Hg.), Utopie. Begriff und Phänomen des Utopischen, Neuwied/Berlin 1968: »Utopie als Intention wird zur Metapher einer numinosen, nie erfüllbaren, gleichwohl das ›Wesen des Menschen‹ geradezu konstituierenden Sehnsucht nach Vollkommenheit und Erlösung – eine Begriffslegierung aus C. G. Jungschem Archetypus, theologischer Spekulation und philosophischer Anthropologie« (73). Neusüß bringt zahlreiche Beispiele dafür, daß – wo immer utopisches Denken konkret wird – sofort der Vorwurf des Totalitarismus erhoben wird (61 ff).

In der im engeren Sinne theologischen Fachliteratur hat sich am dezidiertesten neuerdings A. Jaeger von derartigen geschichtsphilosophischen Deutungen distanziert mit der These, daß angesichts der »faktischen Gnadenlosigkeit und Heillosigkeit der Welt« gegenüber dem metaphysischen Gerede von Gott und der

fest, seiner freilich nicht garantierten, aber doch möglichen Herstellbarkeit in der Geschichte. Diese Geschichte bleibt durch das Sterben gebrochen, und auch die, vielleicht doch noch erreichbare, klassenlose Gesellschaft macht die dafür Gestorbenen nicht mehr lebendig. So weit ist das »Vertrackte« in der Sache: dem Wohin und Wozu der Freiheitsbewegung klar geworden. Doch was nützt der Hinweis auf den »lebendigen Gott«, der noch »über die Zukunft des Todes hinaus der Kreatur die Treue hält«? Und wie steht es mit der Behauptung, daß die Theologie der »Würde und intangiblen Bedeutung« (Karl Rahner) gerechter wird, wo sie mit dem Sterben ihr beschaulich-politisches Schindluder treibt in der Meinung, den Tod weniger schrecklich zu machen, wenn sie von Gott spricht und dabei doch immer nur die bestehenden Gewaltverhältnisse legitimiert, wo immer sie es prinzipiell nicht als ihre Aufgabe betrachtet, diese Verhältnisse nötigenfalls mit Gewalt zu verändern?
Immerhin hat es Bloch abgelehnt, im Horizont des Todes als des alles gleich- und gleichgültigmachenden herumzuphilosophieren. »Bloch ist Theolog und Sozialist, aber kein religiöser Sozialist (...) Mystiker ist Bloch in der paradoxen Einheit von Theologie und Atheismus«[31], Sozialist aber bleibt der Denker der Hoffnung in der Einsicht, wo der theoretische Nachvollzug mystischen Denkens seine praktische Grenze findet: nämlich dort, wo die Menschen elend sind. Nicht allein, weil sie Hunger und Durst leiden, sondern weil fehlt, was die »Befriedigung der Menschlichkeit der Bedürfnisse« garantiert: »Es gibt keine menschliche Würde ohne Ende der Not, aber auch kein menschengemäßes Glück ohne Ende alter und neuer Untertänigkeit.«[32]

5. *Die Vermittlung von »subjektivem« und »objektivem Faktor«: die prozeßhaft-konkrete Utopie*

Der Gegensatz, der hier auffällt, besteht nicht nur gegenüber der Theologie, die zwar gerne auf »das ganz Andere« als Chiffer metaökonomischer Befreiung rekurriert, sich aber von deren praktischer Verwirklichung dispensiert glaubt, weil sie sich längst zum mahnenden Gewissen

---

Sehnsucht die »praktische Leidenschaft für Gottes Gegenwart in der Welt« zu treten habe. A. Jaeger, Reich ohne Gott. Zur Eschatologie E. Blochs, Zürich 1969, 246 ff.

[31] Th. W. Adorno, Noten, 142.

[32] E. Bloch, Naturrecht und menschliche Würde, Frankfurt 1961, 237.

hinaufstilisiert hat, das angeblich jenseits aller für das politische Handeln zuständiger Parteiungen thront. Dieser Gegensatz besteht ebenso schroff gegenüber den scheinbar »aufgeklärten«, an theologischen Fragen nicht interessierten Fachkollegen von den philosophischen und sozialwissenschaftlichen Fakultäten.

Beispielhaft darf hier die »kritische Theorie der Frankfurter Schule« genannt werden, die Bloch immer wieder zu große Befangenheit in traditionell philosophischem, gar theologischem Denken und daraus resultierend den Mangel an konkreter Gesellschaftsanalyse vorgeworfen hat. Angesprochen wird damit vor allem die Tatsache, daß Bloch in der Durchdringung des Phänomens der Utopie sich nicht mit der, jederzeit revidierbaren, soziologischen Tatsachenanalyse begnügt, sondern die menschliche Hoffnung grundsätzlicher, nämlich ontologisch fundiert: und zwar in jener »wahren Idee der Materie«, wie sie schon seinerzeit bei Schelling als »Daß-Grund aller Wirklichkeit« erscheint, der gesellschaftlich-geschichtlichen so gut wie der natürlichen. Nur das »offene Daß ist das Erzeugende und Treibende in allen Dingen«, und »triebe dies nicht gemeinsam, dann wäre die menschliche Welt und die darin bearbeitete äußere keinen Schritt vorwärtsgekommen« [33].

Der spekulative Bogen von »Utopie und Materie« wird so zum Leitfaden einer Philosophie, die gerade die Vollendung des Menschen, das »eritis sicut Deus«, nicht ohne die Vollendung der Natur zu denken vermag. Schon lange vor der »Umweltverschmutzung« hat Bloch gegen den »vulgärmaterialistischen Ausbeuter- und Tierbändigerstandpunkt auf die Natur« die denkwürdige Formel einer »Technik ohne Vergewaltigung« gesetzt: eine »konkrete Allianztechnik«, die nicht wahrhaben will und kann, daß Materie nichts anderes sein soll als der »tote Klotz« und das Bedürfnisbefriedigungsmaterial für Subjekte, die mit diesem Klotz nichts gemein haben, weil ihr Sein ein wesentlich anderes ist, nämlich Geist.[34]

So großartig nun Blochs ontologische Spekulation ist, kann sie ihre philosophische Problematik nicht verbergen, kommt sie doch zusehends in jene Schwierigkeiten, die sie an der traditionellen Metaphysik und erst recht an der theologischen Deutung der Geschichte immer wieder kritisiert. Auch bei Bloch bleibt zuletzt unentschieden, in welchem Verhältnis die beiden Subjekte des welthistorisch-kosmologischen Geschehens, der naturbearbeitende Mensch und die Materie (natura naturans) als Daß-

[33] E. Bloch, Subjekt – Objekt. Erläuterungen zu Hegel, Frankfurt 1962, 363.
[34] E. Bloch, Prinzip Hoffnung, 802–817.

Grund aller Wirklichkeit, zueinanderstehen. Eine stringente Vermittlung wird nicht eigentlich geleistet, die Materie entpuppt sich »zum sich selbst gebärenden und schaffenden Gott« [35], in der eine anthropomorphe Deutung der Natur als quasi Übersubjekt nicht zu übersehen ist.

Nicht ganz von der Hand zu weisen ist denn auch der Vorwurf, Blochs Denken orientiere sich »eher an der Entwicklung einer generell vermuteten Trächtigkeit der Welt als an der Lösung vom gesellschaftlichen Bann existierender Widersprüche« [36]. Die Erörterung der begrenzten »historisch überschaubaren Situation ... und ihrer objektiven Möglichkeiten« ist in der Tat nicht die stärkste Seite des »Prinzips Hoffnung«, wiewohl darin immer wieder thematisiert wird, worauf es einzig ankommen kann: »die prozeßhaft konkrete Utopie«. Nicht das wishful thinking, das die schlechte Wirklichkeit im Traum überfliegt, sondern die an der Wirklichkeit berichtigte Utopie, welche die Hoffnung nur insoweit als »Korrektiv für eine entstellte und entfremdete Wirklichkeit« gelten läßt, als der »subjektive Faktor« sich mit dem »objektiven Faktor« des real Möglichen vermittelt.

Diese Vermittlung hat nun allerdings die Schwierigkeit an sich, beständig sich mit dem auseinandersetzen zu müssen, was Bloch mehr formelhaft denn analytisch den »objektiv-realen Nebel« benennt: das Undurchsichtige einer politischen und ökonomischen Produktionsgesetzlichkeit, die Eigendynamik der über die Köpfe der Produzenten hinausgewachsenen Produkte, die je und erneut auf den Begriff zu bringen hat, wer handelnd sie verändern will. Und dazu reicht keineswegs die Unterstellung einer einmal gefundenen Dialektik, und sei sie auch von Karl Marx gefunden. Das Plädoyer für die »Unterdrückten, die Mühseligen und Beladenen, die Erniedrigten und die Beleidigten« hebt den Zirkel, den das Problem der Erziehung der Erzieher aufgibt, keineswegs auf. Auch die Stilisierung zur selbsternannten Avantgarde hilft da nichts. Denn die Befassung mit theoretischen Fragen ist noch immer ein Privileg, inkludiert eine Distanz zur Masse der Beschäftigten (und erst recht zu den Verfügungsberechtigten über das Kapital), die nicht einfach überspringbar ist, auch nicht

---

[35] J. Moltmann, Messianismus und Marxismus, in: Über Ernst Bloch, 52. Ausführlich sind diese Probleme dargelegt bei A. Jaeger, Reich, 152 ff, 185 ff; G. M. Tripp, Absurdität und Hoffnung, Berlin 1970, 56 ff.
Für die Kritik von seiten der »kritischen Theorie« vgl.: J. Habermas, Schelling, 68 ff; A. Schmidt, Der Begriff der Natur in der Lehre von Marx, Frankfurt 1962, bes. 135–141.

[36] J. Habermas, Schelling, 72.

durch die »Regression von politischer Identität auf bloße Identifizierung mit dem Proletariat« [37]. Ebensowenig ist der Zirkel in der Erziehung der Erzieher auflösbar im theoretischen Sprung, indem wir – wie Bloch – auf die »dialektische Materie« als den »Identitätsgrund« der realen Möglichkeit rekurrieren, um in der »wachsenden Selbstvermittlung von Mensch und Natur verführerisch eine Lösung« zu finden (J. Habermas). Überall dort, wo mehr von der Natur als von der Politik die Rede ist, wäre Blochs Hoffnungsphilosophie allerdings kritisch zu überprüfen. Doch nicht, ohne zugleich mit Bloch gegen alle jene zu denken, die nicht ganz zu Unrecht die ontologische Konstruktion bemängeln, dieser aber – wie zum Beispiel die »kritische Theorie« – nichts anderes entgegensetzen können als die Grundthese von der »herrschaftsfreien Diskussion«, so als könnten die durch Theorie privilegierten Wissenschaftler untereinander aushandeln, was an Utopie konkret sein soll, als könnte das Problem der Erziehung der Erzieher damit gelöst werden, daß sich die Erzieher eben selber erziehen.[38]

Einer solchen Wissenschaftsauffassung gegenüber hat Blochs Philosophie stets konkreter begonnen – allen Vorwürfen zum Trotz, daß er »Geschichtsphilosophie metahistorisch überbiete« (J. Habermas). Und bis heute blieb Bloch, selbst unter den sogenannten »linken« Philosophen, einer der ganz wenigen, der den Kampf der Studenten gegen die offenen und versteckten Gewaltverhältnisse nicht mit sozialpsychologischen Kategorien ins Lächerliche gezogen hat, der nicht den Hinweis auf »linken Faschismus« strapazierte, um seine Bestürzung über die Handgreiflichkeit realer, das gewohnte Wissenschaftsritual gepflegter Diskussionen sprengender Konflikte wortreich kundzutun.

Bloch hat freilich nie für Putschismus oder Revolte plädiert, für den

---

[37] P. Brückner/A. Krovozina, Was heißt Politisierung der Wissenschaft und was kann sie für die Sozialwissenschaft leisten?, Frankfurt 1972, 19 ff.

[38] So berechtigt die Kritik der »kritischen Theorie« an der Reduktion der Vernunft – als dem emanzipatorischen, sich über den Sinn des Handelns verständigenden Interesse – auf das bloß instrumentelle der Naturbeherrschung auch sein mag, so wird sie doch fragwürdig, wo sie die Bedingungen der begrifflichen Erfassung der Wirklichkeit so sehr mit der »herrschaftsfreien Diskussion« identisch setzt, daß die Frage, wie eine solche Diskussion – unterstellt, es gäbe sie in der Wissenschaft schon überhaupt in dieser Weise – auch außerhalb der Wissenschaft hergestellt werden kann, gar nicht mehr ernsthaft gestellt wird. Daß in der »unbegrenzten Forschergemeinschaft« auch »eine unbegrenzte Verständigung über Sinn und Wahrheitsgeltung« möglich ist (K. O. Apel), ist eine elitäre These angesichts der Hilflosigkeit der Wissenschaft gegenüber ihren Geldgebern.

Zweck, der die Mittel heilige, weil eben nicht alles mit dem berühmten Sprung knapp vor dem Ende auf einmal gut sein kann, und sich daher unser befreiendes Handeln durchaus als Vor-Schein auf die befreite Gesellschaft begreifen muß.
Unaufgelöst bleibt die noch immer aktuelle Alternative von »Putschismus« und »Seinsfatalität«, allerdings auch, wo man aus Angst, durch Putschismus die Würde und Freiheit der Person zu verletzen, lieber vage für Reformen votiert und eine sachgerechte Evolution, statt sich um die Veränderung jener Verhältnisse zu bemühen, in denen Würde und Freiheit ohnedies nicht gewährleistet sind. Das zumal in einer Eigentumsordnung, in der die sanktionierte Verteilung von Arm und Reich nicht angetastet werden kann und darf, weil es die Ideologie dieser Gesellschaft als Zerstörung der Person empfindet, wenn man den Reichen und denen, welche die Verfügungsgewalt über den gesellschaftlichen Reichtum und Profit besitzen, so viel wegnimmt, daß die, welche weniger haben als die Mächtigen, sich als gleichberechtigte Bürger nicht bloß fühlen dürfen, sondern es tatsächlich auch wären.

6. Die Philosophie der Hoffnung – Ein Opium des Volkes?

»Denn wir sind mächtig; nur die Bösen bestehen durch ihren Gott, aber die Gerechten, da besteht Gott durch sie, und in ihre Hände ist die Heilung des Namens, ist Gottes Ernennung selber gegeben, der in uns rührt und treibt, geahntes Tor, dunkelste Frage, überschwengliches Innen, der kein Faktum ist, sondern ein Problem, in die Hände unserer gottbeschwörenden Philosophie und der Wahrheit als Gebet.« [39]

Mit diesen Sätzen schließt das erste Werk Blochs, der »Geist der Utopie«, geschrieben vor beinahe sechzig Jahren. Ketzerisch wohl, aber nicht blasphemisch wird hier Gott genannt, als das »wohlfundierte Realproblem« unserer Geschichte. Fraglichkeit also auch hier und heute, naheliegend und gar nicht weit vom Schuß: »Warum nimmt die Gefahr im Gang einer Welt, die doch anscheinend von uns gesteuert wird, nicht ab?« [40]
Allerdings: es gibt das Böse in der Welt, Satan ist keine Chiffre aus der Hinterwelt, sondern real präsent. Ebenso in dem »allein schon durch ihr Ungeheures so oft Disparaten der eigentlich physischen Natur« wie in dem den Menschen und die Natur bearbeitenden und ausbeutenden Men-

[39] E. Bloch, Utopie, 346.
[40] J. B. Metz, Gott vor uns. Statt eines theologischen Arguments, in: S. Unseld (Hg.), Ernst Bloch, 238.

schen. Jenem SS-Offizier beispielsweise, der den Judenbengel zertritt und dann, nach getaner Arbeit, im trauten Familienkreis liebevoll die Locken seiner Kinder streichelt. Natur, in uns und um uns herum, spricht »keineswegs romantisch«, und wir haben daher auch kaum Anlaß, romantisch zu glotzen, wovon Bloch in den letzten Jahren oft genug gesprochen hat, privat und auch öffentlich.[41] Freilich nicht als Mahnung, lieber nicht an den Dingen zu rühren, in der Penetranz der Roben und Talare, die die »vanitas vanitatum« strapazieren, die Vergeblichkeit alles menschlichen Tuns, und dabei immer noch den Rekurs auf Hitler und Stalin brauchen, um den Unbetuchten zu beweisen, wie gut es ihnen geht. Nicht in der Form der Ideologie spricht Bloch, sondern einzig in der Form, in der vom Bösen zu sprechen angemessen ist – nämlich als Mahnung und Hinweis darauf, daß der Kampf um das Reich der Freiheit noch lange nicht zu Ende ist, die Hoffnung darauf noch nicht garantiert, am allerwenigsten in der wissenschaftlichen Praxis à la Cue: der beständigen und freundlichen, sich gegenseitig beruhigenden Versicherung, daß die Hoffnung Gott sei Dank zum Wesen des Menschen gehört.

Daß Bloch seine Deutung des revolutionären Theologen Thomas Münzer in seinen späteren Werken nie und nirgends widerrufen hat, kennzeichnet die Funktion einer Philosophie, die sicher nicht – wie man zu sagen pflegt – auch schon die Lösung gebracht hat für die Frage, in welcher Weise nun denkend an der Veränderung der Gesellschaft mitgearbeitet werden kann. Begonnen zu einer Zeit, als auch die Philosophie, nicht bloß die Arbeiterschaft noch wußte, daß es beim Geschäft des Denkens nicht allein um die Lösung methodologischer Probleme geht, sondern zuvörderst um die Lösung jener realgesellschaftlichen Widersprüche, die sich in den theoretischen Diskussionen allerdings beständig wiederfinden, hat Blochs materialistische Hoffnungsphilosophie doch sehr dezidiert ausgesprochen, worauf gerade in der noch immer ausständigen und doch so nötigen Kritik der praktischen Vernunft nicht vergessen werden darf:

»Es ist nicht möglich, dieweilen sie leben, daß ihr der menschlichen Furcht sollt loswerden. Man kann euch von Gott nicht sagen, dieweil sie über euch regieren.« [42]

---

[41] E. Bloch, Das Materialismusproblem, seine Geschichte und Substanz, Frankfurt 1972, 476 f. Ders., Aufklärung und Teufelsglaube, in: O. Schatz (Hg.), Hat die Religion noch Zukunft?, Graz 1971, 120–134.

[42] Thomas Münzer, Manifest an die Mansfelder Bergknappen von 1525, zit. in: E. Bloch, Thomas Münzer als Theologe der Revolution, Frankfurt 1963, 78.

Die Frage, ob diese Welt gottverlassen ist und hoffnungslos, ist keine theoretische, sondern eine praktische Frage. In der Praxis muß sich erweisen, ob das eritis sicut Deus unsere Möglichkeit ist. Alles andere bleibt Mythologie, genauer Mystizismus von jener Sorte, wie er ohnehin immer auf seiten der Reaktion zu finden war. Auch das geschichtsphilosophische Prinzip der Hoffnung kann zu einem solchen Mystizismus werden, indem die Denker darin sich ganz furchtbar einig sind, »daß der siebente Tag, an dem die Bibel ihren Gott ruhen läßt, als wäre alles Gute geschafft, noch sehr bemerklich aussteht«[43]. Doch es liegt an uns, daß mehr daraus wird als das Geschwafel einer Kulturindustrie, welche die Sorgen und das Elend der anderen braucht, um sich selber am Leben zu erhalten.

»Der Mensch lebt nicht vom Brot allein, das ist nicht nur ein biblisches Wort. Zwar lebt er besonders dann nicht vom Brot allein, wenn er keines hat; zwar ist Hunger wahrscheinlich der normale Boden der Revolutionen, doch sahen wir in unserer Zeit, daß es auch anders geht. Und das lehrt uns doch, sehr hoch vom Menschen zu denken, und sehr hoch zumal von jungen Menschen (...) Hören diese doch da gut, wo wir von der Langeweile des Lebens sprechen und davon, daß wir uns mit der Kulturindustrie und mit den Produkten der Kulturindustrie nicht mehr abspeisen und von ihnen einschläfern lassen wollen. Das Opium des Volkes hat sich ziemlich verlagert. Das liegt jetzt ganz wo anders, als wo Marx es fand, bei der Religion. Es gibt noch mehr Opium des Volkes. Und diese Speise hat man satt, das muß reflektiert werden.«[44]

---

[43] E. Bloch, Subjekt – Objekt, 152.

[44] Aus dem Protokoll einer Diskussion mit Ernst Bloch u. a. in Bad Boll, in: Der Spiegel 10 (1968), 41.

Kuno Füssel

FORTSCHRITT UND LEIDEN

Das Heimweh nach einer besseren Welt im Marxismus

1. Der Zusammenhang von Fortschrittsbegriff und neuzeitlichem Autonomiekonzept

1.1. Das Erbe der Aufklärung und des Idealismus

In den politischen Utopien der Renaissance vorbereitet und durch den sichtbaren Aufstieg der Naturwissenschaften konkretisiert, tritt der Gedanke des Fortschritts als relativ spätes Produkt der geschichtlichen Entwicklung in den Theorien der frühbürgerlichen Aufklärung (Turgot, Condorcet, Herder) und den großen geschichtstheoretischen Entwürfen des deutschen Idealismus (Kant, Fichte, Schelling, Hegel) erstmals als bedeutsame Größe auf und wird dann zu einem wesentlichen Moment der Selbstreflexion des 19. Jahrhunderts (Saint-Simon, Comte, Darwin, Marx, Nietzsche). Obgleich als Idee sowohl im griechischen wie jüdisch-christlichen Denken in Gestalt zuversichtlicher Verkündigung oder banger Hoffnung auf eine bessere Zukunft vorhanden, hat sich Fortschritt als Begriff jedoch erst im Gefolge des neuzeitlichen emanzipatorischen Autonomieverständnisses profiliert und dabei auch gleichzeitig seine Regionalisierung und Aufspaltung in ideelle und materielle Faktoren erlebt, die die noch gegenwärtig andauernde technologisch-ökonomische Vereinseitigung der Fortschrittsauffassung und das Zurücktreten der Idee einer Vervollkommnung von Moral und Gesellschaft im ganzen begünstigte. Die aus der Theodizee-Problematik der Aufklärung und des Idealismus folgerichtig entwickelte Autonomiethese ist, daß nicht Gott, sondern der Mensch selber seine Welt macht und lenkt. Der Gedanke des geschichtlichen Fortschritts setzt das Bewußtsein des Menschen davon voraus, daß er zu rationaler Weltbeherrschung und vernünftiger Konstruktion der gesellschaftlichen Verhältnisse fähig ist.

»... die Menschen können mit Bewußtsein beschließen, sich zu einer neuen Kultur fortzuentwickeln, während sie sich früher unbewußt und zufällig entwickelten: Sie können jetzt bessere Bedingungen für die Entstehung der Menschen, ihre Ernährung, Erziehung, Unterricht schaffen, die Erde als Ganzes ökonomisch verwalten, die Kräfte der Menschen überhaupt gegeneinander abwägen und einsetzen.« [1]

Im Zusammenhang mit der Französischen Revolution als erstem gelungenem Exempel gesellschaftlicher Konstruktion der Wirklichkeit wird auch in der Folgezeit eine Theorie der Gesellschaft gefördert (Saint-Simon, Comte), die den Willen zur Revolution in den Willen zur Konstruktion von Geschichte und Gesellschaft im Sinne einer naturgesetzlich orientierten Fortschrittslogik übersetzt. Geschichtliche Veränderung wird als bewußte Planung und Organisation gedacht, die Zukunft kann gesetzmäßig aus der Vergangenheit berechnet werden, und der erreichte Fortschritt wird methodisch stabilisierbar. Das Rätsel der Geschichte scheint seiner Auflösung entgegenzugehen. Diese technokratische Auffassung vom Fortschritt setzt voraus, daß sich sowohl der wissenschaftlich technische Fortschritt aus der Konsequenz der Sache stetig weitervollzieht, wie auch, daß dieser einen moralischen, kulturellen und politischen Fortschritt wie selbstverständlich in Gang setzt. Technisches Können und soziales Wollen setzen daher in der Überzeugung, Geschichte wie Natur in gleicher Weise beherrschen zu können, Gott als Subjekt der Geschichte ab. Die Aufgabe seiner Vorsehung übernehmen Prognose und Planung. Der homo constructor et emancipator besteigt den Thron des Geschichtssubjekts.
Gleichzeitig drängt sich jedoch die Frage auf, ob das Problem des Fortschritts durch den Wechsel des Subjektes der Weltkonstitution bereits gelöst ist, oder ob es nun erst recht beginnt, denn der Konstrukteur trägt die volle Verantwortung für seine Konstruktion. Die Beerbung der göttlichen Vorsehung durch die menschliche könnte aber erst dann als gelungen bezeichnet werden, wenn der Mensch seine Schöpfung auch zu erhalten, sinnvoll zu steuern und die Zukunft zu garantieren vermag. Auf keinem geringeren Niveau ist das Problem des Fortschritts zu verhandeln.

1.2. Die Verdüsterung und Rekonstruktion der Fortschrittskategorie

In vielen Bereichen des Alltags und der Gesellschaft ist, sofern sie sozial hinreichend entproblematisiert sind, Fortschritt im Sinne wissenschaftlich technischer Weiterentwicklung unbestreitbar. Fortschrittskriterien sind mit Komparativen wie besser, schneller, materialsparender usw. relativ

---

[1] F. Nietzsche, Menschliches Allzumenschliches, Aph. 24.

leicht aufzufinden. Auch die in der Evolution des Lebendigen jeweils erreichte neue Stufe zeichnet sich durch Komplexitätssteigerung der Organismen, Neuerwerbung von Qualitäten und Eröffnung neuer Handlungsräume als fortgeschritten aus. Schwieriger jedoch wird die Messung oder Wertung von Fortschritt in bezug auf das Leben der menschlichen Gesellschaft im ganzen, will man nicht unbedacht den Anstieg der ökonomischen Produktivität zum Hauptkriterium des Fortschritts erheben. Diese Erweiterung der Betrachtungsweise jedoch ist notwendig, denn auch der technische Fortschritt vollzieht sich immer in einem von politischer Herrschaft bestimmten, institutionell festgelegten Rahmen, und gesellschaftliche Interessen bestimmen Tempo, Richtung und Spielraum des technischen Fortschritts.

Obwohl Marx an die emanzipatorischen Traditionen der Aufklärung und des Idealismus anknüpft, hat er daher den bürgerlichen Fortschrittsbegriff nicht übernommen, ohne ihn kritisch zu transformieren:

»das unegale Verhältnis der Entwicklung der materiellen Produktion, z. B. zur künstlerischen. Überhaupt der Begriff des Fortschritts nicht in der gewöhnlichen Abstraktion zu fassen. Moderne Kunst etc. Diese Disproportion noch nicht so wichtig und schwierig zu fassen als innerhalb praktisch-sozialer Verhältnisse selbst.« [2]

Überdeutlich wird die im Fortschritt als gesellschaftlicher Wandlungsprozeß angelegte Ambivalenz an der mit der explosiven Entwicklung der kapitalistischen Produktionsweise im 19. Jh. verbundenen ebenso progressiven Verelendung der arbeitenden Klasse.[3] Marx hat in aller Schärfe einen Fortschrittsbegriff abgelehnt, der den manifesten Widerspruch zwischen technologischem Fortschritt und gesellschaftlichem Rückschritt nicht reflektiert.

»Erst wenn eine große soziale Revolution die Ergebnisse der bürgerlichen Epoche, den Weltmarkt und die modernen Produktivkräfte, gemeistert und sie der gemeinsamen Kontrolle der am weitesten fortgeschrittenen Völker unterworfen hat, erst dann wird der menschliche Fortschritt nicht mehr jenem scheußlichen heidnischen Götzen gleichen, der den Nektar nur aus den Schädeln Erschlagener trinken wollte.« [4]

Die Verdüsterung des im Ansatz so strahlenden Begriffs ist also schon verknüpft mit der Geschichte seines Entstehens, was seine Verwendung

---

[2] K. Marx, Einleitung zur Kritik der politischen Ökonomie, in: MEW XIII, 640.
[3] K. Marx, Die Frühschriften, hg. v. S. Landshut, Stuttgart 1964, 538.
[4] K. Marx, in: MEW IX, 226.

nicht eben erleichtert. Sowohl die Diffamierung des Fortschritts wie seine eilig-affirmative Verwendung zu universal-geschichtlicher Trendbestimmung erscheinen beide der realen Not der Menschen und der Uneindeutigkeit des Vorgangs nicht angemessen.

Der Eros gerade auch des ökonomischen Denkens von Marx kann demgegenüber letztlich damit gekennzeichnet werden, daß er nicht nur dem Begriff des Fortschritts eine widerspruchsfreie Verwendung ermöglichen, sondern einer wissenschaftlich begründeten Verwirklichung des geschichtlichen Fortschritts im Interesse der arbeitenden und notleidenden Menschen durch revolutionäre Praxis den Weg ebnen wollte. Die Durchsetzung des Fortschritts will also erkämpft sein. Damit wandelt sich seine Qualität, er wird von einer theoretischen zur praktischen Notwendigkeit. Hatte die Aufklärung noch die Triebkraft des Fortschritts im Mündigkeitsstreben und dem Vervollkommnungswillen der Vernunft erblickt, so werden Emanzipation und Fortschritt bei Marx und Engels als gesellschaftlicher Prozeß auf einer ganz bestimmten Produktionsstufe gefaßt. Dabei haben Marx und Engels die Expansion der ökonomischen Basis als Moment des emanzipatorischen Fortschritts voll anerkannt, die ökonomischen Wachstumsprozesse aber nicht in eine hypertrophe Eigengesetzlichkeit freigesetzt, sondern eine unterordnende Rückbindung an das Prinzip der menschlichen Selbstbestimmung betont. Bei Marx und Engels erscheint daher das Problem, den gesellschaftlichen Fortschritt mit Bewußtsein zu machen, als Frage nach der praktischen Beherrschung ökonomisch-gesellschaftlicher Prozesse und der Veränderung des institutionellen Rahmens im Sinn fortschreitender Emanzipation statt Unterwerfung und Anpassung. Diese Bestimmung hebt Marx und alle, die sich an ihm orientieren, ab von jenen, die entweder Fortschritt obskurantistisch verfemen oder platt mit dem Erreichten identifizieren.

Obwohl der emanzipatorischen Fortschrittskonzeption bei Marx und Engels eine konstitutive Bedeutung zukommt, spielt die Fortschrittskategorie, vermutlich wegen der oben angedeuteten Nichteindeutigkeit und fehlenden Widerspruchsfreiheit, terminologisch eine untergeordnete Rolle in ihren Werken. Ihre Bedeutung muß daher aus entsprechend signifikanten Verwendungszusammenhängen der dahinter stehenden Vorstellungen rekonstruiert werden, wie z. B. aus der berühmten Kommunismuspassage der »Pariser Manuskripte«. Dort hat Marx sowohl das Ziel des Fortschritts wie auch die Hindernisse seiner Verwirklichung genannt:

»Der Kommunismus als positive Aufhebung des Privateigentums als menschliche Selbstentfremdung und darum als wirkliche Aneignung des menschlichen

Wesens durch und für den Menschen; darum als vollständige, bewußte und innerhalb des ganzen Reichtums der bisherigen Entwicklung gewordene Rückkehr des Menschen für sich als eines gesellschaftlichen, d. h. menschlichen Menschen. Dieser Kommunismus ist als vollendeter Naturalismus = Humanismus als vollendeter Humanismus = Naturalismus; er ist die wahrhafte Auflösung des Widerstreits zwischen dem Menschen mit der Natur, und mit dem Menschen, die wahre Auflösung des Streits zwischen Existenz und Wesen, zwischen Vergegenständlichung und Selbstbestätigung, zwischen Freiheit und Notwendigkeit, zwischen Individuum und Gattung. Er ist das aufgelöste Rätsel der Geschichte und weiß sich als diese Lösung.« [5]

2. *Fortschritt und materialistisches Geschichtskonzept*

2.1. Die verschiedenen Ausgangspunkte einer marxistischen Geschichtstheorie

Geschichte erweist sich, wie im vorangegangenen Zitat sichtbar wird, als zentrales Problem marxistischen Denkens.

»Wir kennen nur eine einzige Wissenschaft, die Wissenschaft der Geschichte. Die Geschichte kann von zwei Seiten aus betrachtet in die Geschichte der Natur und die Geschichte der Menschen abgeteilt werden. Beide Seiten sind indes von der Zeit nicht zu trennen; solange Menschen existieren, bedingen sich Geschichte der Natur und Geschichte der Menschen gegenseitig.« [6]

Es hat sich jedoch angesichts der vielen kontrovers klingenden Äußerungen zum Gegenstand Geschichte im Werk von Marx und Engels mittlerweile in der wissenschaftlichen Literatur eingebürgert, das Geschichtsverständnis des jungen und humanistisch orientierten Marx gegen dasjenige des alten und ökonomisch-analytisch denkenden auszuspielen. Dabei bevorzugen Neomarxismen und Theorien westlicher Prägung oft die anthropologisch-humanistische Sinnbestimmung der Geschichte, wie sie in den Schriften von 1844 vertreten wird, während der objektiv logische Geschichtsbegriff einer quasi-naturgeschichtlichen Entwicklung des Verhältnisses von Produktivkräften und Produktionsverhältnissen im historischen Materialismus sowjetischer Prägung dominiert. Nicht nur der Tatbestand, daß Marx zwischen den »Pariser Manuskripten« und dem »Kapital« weitere bedeutsame Schriften verfaßt hat und daß es ohnehin trivial ist, nach einem mittleren Marx zu fragen, bei dem sich der Übergang von den früheren zu den späteren Auffassungen festmachen lassen müßte, sondern der für das Gesamtwerk charakteristische Zusammen-

---

[5] K. Marx, Frühschriften, 235.

hang von menschlicher Bedürfnisnatur, materieller Produktion des Lebens und gesellschaftlichen Verhältnissen sowie revolutionäre Praxis als erklärtes Ziel der Marxschen Theoriebildungen legen es nahe, die Praxisdimension des Geschichtsbegriffs als die Vermittlung zwischen den beiden anderen Akzentuierungen zu begreifen.[7]
Zeitlich wie inhaltlich handelt es sich dabei um die in den »Thesen über Feuerbach« grundgelegte und in den anschließend entstandenen Schriften (1845–46) formulierte praktisch-materialistische Geschichtsauffassung[8], die sowohl die vorangegangene Phase selbstkritisch korrigiert wie auch die notwendige Ergänzung der späteren, ökonomisch pointierten Hervorhebung des Gesetzescharakters von Geschichte als Abfolge ökonomisch bedingter Gesellschaftsformationen abgibt.
Daß diese Akzentuierung von Geschichte bei Marx die Hegelsche Formel von der Weltgeschichte als »Fortschritt im Bewußtsein der Freiheit«, zu höherer geistiger Autonomie und umfassender Humanität, nicht einfach zu übernehmen erlaubt, wird schon durch die materialistische Wende hinreichend begründet. Ob und wie jedoch im Marxismus Geschichte als Fortschritt und die menschliche Entwicklung als »Menschwerdung« gedacht werden können, ist auf dem Hintergrund der verschieden akzentuierten Auffassungen von Geschichte eigens zu bedenken.

2.2. Fortschritt und anthropologisch-humanistische Sinnbestimmung von Geschichte

Der Geschichtsbegriff der »Pariser Manuskripte« versucht eine Antwort auf die Frage zu geben, was die Geschichte für die Einheit von Wesen und Existenz des Menschen bedeutet. Dabei ist die Wesensbestimmung des Menschen nicht zu trennen von ihrer Funktion als Basis der Kritik an der Nationalökonomie. Die Kritik von Marx geht dabei von zwei Prämissen aus, in welchen sich theoretische Postulate und empirische Befunde wechselseitig bedingen: a) insofern in der Arbeit als Erzeugung, Bearbei-

---

[6] AaO. 346.
[7] Dieser Ansatz ist durch die Arbeiten von H. Marcuse, J. Habermas, H. Fleischer, J. Sandkühler hinreichend legitimiert.
[8] Praktisch-materialistisch statt kosmologisch-materialistisch ist die Auffassung von Marx insofern, als sie die geschichtlichen Wandlungsprozesse der menschlichen Gesellschaft aus den Wandlungen der Produktionsweisen des materiellen Lebens heraus zu verstehen versucht und in dem schon bei Feuerbach geltend gemachten Sinn die wirkliche Tätigkeit gegen ihre hypostasierten Teilmomente geltend macht.

tung und Aneignung der gegenständlichen Welt der Mensch sich selber als gegenständliche Wirklichkeit produziert, ist diese Arbeit als gesellschaftliche Tätigkeit des Menschen der wirkliche Ausdruck seiner freien Selbstbestimmung [9]; b) die konkrete Existenz des menschlichen Wesens unter den faktischen Bedingungen des Kapitalismus ist jedoch die in der Entäußerung und Entfremdung der Arbeit erscheinende Verkehrung und Verdeckung eben dieses Wesens der Arbeit wie auch des Menschen.

Der geschichtliche Werdegang des Menschen führt durch die Negativität von Entfremdung und Verdinglichung, in der Wesen und Existenz auseinandertreten. Die Wesensgeschichte des Menschen ist also durchaus nicht mit seiner faktischen Geschichte zu identifizieren. Dies desavouiert jedoch nicht die über den Arbeitsbegriff gelieferte Wesensbestimmung als illusorisch und inhaltslos, sondern macht die radikale Aufhebung der erzwungenen Verkehrung menschlicher Produktion und Reproduktion zur Aufgabe revolutionärer Praxis.

Der Gedanke einer revolutionären Rückkehr des Menschen in sein unverstelltes Wesen setzt aber die gegenständliche Welt in dem Sinne als eine geschichtliche Wirklichkeit voraus, daß eine neue Gestalt dieser Welt aus der Aufhebung ihrer gegenwärtigen Form resultieren kann, welche ja selbst als Vergegenständlichung vorangegangener menschlicher Praxis begriffen werden muß. Die Wiedergewinnung des menschlichen Wesens als Triebkraft der Geschichte bildet daher einen zentralen geschichtsphilosophischen Topos der »Pariser Manuskripte«:

»Aber der Mensch ist nicht nur Naturwesen, sondern er ist menschliches Naturwesen; d. h. für sich selbst seiendes Wesen, darum Gattungswesen, als welches er sich sowohl in seinem Sein als in seinem Wissen bestätigen und betätigen muß. Und wie alles Natürliche entstehen muß, so hat auch der Mensch seinen Entstehungsakt, die Geschichte, die aber für ihn eine gewußte und darum als Entstehungsakt mit Bewußtsein sich aufhebender Entstehungsakt ist. Die Geschichte ist die wahre Naturgeschichte des Menschen.« [10]

Hinter dem Marxschen Begriff des Menschen steht jedoch nicht die Vorstellung einer statischen Wesensnorm, die sich in der Geschichte durchhält, oder das Bild eines idealen Menschen, »der keiner Klasse, der überhaupt nicht der Wirklichkeit, der nur dem Dunsthimmel der philosophischen Phantasie angehört« [11], sondern vielmehr die Auffassung vom

---

[9] K. Marx, Frühschriften, 237–243.
[10] K. Marx, Frühe Schriften I, hg. v. H. J. Lieber/P. Furth, Darmstadt 1962, 652.
[11] K. Marx, Frühschriften, 553.

Menschen als einem besonders organisierten durch gegenständliche Produktivität, bewußte Reflexivität und gesellschaftliche Kommunikativität ausgezeichneten Naturwesen, dessen gesellschaftliche Verfaßtheit als Klassenzugehörigkeit beschrieben werden muß, das in diesen Bestimmungen seiner Lebenstätigkeit auch die unter verschiedenen Stimulationen zu realisierenden Bedingungen seiner möglichen Geschichte enthält.
Damit erhalten wir die historisch-anthropologische Auffassung des Fortschritts als Selbstverwirklichung des Menschen, angefangen beim Wachstum naturalistischer Gattungsmerkmale und durch Lernen erworbenen Dispositionen und Fähigkeiten bis hin zur Realisierung der großen Menschheitsträume von Freiheit und Liebe. Wenn die bewußte, planmäßig organisierte und gesellschaftlich kooperativ durchgeführte Arbeit den Grundcharakter menschlicher Tätigkeit bestimmt, dann ist ein Kriterium des Fortschritts als endgültige Überwindung tierischer Verflochtenheit in Natur mit der folgerichtigen Entfaltung der Produktivität menschlicher Arbeit, der Gewinnung materiellen Überflusses und der auf beiden aufbauenden höheren Entfaltung und Befriedigung von Bedürfnissen gegeben. Erreicht menschliche Arbeit ihre nicht entfremdete, brüderliche und freundliche Gestalt, dann ist sowohl die Schwelle zwischen Vorgeschichte und Geschichte [12] überschritten, wie auch die Einheit von Mensch und Natur als »Natürlichkeit des Menschen« und »Menschlichkeit der Natur« praktisch hergestellt. Die geschichtlich operationale Gestalt des Fortschritts, die dem gerecht werden soll, ist der Kommunismus als vollendeter Naturalismus und Humanismus.[13]

2.3. Fortschritt und Geschichte als Praxisresultat

Die schon in den »Pariser Manuskripten« als Abkehr von einer Idee abstrakt-normativer Wesensbestimmungen des Menschen erkennbare Verknüpfung des Gedankens der geschichtlichen Menschwerdung mit der gegenständlich-gesellschaftlichen Tätigkeit des Menschen wird in den nachfolgenden Schriften (1845/46) ausgearbeitet und konkretisiert. Die Idee eines sich durch die Geschichte, sei sie als geschlossener geradliniger oder dialektisch offener Prozeß gedacht, zielstrebig realisierenden menschlichen Wesens tritt zurück hinter die Betonung der Geschichte als Resultante der Tätigkeit menschlicher Subjekte.

---

[12] K. Marx, in: MEW XIII, 9.
[13] K. Marx, Frühschriften, 235, 248.

»Die Geschichte ist nichts als die Aufeinanderfolge der einzelnen Generationen, von denen jede die ihr von allen vorhergegangenen übermachten Materiale, Kapitalien, Produktionskräfte exploitiert, daher also einerseits unter ganz veränderten Umständen die überkommene Tätigkeit fortsetzt und andrerseits mit einer ganz veränderten Tätigkeit die alten Umstände modifiziert.« [14]

Die Geschichte ist deswegen vor allem »Geschichte der sich entwickelnden ... Produktivkräfte und damit die Geschichte der Entwicklung der Kräfte der Individuen selbst«.[15] Als objektives Zentrum dieser Kräfte erweist sich die menschliche Bedürfnisnatur, die in subjektiv reflektierter Form als Interesse sowohl die praktisch intersubjektiven wie die praktisch gegenständlichen Tätigkeiten der Menschen bestimmt. Diese Bedürfnisnatur jedoch ist, gerade weil Marx den Menschen als ein produktivtätiges Wesen begreift, »kein dem einzelnen Individuum innewohnendes Abstraktum. In seiner Wirklichkeit ist es das Ensemble der gesellschaftlichen Verhältnisse«.[16] Da alle gesellschaftlichen Verhältnisse im aktiven Verhalten von Menschen wurzeln, sind auch die von Menschen geschaffenen Produkte und Produktionsverhältnisse ein Teil des menschlichen Wesens und seiner geschichtlichen Wandlungen.[17] Es liegt also hier kein Widerspruch zu der vorangegangenen Hervorhebung der Geschichte konstituierenden Tätigkeit menschlicher Subjekte vor, wenn die menschliche Natur als ein »Ganzes von Bedürfnissen und Trieben« [18] verstanden wird, die gesellschaftlich historischen Modifikationen unterliegen und von dem faktischen Geschichtsverlauf als materiellem Resultat bedingt sind.

Wenn jedoch die materielle Produktion des Lebens die Grundlage jedes »wirklichen Lebensprozesses« und damit sowohl der Geschichte wie der Gesellschaft ist, dann ist für die weitere Untersuchung des Funktionierens der Geschichte die Beachtung der methodologischen Maxime vernünftig, »die ›Geschichte der Menschheit‹ stets im Zusammenhang mit der Geschichte der Industrie und des (Waren-)Austausches« [19] zu analysieren. Da Produktion als bewußte gesellschaftliche Praxis auch Grundlage der Gesellschaftsordnung ist, weil die Produktionsweise die soziale, politische und kulturelle Entfaltung der Gesellschaft bedingt, läßt sich Fortschritt

[14] K. Marx/F. Engels, in: MEW III, 45.
[15] AaO. 72.
[16] K. Marx, in: MEW III, 6.
[17] K. Marx, in: MEW XIX, 362 f.
[18] K. Marx, Grundrisse der Kritik der politischen Ökonomie, Frankfurt o. J., 157.
[19] K. Marx/F. Engels, in: MEW III, 30.

nur über den Zusammenhang von Produktivkräften und Sozialordnung empirisch gehaltvoll definieren.
Der Fortschritt erscheint daher unter dem Doppelaspekt der Mehrung der Existenzmittel durch Steigerung der materiellen Produktivkräfte einerseits und der Verbesserung der Qualität der sozialen Beziehungen und gesellschaftlichen Strukturen andererseits.

»Der Fortschritt der Produktivkräfte wäre ein sozialer Fortschritt ohne Vorbehalt dann, wenn an dem, was er für ›den Menschen‹ insgesamt an Errungenschaften bringt, auch alle Menschen in gleicher Weise Anteil hätten oder, soweit eine antagonistische Vergesellschaftung den Ausgangspunkt bildet, wenn der Fortschritt der Produktivkraft eine Zunahme der solidarischen Kooperation brächte. Integraler Fortschritt stünde also unter dem doppelten Kriterium, daß sich zum einen die Macht des Menschen über die Natur vermehrt, zum andern die Macht des Menschen über den Menschen vermindert.« [20]

2.4. Fortschritt und Geschichte als gesetzmäßiger Prozeß

So wie ausgehend von den Frühschriften bei Marx durchgehend eine Auffassung von Praxis als gegenständlich-produzierender Tätigkeit und darin besonders der Arbeit als eigentlicher Verwirklichung des Menschen erkennbar ist, so läßt sich, angestoßen durch die Analyse der entfremdeten Arbeit und ihres ökonomischen Ursprungs, ein ebenso durchgehendes Interesse an der ökonomischen Basis der gesellschaftlichen Verhältnisse und der menschlichen Selbstverwirklichung in Freiheit von den »ökonomisch-philosophischen Manuskripten« bis zum »Kapital« feststellen.
Je mehr Geschichte in ihrer Entwicklung von Arbeit als materieller Produktion und Reproduktion des Lebens abhängig erscheint, worin die Bedingtheit der ideologischen Formen (Recht, Religion, Kultur, Politik) durch die ökonomische Struktur der gesellschaftlichen Verhältnisse immer deutlicher wird, je mehr gerade in einer durch das Privateigentum an den Produktionsmitteln den Menschen sich selber entfremdenden Produktion das Produkt Gewalt über den Produzenten erlangt, und je stärker sich zwischen Produktivkräften und Produktionsverhältnissen in wissenschaftlicher Analyse gesetzmäßige Zusammenhänge ermitteln lassen, desto deutlicher neigt Marx dazu, die Entwicklung der Gesellschaftsformationen als einen »naturgeschichtlichen Prozeß« aufzufassen und von einer »ehernen Notwendigkeit« zu sprechen, mit der die »Naturgesetze der kapita-

---

[20] H. Fleischer, Marxismus und Geschichte, Frankfurt 1969, 81.

listischen Produktion« sich durchsetzen.[21] Dies erscheint um so begründeter, als die Menschen unter kapitalistischen Produktionsverhältnissen nicht als selbstbestimmte Individuen, sondern als Rollenträger von Klasseneigenschaften und ökonomischen Gesetzmäßigkeiten handeln müssen. Subjekt der Geschichte bleiben zwar auch bei dieser Konzeption die ihre Zwecke verfolgenden und gesellschaftlich vereinigten Menschen[22], doch Inhalt und Modalität ihres Handelns sind bestimmt durch den strukturellen Zusammenhang der Funktionselemente des gesellschaftlichen Systems, deren wichtigstes Element die Produktivkräfte sind. Damit ergibt sich als dritte Formulierung einer marxistischen Geschichtsauffassung: »Geschichte ist Entwicklungsfortschritt der Produktivkräfte in einem periodischen Wechsel der Produktionsverhältnisse, sie ist eine Reihe von progressiven Epochen der ökonomischen Gesellschaftsformation.«[23]

Wo immer jedoch Marx und auch Engels[24] mit betonter Ausrichtung am nomologischen Erkenntnisideal der Naturwissenschaft sich nicht nur um die Aufdeckung des speziellen ökonomischen Bewegungsgesetzes des Kapitalismus, sondern um das Entwicklungsgesetz der menschlichen Geschichte überhaupt bemühen, tun sie es in der kritischen Absicht, zur Überwindung von Verhältnissen anzuleiten, die die Menschen daran hindern, »ihre Geschichte mit vollem Bewußtsein selbst zu machen«.[25]

Der durch die Betonung des Gesetzescharakters erfolgte Wechsel der Blickrichtung erzwingt eine Überprüfung des Fortschrittsbegriffs anhand der Abfolge der großen historisch-gesellschaftlichen Formationen. Im Widerspruch zwischen den entwickelten materiellen Produktivkräften und den hinter ihnen zurückbleibenden Produktionsverhältnissen, der sich als Klassenantagonismus am schärfsten reproduziert, erblickt Marx die Grundlage und treibende Kraft für eine notwendige Fortentwicklung der Gesellschaftsformationen von den Stammeskämpfen der Urzeit, über den patriarchalischen Feudalismus zu bürgerlicher Gesellschaft und Kapitalismus, von wo aus dann die revolutionäre Verwirklichung des menschlichen Fortschritts zur klassenlosen Gesellschaft ihren Ausgang nimmt.[26]

---

[21] Vgl. K. Marx/F. Engels, in: MEW III, 37 und K. Marx, Das Kapital I, in: MEW XXIII, 12, 15–16, 360.

[22] K. Marx, in: MEW VIII, 115.

[23] H. Fleischer, Marxismus, 36.

[24] Vgl. F. Engels, in: MEW I, 514 f; ders., in: MEW XX, 264; ders., in: MEW XXI, 296 ff.

[25] F. Engels, in: MEW XX, 264.

[26] Vgl. K. Marx, in: MEW XIII, 9; ders., Frühschriften, 548.

Hierbei entstehen jedoch einige Probleme. Da beinahe die ganze bisherige Geschichte zur Vorgeschichte degradiert werden muß, steigen die Kosten für den historischen Fortschritt ins Unermeßliche, denn Fortschritt ist bisher nur negativ als Verfeinerung der Abhängigkeitsverhältnisse feststellbar, und es bleibt daher meist nur das ehrenvolle Gedenken an all diejenigen, die in vergangenen Epochen für die Möglichkeit einer besseren Welt gekämpft haben. Doch nicht nur die Privilegierung der kommenden Geschlechter zu ungunsten der Entbehrungen der Untergegangenen steht quer zu einer linearen Anwendung des Fortschrittsbegriffs, sondern auch die Ungleichmäßigkeit in der vom historischen Kalkül vorgesehenen Entwicklung innerhalb einer Gesellschaftsformation. Denn sobald die Sicherung des Lebensminimums für alle und durch alle, womit eine gewisse Gleichheit der Verteilung von Gütern und Lasten gegeben war, durch eine nennenswerte Erarbeitung von Überschüssen überstiegen wurde, eignete sich stets eine Minderheit den Überschuß als ihr Privileg an und beutete durch den erreichten Machtzuwachs die Mehrheit desto gründlicher aus. Aus der gesellschaftlichen Bilanz der Bedürfnisbefriedigung und Lastenverteilung erwächst daher auch noch auf der Ebene der Industriegesellschaft ein Hindernis für die widerspruchsfreie und uneingeschränkte Verwendung der Fortschrittskategorie. Solange der gesellschaftliche Fortschritt sich nicht in einer destruktionsfreien und solidarischen Gesellschaftsform konkretisiert hat, womit auch der menschliche Fortschritt als Sicherung individuellen Glücks für alle gegen Unterdrükkung und Ausbeutung strukturell verankert wäre, läßt sich konkreter Fortschritt auch bei Marx, wenn überhaupt, dann nur als in befreiender Praxis bleibend wirksame Verpflichtung erkennen, »alle Verhältnisse umzuwerfen, in denen der Mensch ein erniedrigtes, ein geknechtetes, ein verlassenes, ein verächtliches Wesen ist« [27].

3. Differenzierungen im Fortschrittsbegriff

Die drei vorangegangenen Ausformungen des Fortschrittsbegriffs implizieren Probleme, die in den drei nachfolgenden Differenzierungen deutlicher werden sollen. Daß die Menschen noch nicht sie selbst sind und daß die Menschheitsgeschichte als Fortschrittsgeschichte immer von der Dissoziation in eine faktische Reihe immer wieder grausam scheiternder Versuche zur Entfaltung des Humanum einerseits und dem verzweifelten

[27] K. Marx, Frühschriften, 216.

Festhalten an zukünftigen Möglichkeiten gelingenden Lebens andererseits bedroht ist, bewegen Bloch, Benjamin und Adorno unter verschiedenen Perspektiven.

3.1. Fortschritt als Annäherung ans Humanum (E. Bloch)

Bei Ernst Bloch gewinnt der Begriff des Fortschritts seine Konturen im Licht eines marxistisch motivierten, vom obersten Programmbegriff »Hoffnung« geprägten Vorgriffs auf das noch nicht gewordene Menschenwesen und Gesellschaft als Reich der Freiheit.

»Dies Ziel des vermenschlichten Daseins lag seinem Wunschtraum stets nahe, seiner Vorhandenheit nach stets utopisch fern. Die wirkliche Bewegung zu seiner Wirklichkeit ist nun endlich bewußt begonnen, gegen die Entäußerung aller Menschen und Dinge, für das Zusichkommen des Selberseins. Indem der Sozialismus von allen Existenzbedingungen befreit, die das Merkmal der entfremdeten Arbeit an sich tragen, wird er die ganze Gesellschaft von der Entfremdung befreien und damit die Grundlage schaffen für eine ganze Erde als Inland der Humanisierung. Das ist die uralte Glücks-Intention, daß das Inwendige auswendig, das Auswendige wie das Inwendige werde, – eine Intention, die nicht wie Hegel die vorhandene Welt verschönt und schließt, wohl aber mit der noch unvorhandenen verbündet ist, mit den zukunfttragenden Eigenschaften der Wirklichkeit.« [28]

Dies Noch-nicht bedarf neben dem Wünschen des scharfen Wollens und des umsichtigen Blicks, der sieht, was zu tun ist und den Mangel überwindet. Im Traum nach vorwärts finden Nüchternheit und Enthusiasmus ihre Einheit. Bloch richtet sich daher gegen »das Interesse einer niedergehenden Bourgeoisie, den Fortschritt selber als geschichtsphilosophische Kategorie abzudanken« [29], ohne allerdings die im Begriff Fortschritt liegenden Schwierigkeiten zu vertuschen.

»Der Fortschrittsbegriff ist uns einer der teuersten und wichtigsten ... Daher ist der Fortschrittsbegriff jedesmal auf seinen gesellschaftlichen Auftrag, also auf sein Wozu zu beobachten und zu untersuchen; denn er kann auch mißbraucht und gerade kolonial-ideologisch pervertiert werden ... Der Fortschrittsbegriff kann für Produktivkräfte und Basis gültig, für den Überbau relativ ungültig sein, mindestens schwächer gültig und umgekehrt. Verwandtes gilt für zeitlich nacheinander folgende Überbauten (Kulturen), insbesondere für die Fortschrittskategorie in der Kunst.« [30]

---

[28] E. Bloch, Subjekt – Objekt, Frankfurt 1962, 519 f.
[29] E. Bloch, Tübinger Einleitung I, Frankfurt 1963, 169.
[30] AaO. 201.

Da weder das bloße Fortschreiten in der Zeitreihe das Spätere schon zum Besseren macht, noch die für einen eindimensionalen Fortschrittsbegriff störende, weil Vergleiche erschwerende räumliche Trennung der verschiedenen Kulturen durch einen bloßen Geographismus behoben werden kann, ist nicht nur »eine Art Raumzuschuß in der historischen Zeitlinie zu erwägen« [31], sondern es ist auf den Zielpunkt und seine materiale Bestimmtheit zu achten, in dem als zeitlicher Verdichtung ihres Sinns die verschiedenen Zeitläufe der menschlichen Geschichte konvergieren. Die weltgeschichtliche Einheit der verschiedenen Zeitreihen und Ebenen des Fortschritts erwächst also nicht aus seiner räumlichen oder zeitlichen Struktur, sondern aus seinem Wohin und Wozu, welches nicht nur ein Ziel, sondern auch einen Sinn des Geschehens impliziert.

Die durchgehende und alle Elemente zur Einheit versammelnde Bezeichnung jenes Sinnes heißt bei Bloch Humanum, als Chiffre der Totalität dessen, was überhaupt sein soll und nottut. Das Humanum muß in der realen Möglichkeit seines Zielinhalts einerseits so umfassend vorgestellt werden, »daß es alle Bewegungen und Formen der menschlichen Kulturen ... im Miteinander verschiedener Zeiten« [32] enthält. Das vorliegende und sich noch differenzierende »Multiversum« der Kulturen ist aber andrerseits ein Ausdruck dafür, daß das Humanum sich noch erst herausprozessieren muß, »also noch nicht gefunden, wohl aber überall gesucht und experimentiert worden ist« [33]. Der Fortschrittswille strandet jedoch deswegen nicht am Vorhandenen oder verläuft sich im Meer der denkbaren Möglichkeiten, sondern hat seine Zieleinheit in dem, worauf die Utopien der Menschheitsgeschichte mit einem am Leiden der Gegenwart geschärften Auge geschaut haben. Das Ereignis dieses Humanum ist daher so wenig abgeschlossen wie die Geschichte menschlicher Hoffnungen. So verkündet der Fortschrittsbegriff von Ernst Bloch, darin überhaupt die Intention des Marxismus ausdrückend: »Die vergesellschaftete Menschheit im Bund mit einer ihr vermittelten Natur ist der Umbau der Welt zur Heimat ... etwas, das allen in die Kindheit scheint und worin noch niemand war ...« [34]

---

[31] AaO. 174.
[32] AaO. 199.
[33] AaO. 176.
[34] E. Bloch, Das Prinzip Hoffnung I, Frankfurt 1967, 334; II, 1628.

3.2. Messianische Rettung des Fortschritts (W. Benjamin)

In den geschichtsphilosophischen Thesen Walter Benjamins erreicht die Sensibilität für die Aporien im Begriff Fortschritt einen um so bemerkenswerteren Höhepunkt, als die Sicht des historischen Materialismus nicht aufgegeben, aber um wichtige Impulse aus der jüdischen Tradition bereichert wird. W. Benjamin kritisiert als Hintergrund der sozialdemokratischen Theorie und Praxis einen dogmatischen Fortschrittsbegriff, der neben einem Fortschritt der Menschheit selbst und nicht nur ihrer Kenntnisse und Fertigkeiten sowohl die Unabschließbarkeit wie auch die wesentliche Unaufhaltsamkeit des Fortschrittsprozesses unterstellt und daher statt zum Klassenkampf zu einer konformistisch-reformistischen Politik geneigt macht. Der historische Materialist jedoch vergißt nicht, daß Haß wie Opferwillen sich beide entzünden »an dem Bild der geknechteten Vorfahren, nicht am Ideal der befreiten Enkel« [35].

Die Geschichte der kulturellen Überlieferung ist so eng mit der Geschichte der Sieger verknüpft [36], daß alle Dokumente der Kultur, nicht nur weil sie wie absonderliche Findlinge in der Landschaft politischer Grausamkeiten stehen, in ihrer eigenen Herkunft jene Spuren des namenlosen Leides jener Fronarbeit an sich tragen, welche der Lohn der kleinen Leute wie der Unterlegenen ist. Denn zu den Kosten des Fortschritts zählt nicht nur das, was für ihn geleistet und geopfert werden mußte, sondern stets auch das Schicksal derjenigen, denen das Recht fortzuschreiten zur gleichen Zeit versagt blieb. Die Geschichte der Unterdrückten zeigt, daß dem Fortschritt zu allen Zeiten die Massenbasis fehlte, so daß sein universaler Anspruch stets im Widerspruch liegt zu der lokalen Gestalt seiner Verwirklichung. Das unabgegoltene Leid der Vergangenheit stellt aber auch die Frage, ob die Toten sich trösten lassen mit dem Gedanken an eine mögliche bessere Zukunft für kommende Geschlechter. Fortschrittsoptimismus, der über die Gräber der Toten voranschreitet und das Glück der gleichzeitig Lebenden opfern muß, wird entweder zynisch oder inhaltslos, denn entweder schließt er viele Lebende oder jeweils alle Toten der Vergangenheit vom erreichten glücklichen Leben der nächsthöheren Stufe

---

[35] W. Benjamin, Zur Kritik der Gewalt und andere Aufsätze, Frankfurt 1965, 88.

[36] Vgl. die Aufnahme dieses Motivs in einer theologischen Theorie der Geschichte als Leidensgeschichte durch die Arbeiten von J. B. Metz; vor allem: Zukunft aus dem Gedächtnis des Leidens, in: Concilium 8 (1972), 399–407; ders., Erlösung und Emanzipation, in: L. Scheffczyk (Hg.), Erlösung und Emanzipation, Freiburg 1973; J. Moltmann/J. B. Metz, Leidensgeschichte, Freiburg 1974.

aus. Werden nicht die Toten gerettet, dann haben auch die Lebenden keine Zukunft.

W. Benjamin hat in einem eindrucksvollen Bilde festzuhalten versucht, welch explosive Aporie im Begriff des Fortschritts steckt.

»Es gibt ein Bild von Klee, das Angelus Novus heißt. Ein Engel ist darauf dargestellt, der aussieht, als wäre er im Begriff, sich von etwas zu entfernen, worauf er starrt. Seine Augen sind aufgerissen, sein Mund steht offen, und seine Flügel sind ausgespannt. Der Engel der Geschichte muß so aussehen. Er hat das Antlitz der Vergangenheit zugewendet. Wo eine Kette von Begebenheiten vor uns erscheint, da sieht er eine einzige Katastrophe, die unablässig Trümmer auf Trümmer häuft und sie ihm vor die Füße schleudert. Er möchte wohl verweilen, die Toten wecken und das Zerschlagene zusammenfügen. Aber ein Sturm weht vom Paradies her, der sich in seinen Flügeln verfangen hat und so stark ist, daß der Engel sie nicht mehr schließen kann. Dieser Sturm treibt ihn unaufhaltsam in die Zukunft, der er den Rücken kehrt, während der Trümmerhaufen vor ihm zum Himmel wächst. Das, was wir den Fortschritt nennen, ist dieser Sturm.« [37]

Die Lösung der Aufgabe, die für den Engel der Geschichte zu schwer ist, bleibt dem Messias vorbehalten, der den Triumphzug der Herrschenden zugunsten der zerschlagenen Opfer beenden und das ungestillte Glücksverlangen der Vergangenheit erlösen wird.

»Erst der Messias selbst vollendet alles historische Geschehen, und zwar in dem Sinne, daß er dessen Beziehung auf das Messianische selbst erst erlöst, vollendet, schafft. Darum kann nichts Historisches von sich aus sich auf Messianisches beziehen wollen. Darum ist das Reich Gottes nicht das Telos der historischen Dynamis; es kann nicht zum Ziel gesetzt werden. Historisch gesehen ist es nicht Ziel, sondern Ende.« [38]

Gerade weil die Ordnung des Profanen kein höheres Maß hat als das des Glücks, bedarf sie zu ihrer Erfüllung der Befreiung von sich selber, d. h. Erlösung in rettendem Untergang. In dieser widersprüchlichen Formulierung drückt sich aus, daß Fortschritt in Geschichte und Gesellschaft nicht aufgeht. Es bleibt die selber jedoch nur in Geschichte erfahrbare Melancholie der unaufhebbaren Differenz zwischen Fortschritt und Heil.

3.3. Dialektik des Fortschritts (Th. W. Adorno)

Auch Adorno, die Einsichten Benjamins festhaltend, geht davon aus, daß der Begriff des Fortschritts nicht unbesehen als Ausdruck einsinniger

---

[37] W. Benjamin, Zur Kritik, 84–85.
[38] AaO. 95.

Rationalität der Geschichte und ihres inneren Zusammenhalts zu gebrauchen ist.

»Keine Universalgeschichte führt vom Wilden zur Humanität, sehr wohl eine von der Steinschleuder zur Megabombe. Sie endet in der totalen Drohung der organisierten Menschheit gegen die organisierten Menschen, im Inbegriff von Diskontinuität«.« [39]

Adornos Absicht ist es jedoch nicht, die Kategorie des Fortschritts zu diffamieren, sondern theoretische Rechenschaft darüber zu geben, daß die ihr aufgezwungene begriffliche Mehrdeutigkeit aus der realen Widersprüchlichkeit der gesellschaftlichen Verhältnisse und der Geschichte resultiert, die heute in der Möglichkeit totaler Selbstvernichtung als ihrer stärksten Zuspitzung dem einzelnen und der Menschheit ans Leben gehen. Die Erörterung des Fortschrittsbegriffs ist daher unabdingbar an die Frage nach dem Überleben der Gattung gebunden.

»Kein Fortschritt ist derart zu unterstellen, als wäre die Menschheit überhaupt schon und könne deshalb fortschreiten. Vielmehr wäre er erst ihre Herstellung, deren Perspektive angesichts der Auslöschung sich öffnet.« [40]

Da weder Fortschritt noch Verfall dem Sein als solchen zugesprochen werden können, muß die Menschheit etwas dafür tun, daß sie sich als ihrer selbst mächtiges Gesamtsubjekt zu begreifen und zu ergreifen vermag. Vorab ist dabei Front zu machen gegen den hinterhältigen Fehlschluß, daß, weil bisher kein Fortschritt des Ganzen gelang, er den Menschen überhaupt verweigert sei. Dies ist nicht zu leisten mit einem Modell von Fortschritt, das an totaler Herrschaft über außermenschliche und menschliche Natur orientiert ist. Das Unrecht der darin geübten Unterdrückung teilt sich noch an den Widerstand gegen es mit und bindet so gewonnene Freiheit an die Gewalt ihrer Sicherung. Doch »die sprengende Tendenz des Fortschritts ist nicht einfach bloß das Andere der Bewegung fortschreitender Naturbeherrschung, ihre abstrakte Negation, sondern erheischt die Entfaltung der Vernunft durch Naturbeherrschung selbst«.[41] Diese vernünftige Entfaltung müßte sowohl den Menschen aus seiner Naturbefangenheit lösen wie ihn mit der Natur ohne Minderung seiner Subjektivität versöhnen. Dazu jedoch muß Vernunft, statt an sich seiender Geist zu sein, selber praktisch werden, und »darum ist Fortschritt so

[39] Th. W. Adorno, Negative Dialektik, Frankfurt 1965, 312.
[40] Th. W. Adorno, Stichworte, Frankfurt 1969, 31.
[41] AaO. 39.

wenig ein in interesseloser Betrachtung feststellbarer«[42] wie ein über die Köpfe der Menschen hinweg sich unaufhaltsam vollziehender. Dies erfordert jedoch nicht nur die Wiedergewinnung der subjektiv spontanen Momente im objektiven Geschichtsprozeß, sondern auch die Umstrukturierung der verhärteten Institutionen, die Sprengung der fesselnden Produktionsverhältnisse und die Überwindung der Lüge des Tauschgeschäfts, denn die Möglichkeiten individuellen Überlebens »unterhalb« der Strukturen und Institutionen sind unwiderruflich dahin.
Adornos Absage an eine Gestalt des Fortschritts, die kraft geschichtlicher Entwicklung Befreiung von jenem Bann verheißt, dem Denken und Handeln unterliegen, kritisiert nicht nur den Primat der Ökonomie und bestreitet die automatisch vorwärtstreibende Kraft des gesellschaftlichen Antagonismus, sondern dadurch, daß Adorno die Erfahrung negativer Geschichtstotalität in den um sich selbst gebrachten Subjekten als »das absolute Leiden«[43] kennzeichnet, tritt Erlösung erneut als letzte Hoffnung der Befreiung in den Blick, worin sich die Verbindung zu Benjamin erneut artikuliert.

4. Leidvolle Sinnlichkeit als Einheit von Natur und Geschichte

4.1. Der leidensfähige Mensch. Das Verhältnis von Mensch und Natur

Die in der Entwicklung der Kategorie Fortschritt und ihren Differenzierungen zutage tretenden Aporien haben ihren tiefsten Grund im Gegensatz zwischen Mensch und Natur, der als unversöhnter sowohl die Struktur der menschlichen Gesellschaft wie den Gang der Geschichte mit bestimmt. Da die Geschichte, gerade auf der Basis gegenständlich-praktischer Selbstverwirklichung des Menschen, nicht aus der ersten Natur in die technisch-zivilisierte Lebenswelt als zweite Natur fortschreiten kann, indem sie die erste Natur und ihre Konditionen von sich abstreift, und da eine unfreiwillige Mitnahme von Natur als einer in technologischer Herrschaft versklavten sich in den natürlichen Faktoren des Herrschaftssubjektes gegen dieses selber wendet und in den vielfältigsten Gestalten unüberwundener Nicht-Identität zum Elend der so fortgeschrittenen Lebensverhältnisse und der in ihnen Lebenden wird, können Fortschritt und Zukunft der Geschichte nicht gedacht werden ohne Versöhnung mit der Natur. Daß diese Versöhnung nicht idyllische Harmonie, sondern Be-

---

[42] AaO. 40.

jahung der Leidensfähigkeit des sinnlichen Menschen und Annahme seiner pathischen Existenz bedeutet, soll im folgenden erläutert werden.
Marx hat in den »Pariser Manuskripten« das Problem der Einheit von Mensch und Natur verhandelt, indem er die Auffassung vom Menschen als Gattungswesen und sein Verständnis der menschlichen Arbeit explizierte, worin die Analyse von Entfremdung und ihre ökonomisch-rechtliche Gestalt als Privateigentum eingeschlossen sind.

»Der Mensch ist unmittelbar Naturwesen. Als Naturwesen und als lebendiges Naturwesen ist er teils mit natürlichen Kräften, mit Lebenskräften ausgerüstet, ein tätiges Naturwesen; diese Kräfte existieren in ihm als Anlagen und Fähigkeiten, als Triebe; teils ist er als natürliches, leibliches, sinnliches, gegenständliches Wesen ein leidendes, bedingtes und beschränktes Wesen, d. h. die Gegenstände seiner Triebe existieren außer ihm, als von ihm unabhängige Gegenstände, aber diese Gegenstände sind Gegenstände seines Bedürfnisses, zur Betätigung und Bestätigung seiner Wesenskräfte unentbehrliche, wesentliche Gegenstände.« [44]

Der Mensch bedarf also, um sich verwirklichen zu können, der Äußerung als Entäußerung an ihm vorausgesetzte und entgegenstehende Objekte. Seine ihn bestätigende Betätigung ist Arbeit sowohl als Aneignung der Natur als Lebensmittel [45] wie als darüber hinaus gehende freie Ausschöpfung aller Möglichkeiten der gegenständlichen Welt. Insofern ist dann auch Arbeit als wissende und bewußte, den Menschen für sich zur Anschauung bringende Tätigkeit der »Selbsterzeugungs- oder Selbstvergegenständlichungsakt des Menschen, das produktive Leben selbst« [46]. Daß der Mensch in der Arbeit gegenständlich für sich selbst da ist, hängt eng zusammen mit der Bestimmung des Menschen als Gattungswesen.

»Der Mensch ist ein Gattungswesen, nicht nur indem er praktisch und theoretisch die Gattung, sowohl seine eigene als die der übrigen Dinge zu seinem Gegenstand macht – und dies ist nur ein anderer Ausdruck für dieselbe Sache –, sondern auch indem er sich zu sich selbst als der gegenwärtigen, lebendigen Gattung verhält, indem er sich zu sich als einem universellen, darum freien Wesen verhält.« [47]

Ist das Gegenstandsfeld der Arbeit gleichzeitig das Feld der allgemeinen Lebenstätigkeit und realisiert sich gerade in der Arbeit nicht nur der isolierte einzelne, sondern der Mensch als Gattungswesen, dann wird in der gegenständlichen Tätigkeit dem Menschen auch die Wirklichkeit des an-

---

[43] Th. W. Adorno, Negative Dialektik, 312.
[44] K. Marx, Frühschriften, 274.
[45] K. Marx, in: MEGA I/3, 87.
[46] AaO. 87 f, 168.
[47] AaO. 87.

deren und er sich selbst als gesellschaftlicher Mensch klar.[48] Das Verhalten des Menschen zum Gegenstand seiner Arbeit impliziert unmittelbar sein Verhalten zu anderen Menschen. Dadurch, daß der Mensch als Gattungswesen sich und die anderen wie auch die Dinge in ihrem Wesen zu begreifen und zu ergreifen vermag, ist er frei. In dieser Freiheit reproduziert der Mensch einerseits die ganze Natur, andererseits bestimmt er so die gegenständliche Welt als geschichtliche. Durch diese praktische sowohl gesellschaftliche wie geschichtliche Vergegenständlichung wird die Totalität des menschlichen Wesens als eines universellen und freien Gattungswesens verständlich. In diesem Verhalten zur ganzen Natur wird diese nicht als die fremde Außenwelt des an sich innerlichen Menschen sichtbar, sondern als Medium seiner ihn bestätigenden Selbstäußerung: »Die Äußerlichkeit ist ... die sich äußernde und dem Licht, dem sinnlichen Menschen erschlossene Sinnlichkeit.« [49]

Damit wird der Begriff der Sinnlichkeit bei Marx zentral, wobei die von Kant herkommende Bedeutungsrichtung von Sinnlichkeit als rezeptive Erkenntnisform bewahrt und die bei Feuerbach gegebene antiidealistische Definition des Menschen als eines hinnehmenden, bedürftigen und leidenden Wesens vertieft zur Geltung gebracht wird.

»Bedürfnislose Existenz ist überflüssige Existenz ... Ein Wesen ohne Not ist ein Wesen ohne Grund ... Ein Wesen ohne Leiden ist ein Wesen ohne Wesen. Ein Wesen ohne Leiden ist aber nichts anderes als ein Wesen ohne Sinnlichkeit, ohne Materie.« [50]

Im selben Sinne wird bei Marx die leidenschaftliche Aktivität und Spontaneität des Menschen auf seine leidensfähige Selbstverwirklichung zurückgeführt.

»Sinnlich sein ist leidend sein. Der Mensch als ein gegenständliches sinnliches Wesen ist daher ein leidendes und, weil seine Leiden empfindendes Wesen, ein leidenschaftliches Wesen.« [51]

In diesem Sinne ist geschichtliche Erfahrung in ihrer Widersprüchlichkeit und ihrem Konfliktcharakter nicht nur der Ausdruck des Bewußtseins schmerzlicher Nichtidentität, sondern der konkrete Anlaß, die Geschichte des Menschen, gerade weil sie Naturgeschichte bleibt, immer auch als fortschreitende Leidensgeschichte zu begreifen.

---

[48] K. Marx, Frühschriften, 237 f.
[49] AaO. 287.
[50] L. Feuerbach, Werke II, Leipzig 1846, 256 f.
[51] K. Marx, Frühschriften, 275.

4.2. Entfremdung, das Elend der zweiten Natur

Die in der Bestimmung des Menschen als gegenständlich produzierendes Wesen und der Arbeit als Selbstverwirklichung dieses Wesens mitangelegten realen Gefahren hat Marx selber in der Analyse der ökonomischen Fakten von Entfremdung und Verdinglichung als Form der Pervertierung der menschlichen Wirklichkeit herausgestellt. In der kapitalistischen Gesellschaft produziert der Arbeiter nicht nur Waren für den Markt und verliert so die Produkte seiner Arbeit an fremde Menschen, sondern muß sich selber und seine Arbeitskraft als Ware verkaufen, um existieren zu können.

> »Die Entäußerung des Arbeiters in seinem Produkt hat die Bedeutung, nicht nur, daß seine Arbeit zu einem Gegenstand, zu einer äußeren Existenz wird, sondern daß sie außer ihm, unabhängig, fremd von ihm existiert und eine selbständige Macht ihm gegenüber wird, daß das Leben, was er dem Gegenstand verliehen hat, ihm feindlich und fremd gegenübertritt.« [52]

In der Charakterisierung der entäußerten Arbeit wird also nicht nur ein ökonomischer Sachverhalt angesprochen, sondern ein entscheidender Verlust und eine Entwertung menschlichen Lebens bloßgelegt. So wird die Arbeit statt zur Äußerung des menschlichen Wesens zur verdinglichten Entwirklichung des Menschen bis zur Selbstentfremdung. Diese geht soweit, daß der Arbeiter – weit entfernt davon, ein Subjekt universeller und freier Selbstverwirklichung zu sein – auf seine rein physische Existenz reduziert wird.

> »Es kommt daher zum Resultat, daß der Mensch (der Arbeiter) nur mehr in seinen tierischen Funktionen, essen, trinken und zeugen, höchstens noch Wohnung, Schmuck usw., sich als frei tätig fühlt, und in seinen menschlichen Funktionen nur mehr als Tier.« [53]

Die Welt bleibt dann auch nicht mehr »wahrhaft menschliches Eigentum«, was von allen in freier Tätigkeit angeeignet wird, sondern zerfällt in durch Besitz isolierbare, verwertbare und tauschbare Dinge.
Notwendige Konsequenz der entfremdeten Arbeit ist daher das Privateigentum als Realisation der Entäußerung und Unterwerfung der Lebenstätigkeit unter die Dienste des Eigentums. Das »materielle, unmittelbar sinnliche Privateigentum ist der materielle sinnliche Ausdruck des entfremdeten menschlichen Lebens. Seine Bewegung – die Produktion und

---

[52] K. Marx, in: MEGA I/3, 83 f.
[53] AaO. 86.

Konsumation – ist die sinnliche Offenbarung von der Bewegung aller bisherigen Produktion, d. h. Verwirklichung oder Wirklichkeit des Menschen«.[54] Es wird deutlich, daß mit der Produktion, deren gar nicht geheime Offenbarung das Privateigentum ist, das Geschehen des ganzen menschlichen Lebens gemeint ist. Wie total die Bestimmung des arbeitenden Menschen durch das Privateigentum ist, wird daran sichtbar, daß der Arbeiter mit der Verdinglichung seiner Arbeit schon unmittelbar als Knecht eines Herrn funktioniert:

»Wenn er sich also zu dem Produkt seiner Arbeit ... als einem fremden Gegenstand verhält, so verhält er sich zu ihm so, daß ein anderer, ihm fremder ... Mensch der Herr dieses Gegenstandes ist. Wenn er sich zu seiner eigenen Tätigkeit als einer unfreien verhält, so verhält er sich zu ihr als der Tätigkeit ... unter der Herrschaft ... eines anderen Menschen.« [55]

Wenn das Privateigentum in diesem Ausmaß der sinnlich konkrete Ausdruck dafür ist, wie entfremdetes Verhalten sich realisiert, dann ist »die positive Aufhebung des Privateigentums ... die sinnliche Aneignung des menschlichen Wesens und Lebens«.[56] Da die Aufhebung der Entäußerung, wenn sie eine reale sein soll, die reale Gestalt der Entäußerung aufheben muß, findet »in der Bewegung des Privateigentums, eben der Ökonomie, die ganze revolutionäre Bewegung sowohl ihre empirische als theoretische Basis«.[57]

4.3. Die Last des Geschichtssubjekts

Da die Gesellschaft »das Produkt des wechselseitigen Handelns der Menschen« [58] ist und da die entfremdete Arbeit auch das Verhältnis des Menschen zur Natur und zum Mitmenschen determiniert, muß die Aufhebung der Entfremdung des menschlichen Wesens zugleich die Gesellschaft und den Menschen radikal verändern.

»Das Zusammenfallen des Änderns der Umstände und der menschlichen Tätigkeit oder Selbstveränderung kann nur als revolutionäre Praxis gefaßt und rationell verstanden werden.« [59]

Nach Marx hat das Proletariat die notwendigen Voraussetzungen und auch die einzigartige Gelegenheit, diese beiden Momente zusammenfallen

[54] K. Marx, Frühschriften, 236.
[55] K. Marx, in: MEGA I/3, 90 f.
[56] K. Marx, Frühschriften, 239.
[57] AaO. 236.
[58] K. Marx, in: MEW IV, 548.
[59] K. Marx, in: MEW III, 6.

zu lassen und damit als naturgeschichtlich notwendiges Subjekt gesellschaftsverändernder Praxis aufzutreten.

»Weil die Abstraktion von aller Menschlichkeit, selbst von dem Schein der Menschlichkeit im ausgebildeten Proletariat praktisch vollendet ist, weil in den Lebensbedingungen des Proletariats alle Lebensbedingungen der heutigen Gesellschaft in ihrer unmenschlichsten Spitze zusammengefaßt sind, weil der Mensch in ihm sich selbst verloren, aber zugleich nicht nur das theoretische Bewußtsein dieses Verlustes gewonnen hat, sondern auch unmittelbar durch die nicht mehr abzureißende ... Not – dem praktischen Ausdruck der Notwendigkeit – zur Empörung gegen diese Unmenschlichkeit gezwungen ist, darum kann und muß das Proletariat sich selbst befreien. Es kann sich aber nicht selbst befreien, ohne seine eigenen Lebensbedingungen aufzuheben. Es kann seine eigenen Lebensbedingungen nicht aufheben, ohne alle unmenschlichen Lebensbedingungen der heutigen Gesellschaft, die sich in seiner Situation zusammenfassen, aufzuheben.« [60]

Das Proletariat, welches einen »universellen Charakter« durch seine »universellen Leiden« [61] besitzt, übernimmt damit die Aufgabe, die Emanzipation einer besonderen Klasse als die Emanzipation des Menschen zu vollziehen, dabei die Selbstverwirklichung des Menschen als autonomen Subjekts zu leisten, und wird damit auf den Thron des Geschichtssubjekts gesetzt. Es nimmt damit aber auch die Verantwortungslast für die völlige Wiedergewinnung des menschlichen Wesens und für die in einer totalen Sprengung der bisherigen Verhältnisse zu ergreifende Möglichkeit radikalen Neubeginns auf sich.

Wurde damit einer Klasse, die schon die Anstrengung körperlicher Ausbeutung zu tragen hat, nicht zu viel zugemutet? Wie sollte das Proletariat die zusätzliche Belastung aushalten, auch noch der Heilsbringer für alle und die Vollendung menschlichen Selbstbewußtseins gerade im Elend zu sein?

Die historische Entwicklung hat die Erwartungen von Marx nur begrenzt erfüllt, denn schon bei Lenin wurden die arbeitenden Massen unter den Willen der Partei als verantwortlicher Leiterin des Arbeitsprozesses gestellt, um der These von den entwickelten Produktivkräften als unerläßlicher Voraussetzung des Sozialismus gerecht zu werden. Statt sozialer Emanzipation wurde ein System der Selbstausbeutung des Proletariats (Trotzki) errichtet, das durch die Herrschaft einer allmächtigen Bürokratie den Arbeiter den Zwängen der Produktion unterordnete und die Vollstreckung der Arbeitsdisziplin zur obersten Tugend erklärte. Stalins

---

[60] K. Marx, Frühschriften, 318 f.
[61] AaO. 222.

Formel, daß die USA eingeholt, ja, überholt werden sollten, demonstriert hinreichend, wie das Glücksverlangen des sozialistischen Menschen wieder einmal auf später vertröstet wurde. Die Erfüllung der Produktionspläne wurde zur Selbstentlastung der Partei zum Akt freier Selbstverwirklichung umstilisiert. Der Arbeiter verwirklicht daher immer noch Pläne statt seiner selbst, die Arbeit und der ökonomische Prozeß wurden dem Proletariat als Pseudosubjekt vorgeschaltet. Das Proletariat behielt jedoch in allen Systemen von all seinen konkreten Bestimmungen diejenige, die universell leidende Klasse zu sein. Dieser Befund entspricht gerade wegen seiner ersichtlichen Diskrepanz der utopischen Vision bei Marx: »Das Reich der Freiheit beginnt in der Tat erst da, wo das Arbeiten, das durch Not und äußere Zweckmäßigkeit bestimmt ist, aufhört; es liegt also der Natur der Sache nach jenseits der Sphäre der eigentlichen materiellen Produktion.«[62] Wer aber ist dann schuld daran, daß wir von diesem Reich der Freiheit offensichtlich immer noch weit entfernt sind? Hat das Proletariat versagt, oder hat der Klassenfeind ihm einen Erfolg unmöglich gemacht? Oder sind es letztlich doch die Prozesse und Strukturen, die die Subjekte verzehren?
Gegen die Annahme, daß es in der Geschichte vernünftig zugeht oder die Einheit der Menschheit konstruktiv erzwungen werden könnte, spricht jedenfalls die Einsicht, daß der Mensch »die geschichtliche Welt, wenn er sie doch gemacht hat, nicht besser gemacht hat, als sie ist; denn ... es bleibt doch, wo das gute Ende aussteht oder kein gutes Ende ist, bei der Erfahrung des Übels der Welt: des Bösen, der Not und Langeweile, der Angst, der Schuld, der Unterdrückung, der Krankheit, des Schmerzes, des Todes, der Entfremdung, der einstweilen unvermeidlichen Antagonismen und Antinomien«.[63]
Wer möchte da noch Geschichtssubjekt sein? Zu fragen bleibt jedenfalls, ob das Proletariat nicht trotzdem in einer es nicht hoffnungslos überfordernden Weise die Rolle des Geschichtssubjektes spielen kann.

4.4. Praxis aus dem Bewußtsein des Leidens

Mir scheint, daß die in der Totalisierung des Arbeitsbegriffes liegende theoretische wie praktische Überforderung des Proletariats als Träger der Emanzipation durch einen Rekurs auf die von Marx vorgenommene Be-

---

[62] K. Marx, Das Kapital III, in: MEW XXV, 828.
[63] O. Marquard, Schwierigkeiten mit der Geschichtsphilosophie, Frankfurt 1973, 72.

stimmung des Menschen als eines leidensfähigen Wesens relativiert werden kann, ohne daß die im Proletariat durch die Sensibilität der Betroffenen gegebene Disposition zu revolutionärer Aktion negiert und die Hoffnung auf die strategische Realisation des proletarischen Internationalismus aufgegeben werden muß.

Die mit dem in Technokratie immer totaler werdenden Herrschaftsanspruch über Natur und Menschen gleichzeitig fortschreitende Destruktion der Subjektivität macht eine Praxis erforderlich, die die Identität der Subjekte gerade als sinnliche gesellschaftliche Wesen garantiert, indem sie zu einer die Totalität instrumenteller Herrschaft überwindenden Art zu handeln fähig macht. Die praktische Realisierung der Negation dieser Herrschaft aber bedarf eines Subjekts mit einer nicht-instrumentellen Vernunft, d. h. überhaupt eines gewandelten Subjekts, in dem eine »Resurrektion der (gefallenen) Natur« [64] dadurch möglich wird, daß in ihm Natur und Subjektivität sich nicht mehr antagonistisch gegenüberstehen, sondern in dem Natur als das Eigene des Subjekts mit diesem versöhnt ist.

J. Habermas hat versucht [65], die in der Identifizierung von Arbeitsprozeß und Emanzipation liegenden Aporien dadurch zu umgehen, daß er die eine gesellschaftliche Praxis der Menschengattung in die beiden Handlungsformen instrumental-zweckrationaler Arbeit und symbolisch vermittelter Interaktion (kommunikatives Handeln) zerlegte, ohne dabei aber die Einheit des Praxissubjekts, nämlich die Menschengattung aufzugeben.

Die Reproduktion des Lebens der Gattung erfolgt durch die Medien von Sprache, Arbeit und Herrschaft, wobei der Sprache die Vermittlung zwischen instrumentalem und kommunikativem Handeln zufällt. Das naturgeschichtliche Interesse an Selbsterhaltung wird in die erkenntnisleitenden Interessen an technischer Verfügung, lebenspraktischer Verständigung und Emanzipation von naturwüchsigem Zwang auseinandergelegt. Die erkenntnisleitenden Interessen verknüpfen die Logik des Bildungsprozesses des Bewußtseins mit der Naturgeschichte der Menschengattung. Sie geben einerseits Zeugnis davon, wie Erkenntniszusammen-

---

64 K. Marx, Frühschriften, 237.

65 Vgl. J. Habermas, Technik und Wissenschaft als Ideologie, Frankfurt 1968; ders., Erkenntnis und Interesse, Frankfurt 1968; ders., Theorie und Praxis, Frankfurt 1971; J, Habermas/N. Luhmann, Theorie der Gesellschaft oder Sozialtechnologie, Frankfurt 1971.

hänge von Lebenszusammenhängen als Interessengeflecht abhängen, und zum anderen drücken sie aus, wie die Form der gesellschaftlich vermittelten Lebenserhaltung an das Vernunftinteresse gebunden ist, weil die Gattung »das, was ihr als Leben gilt, selber erst interpretieren muß«[66]. Diese Interpretation ist gleichzeitig gebunden an die soziokulturelle Situation der Gegenwart wie an gültige »Ideen guten Lebens«, in welchen das Vernunftinteresse jene großen Menschheitsillusionen, die man Utopie nennt, berührt. Der Geltungsanspruch der Kritischen Theorie kann nach Habermas nur im gelingenden Prozeß der Aufklärung, d. h. im praktischen Diskurs aller Beteiligten eingelöst werden. Diese Einlösung, an der alle Betroffenen als Beteiligte teilnehmen, kann jedoch nur unter idealen gesellschaftlichen Bedingungen stattfinden, die in der Vorstellung von der idealen Sprechsituation gipfeln.[67] Der für die Habermassche Theorie konstitutive Praxisbezug droht dabei wieder dadurch verlorenzugehen, daß seine auf Selbstreflexion bauende Theorie nur unter idealen Bedingungen handlungsorientierend werden und eine praktische Veränderung eingelebter Situationen bewirken kann.

Demgegenüber erscheint es sinnvoll, auf die Praxisrelevanz der Leiderfahrung zu rekurrieren. Das Leid ist dabei nicht nur deswegen eine materialistische Kategorie, weil es die Bedrohung der Subjektivität durch die Herrschaft der Unmenschlichkeit sinnenfällig macht, sondern auch, weil es als Basis einer materialistischen, intersubjektiven Synthesis von Betroffenheit und Handlungsbereitschaft, Sein und Sollen, Anforderung und Anerkennung dienen kann.

In der bewußten Annahme des eigenen Leidens geschieht daher nicht die Unterwerfung unter die Unabänderlichkeit der Bedingungen des Leidens, vielmehr akzeptieren sich in ihr Freiheit und Subjektivität des Menschen als endliche und sterbliche, die die Widerständigkeit der historischen und gesellschaftlichen Situation nicht total in den Griff zu bekommen vermögen. In der Annahme des eigenen Leidenkönnens akzeptiert die menschliche Subjektivität Leiden als konstitutives Moment beim Aufbau eines den absoluten Verblendungszusammenhang überwindenden Subjekts.

Wird historisch-gesellschaftliche Leiderfahrung nicht als absolute Sinnlosigkeit interpretiert, dann wird auch Solidarität mit fremdem Leid als Handlungsperspektive sichtbar, die es erlaubt, zu einer autonom-solida-

---

[66] J. Habermas, Erkenntnis, 350.

[67] J. Habermas, in: J. Habermas/N. Luhmann, Theorie der Gesellschaft, 136 ff.

rischen, im Gegensatz zu einer autoritär-konkurrenzhaften Form von Praxis zu gelangen, in welcher soviel Aufforderung an den anderen gerichtet werden darf, wie Mitwirkung beim Vollzug seiner Autonomie angeboten wird.[68] Erkennt der Mensch, daß er unfähig ist, die Folgen seines Handelns allein zu tragen, dann wird er bescheiden in der Einschätzung dessen, was er durchsetzen kann, ja, er weiß, daß er keine Antwort hat auf das Leiden der anderen als die, in gemeinsamer Anstrengung die Verhältnisse zu ändern, an denen alle mitschuldig sind. Gerade auch das politische Handeln bekommt dann eine neue Qualität der Vorsicht, der Rücksicht, der Hoffnung. Es nimmt die qualitative Differenz zwischen reversiblen und irreversiblen strategischen Fehlern in sich auf und wird skeptisch gegenüber jeder Form von Vertröstung auf Zukunft.

Das Verlangen nach solidarischen Grundbeziehungen zwischen den Menschen, verbunden mit der Annahme, daß in der arbeitenden Klasse Vorformen dazu bereits ausgebildet sind, läßt das Proletariat als die leidende Klasse, im Bündnis mit allen Unterdrückten und Ausgestoßenen, gerade unter dem Gesichtspunkt der Bewältigung des Leidens und dem Lernenkönnen aus dem Leid politisch als Geschichtssubjekt geeignet erscheinen. Denn der universelle Charakter des Proletariats als stellvertretend leidende Klasse hat als negatives Spiegelbild der durch Technologie und Oligopole weltweit gewordenen Herrschaft des Spätkapitalismus als Imperialismus noch zugenommen. Der Klassenkampf ist nicht überflüssig, sondern nur subtiler geworden in seiner Notwendigkeit und seinen Anforderungen. Anderseits ist gerade durch die technologische Entwicklung das moderne Proletariat, zu dem auch die revolutionäre Intelligenz zu rechnen ist, befähigt worden, die kapitalistischen Produktionsverhältnisse tatsächlich aufzuheben und sie durch sozialistische zu ersetzen, d. h. diese Gesellschaftsklasse bleibt das entscheidende revolutionäre Subjekt.

Dadurch wird jedoch auch eine Differenzierung in die Auffassung vom Leiden selber eingebracht. Es gibt Leiden, das dadurch abgeschafft werden kann, daß man im politischen Kampf die Verhältnisse ändert, die es verursachen. Solches Leiden ist unzumutbar: Armut, Hunger, Ausbeutung, Unterdrückung, Krieg, gewaltsamer Tod. Es gibt jedoch auch eine Form des Leidens, die dadurch nicht abgeschafft werden kann, daß man die Verhältnisse ändert, weil es ein Leiden ist, das ertragen werden muß,

[68] Vgl. H. Fleischer, Marx und die Perspektive einer »Negativen Ethik«, in: Zeitschrift für Evangelische Ethik 17 (1973), 302–311.

damit die Verhältnisse geändert werden können, Leiden, das angenommen und durchlitten werden muß, damit das Leben weitergeht: das Aushalten der eigenen Nicht-Identität, das Leiden an unerfüllbarer Liebe, der Schmerz der Endlichkeit und des Todes, die Melancholien der Erfüllung, die dunkle Nacht des Kreuzes und der freiwillige Tod für den anderen. Die Einsicht in die Möglichkeiten eines Leidens, das trotz ökonomischer oder sozialer Schicksallosigkeit nicht abgeschafft werden kann, darf jedoch nicht zur Lähmung des politischen Veränderungswillens werden, so daß auch das abschaffbare Leid resignativ hingenommen wird.
Damit ergibt sich als letzte Bestimmung des Fortschritts die Verringerung menschlichen Leidens. Unter Verzicht auf globale Formeln wie die vom größtmöglichen Glück der größtmöglichen Zahl ist Fortschritt als der gelungene Versuch zu begreifen, an der Verminderung des Leidens zu arbeiten und leiderzeugende Strukturen abzubauen. Fortschritt der Gesellschaft und Fortschritt des einzelnen läßt sich daher nur negativ messen an der Verhinderung willkürlicher Erhöhung der Unglücksbilanz. »Zu wenig Gutes hat Macht in der Welt, als daß von ihr in einem prädikativen Urteil Fortschritt auszusprechen wäre, aber kein Gutes und nicht seine Spur ist ohne den Fortschritt.« [69] Im Problem des Fortschritts stehen sich daher bis zum Zerreißen gespannt Elend und Größe menschlicher Geschichte gegenüber. Das Gleichgewicht zwischen beiden zugunsten des Glücks zu stören jedoch ist Sache unserer Entscheidung und solidarischer Praxis. »Wächter, wie viel von der Nacht noch, Wächter, wie viel von der Nacht? Spricht der Wächter: Morgen zieht herauf, aber auch Nacht noch, wollt ihrs ermühen, mögt ihr euch mühen, einst sollt ihr kehren, einst heimwärts ziehen.« [70]

---

[69] Th. W. Adorno, Stichworte, 34.
[70] Jes. 21, 11–12 (Übers. Buber).

Theologische Entwürfe – Kritik oder Adaption des Marxismus

Ferdinand Kerstiens

HOFFNUNG ALS GRUNDLEGENDE THEOLOGISCHE KATEGORIE

»Wir verstehen das aus der Not geborene Bedürfnis nach einer vollständigen Gemeinschaft oder Kommunion und nach einer Liebe, die so total sein sollte, daß der mit Füßen getretene Mensch sie nur in Gott ansiedeln zu können glaubte. Wir finden es sogar schön, daß der Mensch in seiner Not solche Träume, solche Hoffnungen und die unendliche Liebe Christi erdacht hat... Unsere Aufgabe ist es, dafür zu kämpfen, daß sie nicht auf ewig unerreichbar oder illusorisch bleiben. Unsere Aufgabe als Kommunisten ist es, den Menschen seinen schönsten Träumen und seinen größten Hoffnungen näherzubringen, wirklich und praktisch näherzubringen, damit die Christen selbst auf unserer Erde den Beginn dieses Himmels finden.« [1]

»Indem der christliche Glaube die ihn tragende Zukunftshoffnung aus seinem Leben ausschied und die Zukunft in ein Jenseits oder die Ewigkeit transponierte, die biblischen Zeugnisse, die er tradierte, aber randvoll von messianischer Hoffnung für die Erde sind, wanderte die Hoffnung gleichsam aus der Kirche aus und kehrte sich in welcher verzerrten Gestalt auch immer gegen die Kirche.« [2]

»Sollte man Gott aus Mißtrauen gegen die Zukunft suchen, so ist es kein Wunder, wenn andere kommen, um aus Mißtrauen gegen Gott die Zukunft einer menschlicheren Erde in die Hand zu nehmen.« Deswegen ist das »große Schisma der modernen Welt« entstanden, »zwischen Religion und Revolution, zwischen Kirche und Aufklärung, zwischen Gottesglaube und Zukunftswillen, zwischen Heilsgewißheit und Weltverantwortung«.[3]

1. Die Zukunft der Wahrheit

Die Mitte der Frohen Botschaft ist Jesus Christus selbst, nicht irgendein Glaubensbekenntnis oder eine Religionslehre, Jesus Christus als der Gekreuzigte und Auferstandene, der bei den Menschen ist und den die Men-

[1] R. Garaudy, Vom Bannfluch zum Dialog, in: R. Garaudy/J. B. Metz/K. Rahner, Der Dialog, Hamburg 1966, 81 f.

[2] J. Moltmann, Theologie der Hoffnung, München 1973⁹, 11.

[3] J. Moltmann, Der Gott der Hoffnung, in: N. Kutschki (Hg.), Gott heute. 15 Beiträge zur Gottesfrage, Mainz/München 1967, 116–126, 120.

schen doch nicht greifen können. Die Auferstehung Jesu ist die Verheißung der heilen Zukunft für die ganze Welt. Erst dann werden die Menschen sein Werk und die Wahrheit seiner Botschaft ganz erfassen können. Daraus ergibt sich schon, daß keine Formulierung in menschlicher Sprache die Offenbarung ausschöpfen oder endgültig deuten kann, auch nicht die Schrift selber, schon gar nicht die Summe der Dogmen. Jedes geschlossene System scheitert an dieser Fülle des Evangeliums. In dieser Tatsache liegt nicht eine konstitutionelle Schwäche des Evangeliums, sondern seine befreiende Kraft für das Selbstverständnis des Glaubens, der nicht einfach einen fixen Kanon von fertigen Wahrheiten unterschreiben muß, sondern sich in jeder neuen Situation wieder neu auf die Fülle hin orientieren kann. Es bedarf der ganzen Geschichte, um die Fülle des Evangeliums in seinen Dimensionen auszulegen. Es bedarf der letzten endgültigen Offenbarung des auferstandenen Herrn, bei der er die Menschen und die Welt in seine Auferstehung hineinziehen will, um die Fülle zu erfahren, die immer noch kein Auge gesehen und kein Ohr gehört hat. Die Fülle des Wortes Gottes liegt also immer noch vor uns. Der Glaube kann sich nicht nur rückbeziehen auf alte Glaubensaussagen und Anatheme, er muß zugleich sich nach vorne öffnen, um neue Aspekte des Reichtums göttlicher Offenbarung für seine Gegenwart und Zukunft zu erkennen. Die Annahme des Glaubens vollzieht sich deswegen in der Hoffnung, die für die Fülle Gottes vor uns öffnet.

Das Dogma ist nicht adäquate Darstellung der Wahrheit, es ist vielmehr Fingerzeig auf die Wahrheit hin, der für eine spätere Zeit nicht seine geschichtliche Wahrheit, wohl aber seine Zeigekraft verlieren kann, so daß eine neue, wahrere Formulierung gefunden werden kann. Die geschichtliche Erfahrung, die Aufgaben, Hoffnungen und Ängste einer veränderten geschichtlichen Epoche können neue Seiten an der Offenbarung Gottes entdecken lassen. Die Interpretation der Offenbarung vollzieht sich in einer ständigen schwebenden Zuordnung von Evangelium und Dogma, von Erinnerung und Hoffnung. Die Wahrheit der Offenbarung, die Wahrheit des Glaubens »habe« ich also nur im Vorgriff der Hoffnung auf die endgültige Offenbarung Gottes. Daraus ergibt sich die Notwendigkeit einer versuchsweisen theologischen Forschung, eines Denkens an der vordersten Front, das sich der Rechtgläubigkeit noch nicht von vornherein versichern kann. Das Dogma und die Dogmengeschichte unterliegen der geschichtlichen Bedingtheit der Kirche. Sie können teilhaben an ihrem Sündersein. Das Dogma kann also wahr sein und doch zugleich »voreilig, überheblich, geschichtlich schuldhaft, zweideutig, versucherisch, vorwitzig abgefaßt sein« [4]. Um deswegen richtig zu interpretieren, muß immer Umkehr des Gedankens und des Lebens geschehen, muß die Erfahrung der Gläubigen herbeigezogen werden.

Gerät aber so nicht die Eindeutigkeit der Offenbarung ins Wanken? Institutionell kann die Wahrheit nicht abgesichert werden. Eine ausführliche Lehre über das Walten des Geistes in der Kirche könnte zeigen, daß die Wahrheit erst so zu ihrer eigenen Fülle kommt. Der Geist wird die Jünger alles lehren und an alles erinnern, was Jesus gesagt hat (vgl. Jo 14,26), d. h. er wird die Kirche in seine Wahrheit einführen. Die Offenheit, die nicht zu definierende (d. h. festzulegende) Fülle des Wortes ist Einbruchsstelle des Geistes. Der Glaube muß sich in diese Bewegung einlassen. Anders kann er der Wahrheit des Glaubens nicht teilhaftig werden. Gott eröffnet durch seine Offenbarung in seinem Sohn einen Raum der Freiheit, weil er neue Zukunft ermöglicht. Gott vor sich zu haben, heißt Zukunft vor sich zu haben, heißt in der Freiheit auf die größere Fülle Gottes zuzugehen.

Der Glaube bezieht sich als Hoffnung auf diese Zukunft, die noch offen ist, und kann deshalb nie zur geschlossenen Ideologie werden. Die Hoffnung verfremdet immer wieder jede Situation, jede bisher formulierte Lehre, indem sie diese nicht auf irgendeinen idealen Zustand oder eine fertige Offenbarung in der Vergangenheit, sondern auf die Vollendung der Verheißung bezieht. Wenn der Glaube diese Verfremdung durch die Hoffnung verliert, dann wird er selbstverständlich, dann ist er als tote Ideologie stillgelegt. Diese theologische Einsicht ist zunächst kirchenkritisch. Denn es ist nicht zu bestreiten, daß die faktische Realisierung des Glaubens, das Selbstverständnis der Kirche ideologische Züge getragen hat. Der Glaube der Kirche bedarf ständig der ideologiekritischen Reflexion der Theologie. Die Kirche verfügt nicht über die Botschaft, sie hat ihr zu dienen. Sie hat das Reich Gottes anzukündigen, sich nicht mit ihm zu identifizieren. Sie kann deswegen keine innerweltlichen Machtansprüche aus ihrer Botschaft ableiten. Jeder falsche Triumphalismus der Kirche ist von hier aus abgeschnitten. Die Differenz zwischen der Kirche und dem Reich Gottes ist in der Praxis und im Selbstverständnis der Kirche nicht genügend beachtet worden. Der Überschuß der Verheißung gilt für jede Gegenwart. Die Grundlage dieses hoffenden Glaubens ist die Treue Gottes, die er an seinem Volke, vor allem aber in der Auferweckung

---

[4] W. Kasper, Das Verhältnis von Evangelium und Dogma, in: Concilum 3 (1967), 74.

an seinem Sohn erwiesen hat. Die Hoffnung zeigt, was des Erinnerns wert ist, was an Verheißung noch unabgegolten ist, was noch in die Zukunft weist. Die Kirche ist konservativ, weil sie die Verheißungen festhält. Aber eben diese Bewahrung der Verheißung schließt nach vorne hin auf.

2. Die Zukunft der Geschichte

Im letzten Abschnitt ging es um die richtige Deutung der geoffenbarten Wahrheit und ihrer Zukunftsoffenheit. Wahrheit gibt es für den Menschen jedoch nicht, es sei denn in der Geschichte. Eine allgemeine, immer gültige Wahrheit wäre keine Antwort für den geschichtlich lebenden Menschen. Deswegen ist nun die Wahrheitsfrage in das größere Ganze der Geschichte einzuordnen, in dem sie erst ihren richtigen Ort und ihr richtiges Licht erhält, ihre Impulse sichtbar und fruchtbar werden können.

Im Zusammenhang unserer Frage ist eine Unterscheidung wichtig, die häufig nicht beachtet wird und deswegen zu Verwirrungen führt: Nicht alles Geschehende verdient den Namen Geschichte, nicht alles Ausstehende den Namen Zukunft. Von Geschichte kann nur gesprochen werden, wenn das spezifisch Menschliche ins Spiel kommt: Freiheit, Verantwortung, Entscheidung, mögliches Versagen. Entwicklung ist gesetzlich determinierter Prozeß. In der Geschichte gibt es wegen der neuen Initiative der Freiheit wirklich Neues, das noch nicht in seinen Bedingungen vorhanden ist. Die Entwicklung bringt nur heraus, wie der Name es sagt, was verborgen schon da ist. Die Geschichte ist noch offen für die Zukunft, die Entwicklung nur für das noch ausstehende Ende. In dem Raum, der vor uns liegt, verbinden sich Geschichte und Entwicklung zu einem Miteinander und Ineinander. Die Hoffnung richtet sich auf die angekündigte Ankunft Gottes, die jedoch nicht einfach das Ende einer automatischen Entwicklung besagt.

Gottes Verheißung seiner Ankunft eröffnet vielmehr dem Menschen einen Raum der Freiheit, der Initiative und der Verantwortung. Die Zukunft, auch die Heilszukunft, wird durch den Menschen, seinen Glauben und Unglauben, durch seine Liebe oder sein Versagen mit entschieden. Gott schenkt dem Menschen die Erlösung so, daß sie von ihm selbst mitgetan werden kann und soll. Deswegen verurteilt die Hoffnung den Menschen nicht zur Passivität, zum bloßen Abwarten. Sie ist nicht Vertröstung. Sie fordert vielmehr den ganzen Einsatz der Menschen heraus. Der Mensch muß selber auf seine erhoffte Zukunft zugehen. »Hoffen geschieht im

Tun des nächsten Schrittes.«[5] In dieser Hoffnung verliert die Gegenwart nicht ihr Gewicht, im Gegenteil: Das Gewicht der Gegenwart wächst mit dem Gewicht der Zukunft, über die in ihr entschieden wird. Keiner kann die Gegenwart ernster nehmen als der Christ, weil er weiß, welche Verheißung über ihr steht, über welche Verheißung in der Gegenwart entschieden wird.

Die innerweltlichen Hoffnungen sind nicht Konkurrent der christlichen Hoffnung, sondern ihre Vermittlung und Ort ihrer Einübung. Die innerweltliche Zukunft ist nicht Konkurrent der erhofften Zukunft, sondern ihre Vermittlung und Ort ihrer Einübung. Dabei geht es nicht nur und auch nicht vornehmlich um die persönliche Hoffnung und Zukunft. Die Verheißungsgehalte der Frohen Botschaft meinen fast alle primär die gemeinsame Zukunft, das gemeinsame Heil. Die erhoffte gemeinsame Zukunft ist nicht eine nachträgliche Addition vieler Einzelschicksale. Der einzelne Mensch wird vielmehr in das kommunitäre Heil hereingezogen. Freiheit, Friede, Gerechtigkeit, Versöhnung, Reich Gottes, Überwindung allen Leides, Überwindung des Todes, Auferweckung allen Fleisches, der neue Himmel und die neue Erde sind Bilder dieser erhofften Zukunft. Die Christen gehen auf diese Zukunft zu, indem sie sich jetzt für ihre Vorwegverwirklichung einsetzen. Die verheißene Zukunft, die durch Christus eröffnet ist, will ihren Vorschein, ihren ersten Ausdruck durch das Handeln der Christen aus dem Geiste der Liebe Christi finden. Durch und in diesem Einsatz verantworten die Gläubigen ihre Hoffnung vor Gott, vor den anderen und vor sich selbst. Gewiß werden sie die Zukunft nicht aus eigener Kraft bauen können, aber sie können ihr dank der Gnade einen Vorschein verschaffen. Die Hoffnung wird immer noch weiter führen, wird innerweltlich nicht zur Ruhe kommen, wird immer den Einsatz leiten, inspirieren und zugleich noch übersteigen. In diesem Einsatz erweist sich die Gemeinschaft mit Christus schon jetzt als fruchtbar.

In diesem Einsatz stößt der Christ auf das Kreuz, nicht auf das selbstgewählte Opfer. Aszese ist funktionale Aszese. Sie wird abverlangt, wenn der Christ sich wirklich auf das Wollen Gottes einläßt. Jesus wollte nicht das Kreuz, sondern das Leben. Aber er ist dem Kreuz nicht ausgewichen, als es ihm in der Konsequenz seines Dienstes auferlegt wurde. Das in der Liebe und im angenommenen Kreuz angezielte und erhoffte Heil für alle

---

[5] K. Barth, Kirchliche Dogmatik IV/3/2, Zürich 1959, 1048.

weist auf die Vollendung, die nur Gott selber schenken kann und die nur eben deshalb auch wirkliche Vollendung sein kann.

3. Konkretionen

3.1. Hoffnung und Freiheit

Wenn die Zukunft nur durch die Freiheit vermittelt wird, wenn gerade die Heilszukunft nur in Freiheit angenommen und übernommen werden kann, dann muß sich die Kirche als ein Ort der Freiheit erweisen, um glaubwürdig ihre Botschaft vermitteln zu können. Dann muß sie in ihrem Leben und in ihrem Einsatz in der Welt deutlich machen, daß es ihr um die Freiheit geht. Das gilt für ihre kirchenrechtliche Ordnung und ihre Selbstverwirklichung auf allen Ebenen. Die kirchliche Tradition in Lehre und Leben muß immer wieder neu für die Verantwortung der Freiheit aufgeschlossen werden. Umkehr, Bekenntnis der Schuld und Bitte um Vergebung sind solche Wege zur Freiheit für den einzelnen wie für die Kirche. Die Kirche muß die Verbote und Gebote Gottes und ihre eigenen als Wege zur Freiheit verständlich machen. Sie muß zugleich, ob gelegen oder ungelegen, gegen alle Unterdrückung und Verachtung der Menschen wegen ihrer Rasse, ihrer Religion, ihrer gesellschaftlichen Inferiorität protestieren, gegen alle Manipulation der Freiheit in Ost und West. Und die Christen müssen sich darum bemühen, die Ursachen dieser Unfreiheit zu überwinden.

Aus der Hoffnung ist kein eindeutiges Rezept für das richtige Handeln abzuleiten. Innerhalb der grundlegenden Parteilichkeit Jesu in der Hoffnung, im Eintreten für die Armen, Traurigen, Unterdrückten gibt es unterschiedliches Handeln, unterschiedliche Strategien der Hoffnung. Dabei hat die Praxis der Christen selber Erkenntniswert für die Kirche. Die Erfahrung zeigt, was der Ermöglichung von Freiheit als der Verantwortung der Hoffnung für alle dient. Das Experiment christlichen Handelns, das sich des Erfolges nicht von vornherein versichern kann, gehört zur Realisierung dieser Hoffnung.

3.2. Hoffnung und Toleranz

In der heutigen gesellschaftlichen Situation ist die Toleranz lebensnotwendig. In geschlossenen religiös-politischen Systemen kann man noch meinen, sich und den inneren Bestand durch die Ausmerzung der religiösen und politischen Rebellen zu sichern. In der pluralistischen Gesellschaft müssen jedoch verschiedene Wertsysteme und Weltanschauungen nebeneinander leben. Zwar gibt es noch einige traditionell katholisch oder kommunistisch regierte Länder, in denen sich das Bewußtsein der Pluralität erst langsam und unter Schwierigkeiten durchsetzt bzw. immer noch unterdrückt wird. Aber auch diese Länder müssen zumindest nach außen hin Toleranz üben, um ihren eigenen Bestand zu sichern. Die Möglichkeit der Toleranz ist für den Christen darum gegeben, weil er in seiner Hoffnung darum weiß, daß die Zusammenführung der Welt, aller Initiativen, Weltanschauungen, Sachbereiche erst eschatologisch geschehen wird, daß er deswegen aus seinem Glauben und seiner Hoffnung heraus mit dem innerweltlichen Pluralismus zu rechnen hat.

Da die Christen und ihre Kirche ihren Gott nicht durchschaut haben, da sie nicht über ihn verfügen können, sind sie angewiesen auf die Erfahrungen aller Menschen, um die Implikationen der eigenen Botschaft für die gegenwärtige Zeit zu erkennen. Hier liegt der heute so oft geforderte Dialog theologisch begründet. Toleranz als aktives Hinhören auf den anderen ist aber noch aus einem anderen Grunde gefordert: Der Glaube bedarf der Konkretion im Handeln. Für dieses Handeln sind Sachkenntnis, Gesellschaftsanalyse, Methodenfragen erforderlich, die nicht selber aus dem Glauben abgeleitet werden können. Deswegen muß die Kirche, müssen die Christen auf alle hören, um zu erkennen, was ihnen selber zur Verwirklichung ihres Glaubens im Dienst an den Menschen weiterhelfen kann; deswegen müssen sie auch mit den anderen zusammenarbeiten.

Toleranz darf aber nicht selber zur Ideologie werden, die einfach alles gelten läßt, weil ihr alles gleich-gültig ist. Dann wäre die Toleranz das Opium des Volkes. Toleranz ist vielmehr selber Aktion. Sie muß das eigene Angebot einbringen in das Gespräch über die Zukunft, in den Streit um den Menschen. Die Toleranz ist wie der Kompromiß Zeichen dafür, daß wir noch nicht am Ziele sind. Aber sie wollen ein Mehr und nicht ein Weniger an Wahrheit erreichen. Im Streit um den Menschen, um das vielfältig bedrohte Humanum in unserer Welt sollen die wertvollen Impulse aller Seiten fruchtbar gemacht werden, also auch der Christen und der Marxisten. Die Grenzen der Toleranz können oft nicht vorgängig theoretisch festgelegt werden. Die Grenze erkennt man oft erst im Einsatz selbst. Von hier aus ergibt sich die Notwendigkeit eines Experimentierens mit Toleranz und Kompromiß. Neue Wege dürfen nicht vorschnell von der Orthodoxie verurteilt werden, da sie vielleicht neue Möglichkeiten des Christseins entdecken. Die Geschichte der Heiligen und der Ketzer bieten Beispiele dazu.

3.3. Die Hoffnung als Kritik der Gegenwart

Die Hoffnung kann zwar nicht ihr innerweltliches Zukunftsprogramm festlegen, aber sie kann kritisieren, was ihr in der Gegenwart nicht entspricht. Die Hoffnung weiß nicht, wie die Freiheit und die Gerechtigkeit, das heile Menschsein aussehen, aber sie kann sagen, was dieser Freiheit, dieser Gerechtigkeit, diesem heilen Menschsein, dieser Liebe heute nicht entspricht. Was sind heute die Hauptpunkte der Kritik der Hoffnung?

Die Hoffnung gilt dem einzelnen wie der Allgemeinheit, der Gesellschaft. Sie muß sich also auf der einen Seite dagegen wehren, daß der einzelne einfach zugunsten des Heils der Gesellschaft, einer gegenwärtigen oder zukünftigen Gesellschaft verbraucht wird. Der einzelne ist nicht bloß Material oder Instrument einer innerweltlichen Zukunft. Die Liebe Gottes gilt ihm unauswechselbar und einmalig. Und deswegen kann er nicht einfach gebraucht oder verbraucht werden. Das muß gegenüber dem Marxismus und der Praxis kommunistischer Staaten festgehalten werden. Hat der Marxismus von seiner Theorie aus einen Sinn für die Unauswechselbarkeit des einzelnen Menschen? Die Liebe Gottes zu jedem ist der unübertreffbare Schutz für den einzelnen, die Liebe, die ihm auch über den Tod hinaus gilt und die allein den Tod überwinden kann, die also auch dem Menschen eine Zukunft eröffnet, die nicht bloß Zukunft einer kommenden Generation ist. Diese Liebe muß die Kirche in Verkündigung, Kritik und Engagement deutlich machen.

Diese Kritik der Hoffnung, die auf die Liebe Gottes zielt, gilt auch gegenüber einer Fetischisierung des Fortschrittsgedankens in einer technologisch gesteuerten Gesellschaft westlicher Prägung. Der Einsatz und die Hoffnung des Christen muß dem Armen, Zurückgebliebenen, dem Unproduktiven, den Alten und Kranken gelten, die so leicht von der Gesellschaft beiseitegeschoben werden. In der Hoffnung liegt die doppelte Kraft, im übermächtigen Unrecht, in der Erniedrigung und Verfolgung auszuhalten und nicht zu verzweifeln und zugleich alle Kraft zur Überwindung des Unrechts zu mobilisieren. Wenn eine der beiden Seiten verkürzt wird, dann würde die Hoffnung entweder zur bloßen Vertröstung oder zum innerweltlichen Aktivismus herabsinken.

Zugleich aber muß die Hoffnung allen Egoismus des einzelnen oder einzelner Gesellschaftsschichten kritisieren. Dazu gehört auch die Kritik an überzogener Ausnützung eigener Rechte, zum Beispiel des Rechtes auf Eigentum, auf legale Macht, die gesellschaftlich-politisch illegitim sein kann.

In diesem Zusammenhang ist vielleicht auch eine Kritik an dem Gemeinschaftsgedanken in der katholischen Theologie nötig. Die Philosophie des Personalismus, die nur auf den existentiellen Akt des einzelnen und die personale Begegnung des Ich mit dem Du schaute, hat lange die gesellschaftliche Verfaßtheit des Lebens als Gefährdung, als uneigentliches Leben abgewertet. Heute ist aber die gesellschaftliche, durch Institutionen und Organisationen vermittelte Mitmenschlichkeit notwendige Organisation des Menschseins geworden, an der man nicht vorbeileben kann und darf. Wir können nicht den Glauben auf den personalen Intimbereich reduzieren. Sonst wäre der Glaube bald außerhalb des wirklichen Lebens im stillen Winkel personaler Intimität stillgelegt. Dieser Streit um den Menschen wird heute gesellschaftlich ausgefochten. Wenn die Frohe Botschaft für den Menschen fruchtbar werden soll, wenn sie ihn wirklich treffen soll, dann darf die gesellschaftliche Dimension nicht außer acht gelassen werden. Die notwendige Dialektik zwischen dem einzelnen, dem Intimbereich der Ich-Du-Begegnung, der Gemeinschaft und der Gesellschaft wird erst eschatologisch in der communio sanctorum überwunden. Deswegen darf jetzt keine Dimension des konkreten Menschseins diskreditiert oder geopfert werden.

Sicher ist viel Elend und Unheil gesellschaftlich bedingt, aber es bleibt vom christlichen Selbstverständnis her doch zu fragen, ob alle Entfremdung des Menschen durch soziale Planung und eine gerechtere Gesellschaft überwunden werden kann. Mit dem Geplanten wächst auch das Unplanbare. Wie der Mensch mit der erhöhten Verantwortung fertig wird, wie sich dann seine bleibende Schuldfähigkeit auswirkt, welche neuen Ängste sich ergeben, wie in einer solchen Gesellschaft gestorben wird, das hängt vom Neuwerden des Menschen ab. Hier müssen Befähigung zur Liebe, Vergebung und Versöhnung ihren Beitrag leisten. Der Mensch ist nicht nur Produkt seiner Umwelt, deswegen können auch Selbstentfremdung und Fremdentfremdung nicht nur durch gesellschaftliche Planung überwunden werden. Umkehr kann aber christlich nur vollzogen werden in der Hoffnung, daß Gott immer wieder und dann endgültig einen Neuanfang ermöglicht.

Die Kritik des einzelnen ist heute in der Welt aber wirkungslos. Sie ist beliebig und zufällig. Es bedarf einer Institution der Kritik. Eine solche könnte und sollte für die Welt heute die Kirche sein. Sie kann als weltweite Institution überall ihre Stimme erheben. Sie muß sich überall diese Unabhängigkeit bewahren, darf sich nirgendwo so mit den politischen Mächten liieren, daß diese Kritik dadurch unmöglich würde. Sie wird glaubwürdig diese Kritik leisten können, wenn deutlich wird, daß es ihr nicht um die eigene Macht geht, daß sie für alle Menschen, nicht nur für die Gläubigen da ist. Die Kirche wird glaubwürdig sein, wenn sie ihre kritische Stimme überall, über alle Grenzen, Mauern und Blöcke hinweg erhebt. Sie wird es glaubwürdig tun, wenn sie bereit ist, die Kritik erst einmal an sich selber und an der eigenen Vergangenheit zu üben und auf Kritik von außen zu hören. Die Kirche hat dabei keine Macht, die der Macht ihrer Verheißung, also der Macht des Friedens und der Gerechtigkeit und des Heils Gottes vorausliegt.

3.4. Hoffnung und Revolution

Wenn auch dieses Thema in diesem Sammelband eigens behandelt wird, hier doch ein kurzer Hinweis. Die Kritik der Hoffnung entdeckt die Veränderbarkeit aller Gegenwart, aller politischen und gesellschaftlichen Systeme; sie entlarvt alle irdische Ordnung in ihrer Vorläufigkeit und Übersteigbarkeit. Damit ist zugleich ein Handlungsspielraum zu einer wirklichen Veränderung eröffnet. Mit öffentlicher Kritik ist oft wenig zu erreichen, so wichtig sie auch ist. Im positiven Entwurf jedoch können die Meinungen der Christen auseinandergehen. Doch das dispensiert nicht vom Handeln. Heute ist vor allem der Begriff der Systemüberwindung im Gespräch, doch erscheint die politisch aufgeputschte Diskussion darum nicht berechtigt, da von den Befürwortern wie von den Gegnern der Systemüberwindung nicht klar definiert wird, wo die Grenze zwischen einer im System bleibenden Reform und der Systemüberwindung liegt. Das gleiche gilt von dem Begriffspaar Reform und Revolution. Es überrascht allerdings, daß gerade von christlicher Seite gegen die Systemüberwinder polemisiert wird. Das Verhalten Jesu und die Verhaltensmodelle, die er anbietet (z. B. in der Bergpredigt), passen sicher in kein System, sprengen jedes System durch unerwartbares, nicht reglementierbares Verhalten. Jedes System ist in Gefahr, in seinen konkreten Auswirkungen unmenschlich zu werden. Die Forderungen Jesu sind Zielvorstellungen auf dem Wege, die die Menschen immer wieder aus ihren falschen Selbstverständlichkeiten herausholen sollen. Sie wollen die eigene Phantasie anregen, den Lebenshorizont erweitern, auf neue Möglichkeiten aufmerksam machen, um aus dem Teufelskreis von Schlag und Gegenschlag herauszukommen.

Das Verhalten der Christen soll Zeichen der neuen Welt innerhalb der alten sein, Verheißung und Beginn der Vollendung, Stachel der Zukunft in einer unerlösten Gegenwart, Zeichen der Hoffnung für alle.

Ludwig Rütti

POLITISCHE THEOLOGIE

Die politische Theologie, von der hier die Rede sein soll und die vor allem von J. B. Metz entfaltet wurde, hat eine besondere Beziehung zur marxistischen Tradition. Sie sucht den christlichen Glauben in der Gegenwart zu verantworten und sieht im Marxismus – nicht als einem starren Lehrsystem, sondern als einem Ansatz und einer Methode, welche die seit der neuzeitlichen Aufklärung gestellten Probleme aufgreift und zu lösen sucht – primär einen Weg zur Bestimmung der gegenwärtigen hermeneutischen Ausgangssituation für Glauben und Theologie. Sie stellt sich deshalb auch ausdrücklich der marxistischen Ideologie- und Religionskritik. Im Rahmen des vorliegenden Beitrages scheint es jedoch sinnvoller zu sein, sich nicht auf die Aspekte der expliziten Konfrontation und der gegenseitigen Abgrenzung von Marxismus und politischer Theologie zu beschränken, sondern die Intention und Arbeitsweise der politischen Theologie vorzustellen. Der Zusammenhang und der Vergleich mit den anderen Beiträgen dieses Bandes kann das Verhältnis von politischer Theologie und Marxismus unter verschiedenen Gesichtspunkten verdeutlichen.

1. Der fundamentaltheologische und hermeneutische Ansatz

Die politische Theologie hat ihren Ursprung nicht in der Frage, was die Theologie zur Lösung von bestimmten gesellschaftlich-politischen Problemen beitragen kann. Sie will also nicht eine zur »Theologie überhaupt« avancierte Sozialethik oder politische Ethik sein. Innerhalb der Theologie ist ihr Ort die Fundamentaltheologie (oder »Apologetik«), d. h. jene Disziplin, die versucht, die universale Bereitschaft des christlichen Glaubens zur Verantwortung (apologia als Rechenschaftsablegung) und Vermittlung unter den jeweiligen geschichtlichen Verhältnissen und Bedingungen des Verstehens wissenschaftlich zu artikulieren. Am Anfang der politischen Theologie steht daher das hermeneutische Problem: das Problem der »Vermittlung« einer geschichtlichen Tradition (des christlichen Glaubens) – und die »gegenwärtigen Verhältnisse und Bedingungen des Ver-

stehens« sind jene der Neuzeit, d. h. vor allem der Aufklärung und der aus ihr folgenden Phänomene und Traditionen.
In der theologischen Tradition wird die Verantwortung des Glaubens (»Apologie«) vorzüglich unter dem Gesichtspunkt des Verhältnisses von Glaube und Vernunft wahrgenommen. Bezüglich der Vernunft stellt sich in der Neuzeit eine veränderte Ausgangssituation dar. Vernunft konstituiert sich in der Aufklärung als »kritische Vernunft«, wie es Kant in der Vorrede zur »Kritik der reinen Vernunft« programmatisch formuliert hat: »Unser Zeitalter ist das eigentliche Zeitalter der Kritik, der sich alles unterwerfen muß.« Dieser Forderung kann sich keine Theorie, keine Philosophie und auch keine Theologie mehr entziehen; sie prägt das neuzeitliche Denken, und selbst die Kritiker und Gegner einer konsequent kritischen Vernunft bei deren maßgebenden Vertretern wie Kant, Hegel, Marx sind von ihr bestimmt.
Aufklärung und kritische Vernunft sind jedoch nicht rein theoretisch und rein privat zu realisieren. Nach Kant muß Aufklärung, d. h. die Befreiung aus selbstverschuldeter Unmündigkeit, durch Öffentlichkeit vermittelt werden. Der Gebrauch der Vernunft – als einer »kritischen«, »aufgeklärten« – ist an deren öffentlichen Gebrauch gebunden. Die Vernunft kann ihr eigenes Vernünftigsein nur realisieren, »indem sie sich zugleich um die Herstellung der politischen Voraussetzungen bemüht, von denen es abhängt, ob sie möglich ist« [1]. Dieses in der Aufklärung formulierte Problem der kritischen Vernunft und folglich des Verhältnisses von Vernunft und Gesellschaft, von Theorie und Praxis, ist das grundlegende Problem der Neuzeit, auch wenn inzwischen die gesellschaftliche und politische Entwicklung weitere Dimensionen hervorgebracht und zu einem Bewußtsein der »Dialektik der Aufklärung« [2] selbst geführt hat.
Für die Fundamentaltheologie (Glaube und Vernunft) stellt sich in diesem Zusammenhang die Frage nach der Möglichkeit und Verbindlichkeit von theologischem Denken und damit von Verantwortung des Glaubens in den Verhältnissen eines sog. »kritischen Zeitalters«.

»Ein neues Verhältnis von Theorie und Praxis, von Wissen und Moral, von Reflexion und Revolution ist wirksam, das auch das theologische Bewußtsein bestimmen muß, wenn dieses nicht auf eine frühere vorkritische Stufe des Be-

---

[1] G. Picht, Wahrheit, Vernunft, Verantwortung. Philosophische Studien, Stuttgart 1969, 188 f.
[2] Vgl. M. Horkheimer/Th. W. Adorno, Dialektik der Aufklärung. Philosophische Fragmente, Frankfurt 1971 (Neupublikation).

wußtseins zurückfallen soll. Die praktische und – im weitesten Sinne des Wortes – politische Vernunft muß künftig an allen kritischen Reflexionen der Theologie beteiligt sein. Auf sie hin konkretisiert sich zunehmend das klassische Problem des Verhältnisses von fides und ratio, auf sie hin zieht sich immer mehr das Problem der Glaubensverantwortung zusammen. Das sog. hermeneutische Grundproblem der Theologie ist nicht eigentlich dasjenige des Verhältnisses von systematischer und historischer Theologie, von Dogma und Geschichte, sondern von Theorie und Praxis, von Glaubensverständnis und gesellschaftlicher Praxis.«[3]

2. *Das Politische als der umfassende Interpretationshorizont*

Das neuzeitliche Geschichtsbewußtsein mit seiner kritisch-revolutionären Tendenz, die Vernunft als kritische Vernunft und das damit geforderte neue Verhältnis von Theorie und Praxis sind die Bedingungen, unter denen der Glaube verantwortet und theologische Vernunft realisiert werden müssen. Damit ist der explizite Bezug der Theologie zum Gesellschaftlichen und Politischen unausweichlich.

Die gegenwärtige Ausgangssituation – zumindest für den abendländischen Bereich – kann noch präzisiert werden durch einen Blick auf das Dilemma, in dem Kirche und Theologie bezüglich des Politischen stehen, nämlich das Dilemma zwischen einem politisierten Christentum und einer politischen Abstinenz.

Die heute geforderte politische Interpretation bzw. politische Theologie beruht nicht auf einer rein innertheologischen apriorischen Entscheidung, sondern stellt sich ausdrücklich in den Zusammenhang der neuzeitlichen und gegenwärtigen Geschichte des Christentums. Diese Geschichte ist durch den sog. Prozeß der »Säkularisierung« geprägt. Aus der Sicht der mittelalterlichen Kirche und Christenheit, mit der beherrschenden Stellung der Kirche auch im politischen, gesellschaftlichen und kulturellen Bereich und mit den Privilegien der Kirche, erscheint die Emanzipation der Philosophie, der Wissenschaften, der gesellschaftlich-politischen Sphäre von der kirchlichen Vormundschaft als Säkularisierung. Nachdem die Kirche allmählich die »Autonomie des Weltlichen« als legitim anerkannt hatte und in der demokratisch-pluralistischen Konzeption der Gesellschaft selbst als ein spezifisches Element akzeptiert wurde, tendierte das Christentum zur Privatisierung, d. h. es begründete nunmehr seine Theologie und seine Praxis in einem spezifischen religiösen Bedürfnis (religiöse Anlage, Glaube), welches als qualitativ verschieden von allen

---

[3] J. B. Metz, Zur Theologie der Welt, Mainz/München 1968, 103 f.

»zeitlichen« und »weltlichen« Bedürfnissen und Tätigkeiten interpretiert wurde. Danach betrifft der christliche Glaube nicht direkt die Gestaltung der »Welt«, und umgekehrt ist die Gestaltung der »Welt« nicht unmittelbar relevant für die Interpretation und Verwirklichung des christlichen Glaubens. (Diese Tendenz ist allerdings nicht einheitlich und konsequent: Je nach der Situation und nach der Sache, um die es geht, wird entweder von der Zuständigkeit der amtlichen Kirche in sozialen und politischen Fragen – offizielle Soziallehre, Einfluß auf Gesetzgebung und auf die öffentliche Ordnung – und von der Verantwortung des einzelnen Christen bloß im privaten Bereich seines Alltags gesprochen; oder die amtliche Kirche lehnt ihrerseits eine Verantwortung und einen »politischen Auftrag« ab – zumeist wenn es um Kritik und Veränderung von herrschenden Verhältnissen geht – und überträgt sie dem einzelnen Christen und seinem »Gewissen«.)

Dennoch haben der »reine« Glaube und die Kirche als »rein religiöse« Institution nur scheinbar einen apolitischen Charakter. Die Kirche hat als Gemeinschaft und Institution explizit oder implizit immer eine gesellschaftlich-politische Funktion. Christen (und Theologen) stehen, insofern sie als Menschen von den gesellschaftlich-politischen Aufgaben und Konflikten betroffen sind, vor dem Problem einer christlichen Legitimation ihrer politischen Tätigkeit; dieses christliche Engagement will weder den Glauben und das Christentum im Sinne der Antike und des Mittelalters re-politisieren noch sich mit einem bloßen Nebeneinander oder gar Widerspruch von christlichem Glauben und weltlichem Engagement, von Gebet und Leben, von eschatologischer Hoffnung und irdischer Zukunftsgestaltung begnügen. Deshalb muß eine politische Theologie einerseits – im Anschluß an die Aufklärung und an die Religionskritik – das konstantinische Modell eines politisierten Christentums (auch wenn sie dessen relative geschichtliche Notwendigkeit und Berechtigung anerkennt) und dessen Repristination in neuen Formen eines kirchlichen oder klerikalen »Imperialismus« ablehnen. Anderseits muß ihr auch die Auffassung von einer »reinen« Religion des Jenseits oder der Innerlichkeit verdächtig sein, die als ein ideologischer Faktor der Entfremdung und der Tröstung angesichts aufhebbaren Leides und Unrechts wirken kann und auf weite Strecken der Christentums- und Kirchengeschichte bis heute so gewirkt hat. Jedenfalls besitzt eine Theologie, die sich »rein« religiös, metaphysisch oder existentiell artikulieren will, keine Kategorien, um ihre mögliche oder tatsächliche ideologische Funktion in einem gegebenen soziokulturellen Zusammenhang zu begreifen und sie zu überwinden.

Im Prozeß von Aufklärung und Emanzipation, in dem sich die Vernunft, auch die theologische, nur als kritisch-befreiende (und als solche an die Praxis verwiesene) realisieren kann, muß der politische Horizont der »Befreiung« – der, wie noch zu erläutern sein wird, nicht bloß die Übernahme eines bestimmten vorgegebenen Emanzipationsverständnisses bedeutet – zum umfassenden Interpretationshorizont des Glaubens werden:

> »Wenn wir in der Bibel die schriftgewordene Verheißung der Freiheit und in der Verkündigung die Mission dieser Freiheit finden, dann muß eine geschichtliche Hermeneutik die Mittel und die Methoden praktischer Befreiung entwerfen. Diese Hermeneutik kann darum politische Hermeneutik genannt werden, weil sie die Politik als den umfassenden Lebenshorizont des Menschen wahrnimmt.« [4]

Es zeigt sich also, daß politische Theologie weder eine Beschränkung der Theologie auf politische Fragen in einem engen Sinne noch eine unvermittelte Umsetzung aller Glaubensaussagen in politische Handlungsanweisungen anstrebt, sondern daß das Politische in der politischen Theologie primär eine fundamentale und hermeneutische Kategorie ist, in der die unaufgebbare geschichtliche und gesellschaftliche Dimension des christlichen Glaubens in den gegenwärtigen Verhältnissen zum Ausdruck gebracht werden soll.

3. Erlösung und Emanzipation

In welchem Sinne die Theologie politisch sein und wie sie sich zu politischen Herausforderungen verhalten soll, kann – wenn auch immer noch auf einer eher allgemeinen Ebene – an einem theologisch und politisch zentralen Thema erläutert werden: am Verhältnis von Erlösung und Emanzipation.[5] Beiden gemeinsam ist die Frage nach Freiheit bzw. Befreiung. Wie verhalten sich erlösende und emanzipatorische Freiheit zueinander? Gehören sie radikal verschiedenen Bereichen oder Ebenen an, und haben sie daher im wesentlichen nichts miteinander zu tun? Oder enthält der christliche Erlösungsglaube – vielleicht verschüttet und verformt – Momente, die auch den neuzeitlichen Emanzipationsbestrebungen gegenüber ein Angebot an erlösender Freiheit und dabei in einer spezifischen Weise politisch relevant sein können?

---

[4] J. Moltmann, Perspektiven der Theologie. Gesammelte Aufsätze, München/Mainz 1968, 139.

[5] Vgl. J. B. Metz, Erlösung und Emanzipation, in: Stimmen der Zeit 98 (1973), 171–184.

Die christliche Tradition und ihre Wirkungsgeschichte vor allem im abendländischen Kulturraum ist von den neutestamentlichen Zeugnissen bis in die Neuzeit wesentlich durch den Gedanken der Freiheit in unterschiedlichen Interpretationen und Realisierungstendenzen geprägt.[6] Als die im Glauben an Jesus Christus geschenkte, in ihrer Vollendung noch ausstehende Freiheit vom (mosaischen) Gesetz, von der Sünde und vom Tode war die Freiheit im biblisch-urchristlichen Sinne durchaus nicht weltflüchtig, rein »innerlich« oder rein »religiös«. Sie sprengte den Rahmen der damaligen kosmischen Religiosität, weckte in den Menschen ein neues Selbstbewußtsein gegenüber den Ordnungen und Mächten und löste immer neue christlich-kirchlich-politische Bewegungen aus: Freiheit der Kirche vom (»christlichen«) Imperium, »Freiheit eines Christenmenschen« (Luther) vom Institutionalismus und Klerikalismus der Kirche – und schließlich wirken ihre Impulse auch in den liberalen Freiheiten (»Menschen- und Bürgerrechte«) und im revolutionären Ziel der »menschlichen Emanzipation des Menschen« (Karl Marx).

Doch gibt es auch eine Kehrseite im Verhältnis von Christentum und Kirche zur Freiheit. Verschiedene geschichtliche Umstände, aber auch sich immer stärker herausbildende Züge institutioneller Erstarrung und Selbstbehauptung ließen vor allem die katholische Kirche kein Verhältnis fruchtbarer Auseinandersetzung zu den neuzeitlichen Strömungen der Aufklärung und Emanzipation finden. Die Kirche geriet ideologisch und als politischer Machtfaktor auf die Seite der Reaktion und der Restauration. Nicht zuletzt aus diesem Grunde wurde es bis heute immer schwieriger, soweit dies überhaupt geschah, verständlich und glaubwürdig in einem christlichen Sinne von Freiheit zu sprechen.[7]

Die Schwierigkeit, heute von christlicher Freiheit zu sprechen, liegt jedoch nicht ausschließlich in deren Desavouierung durch die Lehre und die Praxis der Kirche. Die neuzeitliche Entwicklung der Vorstellung und der Ziele von Emanzipation führte zu einem grundsätzlichen Widerspruch gegen ein christliches Verständnis von einer erlösenden und erlösten Freiheit. Der ursprüngliche Begriff der Emanzipation in der antiken römischen Rechtssprache (rechtlicher Akt der Freilassung eines Sklaven oder der Entlassung des mündig gewordenen Sohnes aus der väterlichen Gewalt) enthielt ausdrücklich das Element der gewährten Freiheit und stand

---

[6] Vgl. J. Moltmann, Die Revolution der Freiheit, in: ders., Perspektiven, 189–211.

[7] Vgl. L. Rütti, Emanzipation des Katholizismus. Die Forderung nach einer politischen Theologie, in: Religionsunterricht an höheren Schulen 15 (1972), 158–167.

deshalb nicht in Widerspruch zu einem Verständnis von Erlösung als der von Gott geschenkten Freiheit. Demgegenüber wurde Emanzipation in der Neuzeit immer deutlicher als ein kollektiver Akt der Selbstbefreiung von menschlichen Gruppen und Klassen aus politischer, sozialer, rechtlicher oder geistiger Bevormundung oder Unterdrückung verstanden. Gegenwärtig hat vor allem in Mitteleuropa der Begriff der Emanzipation, abgelöst von konkreten Situationen ungerechter Herrschaft und von konkreten Trägern der Veränderung, in einem weitverbreiteten Sprachgebrauch und in bestimmten Emanzipationstheorien eine universale, totale und zugleich unbestimmte Bedeutung erhalten. Er wird zu einer geschichtsphilosophischen Grundkategorie der Interpretation der menschlichen Freiheit und der – speziell neuzeitlichen – Freiheitsgeschichte überhaupt. Er drängt in alle Lebensbereiche hinein: Erziehung, soziale Prozesse, Literatur, bildende Künste, ja sogar christliche Verkündigung und Religionspädagogik. Er fordert permanente Dynamik und Bewußtseinsveränderung.

Christen und Theologen reagieren in unterschiedlicher Weise auf diese radikale Herausforderung an das christliche Erlösungs- und Freiheitsverständnis. Auf der einen Seite wird versucht, an einer klaren Differenz und an einer mehr oder weniger friedlichen Koexistenz von Erlösungsgeschichte und Emanzipationsgeschichte festzuhalten: Emanzipation beziehe sich auf innerweltliche, soziale, politische und kulturelle Vorgänge – Erlösung dagegen auf eine transzendente, innerliche, religiöse und absolute Wirklichkeit, auch wenn diese gewisse Auswirkungen auf das Profane und Innergeschichtliche haben könne. Auf der anderen Seite zeigen sich Tendenzen, Erlösungsgeschichte und Emanzipationsgeschichte zu identifizieren und das christliche Erlösungs- bzw. Freiheitsverständnis als eine Art von Korrektur, Überhöhung (nach dem Modell: die Gnade vervollkommnet die Natur) oder als das Wissen um den letzten Grund und das letzte Ziel von Emanzipation zu verstehen. Bleiben wirklich nur diese beiden Möglichkeiten: entweder Herunterspielen des Anspruchs von Emanzipation und Resignieren vor ihm – wozu letztlich die prinzipielle Unterscheidung führt – oder die Verdoppelung, d. h. Wiederholung desselben Freiheitsverständnisses auf einer »höheren« Ebene und damit vielleicht das Verpassen der Chance eines »spezifischen Beitrages« zum Problem der Freiheit?

Mit aller Vorsicht und eingedenk der Tatsache, daß die Kirche an vielen Orten und in mancher Hinsicht an der Unterdrückung von Menschen beteiligt war und noch ist, sei es auch nur durch ideologische Sanktionierung oder einfach durch Schweigen, sollte dennoch gefragt werden, ob nicht ein totales und umfassendes Emanzipationsverständnis in sich widersprüchlich ist und in der Praxis neue Irrationalismen, Ungerechtigkeiten und Entfremdungen schafft. Zwingt nicht der totale Anspruch auf Autonomie und Selbstbefreiung, da Leid und Ungerechtigkeit noch weiter bestehen und weiter produziert werden, alle Schuld an noch nicht verwirklichter Emanzipation entweder der bloß vorläufigen Unvollkommenheit in einem ungebrochenen Prozeß unendlichen Fortschritts (in einer liberalen oder technokratischen Version) zuzuschreiben oder dem Klassenfeind anzulasten? Ist das Ideal totaler Selbstbefreiung des Menschen durch sozialen und politischen Fortschritt oder Kampf nicht zu abstrakt angesichts des konkreten Menschen mit seinen Erfahrungen des Leides, der Schuld und des Todes?

Wenn von christlicher Seite von einem durch soziale und politische Aktion nicht aufhebbaren Leid, von Schuld und Tod und im Hinblick darauf von Erlösung als geschenkter Freiheit – im Glauben und auf Hoffnung hin – gesprochen wird, dann sollen damit weder ein weltanschaulicher Fatalismus noch die Erzeugung von Schuldgefühlen zur Erhaltung und Verinnerlichung von ungerechten Herrschaftsverhältnissen gefördert werden, noch soll die Erlösungsbotschaft als privatisierte und scheinbar a-politische angeboten werden. Gerade indem Glaube und Theologie gegenüber einem totalen sozio-politischen Emanzipationsverständnis skeptisch sind und aufgrund des Erlösungsglaubens eine Sensibilität für Leid, Schuld und Tod entwickeln, können sie in höchstem Maße politisch relevant sein. Die Frage jedoch, die sich vor allem die Christen und die Kirchen selbst stellen müssen, ist, wie sie in ihrem Glaubensverständnis, in ihrer Praxis und in ihren Gemeinschaftsformen jene Solidarität – auch im Kampf gegen soziale Ungerechtigkeit und für konkrete Emanzipation – verwirklichen, die ihr Reden von erlösender Befreiung glaubwürdig machen kann. Hierin zeigt sich das komplexe Verhältnis von Glaube und Politik, die fundamentale und hermeneutische Bedeutung des Politischen für das Glaubensverständnis und die Herausforderung des Glaubens durch die gesellschaftlich-politische Situation.

4. Theologie in der heutigen Weltsituation

Es mag angesichts der Komplexität gesellschaftlicher und politischer Prozesse in bestimmten Gesellschaften und erst recht angesichts der Verschiedenartigkeit von Kulturen und Völkern nicht nur anmaßend, sondern auch zu abstrakt erscheinen, von der »heutigen Weltsituation« zu sprechen und sie darüber hinaus mit der Theologie in Verbindung zu bringen. Es gibt jedoch globale Zusammenhänge, die geschichtlich entstanden sind und an deren Gestaltung auch Kirche und Theologie beteiligt waren. Es sind, auch wenn sie nicht unmittelbar wahrgenommen werden, reale Kräfte und reale Prozesse, unter deren Einfluß die einzelnen Menschen und Gruppen stehen. Es sollen hier zwei solche Aspekte kurz genannt werden, die auch für Kirche und Theologie von »fundamentaler« Bedeutung sind und wenigstens in diesem Bereich etwas verdeutlichen, in welcher Weise politische Verhältnisse für die Theologie heute bestimmend sind: die Emanzipation der Dritten Welt und die notwendige Begrenzung des Wachstums im globalen Maßstab.

Immer stärker tritt die Problematik der Dritten Welt, des Verhältnisses von Nord und Süd, von reichen und armen Ländern in das allgemeine und öffentliche Bewußtsein. Zumeist aber beschränkt sich die Perspektive in einem ungeschichtlichen Verständnis auf aktuelle Fragen der Entkolonisierung (formale politische Unabhängigkeit) und der wirtschaftlichen »Entwicklungshilfe«. Das gilt weitgehend auch für die kirchliche Sicht: Die Kirchen unterstützen – von Ausnahmen abgesehen (z. B. in den portugiesischen Territorien in Afrika) – die Bewegungen der nationalen Unabhängigkeit und des nationalen Aufbaus, und in diesem Rahmen bemühen sie sich auch um eine »Entkolonisierung« in ihrem eigenen Bereich, d. h. um die Eigenständigkeit und das Einheimisch-Werden der bislang von den westlichen Kirchen dominierten und bevormundeten Jungen Kirchen in der Dritten Welt; auch wird von kirchlicher Seite in eigener Regie oder in Kooperation mit anderen Institutionen Entwicklungshilfe betrieben. Unter diesem eingeschränkten Gesichtspunkt werden auch die theologischen Fragen gestellt: Eigenwert der Ortskirchen, Verhältnis von Teilkirchen zur Universalkirche, Vielfalt von Formen des christlichen Lebens entsprechend den jeweiligen kulturellen Voraussetzungen (allerdings fast nur im Bereich der Verkündigungssprache und der Liturgie), christlich-theologische Motivation der Entwicklungshilfe.

Die Problematik der Dritten Welt reicht jedoch tiefer und betrifft die Grundlagen der abendländisch-westlichen Kultur und damit auch das des Christentums. Der neuzeitliche Aufbau des Abendlandes ist nicht zu verstehen als eine ausschließliche Entfaltung von in ihm angelegten Möglichkeiten, sondern nur im Zusammenhang mit der weltweiten wirtschaftlichen, politischen und kulturellen Expansion, auch wenn sich diese Beziehungen im Laufe der Zeit gewandelt haben, auf verschiedenste Weisen interpretiert und auch verdrängt worden sind. Der wirtschaftliche (vor allem industrielle), politische und kulturelle Aufbau des Abendlandes in der Neuzeit vollzog sich durch die Ausbeutung (Rohstoffe, Absatzmärkte, Sklaven, billige Arbeitskräfte) und damit verbunden durch vielfach zerstörerische Eingriffe in die sozialen Verhältnisse und in die Kulturen von Völkern der heutigen sog. Dritten Welt.

Durch seine Verquickung mit der kolonialen Expansion und durch seine Missionstätigkeit ist das Christentum zutiefst in den Prozeß der Unterwerfung und Ausbeutung der Dritten Welt verwickelt, auch wenn die neuzeitliche Mission nicht einfach mit Kolonisierung identifiziert werden kann. Das Christentum ist nicht nur unmittelbar (kirchen-)politisch und durch Unterstützung der kulturell-religiösen Kolonialherrschaft mittels abendländischer Formen der Religiosität, der (Missions-)Schulen und der sozialen Institutionen an diesem Prozeß beteiligt, sondern auch theologisch und ideologisch durch die Legitimierung der Expansion und der Herrschaft über fremde Völker, durch gebilligte und selbst betriebene Sklaverei, durch Verachtung und Ausrottung von einheimischen Religionen und Sitten (als »Aberglauben« und Unmoral), durch den Anspruch auf universale Gültigkeit von abendländisch-»christlichen« Begriffen und Werten. Auch wenn mit Recht auf Ausnahmen hingewiesen werden kann, war die neuzeitliche Mission aufs Ganze gesehen geprägt einerseits von der Überheblichkeit der herrschenden abendländischen Kultur bzw. Religion und anderseits von der kulturell-religiösen Unterdrückung und Entfremdung der kolonisierten Völker. Obwohl demnach das Christentum durch seine Verquickung mit der westlichen Expansion selbst belastet ist und die Kritik zunächst an sich selbst richten muß, sollte christliche Verantwortung heute darauf drängen, daß die Geschichte dieser Expansion und der wirtschaftlich-technisch-wissenschaftlichen Entwicklung des neuzeitlichen Abendlandes nicht als reine Geschichte der Sieger und der heiteroptimistischen Errungenschaften dargestellt wird, sondern daß die Erinnerung daran bleibt, auf wessen Kosten dieser Fortschritt erreicht wurde, wieviel Leid er verursacht und welche Zerstörung (physischen, psychischen und kulturellen Völkermord) er angerichtet hat. Nur dann können die Emanzipationsbestrebungen in der Dritten Welt verstanden werden, die vielfach auch als total und umfassend erscheinen, aber sich viel unmittelbarer aus einer konkreten umfassenden Situation der Ungerechtigkeit und der Unterdrückung erheben.

Es mehren sich auch die Anzeichen dafür, daß diese Emanzipationsbestrebungen sich nicht nur auf das Christentum auswirken, sondern vom

Christentum in der Dritten Welt selbst artikuliert werden und zu neuen Formen christlichen Glaubens, christlichen Lebens und christlicher Theologie führen: z. B. im Protest der Jungen Kirchen gegen die (missionarische) Bevormundung durch die Kirchen der reichen Länder (vgl. Weltmissionskonferenz in Bangkok Dez. 72/Jan. 73), in der lateinamerikanischen »Theologie der Befreiung« (ausdrücklich gegen die Dominanz des europäischen und nordamerikanischen Christentums), in den Hunderten von religiösen Bewegungen und von unabhängigen christlichen Kirchen in Afrika und in Ozeanien. Eine neue »Spaltung des Christentums« wird sichtbar: zwischen den Christen bzw. Kirchen der reichen und der armen Länder, zwischen herrschendem und beherrschtem Christentum. Unter den so begriffenen politischen Verhältnissen stellen sich für die Kirche und die Theologie andere, »fundamental«-theologische Fragen, als wenn die Problematik der Dritten Welt – kirchlich – reduziert wird auf einheimische Liturgie und theologische Motivation von Entwicklungshilfe.

Die Notwendigkeit, die sog. Entwicklungsländer bei ihrem wirtschaftlichen Aufbau zu unterstützen, wird – mit einer gewissen Neuorientierung in der von der UNO proklamierten »Zweiten Entwicklungsdekade« – in dem Augenblick als vordringliche Aufgabe erkannt, da gleichzeitig die »Grenzen des Wachstums« im planetaren Ausmaß und damit die Notwendigkeit einer möglichst schnellen und wirksamen Drosselung der »Entwicklung« sichtbar werden.[8] Die wissenschaftliche Berechnung und teilweise schon die alltägliche Erfahrung zeigen, daß die Erde als Lebensraum des Menschen begrenzt ist und daß deren Belastung durch die demographische, wirtschaftliche und technische Expansion des Menschen schon bald ihren kritischen Punkt erreicht. Die Faktoren Bevölkerungswachstum, Rohstoffausbeutung, Lebensmittelproduktion, Industrialisierung und Umweltbelastung werden in ihrem Zusammenwirken, wenn das gegenwärtige beschleunigte Wachstum anhält, in absehbarer Zeit zu einer Katastrophe und zu einem Zusammenbruch der materiellen Lebensbasis der Menschheit führen. Diese äußerst reale Aussicht verändert grundlegend den Rahmen des menschlichen Selbstverständnisses und die Ausgangssituation für das Handeln. Ohne spekulative Konstruktionen kann und muß nun gesagt werden: Der Mensch entscheidet über die Zukunft der Erde und über die Weiterexistenz der Menschheit, und er ist allein dafür verantwortlich.

Das angesichts der »Grenzen des Wachstums« notwendige kollektive

[8] Vgl. D. Meadows u. a., Die Grenzen des Wachstums. Bericht des Club of Rome zur Lage der Menschheit, Stuttgart 1972.

Handeln erfordert Richtlinien und Maßstäbe, die die traditionellen Werte- und Normensysteme als hoffnungslos überholt, ja geradezu als schwer zu überwindende Hindernisse erscheinen lassen. Wo stehen diesbezüglich das Christentum und die Theologie? Ist die jüdisch-christliche Tradition (und in ihrem Gefolge u. a. auch der Marxismus), wie Carl Amery nachzuweisen sucht [9], selbst zu einem wesentlichen Teil Ursache der rücksichtslosen Ausbeutung der Natur in der Neuzeit und der Ideologie des grenzenlosen Wachstums, und zwar durch die Auffassung von der privilegierten Stellung des Menschen gegenüber seiner Umwelt, durch den Anspruch der unbegrenzten Herrschaft des Menschen über die Natur, durch die Erwartung und möglichst weitgehende Herstellung eines von Leid, Krankheit und Tod freien Zustandes und schließlich durch den Glauben an eine Vorsehung, die alles zum Guten lenken wird, was immer der Mensch tut? Auch die »Grenzen des Wachstums« – ein in eminenter Weise politische Entscheidungen fordernder Grundzug der heutigen Weltsituation – stellen nicht nur eine Herausforderung an die politische Mitverantwortung der Christen dar, sondern drängen zunächst und auch um des politischen Engagements willen eine »fundamentale« kritische Revision von traditionellen theologischen Begriffen und Normen und von traditionellen christlichen Leitbildern und Verhaltensmustern auf.
Diese kurzen Ausführungen zum Ansatz und zur Intention der politischen Theologie, zum Begriff des Politischen als dem Interpretationshorizont für Theologie, zur Frage nach dem Sinn von Erlösung in einer vom Bestreben nach totaler Emanzipation geprägten Welt und zu zwei bestimmenden Aspekten der heutigen politischen Weltsituation (Dritte Welt und Grenzen des Wachstums) mögen hinreichend verdeutlicht haben, daß politische Theologie, wie sie hier verstanden wird, nicht unvermittelt politisierende oder bestimmten politischen Interessen dienende Theologie ist. Politische Theologie sucht den christlichen Glauben für den Menschen und daher in den geschichtlichen, gesellschaftlich-politischen Verhältnissen zu verantworten und zu vermitteln.

---

[9] Vgl. C. Amery, Das Ende der Vorsehung. Die gnadenlosen Folgen des Christentums, Reinbek b. Hamburg 1972.

Inacio Almeida

THEOLOGISCHE REFLEXION IM RAHMEN DES LATEINAMERIKANISCHEN PROZESSES DER »BEFREIUNG«

1. Eine entstehende Reflexion über die eigene Geschichte

»Glaube, Evangelium und Kirche haben in Lateinamerika eine komplizierte Öffentlichkeitsbedeutung, die der bestehenden Ordnung stets zugute gekommen ist (und noch kommt), obgleich es heute scheint, als habe man – mit unvoraussehbaren Folgen – angefangen, der herrschenden Ordnung die Unterstützung zu entziehen.« [1]

Seit 1970 finden zahlreiche internationale Tagungen statt, in denen Christen verschiedener Konfessionen über diese Bedeutung reflektieren. Sie lehnen die Theologien der »reichen Länder« ab, während die politische Unterdrückung durch die diese Theologien unterstützenden Länder entlarvt und bekämpft, der Kontinent somit geschichtlich befreit und diese Befreiung auch christlich erkämpft und reflektiert wird. Verschiedene Fakten verleihen der zu reflektierenden Situation geschichtliche Merkmale: Portugal und Spanien, die im Lauf ihres Aufstiegs und Niedergangs Lateinamerika kolonisierten, die je nach dem Verhalten von Eingeborenen, eingeschleppten Afrikanern, Einwanderern oder Eindringenden ortsbedingten Differenzierungen und die kapitalistische Entwicklung der einzelnen Nationen. Dabei machte der neokolonialistische Kapitalismus aus der vor etwa anderthalb Jahrhunderten im Rahmen eines kolonialistischen Weltsystemes erkämpften politischen Selbständigkeit eine ökonomische und daher auch politische, ideologische und kulturelle Abhängigkeit. Es entsteht also bei diesen Christen das Bewußtsein, eine eigene geschichtliche Erfahrung zu erleben. Für die Christen geht es darum, überhaupt erst wahrzunehmen, daß sie Bestandteil dieses Prozesses sind. In diesem Sinn meint Mgr. Pironio: »Die lateinamerikanische Kirche stellt fest, daß sie etwas zu sagen und beizutragen hat... Ich glaube, daß wir eines viel stärker gefühlt haben als die Christen in anderen Teilen der Welt: ... die Gegenwart der Kirche in der Veränderung des Kontinents ...

---

[1] G. Gutiérrez, Theologie der Befreiung, München/Mainz 1973, 214.

der Kirche als Ferment umfassender Befreiung.«[2] Diese Gegenwart ist aber weder erst vor kurzem noch auf unumstrittene Weise entstanden. Im 15. Jahrhundert gewährt die Kirche den Königen von Portugal und Spanien das Patronatsrecht, das heißt »die doppelte Macht, zu kolonisieren und zu missionieren«. Sie »verursacht damit so etwas wie eine expansive und militärische Theokratie – mehr islamischer als christlicher Prägung ... Dieses *Mißverständnis* bildet den Grund für das ganze portugiesische und spanische Unternehmen der Evangelisierung durch Kolonisierung bzw. Kolonisierung durch Missionierung.« Die Kirche verhält sich als Bestandteil des königlichen Expansionsapparates.[3] Portugal und Spanien verlieren aber bald ihre Macht. Die lateinamerikanischen Regierungen wurden sich selbst überlassen und gaben das Patronatsrecht auf, »nicht ohne zuvor der Kirche aus mangelnder Umsicht und Erfahrung geschadet zu haben«. Dies ist für die Kirche der Übergang »von einer *Christenheit,* in der jede andere Religion aus der politischen Gemeinschaft verwiesen werden muß und in der das legale Regime die Kirche unterstützt, zum pluralistischen Regime, in dem die Kirche in einer wirklichen Kultfreiheit auf ihre eigenen Kräfte und Mittel angewiesen ist«[4]. Sie identifiziert sich nach und nach mit den europäisch orientierten Mischlingsoligarchien. Obwohl die Zivilisation immer profaner und pluralistischer wird, kämpft die Kirche immer noch (im 18. Jahrhundert), »um alte Rechte wiederzugewinnen oder keine weiteren zu verlieren, während sie an eine Zivilisation denkt, die es nicht mehr gibt«[5]. In den dreißig Jahren vor 1962 zeigen sich Versuche, eine »neue Christenheit« zu schaffen. Die Kirche beginnt bereits, »sich ihrer ... erneuernden Mission bewußt zu werden«[6]. Im Jahr 1955 wird in Rio de Janeiro der CELAM (Lateinamerikanische Bischofskonferenz) gegründet. Nach der allmählichen konziliaren Konversion findet im Jahre 1968 die zweite Generalversammlung des CELAM in Medellín statt. Diese beiden Ereignisse zeigen, »daß im lateinamerikanischen Episkopat gegenüber allen Initiativen, die in der Zukunft vollzogen werden, das kollegiale Bewußtsein wiederauflebt«[7].

---

[2] Mgr. Pironio, Interview, in: Herder-Korrespondenz 27 (1973), 283 ff, hier: 286.
[3] Dussel, Historia de la iglesia en América Latina, Barcelona 1972, 54. Vgl. L. Rütti, Zur Theologie der Mission, München 1972.
[4] Dussel, Historia, 89 ff.
[5] AaO. 120.
[6] AaO. 128.
[7] AaO. 124, vgl. 133, 150; vgl. C. Aguiar, Los cristianos y el proceso de liberación de América Latina, in: Primer encuentro latinoamericano de cristianos para el socialismo, Santiago 1972.

2. *Von der Terminologie der Promotion zur Sprache der Befreiung*

Die neue Epoche wird charakterisiert durch das Auftauchen eines neuen Subjekts realer Macht, nämlich des Volkes, dessen Grundkräfte einerseits das Industrie- und Landproletariat und andererseits die junge Studentenschaft und ein Teil der Mittelklasse sind.[8] Dies ruft freilich den Unwillen der Oligarchien hervor. Das Militär wird zunehmend in den Vordergrund gerückt, um die Macht auszuüben, die die Oligarchie verloren hat. Es wird deutlich, daß die »Entwicklung ... kein rein oder auch nur hauptsächlich ökonomisches oder technisches Problem ist. Es handelt sich um eine Frage, die alle Aspekte der unterentwickelten Welt miteinschließt. Ihre Lösung schließt nicht nur eine theoretische interdisziplinäre Integration aller sozialen Wissenschaften ein, sondern setzt auch praktische politische Makroentscheidungen voraus, sei es auf der nationalen Ebene der zu entwickelnden Länder, sei es im internationalen Bereich« [9]. So wurde von der Kirche eine »Theologie der Promotion« gefordert, derzufolge die Wirkung der Kirche auf »wesentlich innerweltlichen Prozessen« fußt. Kirche müßte also Entwicklung als »eine bestimmte Politik der Regierung« mit »dem Inhalt einer wirklich christlichen Entwicklung konfrontieren« [10]. Für die Christen bedeutet aber eine solche Konfrontation eine bittere Erfahrung. Außer politischer Repression erleben sie »Schocks mit den Kirchen, Anfeindungen seitens ihrer institutionellen Kader ... und Marginalisierung der Kirchen« vom geschichtlichen Prozeß.[11] Es genügt ihnen also nicht mehr eine Theologie des Fortschritts. Vielmehr muß die geschichtliche Situation selbst – nämlich die Konfrontation zwischen den auftauchenden Massen und den unterdrückenden Kräften, in der die Kirche auch verwickelt ist – zum Hauptobjekt und -kriterium der Reflexion werden. Aber: »Welches soziopolitische Analysenmaß und -modell wird diese theologische Reflexion strukturieren?« [12] Das Hauptproblem ist der »Desarrollismo«. Dieser betrachtete »unterentwickelte Länder als

---

[8] Vgl. Dussel, Historia, 149; vgl. F. Frank, Kapitalismus und Unterentwicklung in Lateinamerika, Frankfurt 1969, 11.

[9] H. Jaguaribe, Enfoque sôbre a América Latina: Análise de recentes relatórios, in: Comissão Pontifícia de Justiça e Paz, Secção Brasileira, Anais, Rio de Janeiro 1971, 1.

[10] M. de Almeida, Elites de poder, democracia e desenvolvimento, in: Comissão Pontifícia, 3.

[11] C. Aguiar, Los cristianos, 3.

[12] Bonino, Nuevas perspectivas Teológicas, in: Assmann (Hg.), Pueblo Oprimido, Señor de la Historia, Montevideo 1972, 204.

zurückgebliebene Länder, die noch auf einer Stufe standen, die die entwickelten Länder schon genommen hatten. Unterentwickelte Völker hätten ... dieselben geschichtlichen Erfahrungen zu machen wie entwickelte Länder... Unterentwicklung und Entwicklung betrachtete man also als Phasen einer *kontinuierlichen* Evolution«[13]. Die eigentliche Situation bestünde dann in einer »Rückständigkeit, die auf Kapitalknappheit und Mangel an Technologie und an technischer Ausbildung zurückzuführen ist«. So gäbe es heute eine herkömmliche und eine moderne Gesellschaft, die beide nebeneinander, aber voneinander isoliert bestehen.[14] Die vorgeschlagenen und verwirklichten Maßnahmen – »Allianz für den Fortschritt« und »Entwicklungshilfe« – sind gescheitert.

»Während die entwickelten Nationen in der Entwicklungsdekade 1960–1970 ihre Reichtümer um etwa 50 % vergrößert haben, kämpfen die Entwicklungsländer mit ihren zwei Dritteln der Weltbevölkerung weiterhin mit wachsender Misere und Frustration.«[15]

Man erkannte die Notwendigkeit, die Unterentwicklung aus einer globalen geschichtlichen Perspektive zu untersuchen, und es entstand die »Theorie der Abhängigkeit«, die in der Theorie des Wirtschaftsüberschusses von Baran, Sweezy und G. Frank wurzelt. Olmedo resümiert diese letzte in vier Punkten: »1. Der charakteristische Zug des kapitalistischen Systems besteht darin, daß der von einigen sozialen Elementen (Satelliten) geschaffene wirtschaftliche Überschuß von anderen sozialen Elementen (Metropolen) enteignet und monopolisiert wird.« Dieser Transfer vollziehe sich vor allem auf wirtschaftlichen und politischen Wegen und werde auch »Ausbeutung« genannt. »2. Die Metropolen und Satelliten bilden ... *ein einziges* System, das sich gleichzeitig in zwei entgegengesetzte Richtungen entwickelt: Die Metropolen entwickeln sich im Sinn einer Vollentwicklung ... während sich die Satelliten in Richtung auf eine Unterentwicklung bewegen.« Dieses dialektische System habe viele Aspekte. »3. Im 16. Jahrhundert erobert Spanien Amerika und bindet es an das kapitalistische System« durch die »Ausbeutung seines wirtschaftlichen Überschusses. Lateinamerika wird so zu einem Satelliten der europäischen Metropole.« Innerhalb der einzelnen Länder wiederholte sich

[13] G. Gutiérrez, Theologie, 75 f, vgl. 107 u. Anm. 50.
[14] Arroyo, Pensamiento latinoamericano sobre subdesarrollo y dependencia externa, in: Mensaje, 1968, 516–528, hier: 517. Vgl. G. Frank, außer Baran und Sweezy, zit. bei F. Frank, Kapitalismus, 13, 11, 151.
[15] G. Gutiérrez, Theologie, 76.

dasselbe System, mit ebenfalls polarisierendem Wachstum. »4. Durch die Integration der lateinamerikanischen Staaten in ihrer Satellitensituation erweitert sich das kapitalistische System und erweitert sich auch die Kette der Metropolen und Satelliten auf allen Ebenen dieses Systemes.« Im Lauf der Geschichte hätten sich schon mehrere Metropolen abgelöst. »Mit dem Fortschritt der Wissenschaft und Technik vergrößert sich die Ungleichheit in der Produktionskapazität« und »der Unterschied zwischen Metropolen und Satelliten, ... damit vergrößert sich aber auch für den unterentwickelten Teil die Unmöglichkeit, zu einer Entwicklung zu gelangen ... Aus all diesen Gründen ... besteht für den Satelliten die einzige Möglichkeit, zu einer Entfaltung ... zu gelangen, darin, sich von dem kapitalistischen Weltsystem zu lösen.« [16] Das inzwischen durch den Fall Allende noch tragischer gewordene Scheitern der systemimmanenten Volksbewegungen, die durch politische Parteien die Macht anstrebten, schafft weitere revolutionäre Radikalisierung. Es bilden sich Gruppen von Guerillas, »die die Volksmassen auf kurze Sicht mobilisieren« wollen, »und zwar eher dadurch, daß sie sie mitreißen, einer radikalen Linie zu folgen, als dadurch, daß sie sie parteipolitisch« organisieren.[17] Dies veranlaßt die Oligarchien zu einer radikalisierenden Selbstverteidigung. Der Befreiungskampf wird noch härter und verschärft die Repression. Câmara nennt dies »Spirale der Gewalt« [18]. Manchen Christen erscheint bewaffnete Gegen-Gewalt sogar als das einzige wirksame Mittel, da sie keine bare oder beliebige Gewaltanwendung, sondern eine dialektisch durch die ausbeutende Macht hervorgerufene Form der Selbstbehauptung der Unterdrückten sei.[19] Es nimmt also innerhalb der Kirche ein Meinungs- und Haltungswechsel zu. In dem von den Revolutionären erstrebten Sozialismus sehen immer breitere, obwohl noch minoritäre christliche Kreise nicht mehr den verfluchten atheistischen Kommunismusteufel.

»Dieser Sozialismus ... hat nur wenig mit dem gemein, was der europäische Leser ... unter diesem Terminus subsumieren mag.« Hier »bedeutet er vielmehr ein revolutionäres Gesellschaftsprojekt, in dem *alle* Menschen wirklichen und

---

[16] Olmedo, Theorien zur Situation Lateinamerikas, in: Internationale Dialogzeitschrift 3 (1969), 184. Vgl. G. Frank, Sweezy, Baran (zit. bei Frank).

[17] G. Gutiérrez, Theologie, 86.

[18] H. Câmara, Spirale der Gewalt, Köln/Wien 1970.

[19] Vgl. J. de Santa Ana, Notas para una ética de la liberación a partir de la Biblia und ders., Teoría revolucionaria, reflexión a nivel estratégico-táctico y reflexión sobre la fe como praxis de liberación, in: Assmann (Hg.), Pueblo, 113–136 bzw. 225–242.

effektiven Zugang zu den materiellen und kulturellen Gütern ihres Volkes haben, in dem eine Organisation der Produktionsmittel angestrebt wird, welche den übergroßen Gewinn einzelner und die Ausbeutung der großen Massen beendet (und auch weiterhin verhindert) und in dem schließlich das ›Mehr-Sein‹ des Menschen in seiner spirituellen, kulturellen und ethischen Verwirklichung Vorrang hat vor dem ›Mehr-Haben‹. Darin einbeschlossen ist – gerade als besonderer Beitrag des christlichen Engagements – eine kritisch-dialektische Haltung gegenüber den graduellen und möglicherweise auch verfehlten Realisierungsversuchen eines solchen Projekts.« [20]

3. Auseinandersetzungen mit anderen Reflexionsmodellen

Diese »Perspektive ist nicht aus einer theoretischen Überlegung über die Verantwortung der Christen in der Gesellschaft oder über die ethischen Konsequenzen des Evangeliums, sondern aus der Teilnahme vieler Christen am Prozeß der Revolution entstanden« [21]. Daß diese Teilnahme faktisch mit dem Einsatz marxistischer Aktivisten übereinstimmt, fordert eine Reflexion über die marxistischen Analysen. Marxismus »als globaler systematischer, totalisierender Versuch, den notwendigen Verlauf der Geschichte nach objektiven Gesetzen zu markieren«, wäre sowieso inakzeptabel. Es ergeben sich daraus zwei Problemrichtungen: Einerseits sind Theorie-Praxis-Verhältnisse zu erstreben, in denen »sich beide gegenseitig ständig verbessern«, denn Theologie sei keine »die politische Aktion aufklärende Theorie, sondern ein aus und in der Praxis ausgearbeitetes Denken, das heißt eine kritische Reflexion der Praxis« [22]. So stellt sich andererseits die Frage nach dem Verhältnis von Eschatologie und Politik. Es gilt, »ein geschichtliches Projekt zu gestalten, das befreiend wirkt, d. h. welches das Kommen einer gerechten, brüderlichen und solidarischen Gesellschaft und eines wahrhaft neuen Menschen bereitet«. Sicher gibt es »nur im Glauben an Christus eine volle Befreiung«. Diese »geschieht allerdings nicht im luftleeren Raum, sondern unter den konkreten Bedingungen der menschlichen Existenz als ein Gericht und eine Aktion, die zusammen mit der Totalität der Entfremdungen gesehen werden muß, unter denen der Mensch leidet. Mit Gott versöhnt sein, heißt sich mit

---

[20] Fischer, Theologie in Lateinamerika als »Theologie der Befreiung«, in: Theologie und Glaube 63 (1973), 2, vgl. Anm. 6.

[21] Bonino, Nuevas perspectivas, 207.

[22] Assmann, Liberación Latinoamericana, in: Stromata 28 (1972), H. 1/2 (crónica de la Diskussión), 185–189; vgl. Frieling, Die lateinamerikanische Theologie der Befreiung, in: Materialdienst des konfessionskundlichen Instituts 23 (1972), 32.

allem zu verfeinden, was die ursprüngliche und voll menschliche Existenz verletzt«[23]. Innertheologisch bezieht sich die Theologie der Befreiung hauptsächlich auf diejenigen Theologen, deren Denken überhaupt für eine solche Reflexion auf die Praxis ansprechbar ist: Metz, Moltmann, Shaull. Ist die Theologie der Befreiung aus einer politischen Praxis auf einem Kontinent entstanden, in dem die Kirche eine ganz besondere öffentliche Rolle spielt, so wird bei Metz eine Berücksichtigung dieser Rolle als Bestandteil einer ebenfalls vermißten konkreten Sozialanalyse bemängelt. Moltmann und Metz »verweilen in einer derartigen Allgemeingültigkeit, daß die angekündigte Geschichtlichkeit des Glaubens in vagen Andeutungen verdünnt wird, die ohne weiteres in beliebige Reformismusmodelle hineinpassen«[24]. Einem solchen Denken fehle vor allem die Verwicklung in einen Prozeß des Kampfes, die erst den entlarvenden Aussagen Konkretheit und den Richtlinien Praxisbezogenheit verleihen würde. Man müsse nämlich die Mechanismen und Maßnahmen der Unterdrückung jedesmal beim Namen nennen. Für Assmann ist es ein fundamentaler Irrum, Metz »dichotomisiere« politische Theologie von politischer Ethik. Wenn politische Theologie »bewußt den unmittelbaren Praxisbezug der politischen Ethik zuweist«, dann muß sie »in hohem Maße das determinierende Abhängigkeitsverhältnis zwischen reichen und armen Nationen und die drängenden Probleme im Innern der Dritten Welt außer acht« lassen.[25]
So verfalle die politische Theologie den Diskussionen über rein konzeptuelle Erläuterungen, die ein Fortbestehen der sog. reinen Wahrheit enthüllen, so daß die vermeintlich reine Wahrheit als etwas anderes als Wirklichkeit begriffen wird.[26] Damit verschärft die Theologie der Lateinamerikaner die Metzsche Frage nach einer interdisziplinären Theologie. Während die politische Theologie sich weigert, eine Ideologie zu übernehmen, sehen die Lateinamerikaner es als notwendig an, bewußt eine ethisch-politische Option zu fassen. Auch da erweise sich die politische Theologie als eine durch das Establishment bedingte Reflexion.[27]
R. Alves' Hauptkritik an Moltmann läuft darauf hinaus, daß die Theo-

---

[23] Bonino, zit. bei Frieling, Lateinamerikanische Theologie, 32.
[24] Bonino, Nuevas perspectivas, 209.
[25] Fischer, Theologie in Lateinamerika als »Theologie der Befreiung«, in: Theologie und Glaube 62 (1972), 164; vgl. Assmann, Opresión, Liberación, un desafío a los cristianos, Montevideo 1971, 116.
[26] Assmann, Desafío, 118.
[27] AaO. 17; vgl. Fischer, Theologie; vgl. Assmann (Hg.), Pueblo, 113 u. a.

logie der Hoffnung die Gegenwart nicht kraft geschichtlicher Erfahrung, sondern eher von der in die Zukunft provozierenden transzendentalen Verheißung her negiert: »Nicht die Menschwerdung Gottes gebiert die Zukunft. Vielmehr erkennt der Mensch von der transzendentalen Zukunft her die Menschwerdung Gottes.« [28] Daher kann »die kritische Funktion des Glaubens nicht über sekundäre Infragestellungen und vordergründig-symptomatische Verbesserungen am System und am Status quo hinaus zum ›Ursprungs- und Entstehungsort der Hoffnung‹ durchstoßen, welcher sich primär in der konkreten Auseinandersetzung mit der gesellschaftlichen Realität ergibt, ohne immer wieder auf die bereits realisierten Verheißungen – etwa des Exodus – zurückblicken zu müssen« [29]. Aber selbst bei Alves vermißt noch Assmann die konkrete Entlarvung der Oppressionsmechanismen in bezug auf die spezielle Problematik der Dritten Welt.[30] Es wird begrüßt, daß Shaulls Theologie der Revolution »kritisch über revolutionäre Aktivität zu reflektieren sucht«. Sie werde jedoch eher von theoretischen Überlegungen her geleitet und in Lateinamerika höchstens »taktisch, im Rahmen unserer kulturellen Abhängigkeit« benutzt.[31] Ihr Grundanliegen bleibt jedoch bestehen: »Revolution, Gewalt und subversive politische Aktion können nicht isoliert begriffen werden.« [32]

4. Hauptlinien der Reflexion

4.1. Der Primat des Politischen

Da die Theologie der Befreiung im Spannungsfeld der Geschichte Lateinamerikas entsteht, verlieren für sie »viele herkömmliche theologische und innerkirchliche Fragestellungen und Problematisierungen an Bedeutung« [33]. Die brennenden Fragen sind indes: Arbeitslosigkeit, Elendsviertel, Unterernährung, Analphabetismus, rassische und kulturelle Diskriminierung, fortschreitende Marginalisierung großer Bevölkerungsgruppen,

---

[28] R. Alves, A Theology of Human Hope, Washington 1969, 55–68, hier: 67; vgl. G. Gutiérrez, Theologie, 202 ff.
[29] Fischer, Theologie in Lateinamerika, 166 f; vgl. J. Moltmann, Theologie der Hoffnung, München 1968, 92 ff.
[30] Assmann, Desafío, 170.
[31] AaO. 107.
[32] Vgl. Assmann, in: Stromata, 183 ff.
[33] Fischer, Theologie in Lateinamerika, 1.

blutige Putsche, entfremdender und profitorientierter Konsum- und Luxusdrang, Konzentration des Einkommens... Diese Tatsachen werden von Bischöfen und christlichen Gruppierungen als »institutionelle Sünde« angeprangert.[34] Sie sind keine okkasionellen Randerscheinungen, sondern – manchmal angeblich nur vorläufig beabsichtigte – Zwangsfolgen aus dem die Abhängigkeit schaffenden Produktions- und Handelssystem. Indem diese Lateinamerikaner auf die Konfrontation mit ihnen reflektieren, begreifen sie sich selbst als ein sich schaffendes Volk. Ihre Situation ist nicht die eines Volkes, das sich an vergangene und verlorene Freiheit erinnert und sich bemüht, diese zurückzugewinnen, sondern die von Menschen, die sich erst als Volk wahrzunehmen beginnen und deren Erinnerungen an den Töpfen und Peitschen der Ägypter haften: an der institutionellen Gewalt und an den ökonomischen Wundern des Kapitalismus.[35] Die Geschichte Lateinamerikas wächst zu einem eigenständigen, neuen Kapitel der Weltgeschichte heran. Sie darf kein Exkurs über Rohstofflieferanten oder ein Arbeitskräftesilo bleiben. Rolle der Theologie ist nicht, über diesen Kampf neutral und universal, nachträglich legitimierend oder verurteilend zu reflektieren, sondern daran teilzunehmen und das Risiko einzugehen, die neue Gesellschaft des »neuen Menschen« mitzuerstreben. Die Identifikation mit der Exoduserfahrung liegt auf der Hand. Dies rückt ein neues Thema ins Blickfeld: das Politische. In der individualistischen Ideologie gründet das Leben auf dem Privaten. Das sog. öffentliche Leben ist dann bloße Rolle von Fachleuten. Nach diesem Bild entsteht auch ein Gottesbegriff, der die Reflexion steuert. Die privatisierenden so wie die nicht sozio-analytisch vorgehenden Theologien nehmen, wenn auch unbewußt, diesen ideologischen Hintergrund auf, der ihre formalen und inhaltlichen Kategorien bedingt. Was dagegen »die neue lateinamerikanische Theologie charakterisiert, ist diese bewußte und leidenschaftliche Ortung in einer konkreten, mittels eines soziopolitischen Instrumentariums analysierten und als ideologische Option übernommene Problematik«. Nach Barth, nach der nazistischen Verideologisierung des Glaubens, nach dem Kampf der Bekenntniskirche, nach dem Kampf gegen rechtspolitischen Katholizismus und gefährliche Kurzschlüsse eines

---

[34] Vgl. Dokumente von Medellín; vgl. die zahlreichen Dokumente, die von der Nachrichtenagentur »NADOC« herausgegeben werden usw. (s. Bibliographie weiter unten).

[35] Vgl. Bosco, Hacia una Pedagogía de liberación, in: Aportes para la liberación, Simposio, Teología de la liberación, Bogotá 1970, 26.

katholischen Linksklerikalismus sei es immerhin »schwierig, diesen privilegierten und fast ausschließlichen Charakter eines theologischen Ortes, den man der geschichtlichen Situation zuschreibt, zu aktzeptieren«[36]. Dieser Primat des Politischen erfordert bewußt Übernahme einer Ideologie. Freilich wird dieses Wort als Legitimierung eines Status quo oder von etwas Beliebigem pejorativ gebraucht und Verideologisierung abgelehnt. Als bewußte Thematisierung menschlicher Grundinteressen oder Mittel für die Veränderung der Welt wird Ideologie dagegen für eine unumgängliche Option gehalten.[37] Weiter setzt der Primat des Politischen als Zentralkategorie revolutionäre Liebe, die eine qualitative Änderung der gesellschaftlichen Strukturen erstrebt. So wird aus »einem Menschen als Objekt, als Ware« eine kritische Person. Eingeschlossen ist das Bemühen, sich »voll in das politische, wirtschaftliche, kulturelle und bürgerliche Leben zu integrieren«[38]. Darin besteht das angestrebte »Mehr-Sein«. Die unterdrückende Gesellschaft zielt dagegen auf »Mehr-Haben« ab, auf Konsum, Profit und plutokratische Macht. So ist es die größte Tat der Liebe, »den Unterdrückern die Möglichkeit zu nehmen, weiter zu unterdrücken« (P. Freire).

4.2. Die geschichtliche Glaubenserfahrung des Volkes Gottes

Die entlarvende und verkündigende Auseinandersetzung mit der Geschichte in ihren gesellschaftlichen und wissenschaftlichen Verwicklungen, die zukunftsorientierende Akzentsetzung auf den Primat des Politischen und der Hinweis auf die zentrale Rolle von Liebe und bewußter Übernahme einer bestimmten Ideologie gehören also zu den fundamentaltheologischen und hermeneutischen Schlüsseln der Formulierung einer christlichen Reflexion und einer Re-Lektüre der in Bibel und Tradition zum Wort gekommenen Glaubenserfahrung des Volkes Gottes. Die heutige Reflexion über Erlösung kreist – nach Gutiérrez – nicht mehr um das Problem, wie viele oder welche Menschen nach dem Tod geheilt werden. Es wird vielmehr die Frage nach dem »menschlichen Leben in seiner Entwicklung auf Vollendung hin« gestellt, und somit »nach der Intensität

---

[36] Bonino, Nuevas Perspectivas, 202, 206; vgl. Fischer, Theologie in Lateinamerika.

[37] Vgl. Assmann, Desafío, 117; vgl. Fischer, Theologie in Lateinamerika u. a.

[38] Frieling, Lateinamerikanische Theologie, 32 f; vgl. J. P. Zamora, La participación cristiana en el proceso de la revolución socialista (ensayo de interpretación sociológica), in: Assmann (Hg.), Teoponte: experiencia guerrillera boliviana, Caracas 1971, 239.

der Gegenwart des Herrn in der Geschichte«, »nach der religiösen Wertung des menschlichen Handelns überhaupt«. Erlösung als Gemeinschaft der Menschen mit Gott und Gemeinschaft der Menschen untereinander orientiert die Geschichte, verwandelt sie und bringt sie erst zu ihrer Vollendung. So können wir von einer einzigen Geschichte sprechen, in der »die Heilstat Gottes die ganze menschliche Existenz verwandelt«, denn »es gibt nur eine Geschichte mit Christus als ihrem Ziel«, eine »historia cristofinalizada« [39]. Befreiung als Vollendung der menschlichen Eigenschaften ist also nicht etwas, dem die Heilstat Gottes hinzugegeben wird, sondern sie ist – in ihrem Schon und Noch-Nicht – Bestandteil der Heilsgeschichte selbst, so daß die erste Heilstat die Schöpfung selbst ist. Der im Exil lebende Deuterojesaja behandelte Schöpfung und Befreiung aus Ägypten – den ursprünglichen Schöpfungsakt und das Entstehen des Volkes – als eine einzige Erlösungstat. Als eine politische Affäre bedurfte die Befreiung aus Ägypten eines allmählichen und langwierigen Erziehungsprozesses mit Höhepunkten und Rückschlägen, bis das israelitische Volk sich der Wurzeln seiner Unterdrückung bewußt wurde, den Kampf aufnahm und den tiefen Sinn der Befreiung erkannte, zu der es berufen war. Wenn man berücksichtigt, daß das »Religiöse« die Wurzel allen Geschehens ist, erscheint Gott mehr als »der Gott der Geschichte und der politischen Befreiung denn als der Gott der Natur«. Der Bundesschluß wird der Befreiung aus Ägypten ihren vollen Sinn geben. Beide sind »nur verschiedene Aspekte ein und derselben Bewegung, die zur Begegnung mit Gott führt« [40]. In bezug auf diesen Gott und seine Tat, die Israel immer wieder in Erinnerung ruft, ist »die Geschichte Israels eine Neuschöpfung«. Genau dies wird im jüdischen Paschafest gefeiert und macht erst die Tat Christi als des wahren Pascha verständlich. Christus befreit »von der Sünde und von all ihren Folgen: von Ausbeutung, Ungerechtigkeit und Haß. Indem Christus befreit, erfüllt er auf unerwartete Weise die Verheißungen der Propheten und schafft ein auserwähltes Volk, das die gesamte Menschheit umfaßt« [41]. Als Zusammenfassung und Zentrum des Schöpfungswerkes wird der Mensch aus der sakralen Welt der Ägypter befreit, in seiner sozialen Praxis entsakralisiert und durch eine Arbeit, welche die Ungerechtigkeit entschärft, zum Schöpfer seiner selbst. Eine solche Arbeit als Eigenschöpfung ist erst möglich, wenn alle Menschen

---

[39] G. Gutiérrez, Theologie, 136–140.
[40] AaO. 143–145, vgl. Zitate u. Anm.
[41] AaO. 147.

tatsächlich davon Nutzen erfahren. »Nur so wird man die Beziehungen zwischen Schöpfung und Erlösung verstehen können, die die Bibel mit einem solchen Nachdruck behauptet.« Die wirklichen Träger dieser Eigenschöpfung »sind die Menschen, die noch – wirtschaftlich, politisch und kulturell – unterdrückt werden, dennoch aber um ihre Freiheit ringen«. Somit sind schon die Befreiungsmomente Etappen im Prozeß der Erlösung. Derartige geschichtliche Etappen sind die »Verheißungen«, in denen sich diejenige Verheißung entwickelt und verwirklicht, die von Abraham glaubend empfangen, im Exodus und im Bund erstmals zum Ausdruck gebracht und in die Tat umgesetzt und vom Pascha Christi erfüllt wurde. Erst diese gegenwartsbezogene und auf die Zukunft hin orientierende – also: eschatologische – Verheißung deutet die »Verheißungen« und »verleiht ihnen ihren letzten Sinn«[42]. Bei geschichtlichen – gesellschaftlichen und politischen – Ereignissen geht es also um »partielle Erfüllungen, die ihrerseits neue Verheißungen darstellen und den Weg zur vollgültigen Erfüllung abstecken. Christus ›spiritualisiert‹ nicht die Verheißungen des AT, sondern verleiht ihnen Sinn und bringt sie heute zur geschichtlichen Erfüllung (vgl. Lk 4,21). Gleichzeitig aber eröffnet er neue Perspektiven und bringt die Geschichte vorwärts in Richtung auf die die ganze Schöpfung umfassende Versöhnung.« Nur »*im* geschichtlichen, zeitlichen und irdischen Ereignis können wir uns der künftigen letztgültigen Vollendung öffnen«[43]. Von da ausgehend kann das Verhältnis der Propheten zur Geschichte als die Verkündigung des Friedens erkannt werden, und zwar eines Friedens, der Gerechtigkeit voraussetzt:

»Verteidigung der Rechte der Armen, Bestrafung der Unterdrücker, ein Leben ohne Furcht, durch andere versklavt zu werden, und Freiheit für die Unterdrückten. Frieden, Gerechtigkeit, Liebe und Freiheit sind zwischenmenschliche Wirklichkeiten und nicht nur innere Haltungen. Als soziale Gegebenheiten sind sie Vehikel geschichtlicher Befreiung.«[44]

Diese Befreiung ist also dynamisch und gesellschaftlich.

»Die Botschaft des NT über Vater, Sohn und Geist stellt uns das Beispiel der größten und innersten Mitwirkung der Geschichte vor ... Gott hat uns das Geheimnis seines Seins geoffenbart, um uns eine totale, innige Mitwirkung in einer Geschichte der Liebe zu zeigen: in unserer Geschichte.«[45]

---

[42] AaO. 150, vgl. 149–160.
[43] AaO. 158 f, vgl. Anm. 75/76.
[44] AaO. 159.
[45] J. L. Segundo, Teología abierta para el laico adulto I–V, hier: III (Nuestra Idea de Dios), Buenos Aires 1968, 85.

Erst der Bezug auf unsere geschichtliche Erfahrung kann also den Glaubensformeln Sinn verleihen.

»Im NT stellt sich uns der dreieinige Gott ... als das Ergebnis einer Tätigkeit vor. Damit wir sie verstehen, fordert er uns auf, diese Aktion in unserer Geschichte und nach unserem Maß neuzuvollziehen.«

Unser Gottesbegriff entspricht also unseren gesellschaftlichen Erfahrungen: Haben wir bis heute eine privatisierende Gesellschaft erfahren, so werden wir durch die biblische Botschaft daran erinnert, daß wir in der Lehre Jesu einen »Gott als Vorbild haben, der Gesellschaft ist: Deus-sociedad«[46]. Kampf für den Aufbau einer menschlichen Gesellschaft – meint Mgr. Fragoso – ist auch Kampf für das Gottesreich, auch wenn beide nicht miteinander identisch sind.[47]

5. *Eine menschwerdende Theologie*

Die Theologie der Befreiung der Lateinamerikaner ist also unverkennbar durch ihre geschichtliche Situation geprägt. Sie ist unvollendet und unartikuliert – obwohl viel konkreter und systematischer als die vorliegende Darstellung es erahnen läßt. Sie entsteht aus überkonfessioneller Gruppenreflexion auf Gesellschaftsprozesse und zeigt Polarisierungen und vielfältige philosophische und sozialanalytische Auffassungen. Sie bezeugt tiefgreifende Konfliktivität, leidenschaftliche Liebe für die Unterdrückten. Zwischen geschichtlichen, philosophischen, soziopolitischen, fundamentaltheologischen und zahlreichen, weniger scharf identifizierbaren Ansätzen ist es unmöglich, eine homogene Darstellung der Reflexion zu liefern sowie die verschiedenen Autoren zu klassifizieren. Hier ist nur der Versuch unternommen worden, allgemeine Hintergründe zu beleuchten. Diese Reflexion spürt m. E. zwei innere Schwächen: Einerseits ist die biblische Reflexion noch allzu unvollständig, als daß man einen konkreten Bezug auf das Kreuz Christi finden könnte: Die Erfahrung der Unterdrückten ist doch genau die Erfahrung des Kreuzes. Die Reflexion haftet vielleicht allzu sehr an der Exoduserfahrung und somit an sich selbst. Andererseits ist das übernommene analytische Instrumentarium noch spürbar unfähig, den wesentlichen Beitrag konkret wahrzunehmen, den die sog. Volksreligiosität innerhalb unserer Geschichte leistet. Das bedeutet, daß die Praxis der Befreiung diesen Aspekt der Realität gesehen,

---

[46] AaO. 90 ff.
[47] Vgl. G. Gutiérrez, Theologie, 160 f.

aber nicht berührt hat. Die unmittelbaren Prioritäten des Gefechts liegen noch woanders. Schließlich sind sich die Befreiungstheologen auch der soziologischen, philosophischen, theologischen oder sonstigen wissenschaftlichen und praxeologischen Einwände und Kritiken bewußt, die sie verdienen. Sie werden auch erst dann darauf antworten können, wenn es ihnen von der Praxis – von der bewußten und reflektierten Aktivität – erlaubt und von ihnen verlangt wird.

Außer der zitierten Literatur sind dem deutschen Leser besonders zu empfehlen:

- Die auf deutsch erschienenen Werke des Bischofs H. Câmara.
- Goß-Mayr, Die Macht der Gewaltlosen, Graz/Wien/Köln 1968.
- Lüning, Mit Maschinengewehr und Kreuz, Hamburg 1971.
- Beyhaut, Süd- und Mittelamerika, in: Fischer, Weltgeschichte XX u. XXIII, Frankfurt 1965.
- Lüning, Camilo Torres, Priester, Guerillero. Darstellung, Analyse, Dokumentation, Hamburg 1969.
- G. Girardi, Marxismus und Christentum, Wien/Freiburg/Basel 1968.

Bischöfliche Aktion ADVENIAT, Dokumente/Projekte – Hefte
Bis jetzt sind schon etwa 14 Hefte verschiedenen Charakters erschienen. Es sind aber alles wichtige Dokumente aus der lateinamerikanischen Basis. Das Heft 1–3 (1970) enthält die »Medellín-Dokumente« (Themen nach Land und Projekt).

Taschenbuchreihe »Kirche und Dritte Welt«. Etwa 10 Bände, in denen die Beiträge nach Themen geordnet sind. Pesch-Haus Verlag, Mannheim-Ludwigshafen.

A. L. Trujillo, Theologie der Befreiung, in: Orientierung 38 (1974), 18–20.

Adolf Holl – Heinz Knienieder

DER POLITISCHE JESUS

Zur Sanftlebigkeit der kritisch abwägenden Wissenschaft

In diesem Beitrag soll der Nachweis erbracht werden, daß Prof. Martin Hengel ein sanftlebendes Fleisch ist wie auch die Verfasser es sind und daß Hengel aufgrund dieser Sanftlebigkeit auf eine bestimmte Weise über den politischen Jesus schreibt, vielleicht sogar schreiben muß.
Denn angesichts des uns gestellten Themas hat man es in wissenschaftlicher Weise selbstverständlich nicht mit Jesus zu tun, sondern eben mit Hengel bzw. mit Reimarus, Kautsky, Wellhausen, Eisler, Dibelius, Carmichael, Bröcker, Buhr, Kahl, Bartsch, Strecker, Brandon, Niederwimmer etc. und im weiteren Sinne mit der gesamten Leben-Jesu-Forschung von Reimarus bis auf den heutigen Tag, wobei die Sanftlebigkeit der an der Leben-Jesu-Forschung wissenschaftlich arbeitenden Menschen an Hengel exemplifiziert werden soll. Durchaus willkürlich wird Hengel herausgegriffen aus der zahlreich erschienenen Fachliteratur, und zwar einzig und allein aufgrund der Tatsache, daß einer der Verfasser (Holl) im Januar 1972 eine öffentliche Diskussion (in Düsseldorf) gemeinsam mit Hengel bestritten und am nächsten Morgen mit Hengel gefrühstückt hat; auf diese Weise ist in der Folge ein höflicher Austausch von Separata zwischen Hengel und Holl zustande gekommen, wobei die Schrift Hengels »War Jesus Revolutionär?« [1] in den Besitz von Holl gekommen ist.
Wir bitten Herrn Hengel schon an dieser Stelle ausdrücklich und vorbeugend um Entschuldigung dafür, daß wir ihn herausgegriffen haben. Es ist dieses Herausgreifen nicht persönlich gemeint. Denn wir möchten über unsere und unseresgleichen Sanftlebigkeit reflektieren und halten uns dabei wie gesagt ganz willkürlich an Martin Hengels Schrift.
Die oben angeführten Namen werden durchweg von Hengel zitiert. Deren Schriften zum Thema können dem interessierten Leser zur vertieften Lektüre dienen. Allerdings verpflichtet uns die wissenschaftliche Redlichkeit darauf hinzuweisen, daß diese Lektüre ziemlich langwierig ist

---

[1] Stuttgart 1970.

und unter Umständen sich als unzulänglich bzw. ergänzungsbedürftig herausstellen wird. Diejenigen unter unseren Lesern, die angesichts dringlicher politischer Entscheidungen eine rasche Orientierung wünschen, werden daher auf diese Lektüre wohl oder übel verzichten müssen. (Wir denken hierbei beispielsweise an Direktoren von Stadtplanungsämtern, Generaldirektoren großer Wirtschaftsunternehmen, höhere Gewerkschaftsführer, Minister etc., aber auch an Studentenfunktionäre, Guerilleros, an Bürgerinitiativen Beteiligte, Streikposten und überhaupt an politisch Ohnmächtige, die etwas bewirken wollen.) Doch ist zu vermuten, daß sich unsere Leser ohnedies aus anderen Kreisen rekrutieren werden.

1

Die Sanftlebigkeit wird von Hengel selbst eingeführt, und zwar so:

»Entsprechend war Jesus trotz der selbstgewählten Armut und Ungesichertheit seiner Lebensführung kein fanatischer Asket: Seine Gegner, vermutlich sowohl Pharisäer und Zeloten, verschrieen ihn als ›Fresser und Weinsäufer‹, als ›Kumpan der Zöllner und Sünder‹, der sich – im Gegensatz zu Johannes dem Täufer – dem Wohlleben hingibt. Man wird hier an Thomas Müntzers Polemik ›Wider das sanftlebende Fleisch zu Wittenberg‹ erinnert« (19).

Hengel fühlt sich im Jahre 1969 an die Polemik Müntzers (gestorben 1525) gegen Luther (gestorben 1546) erinnert, wenn er bei der Niederschrift seiner Antrittsvorlesung an der Friedrich-Alexander-Universität Erlangen–Nürnberg an die Polemik der Pharisäer einerseits und der Zeloten andererseits im ersten nachchristlichen Jahrhundert gegen Jesus denkt.

Dürfen wir Hengel unterstellen, daß er sich mit Jesus und Luther gegen die Pharisäer resp. Zeloten und Müntzer identifiziert und mit dieser Identifikation eine politische Handlung setzt?

Wir dürfen es.

Denn Hengel ist – als Ordinarius für Neues Testament – mit der These angetreten, daß »Jesu Weg« der »der Gewaltlosigkeit« war, daß er sich »für keine der damaligen Gruppen vereinnahmen« lasse, »genauso wie er auch heute noch zwischen den Fronten steht und jeden einzelnen je und je zu kritischer Selbstbesinnung, zu wirklicher Menschlichkeit ruft« (21). Und diese ist, wie gegenüber der »rechts und links so tief verwurzelten Haltung« der »Selbstgerechtigkeit« (21 f) so auch gegenüber dem Weltenlauf, den politischen Parteien und den Machtverhältnissen, eben nicht pharisäisch oder zelotisch, sondern sanftlebig und kritisch.

2

Die politische Bedeutung der Kritik im Hinblick auf die Menschlichkeit wird von Hengel im Anschluß an Jesu Wort: Dem Kaiser was des Kaisers, Gott aber was Gottes zu geben, wie folgt ausgeführt:

»Die Weltmacht wird weder gerechtfertigt noch verdammt; sie wird durch das ›aber‹, das auf Gottes Sache hinweist, entmächtigt. Die wahre Freiheit von den Mächten beginnt mit der inneren Freiheit, und die innere Freiheit im Sinne des Neuen Testaments gewinnt nur, wer im Glauben die Nähe der Liebe Gottes begriffen hat, die ihn von sich selbst weg zum Nächsten hinführt« (24 f).

Hengel erhebt damit den einzelnen Menschen zum Thema, und zwar zum politischen. Das Verhältnis zur Macht wird – als politisches Thema – von der Unmittelbarkeit des Subjekts zu Gott abhängig gemacht. In seiner gottunmittelbaren Innerlichkeit findet sich das Subjekt tatsächlich zwischen den Fronten, denn es ist allein mit Gott. Wird hingeführt zum Nächsten zwar schon, nicht aber zum Zwecke der politischen Assoziation, sondern zum Zwecke der Barmherzigkeit. Und es ist der Nächste freilich in diesem Zusammenhang wiederum ein einzelner, nämlich ein bedürftiger einzelner, nicht ein assoziierter, dem dann die Barmherzigkeit eines anderen Vereinzelten zuteil wird.

Die Leitfigur ist demnach nicht der politische Organisator, der »die Massen zu einem Glück zwingen« will, »das diese u. U. gar nicht wollten« (21), sondern Jesus der »Wunderheiler« (16), also der Arzt, der »die konkrete, ungeheure Not lindern« will, »Wunden verbinden, anstatt sie zu schlagen« (17).

Dürfen wir annehmen, daß Hengel damit nicht gegen die Krankenkasse, die organisierte Altersversorgung und die staatlich finanzierten Rehabilitationszentren polemisiert, sondern nur ein Prinzip verfolgt, dem die gemeinschaftliche Selbstorganisation der Menschen zum Zwecke der gegenseitigen Bedürfnisbefriedigung zwar nützlich, aber nicht notwendig erscheint?

Wir dürfen es.

Denn es geht diese Ablenkung von politischer Assoziation unter Berufung auf die gottunmittelbare Innerlichkeit keineswegs aufs Konto Hengels, sondern auf das einer langen Tradition, und diese kann auf Luther zurückgeführt werden.

Luther zufolge ist »ein Christenmensch ein freier Herr über alle Dinge und Niemand unterthan«, ihn kann daher »kein äußerliches Ding frei noch fromm machen«; seine Freiheit und sein »Gefängnis« sind nicht

»leiblich noch äußerlich«; keines der äußerlichen Dinge »reicht bis an die Seele, sie zu befreien oder zu fangen«. Weswegen zu gelten hat: »Wenn wir nun geboren sind, so kleidet und schmückt dich Gott zu einer anderen Person, macht dich zu einem Kind, mich zu deinem Vater, den anderen zum Knecht, diesen zu einem Fürsten, jenen zum Bürger und so fortan.« [2]
Ferner: Bei der Auslegung der vier ersten Verse des 13. Kapitels im Römerbrief vertrat Müntzer die Auffassung, daß die Obrigkeit das Schwert zum Schutz des Volkes führen solle; Luther hingegen war überzeugt, daß sich dies strafende Schwert gegen »Herrn Omnes«, den »Pöpel« zu richten habe, sobald nämlich der gemeine Mann aufbegehrt.[3]
Hengel, wie gesagt, identifiziert sich mit Luther (und Jesus) gegen Müntzer (und die Zeloten), wobei die Reihe der Bezugspersönlichkeiten bald erweitert wird; negativ besetzt werden Che Guevara (17) und Mao Tsetung (43), positiv gewertet werden Mahatma Gandhi und Martin Luther King (22).
Hengel optiert für die Sanftlebigkeit. Diese fühlt sich u. U. vom Pöpel bedroht.

3

Ob Hengel sich bedroht fühlt, darf nunmehr geklärt werden:

»Es ist kein Wunder, daß zu einer Zeit, da man von der ›Theologie der Revolution‹ schwärmt und der weltweite Protest der studentischen Jugend für eine gerechtere, bessere Zukunft selbst – ja vielleicht gerade – die Theologiestudenten erfaßt hat, auch Jesus viel stärker als bisher als sozialer und politischer Revolutionär dargestellt wird. Derartige Versuche sind freilich nicht neu« (6 f).

Ausdrücklich läßt dieses Zitat nicht erkennen, ob Hengel sich bedroht fühlt. Dürfen wir trotzdem annehmen, daß Hengel mit seinem Hinweis darauf, daß das Bild eines politisch revolutionären Jesus nicht neu sei, eine Abwehrbewegung durchführt, und zwar eine politische?
Wir dürfen es.
An einer anderen Stelle nämlich wird Hengel deutlicher:

»Um so bedauerlicher erscheint es, wenn sich Theologen in sehr ›eindimensionaler‹ Weise vor den Propagandawagen politischer Mächtegruppen spannen lassen und für das Unrecht in dieser Welt einseitig und ausschließlich die USA verantwortlich machen« (42).

---

[2] Zit. nach: H. Marcuse, Studien über Autorität und Familie, in: Ideen zu einer kritischen Theorie der Gesellschaft, Frankfurt 1969, 59 ff.
[3] Vgl. G. Wehr, Thomas Müntzer. Schriften und Briefe, Frankfurt 1973, 14.

Während sich manche Theologen vor den (kommunistischen) Propagandawagen spannen lassen, ist es »auffallend, daß sich die kritisch-abwägenden Stimmen mehren« (27) – unter den Fachgelehrten nämlich.
Eine kritisch-abwägende Haltung aber ist, Hengel zufolge, positiv zu bewerten; wie bereits in Nr. 1 zitiert, gehören kritische Selbstbesinnung bzw. wirkliche Menschlichkeit und das Zwischen-den-Fronten-Stehen zusammen. Jesus und der abwägende Kritiker sind Schiedsrichter beim weltgeschichtlichen Manöver. Für den Schiedsrichter ist eine kritische und abwägende Haltung angemessen. Diese ist jedoch keineswegs weltabgewandt. Ganz im Gegenteil gehört zu ihr einmal »eine tiefe Skepsis gegen alle etablierte politische und soziale Macht, sei es im eigenen Volk, sei es in der Welt überhaupt« (20). Zum anderen befindet sich der Schiedsrichter wie erinnerlich unmittelbar zu Gott und dessen Liebe, die ihn von sich selbst zum Nächsten hinführt.
Das Nächste sind in diesem Fall die USA.

4

Während die USA in der BRD militärisch vertreten sind, ringen die Sanftlebenden, wie Jesus zwischen den Fronten stehend, um die richtige Verteilung ihrer Sympathien. Es ereignet sich dieses Ringen u. a. in längeren Fußnoten, wie bei Hengel. In einer längeren Fußnote geht Hengel kritisch auf einen Aufsatz seines Kollegen H. Gollwitzer ein und dessen These, »daß die revolutio iusta den Christen näher liegen (muß) als das bellum iustum« (43). Hengel begründet seine Ablehnung dieser These wie folgt:

»Die Gewaltanwendung kann eine letzte, verzweifelte Form der ›Notwehr‹ sein, aber sie ist damit noch nicht ›Recht‹ coram deo et proximo, sondern Zeichen dafür, daß wir als Sünder in einer Welt der Sünde leben. Nur in diesem Sinne kann ich Gewaltanwendung theologisch verstehen und zugestehen ... Ich kann eben daher auch gegen Gollwitzer Che Guevara und Camillo Torres nicht ›ebensoviel Respekt‹ zukommen lassen wie Martin Luther King« (43 f).

Während Gollwitzer geneigt ist, dem gewalttätigen Che ebenso viel Respekt zu erweisen wie dem sanften King, entscheidet sich Hengel für King (22). Der von Jesus gewiesene Weg des »gewaltlosen Protests und der Leidensbereitschaft« ist für Hengel ein Weg, »der viel mehr als der alte, primitive der Gewalt die Bezeichnung ›revolutionär‹ verdient« (23). Gleichwohl geht es nicht an, die USA in einseitiger Weise und ausschließlich für das Unrecht in dieser Welt verantwortlich zu machen (siehe oben Nr. 3).

Daß auch die USA gewalttätig sind, weiß Hengel sicherlich. Er sagt es aber nicht, sondern nimmt die USA gegen den kommunistischen Propagandawagen in Schutz. Nicht von den USA fühlt sich Hengel bedroht. Vielmehr schützen die USA die Sanftlebenden gegen die militärische Bedrohung des Ostblocks. Für die Sanftlebenden besteht daher kein Anlaß, sich »der verzweifelten Form der Notwehr« (siehe oben) zu bedienen, noch weniger frommt ihnen »die revolutionäre Verherrlichung der Gewalt« (42).

5

Die politische Gefährlichkeit des Theologen Gollwitzer besteht (im Sinne Hengels) in einer dreifachen Vergeßlichkeit. Bei seinem Plädoyer für die revolutio iusta ereifert sich Gollwitzer erstens zu wenig darüber, daß es die Roten auch zu nichts weiter gebracht haben als zu den (auch im Westen vorhandenen) primitiven Methoden wie Gefängnisse, Geheimpolizei und Folter (42). Zweitens verkürzt Gollwitzer seine Darstellung um eben jenes theologische Interpretament, das im Zusammenhang mit Gefängnissen etc. unabdingbar ist – nämlich den Hinweis auf die Sündenwelt, in der wir leben. Und drittens vergißt er, daß die USA eine Schutzmacht sind und also deren Gewalttätigkeit trotz Sündenwelt weniger bedrohlich (und sündhaft?) ist als die der roten Welthälfte (inklusive Kuba und Che).

Jene Theologen, die sich ausgerechnet in Prag (Hengel setzt nach dem Namen dieser Stadt ein Rufzeichen in Klammern) im Frühling des Jahres 1968 vor den Propagandawagen haben spannen lassen (42), sind politisch gefährlich; zumal dann, wenn sie »die Revolutionstheorie Mao Tse-tungs und den von ihm geführten Befreiungskampf des chinesischen Volkes von Hunger, Elend und Analphabetentum als Erfüllung des neutestamentlichen Zeugnisses vom neuen schöpferischen Menschen« interpretieren (43).

Man soll nach Hengel zwar zwischen den Fronten stehen, aber nicht zuviel. Jesus ist nicht einseitig gegen die USA. Jesus ist gegen eine Theorie, die »als Rechtfertigung eines einseitig linken Terrors mißverstanden werden kann« (42). Die USA sind eine befreundete Weltmacht, der Sanftlebende steht unmittelbar zu Gott und zwischen den Fronten. Wenn schon der Terror gerechtfertigt werden muß, dann jedenfalls nicht einseitig nur der linke. Ein solches Prinzip der Einseitigkeit widerspricht dem Prinzip der Offenheit, auch gegenüber der Weltmacht. Diese wird gemäß Hengel

»weder gerechtfertigt noch verdammt« (siehe oben Nr. 2). In Schutz genommen werden soll sie aber schon gegen den kommunistischen Propagandawagen, wenn anders es sich um die Schutzmacht USA handelt.
Dürfen wir annehmen, daß Jesus vor den Propagandawagen der USA gespannt wird von Hengel?
Wir dürfen es.
Denn ein gewaltlos revolutionärer Jesus ist ungefährlich für die USA, was zwar zu jenen äußerlichen Dingen gehört, die nicht bis an die Seele des Menschen reichen, um sie zu befreien oder zu fangen (Luther, siehe oben Nr. 2); als nützlich jedoch dürfen sie gleichwohl betrachtet werden, weil nämlich die Sanftlebenden inklusive ihrer kritisch-abwägenden Wissenschaft dank der äußerlichen Amerikaner in Ruhe über jene Gewaltlosigkeit theoretisieren dürfen, mit der Jesus zwischen den Fronten stand und von dort die Welt bewegte (24).
Auch die Verfasser fühlen sich als Sanftlebende beim Gedanken an einen Eroberungskrieg der UdSSR mit Mittel- und Westeuropa durchaus unbehaglich, ähnlich wie Hengel. Wir fragen uns lediglich, warum in diesem Zusammenhang über Jesus geredet werden muß.

6

Als akademisch ausgewiesener Fachmann für Neues Testament ist Hengel legitimiert, sich in wissenschaftlicher Weise um Jesus zu kümmern. Aus gegebenem Anlaß (weltweiter Protest der studentischen Jugend, theologische Schwärmerei für die Revolution, kommunistischer Propagandawagen – siehe oben Nr. 3) ist Hengel berechtigt, sich um Jesus im Zusammenhang mit der Frage politischer Gewalt zu kümmern, auch wenn diese Frage nicht neu ist. Fachwissenschaftlich ist Hengel nicht legitimiert, zum Ost-West-Konflikt sich sachkundig zu äußern. Hier darf er – vom Umfang seiner venia legendi her – nur als Privatperson sprechen (welcher ein politisches Engagement nicht verwehrt ist). In der Frage der jüdischen Befreiungsbewegungen des ersten nachchristlichen Jahrhunderts ist Hengel kompetent. Inkompetent ist er bezüglich der gegenwärtigen Befreiungsbewegungen – solange zumindest, als nicht der Umfang seiner venia legendi erweitert wird. Und außerdem sein Wissenschaftsverständnis.
Letzteres weiß zwar um die schon von A. Schweitzer notierte Notwendigkeit für den Theologen, sich Jesum nach der eigenen Persönlichkeit neu zu schaffen, je nach auftretender Epoche (6).
Dennoch soll gelten:

»Wir dürfen aus der Not, die ich mit den Worten Schweitzers am Anfang geschildert habe, keine Tugend machen. Nicht darin liegt die Wahrheit, daß wir die Gestalt Jesu nach der jeweils letzten Mode des Zeitgeistes ›interpretieren‹ – wobei aus diesem ›Interpretieren‹ zu leicht unter der Hand ein Verfälschen werden kann –, sondern darin, daß unser Leben von ihm her geprägt und gestaltet wird« (25).

Die Wahrheit des Bürgers und des Wissenschaftlers kommt also Hengel zufolge von der Bereitschaft, sich von einem (zeitlos verstandenen) Jesus prägen zu lassen. Die Not modischer Interpretationen hat demgegenüber keine Wahrheit, sie bleibt äußerlich. »Die wahre Freiheit von den Mächten beginnt mit der inneren Freiheit« (24).

Dürfen wir annehmen, daß Hengel an eben jener Not scheitert, aus der er keine Tugend machen will?

Wir dürfen es.

Zwar wirft er (und zurecht) die Frage nach der Legitimation politischer Herrschaft auf (42). Beantwortet jedoch wird diese Frage lediglich durch die Faktizität des politischen Engagements von Hengel, und dieses wird nicht zum Thema erhoben.

Nicht daß Hengel für die USA und gegen die Roten votiert, ist zuvörderst ärgerlich, sondern eben jene Selbstverständlichkeit, mit der Hengel seine politische Option durchs Geprägtsein von Jesus auf den Markt der kritischen Wissenschaft bringt.

Nicht die Frage nach der Legitimation politischer Herrschaft ist somit tendenziös, sondern die Antwort, die uns Hengel im Rahmen seiner wissenschaftlichen Beschäftigung mit Jesus gibt – und nur deshalb so geläufig geben kann, weil er sich selbst und seinen Lesern etwas verschweigt: die reellen politischen Bedingungen seiner Existenz.

Nicht aus Böswilligkeit tun dies die Sanftlebenden, sondern weil im Prinzip ihrer kritisch-abwägenden Wissenschaft – im Prinzip der inneren Freiheit wirklicher Menschlichkeit also – für die Politik nur insoweit Platz ist, als man sie ohnehin schon betreibt.

Mahnend ist die Stimme der Theologie (und anderer Wissenschaften), und das ist gut so. Es erschallt aber diese Stimme nicht in der Wüste, sondern im Westblock oder im Ostblock oder in den sogenannten blockfreien Staaten.

Die politische Bedingung für Hengels fachwissenschaftliche Beschäftigung mit der Frage eines revolutionären Jesus ist nicht die »Magna Charta der Agape« (20), sondern das Staatskirchenrecht: Hengel ist Ordinarius für Neues Testament.

Es erhebt sich die Frage, wie die Agape (auf sie beruft sich der Ordinarius Hengel) und die Friedrich-Alexander-Universität Erlangen–Nürnberg woselbst Hengel sein Ordinariat antrat) miteinander zusammenhängen.

7

Dem fachlichen Urteil Hengels zufolge hat sich Jesus an der jüdischen Befreiungsbewegung des ersten nachchristlichen Jahrhunderts nicht aktiv beteiligt. Hengel folgert daraus, daß Jesus nicht von denen in Anspruch genommen werden könne,

»die – damals wie heute – die Welt mit Gewalt verbessern wollen, einer Gewalt, die mit der haßerfüllten Diffamierung beginnt und sich bis zum blutigen Terror, zu Folter und Massenmord zu eskalieren vermag, wobei jede Partei alle Schuld dem jeweiligen Gegner zuschiebt« (23).

In der (längeren) Fußnote zu dieser Feststellung polemisiert Hengel gegen die (bereits in Nr. 5 erwähnte) Gleichsetzung des chinesischen Befreiungskampfes mit dem Christentum:

»Hier wird der christliche Glaube in billigster Weise an eine totalitäre Staatsideologie verkauft« (43).

Hengel setzt hinter diese Feststellung zwei Rufzeichen, diesmal nicht in Klammern. Diese beiden Satzzeichen sollen das politische Engagement Hengels signalisieren. Jesus bzw. das Christentum sollen nicht an totalitäre Staatsideologien verkauft werden, jedenfalls nicht in billigster Weise. Wenn schon verkauft werden muß, dann nicht an die Chinesen, und jedenfalls um einen teuren Preis. (Die USA sind in Mittel- und Westeuropa militärisch vertreten.)
Jesus bzw. das Christentum haben – weil zwischen den Fronten stehend – einen politischen Marktwert.

8

Auch die Banken und die Konzerne stehen zwischen den Fronten, d. h. sie sind geschäftsbereit nach allen Seiten. Sollte der Osthandel sich als ausbaufähig erweisen, sollte das Chinageschäft interessant werden, dann wird auch die neutestamentliche Wissenschaft umdenken lernen müssen, langfristig gesehen.
Nach einer neueren Prognose nämlich werden um 1985 die Hälfte aller wirtschaftlichen Vorgänge auf dem Globus von rund 200 multinationalen

Groß-Konzernen bewerkstelligt bzw. kontrolliert werden. Die Machtverteilung zwischen diesen Gebilden und den herkömmlichen staatlichen Administrationen der Weltmächte bzw. den wichtigeren nationalen Gewerkschaftsverbänden ist derzeit noch nicht stabilisiert. Abschätzen läßt sich jedoch schon heute, daß Rolle und Bedeutung selbst der größeren christlichen Kirchen in diesem Dreieck relativ belanglos sein werden, vergleichbar nicht einmal mit dem wirtschaftlichen und politischen Stellenwert des Massentourismus und dessen Kontrolleuren.

Wir haben uns erlaubt, diese Gesichtspunkte deshalb in die Erörterung der Sanftlebigkeit einzuführen, weil sie für den Nachweis der Gleichsetzung von Gewalt und Terror seitens Hengel nützlich sind. Wie bereits erwähnt, kennt Hengel einerseits den alten, primitiven Weg der Gewalt (Zeloten, Müntzer, Che), dem er – andererseits – den Weg des gewaltlosen Protests und der Leidensbereitschaft (Jesus, Luther, King) ethisch entgegensetzt. Diese Entgegensetzung funktioniert freilich nur deshalb so klaglos, weil politische Gewalt bei Hengel durchgängig als brutale Gewalt eingebildet wird, nämlich als Terror, Folter, Schändung (43): Denn die Sanftlebigkeit ist geneigt, politische Gewalt mit Revolution gleichzusetzen (und die kommt mit Geheimpolizei und im Marschtritt wie die SA bzw. die Schergen des Herodes). Auch der Tod unschuldiger Kinder (44) ist der sanftlebenden Wissenschaft im Zusammenhang mit der Frage nach der Gewalt ein geläufiger Topos. Die Kleinen verkörpern in besonderer Weise die reine Menschlichkeit: sie sind unschuldig zwar nicht erbsündentheologisch gesehen, wohl aber, was ihre Verantwortlichkeit für die praktische Politik anlangt.

Was Hengel nicht kennt und auch nicht nennt, das ist die Gewalt auf leisen Sohlen, die Gewalt großer nationaler und multinationaler Bürokratien. Er nennt sie deshalb nicht, weil er ein Teil von ihr ist, angetreten unter dem Prinzip der innerlichen Freiheit einer kritisch-abwägenden Wissenschaft, die nur die physisch Toten zählt.

Für Hengel bleibt somit allenfalls die Ereiferung über den – in seinem Fall – roten Terror. In dieser Ereiferung klagt wortlos die Ohnmacht dessen, der als wahlberechtigter Staatsbürger, als beamteter Professor, als am Geldverkehr Beteiligter etc. jenen Mächten und Gewalten von vornherein unterworfen ist, die ihm seine Ereiferung erst ermöglichen (Antrittsrede, Drucklegung derselben etc.) und als leise und sanfte Gewalt und Macht (ohne Terror, Folter, Schändung) unvordenklich und wie die Atemluft unbeachtet bleiben.

Lediglich in der – bereits in Nr. 2 zitierten – Rede Hengels von der Gott-

unmittelbarkeit des Subjekts arbeitet ein Freiheitswille, den wir biblisch nennen könnten. Es bleibt dieser Wille jedoch folgenlos deshalb, weil er seine Gegner nicht beim Namen nennen kann. Als Sanftlebendem bleibt Hengel hinsichtlich der Gewalt auf leisen Sohlen in Wirklichkeit nur die Hoffnung, daß – nach einem Wort von Karl Mannheim – Gottes Auge auf dem Prozeß ruht.
Wer immer meint, objektiv schiedsrichterlich über diesen Prozeß und die mit ihm u. U. einhergehenden traurigen Verhältnisse kritisch-abwägend urteilen zu können, im Glauben, über ihm bzw. den Dingen und Verhältnissen zu stehen, der setzt sich entweder an die Stelle Gottes. Oder hat nicht genügend nachgedacht.

9

Hengel – als Ordinarius der Gewalt auf leisen Sohlen gleichzeitig unterworfen und ihr dienend – beschreibt Jesus als einen nach allen Seiten Offenen:

»Im Gegenteil: Gerade auch mit jener Gruppe, die wegen ihres unrechtmäßig erworbenen Reichtums und ihrer Kollaboration mit den Römern besonders verhaßt war, hatte er engsten Kontakt – er ließ sich zu den Gastmählern der Steuerpächter einladen, und einzelne schlossen sich ihm an« (19).

Dürfen wir dieses Zitat tendenziös nennen?
Wir dürfen es.
Es hätte sich nämlich – auch unter Berücksichtigung der einschlägigen neutestamentlichen Forschung – auch anders formulieren lassen, zum Beispiel so: *Damals gab es eine Gruppe, die wegen ihres – durch Kollaboration mit den Römern erworbenen – Reichtums besonders verhaßt war: die Steuerpächter. Einzelne dieser Menschen scheinen ihr Geschäft aufgegeben und sich Jesus angeschlossen zu haben. Ein solcher Berufswechsel mag dann auch zu einem Abschiedsschmaus mit den ehemaligen Branchenkollegen geführt haben, wobei Jesus mit von der Partie war. (Einige Stellen in den Evangelien schildern Jesus als einen von Steuerpächtern eingeladenen Gast.) Trotz seiner Verachtung für die Geschäftswelt wollte Jesus gelegentlich auch höflich sein.*
Auch diese Fassung ist tendenziös. Welche der beiden Fassungen richtig ist, entscheiden weder Hengel noch wir (die Verfasser). Es handelt sich nämlich bei dieser Entscheidung um eine politische, und solche werden immer zwischen Gruppen und nicht zwischen Individuen entschieden.

Hengel sagt, daß Jesus kein Terrorist war und sich von reichen Leuten einladen ließ.
Wir sagen: So what?

10

Der nach allen Seiten offene Jesus darf auch nicht von den Konservativen (resp. Pharisäern) vereinnahmt werden:

»Freilich war Jesus noch weniger ein Rechtfertiger des jeweils Bestehenden ... Man kann für eine staatstreue, konservative Haltung Jesu auch nicht die Anekdote von der Censusmünze Mk 12,12–17 ins Feld führen« (24).

Darf überhaupt irgendeine politisch wirksame Gruppe Jesus vereinnahmen?
Nein, sagt Hengel, wie bereits in Nr. 1 zitiert.
Dürfen wir den Verdacht aussprechen, daß Hengel eine wichtige Ausnahme von dieser Regel verschweigt?
Wir dürfen es.
Denn die derzeitige Stellung der großen christlichen Kirchen im politischen Alltag der meisten Industrieländer legitimiert sich nach wie vor von Jesus her, und in ziemlich monopolistischer Weise.
Ferner: Die zumindest theoretische bzw. rhetorische Distanziertheit der großkirchlichen Führungsorgane von den politischen Parteien bildet die reelle Grundlage für Hengels Rede von der »Unverwechselbarkeit der Sache Jesu« (25) bzw. der Abwendung Jesu von politischer Machtausübung als einer versucherischen:

»Bei der Wirkung, die Jesus auf das einfache Volk ausübte, hat er die Versuchung der politischen Machtausübung gewiß erfahren, ihr aber bewußt widerstanden« (20).

Der Jesus der großkirchlichen Ordinarien ist politisch abstinent, nur in Ausnahmefällen wird er nervös – beispielsweise in der Abtreibungsfrage.
Diese Abstinenz ist freilich keineswegs der Bußfertigkeit von Bischöfen und Ordinarien zuzuschreiben; sie ist vielmehr das Resultat einer weltgeschichtlichen Niederlage bzw. des Verfalls einer vordem sehr saftigen kirchlichen Machtgestalt.
Was von dieser politisch reellen Macht den großen Kirchen noch geblieben ist, hat inzwischen auf leisen Sohlen gehen gelernt. Man läßt sich zwar von den unrechtmäßig zu Geld Gekommenen zum Gastmahl bitten;

eine offene Identifikation mit konservativen Parteien erscheint gleichwohl inopportun. Die parlamentarischen Mehrheitsverhältnisse wechseln rasch, Jesus wird zum Zünglein an der Waage.

»Keine Spur jenes tierischen Ernstes« (21) also beim kirchlichen Ordinarienjesus, jenes Ernstes, wie er in den Niederungen der Politik waltet, beispielsweise im Kampf gegen Hunger, Elend, Analphabetentum wie in Maos China. Sondern »gelöste Heiterkeit« und »seelsorgerische Ironie« (ebd.), ermöglicht u. U. durch die Kirchensteuer.

Der politische Jesus der neutestamentlichen Wissenschaft ist in der Tat unverwechselbar. Seine derzeitige Monopolstellung wird solange unangefochten bleiben, als es staatskirchenrechtlich geregelte Lehrkanzeln für Neues Testament gibt.

11

Ob deren Bestand auch fürderhin zu Gottes Fügung gehört, entzieht sich unserer Kenntnis. Läßt sich allenfalls ausmachen am Ende der Tage, wenn wir vor dem Angesicht Gottes stehen und daher auch endlich das tun können, wovon wir, die Sanftlebenden und auch die, die nicht so sanft leben wie wir, mitunter träumen: Wenigstens einmal auch persönlich mit unserm Herrn und seinem Sohn, dem Jesus zu sprechen, damit wir endlich wissen, wie wir wirklich dran sind.

Doch noch ist es nicht so weit. Und so bleibt uns und auch der kritisch-abwägenden Wissenschaft leider nichts anderes übrig, als eben miteinander zu sprechen ohne moralische Entrüstung, im Bemühen, sich selber und einander besser verstehen zu lernen, wofür christliche Agape als symbolische Aufforderung stehen mag.

Zutreffender hat in diesem Zusammenhang Karl Marx sich ausgedrückt[4]: »Daß ein Philosoph diese oder jene scheinbare Inkonsequenz aus dieser oder jener Akkomodation begeht, ist denkbar, er selbst mag dieses in seinem Bewußtsein haben. Allein, was er nicht in seinem Bewußtsein hat, daß die Möglichkeit dieser scheinbaren Akkomodation in einer Unzulänglichkeit oder unzulänglichen Fassung seines Prinzips selber seine innerste Wurzel hat. Hätte also wirklich ein Philosoph sich akkomodiert, so haben seine Schüler aus seinem inneren wesentlichen Bewußtsein zu erklären, was für ihn selber die Form des exoterischen Bewußtseins hatte. Auf diese Weise ist, was als Fortschritt des Gewissens erscheint, zugleich ein Fortschritt des Wissens.«

---

[4] In: MEGA I/1/1, 64.

Der Dialog zwischen Marxisten und Christen

Herbert Vorgrimler

ZUR GESCHICHTE UND PROBLEMATIK DES DIALOGS

Ein Beitrag, der über die Geschichte des marxistisch-christlichen Dialogs informieren, eine Art Bilanz kritisch zusammenfassen und Perspektiven aufzeigen soll, kann von der Sache her nicht die systematische Darstellung eines geistesgeschichtlichen Begegnungsprozesses sein. Angesichts der Zufälligkeiten verschiedenster Art und der fragmentarischen »Resultate« dieser Begegnungen und angesichts der Schwierigkeit, von vornherein genau zu definieren, welche Sachverhalte und Gruppen mit den Begriffen »Marxismus« und »Christentum« hier abgedeckt werden und welche nicht, legt sich eine kurzgefaßte chronologische Darstellung mit besonderer Berücksichtigung der Organisationsformen nahe.

1. Geschichte und Organisationsformen

Bereits die Vorgeschichte des marxistisch-christlichen Dialogs zeigt die Problematik des Redens von »Christentum« und von »Marxismus« und die Notwendigkeit, auch den Begriff »Dialog« je nach den historischen Umständen genauer zu bestimmen.

1.1. Zur Vorgeschichte des Dialogs

Schon früh, noch zu Lebzeiten von Marx und Engels, hatten Christen – jenseits des offiziellen, ganz auf Defensive eingestellten Christentums – eine konstruktive Begegnung mit dem Marxismus und der organisierten sozialistischen Bewegung gesucht: Religiöse Sozialisten wie Ch. Blumhardt, H. Kutter, L. Ragaz, W. Rauschenbusch, später P. Tillich und K. Barth [1], in ihrer Mehrzahl evangelische Pfarrer und Theologen, waren

---

[1] H. D. Wolfinger, Der unvollendete Sozialismus, Hamburg 1970; W. Deresch, Predigt und Agitation der religiösen Sozialisten, Hamburg 1971; W.-D. Marsch, Theologie und Marxismus im religiösen Sozialismus, in: Internationale Dialog Zeitschrift 5 (1972), 6–23.

davon überzeugt, daß die Impulse des Marxismus in Richtung auf Gerechtigkeit, Frieden, Freiheit und Gleichheit nicht nur mit dem christlichen Evangelium vereinbar seien, sondern ihm völlig entsprächen. Die Bewegung der Religiösen Sozialisten war international (u. a. auch in England, USA und Japan vertreten), aber organisatorisch schwach. In der Weimarer Republik trat eine Grunddifferenz innerhalb dieser Strömung zutage, die den Dialog von Marxisten und Christen bis heute charakterisiert. Bei der einen Tendenz handelte es sich um eine theoretische Beschäftigung und Auseinandersetzung christlicher Theologen mit dem Marxismus; das akademisch-intellektuelle Interesse war vorbetont. Vertreter einer anderen Tendenz erkannten dagegen, daß der Klassengegensatz sich auch innerhalb der Kirchen selbst fand und daß der Kampf gegen Kapitalismus und Faschismus ohne soziale Basis wirkungslos bleiben mußte. Aus dieser Einsicht entstand seit 1926 der »Bund der religiösen Sozialisten Deutschlands«, der (zum Teil) Kontakt mit »dem kämpfenden Proletariat und seinen Organisationen« (E. Eckert) suchte und fand.[2] Inwieweit diese Christen nicht nur konkret an der Arbeiterbewegung teilnahmen, sondern sich auch theoretisch mit dem Marxismus identifizierten, läßt sich im Rahmen dieser Skizze nicht darstellen. Auf katholischer Seite gab es Strömungen mit eben dieser Differenzierung infolge einer größeren Theorie- bzw. Praxisnähe, wenn auch im ganzen viel schwächer und organisatorisch bedeutungslos.[3] W. Hohoff, H. Mertens und Th. Steinbüchel sind hier beispielhaft zu nennen.

Der Prozeß der Auseinandersetzung und Annäherung von Christentum und Marxismus wurde durch Faschismus und Nationalsozialismus jäh zerstört, wenigstens was Europa und Asien angeht. Während es zur bleibenden Schande der amtlichen Kirchen gehört, zur Verfolgung und Ermordung von Kommunisten und Sozialisten geschwiegen zu haben, entstanden in den Konzentrationslagern neue Erfahrungen von Kommunisten, Sozialisten und Christen miteinander. Auf ihnen gründeten im Nachkriegsaufbau marxistisch-christliche Bündnisse in verschiedenen Ländern. (In Frankreich gingen sie auf die schon vor dem Krieg begonnene »Politik der ausgestreckten Hand« von M. Thorez, also auf kommunistische Initiative zurück.)

---

[2] R. Breipohl, Religiöser Sozialismus und bürgerliches Geschichtsbewußtsein zur Zeit der Weimarer Republik, Zürich 1971; F.-M. Balzer, Klassengegensätze in der Kirche, Köln 1973 (zu E. Eckert und dem Bund religiöser Sozialisten).

[3] W. Dirks, Religiöser Sozialismus – katholisch?, in: Internationale Dialog Zeitschrift 5 (1972), 48–53.

Unmittelbar nach dem Zweiten Weltkrieg gab es in Europa auf christlicher Seite verschiedentlich Ansätze, bei der Bewegung der Religiösen Sozialisten wieder anzuknüpfen. Die von Adenauer und Strauß betriebene Pervertierung des politisch engagierten Christentums in die Richtung des Kapitalismus, ihr skrupelloses Bündnis mit dem US-Imperialismus und ihre Unterstützung des Kalten Krieges, im Bündnis vor allem mit der amtlichen katholischen Kirche, führten zu einer lang anhaltenden Hexenjagd auf Christen, die Kontakte zu Marxisten suchten. Nur wenige widersetzten sich dem Druck des Milieus, das unter Mißbrauch des Begriffs »Christentum« Mitteleuropa beherrschte; von ihnen sind hier Klara M. Faßbinder und andere Personen aus der christlichen Friedensbewegung zu nennen, G. La Pira und sein Kreis in Italien und auch der aus dem Austromarxismus hervorgegangene G. Nenning in Wien mit seiner Zeitschrift »Neues Forum«.

1.2. Dialoge nichtkatholischer Organisationen

Entschieden aus dem Gegensatz zu Mentalität und Vorkämpfern des Kalten Krieges entstand 1958 die »Christliche Friedenskonferenz« (von ihren Mitgründern sind die verstorbenen evangelischen Theologen J. L. Hromádka und H. Iwand einer besonderen Erwähnung wert). Sie kam zustande aus der Überzeugung, »daß die Christen in der Vergangenheit ihre Verantwortung für den Weltfrieden nicht genügend wahrgenommen haben« [4]. Hans Iwand sagte in Prag 1958:

> »Ich weiß, daß es eine Ursünde wäre, wenn ich in meinem Herzen wünschen würde, nicht mehr in einer Welt zu leben zusammen mit Menschen, die der sozialistischen Idee huldigen, mit Menschen, für die Marx und Lenin eine echte Weisung ihrer Lebensordnung geworden sind. Ich will mit diesen Menschen in einer Welt zusammenleben, und ich meine, wenn wir das nicht wünschen, dann können wir keinerlei Friedensarbeit tun.« [5]

Auf den Tagungen der Regionalausschüsse und auf den Allchristlichen Friedensversammlungen 1961, 1964 und 1968 brachten die Vertreter aus den sozialistischen Ländern die marxistischen Positionen zu Themen wie Abrüstung, Theologie der Revolution, Aufstand der Jugend, Zukunft des Sozialismus u. a. ein. Die CFK war ein Forum des indirekten Dialogs und bereitete den direkten Dialog unmittelbar vor.

Mitglieder oder Sympathisanten der CFK waren die evangelischen Theo-

[4] Vgl. den Sammelband: Christliche Friedenskonferenz, Wuppertal 1971, 9.
[5] AaO. 10.

logen wie G. Casalis, A. Dumas u. a., die seit 1962 in Paris Diskussionen mit Vertretern der Kommunistischen Partei Frankreichs abhielten; desgleichen die Studentenpfarrer in der Bundesrepublik, die etwa in der gleichen Zeit Disputationen zwischen Christen und Marxisten organisierten.[6]

Im Gefolge dieser und anderer, unter 1.3. zu nennender Erfahrungen veranstaltete das Referat »Kirche und Gesellschaft« des Ökumenischen Rates der Kirchen in Genf im April 1968 eine Dialogtagung, auf der sich 34 Theologen mit 12 Marxisten trafen. Thema waren »Strömungen im christlichen und marxistischen Denken betreffend die Humanisierung der technischen und ökonomischen Entwicklung«. Charakteristisch für diese Tagung war – neben dem schon gewohnten, dennoch immer problematischen Umstand, daß der Dialog auf christlicher Seite von Theologen geführt wurde – die Tatsache, daß auf dieser Tagung weder die Humanismus- noch die Ideologiediskussion aufgenommen wurde, Möglichkeit und Notwendigkeit des Dialogs außer Frage standen und die Diskussionen sich vielmehr basisnah der Notwendigkeit einer grundlegenden Umstrukturierung der Gesellschaft zuwandten, dies vor allem unter dem Eindruck der Probleme der sog. Dritten Welt. Im Abschlußkommuniqué hieß es:

»Die Mehrzahl der Teilnehmer, sowohl Christen wie Marxisten, stimmte darin überein, daß in der Praxis die verbreitetste Form der Entmenschlichung die wirtschaftliche, kulturelle, politische und militärische Unterdrückung durch die imperialistischen Mächte im Verein mit nationalen Oligarchien in verschiedenen Teilen der Welt ist. Es ist nicht möglich, von Humanisierung zu sprechen, ohne sich ausdrücklich mit dem Kampf für nationale Befreiung unterdrückter Völker solidarisch zu erklären. Das hervorstechendste Beispiel zum gegenwärtigen Zeitpunkt ist das vietnamesische Volk. Einige Teilnehmer widersprachen jedoch dieser Analyse der internationalen Situation und bezeichneten sie als ideologisch.«[7]

Während es dem Ökumenischen Rat der Kirchen seither nicht gelang, ein Referat zur Begegnung mit Menschen anderer Weltanschauungen zu organisieren, ist die von ihm unterstützte praktische Kooperation von Marxisten/Sozialisten/Christen weitergegangen. Zu erinnern ist hier besonders an das Anti-Rassismus- und Anti-Kolonialismus-Programm des Ökumenischen Rates.

---

[6] Vgl. z. B. M. Stöhr (Hg.), Disputation zwischen Christen und Marxisten, München 1966.

[7] W. Hollitscher, Religion und Revolution, in: Internationale Dialog Zeitschrift 2 (1969), 91–94, das Zitat 92 f.

1.3. Katholische Konzeptionen

Unter der Überschrift »Katholische Konzeptionen« werden hier ganz verschiedenartige Dialog-Ansätze zusammengefaßt. Hauptunterschiede zu dem unter 1.2. Referierten bestehen in folgendem: Die unterschiedlichen Organisationsformen des evangelischen Christentums erlauben es nicht, von einer evangelischen Position gegenüber dem Marxismus und zum Dialog zu sprechen. Freilich kann man nicht behaupten, die evangelischen Gemeinden in ihrer großen Mehrzahl identifizierten sich mit den Initiativen der CFK oder des Ökumenischen Rates. Aber es fehlt über diese hinaus eine Instanz mit dem Anspruch, für das evangelische Christentum verbindlich sprechen zu können. Im Unterschied dazu besteht im katholischen Christentum diese Instanz; das konkrete Verhalten der Gemeinden wird von dieser jedoch oft nur wenig oder gar nicht normierend erreicht. So ist im faktischen »Christentum« beider Konfessionen das Fortbestehen eines ausgebreiteten Antikommunismus zu registrieren, nicht selten militanter Art, häufig verbunden mit eindeutig kapitalistischen Positionen. Die folgende Übersicht darf nicht übersehen lassen, daß es sich um Konzeptionen einer Minderheit handelt, auch dann, wenn diese «Papst« oder »Rom« heißt.

1.3.1. Die Dialoge der Paulus-Gesellschaft

Die Paulus-Gesellschaft als private akademische Vereinigung mit interdisziplinärer Orientierung kann organisatorisch nicht zur katholischen Kirche gerechnet werden. Wenn sie mit ihren Marxismus-Christentum-Dialogen dennoch hier angeführt wird, so deshalb, weil bei diesen Gesprächen der Jahre 1964–1968 die katholischen Theologen der Gesellschaft (vor allem K. Rahner und J. B. Metz) Niveau und Gang der Gespräche bestimmten und die gesuchten Partner der marxistischen Teilnehmer waren. Ehe eine skizzenhafte Bilanz dieser Initiativen versucht wird, sei ein generell relevantes Resultat hervorgehoben: Bei jenen Gesprächen handelte es sich um einen realen Durchbruch durch die Mentalität des Kalten Krieges in Mitteleuropa. Die Dämonisierungen des Marxismus, die die USA, Pius XII. und die Adenauer-CDU aufgebaut hatten, wurden durch eine Minderheit, die jedoch intellektuell einflußreich war, beseitigt. Dies bedeutete aber noch nicht, daß damit zugleich dem Antikommunismus ein Ende gemacht worden wäre.
Das grundlegende *Motiv* jenes Dialogs war unbestreitbar die Bedrohung nicht nur des Friedens, sondern der Existenz der Menschheit durch den

militärisch-industriellen Komplex. Das *Ziel* war eine Partnerschaft von Marxismus und Christentum in der Praxis der Zukunft, wie dies R. Garaudy klassisch formuliert hatte:

»Hunderte Millionen von Christen finden den Sinn ihres Lebens und ihres Todes, ja sogar den Sinn der menschlichen Geschichte im religiösen Glauben, und für hunderte Millionen von Männern und Frauen gibt der Kommunismus den Hoffnungen der Erde ein Gesicht und unserer Geschichte auch einen Sinn. Es ist also eine unabweisbare Tatsache unseres Jahrhunderts: Die Zukunft des Menschen wird nicht gegen die Gläubigen, ja nicht einmal ohne sie erbaut werden können; die Zukunft des Menschen wird nicht gegen die Kommunisten, ja nicht einmal ohne sie erbaut werden können.« [8]

Die hauptsächlichen *Gesprächsthemen* waren: Der Sinn des menschlichen Lebens [9], der Humanismus, die Zukunft, das Verhältnis von Theorie und Praxis [10]. Am Rand lief häufig eine Atheismusdiskussion mit. Die sachlichen Resultate sollen unter 2. noch eingehender erwähnt werden, desgleichen unter 3. die Kritik. Bei der späteren Kritik jener Dialoge wurde häufig erwähnt, es habe sich nicht um authentische und legitimierte *Gesprächspartner* gehandelt, vor allem nicht auf marxistischer Seite. Man habe von christlicher Seite Partner bevorzugt, die einen »offenen« oder »freiheitlichen« oder »humanen« Marxismus vertreten, in Wirklichkeit aber die Verwurzelung in der gesellschaftlichen Basis verloren und einer ideologischen Konvergenz das Wort geredet hätten. Diese Vorwürfe gezielter Auswahl treffen jedoch mindestens für die erste Phase jenes Dialogs nicht zu. Mit Ausnahme E. Blochs waren die ersten marxistischen Partner, R. Garaudy, M. Machovec, A. Schaff, L. Lombardo-Radice, W. Hollitscher, K. Farner u. a., mit Wissen und Billigung ihrer Parteien Teilnehmer; auch die UdSSR und die DDR waren auf dem offiziellen Weg eingeladen worden. Im Verlauf der Gespräche traten freilich Differenzen auf marxistischer Seite zu Tage, die schließlich zum Abbruch dieser Gespräche führten, desgleichen zum Parteiausschluß von Garaudy u. a.

---

[8] R. Garaudy/J. B. Metz/K. Rahner, Der Dialog oder Ändert sich das Verhältnis zwischen Katholizismus und Marxismus, Reinbek 1966, 31.

[9] H. Rolfes, Der Sinn des Lebens im marxistischen Denken, Düsseldorf 1971.

[10] Vgl. die Dokumentation: E. Kellner (Hg.), Christentum und Marxismus heute, Wien 1966; ein kritischer Bericht dazu: G. Bassarak u. a., Christen und Revolution – Konvergenz und Theologie, Köln 1971, 73–96.

1.3.2. »Pacem in terris« und das Konzil

Die Initiativen der Paulus-Gesellschaft waren nicht erst durch das Konzil ermöglicht worden. Andererseits hatte mit Johannes XXIII. in der römischen Kirchenleitung eine Änderung der Haltung gegenüber dem Marxismus eingesetzt, die den katholischen Teilnehmern wenigstens die Freiheit zur Teilnahme am Dialog ließ. Während Pius XI. und Pius XII. den Kommunismus als in sich schlecht verurteilten und eine Zusammenarbeit katholischer Christen mit Kommunisten radikal untersagten, begann Johannes XXIII. zu differenzieren: In der Enzyklika »Pacem in terris« von 1963 sprach er von der Möglichkeit, daß »Bewegungen« sich zum Guten verändern können, auch wenn deren ursprüngliche Theorie vom Christentum abgelehnt werden muß. In ihr wird auch die praktische Zusammenarbeit mit »Menschen guten Willens« positiv beurteilt.

Das Zweite Vatikanische Konzil beschäftigte sich nicht ausdrücklich mit dem Marxismus, aber aus den Texten, vor allem aus der Pastoralkonstitution »Gaudium et spes« von 1965, wird deutlich, daß der Marxismus häufig den Reflexionshintergrund bildete. Zu nennen sind hier besonders folgende Ausführungen: In den Artikeln 19–22 von »Gaudium et spes« kommt das Konzil auf den Atheismus zu sprechen. Hier wird der »erhebliche Anteil« der Christen am Aufkommen des Atheismus als kritischer Reaktion gegen die Religion ausgesprochen; es wird gesagt, durch die eschatologische Hoffnung werde die Bedeutung der irdischen Aufgaben nicht gemindert. Glaubende und Nichtglaubende müßten zum Aufbau dieser Welt zusammenarbeiten; dazu sei ein aufrichtiger und kluger Dialog nötig. Artikel 26 bezeichnet »weitreichende Änderungen in der Gesellschaft selbst« als notwendig. Artikel 29 verlangt die Anerkennung der grundlegenden Gleichheit aller Menschen. Die Artikel 33–35 sprechen von der Rolle der Arbeit – ausdrücklich nicht aber des Eigentums! – beim menschlichen Werden. Artikel 36 handelt von der Autonomie der irdischen Wirklichkeiten. In Artikel 42 wird eine Sendung der Kirche im politischen, wirtschaftlichen und sozialen Bereich verneint; der Artikel schreibt der Kirche nur humanitär-caritative Möglichkeiten zu. In diesem Zusammenhang wird festgestellt, daß die Kirche an kein bestimmtes politisches, wirtschaftliches oder gesellschaftliches System gebunden sei. Artikel 55 beurteilt den kulturellen Weltprozeß positiv als Geburt eines neuen Humanismus. In Artikel 65 wird gesagt, Lehren, die notwendige Reformen des Wirtschaftslebens verhindern wollten oder grundlegende Rechte der Personen und Gruppen hintansetzten, seien

»gleicherweise als irrig abzulehnen«. Artikel 66 spricht vom Recht auf Arbeitsplätze und Bildungschancen für alle, ähnlich Artikel 67. Artikel 68 wünscht »die aktive Beteiligung aller an der Unternehmensgestaltung«. Die Feststellung, daß die Erdengüter allen bestimmt sind und allen zugute kommen müssen, ist in Artikel 69 enthalten; wenn hier von einem Recht auf Eigentum gesprochen wird, so heißt es doch auch, einem dynamischen Verständnis der »Gemeinwidmung der Güter« sei gegen »starre Gewohnheiten« der Weg zu bahnen. Nach Artikel 71 schließt das Recht auf Privateigentum das Recht des Staates nicht aus, entsprechend dem Gemeinwohl und gegen Entschädigung Güter in Gemeineigentum zu überführen. Es sei Sache des Staates, gegen Mißbrauch des Privateigentums Vorsorge zu treffen. In diesem Zusammenhang wird der Großgrundbesitz vom Konzil abgelehnt. Nach Artikel 75 kann um des Gemeinwohls willen im Zeitalter der Sozialisation die Ausübung persönlicher Rechte beschränkt werden. Artikel 76 erklärt, daß Staat und Kirche je auf ihrem Gebiet voneinander unabhängig und autonom sind. Die Kirche werde sogar auf Privilegien und legitim erworbene Rechte verzichten, wenn das der Glaubwürdigkeit ihres Zeugnisses nützt oder die Lebensverhältnisse es fordern. Die Artikel 77–82 wenden sich gegen Krieg und Rüstungswettlauf. Nach Artikel 83 müssen die Ungerechtigkeiten beseitigt werden, die zu Kriegen führen. In den Artikeln 88–90 werden alle Christen aufgerufen, mit allen friedliebenden Menschen zu einer menschenwürdigeren Gestaltung der Welt zusammenzuarbeiten, was nach Artikel 92 durch einen ehrlichen Dialog angebahnt wird.
Von allen ablehnenden Stellungnahmen des Konzils wäre der Marxismus nur dort betroffen, wo ein (schuldhafter, weil gegen das Gewissensurteil postulierter) Atheismus vorliegen würde. Wenn sich die Analyse der Gegenwartssituation durch das Konzil auch nicht auf der Höhe der wissenschaftlichen Diskussion bewegt und die Schlußfolgerungen teils naiv, teils zaghaft sein mögen, so zeigen sich im ganzen doch eine Annäherung an praktische marxistische Positionen und jedenfalls ein größerer Wille, sich praktisch-konkret zu artikulieren, als dies auf den akademischen Marxismus-Christentum-Tagungen der Fall war.

1.3.3. Das »Sekretariat für die Nichtglaubenden«

Entsprechend der positiven Stellungnahme des Konzils zu Dialog und Zusammenarbeit der katholischen Christen mit allen Menschen »guten Willens« errichtete Paul VI. 1965 im Rahmen der kirchlichen Leitungsorgane ein »Sekretariat für die Nichtglaubenden«. Es hat das Ziel, den

Atheismus zu studieren und den Dialog von Christen mit Atheisten anzubahnen. Diese Aufgabe erfüllt das vatikanische Sekretariat vor allem durch Anregungen und durch Koordination; die eigentliche Aufgabe fällt nationalen Sekretariaten zu. 1968 und 1970 wurden vom römischen Sekretariat zwei grundlegende Dokumente herausgegeben.[11]

Im »Dokument« von 1968 wird ausführlich über Theorie und Praxis des Dialogs gesprochen. Drei Grundtypen des Dialogs werden beschrieben: zwischenmenschliches Gespräch mit dem Ziel, Isolierung und Mißtrauen der Gesprächspartner aufzuheben und eine gegenseitige Sympathie anzubahnen; Begegnung im Bereich der Theorie zu gemeinsamer Wahrheitssuche; Dialog über die Möglichkeiten gemeinsamen Handelns unter Ausklammerung theoretischer Unterschiede. Dementsprechend ist Dialog weder Polemik und Kontroverse noch Missionierung und Bekehrungsversuch, und dies, obwohl das Dokument davon ausgeht, daß die Dialogpartner jeweils davon überzeugt sind, ihre eigene Überzeugung sei die Wahrheit. Das Dokument sucht die Lösung der Aporie darin, daß es keinen ungeschichtlichen Besitz der Wahrheit gibt und daß jede Erkenntnis – auch Glaubenserkenntnis – des Wachstums fähig ist. Ferner wird erklärt, der christliche Glaube allein sei nicht imstande, Antworten auf alle Probleme zu finden; das Gebiet des »Zeitlichen« (Politik, Wirtschaft, Wissenschaft, Kultur usw.) wird an die Forschung gewiesen; der Glaube gebe dem Glaubenden bei der Bewältigung dieser konkreten Probleme den Geist und den Weg (d. h. wohl: die Ethik) an. Von da her wird deutlich, warum nach dem Dokument der Dialog auch dann sinnvoll bleibt, wenn nur eine partielle theoretische Übereinstimmung besteht oder nur über Praxis gesprochen werden kann. Hinsichtlich des marxistisch-christlichen Dialogs wird vorgeschlagen, Theorie und Praxis auseinanderzuhalten und zu vermeiden, daß der theoretische Dialog zu einem praktischen gemacht werde.

Damit ist nicht nur ein gravierendes Problem dieses vatikanischen Sekretariats, sondern auch der katholischen Kirche im ganzen angesprochen: Ist nur ein theoretischer Dialog möglich? Wenn nicht, weil schon diese Fragestellung ein unzutreffendes Theorie-Praxis-Schema impliziert und weil gerade Marxisten es ablehnen, sich eine Atheismusdiskussion aufdrängen zu lassen, wie genau ist dann jene Zusammenarbeit zu verstehen,

[11] Dokument über den Dialog mit den Nichtglaubenden, mit Kommentar von H. Vorgrimler, Trier 1969; Erklärung zum Studium des Atheismus und zur Ausbildung für den Dialog mit den Nichtglaubenden, mit Einleitung von H. Vorgrimler, Trier 1972.

die zu den Postulaten des Konzils gehörte? Gibt es Grenzen der Identifizierung im Praktischen? Solchen Fragen hat sich das »Sekretariat für die Nichtglaubenden« nicht gestellt. Mitarbeiter aus regionalen Sekretariaten haben seit 1965 darauf gedrängt, die Praxis wenigstens gleichrangig in den Dialog einzubeziehen und dementsprechend den Namen des Sekretariats zu ändern: es sollte nicht mehr ausschließlich dem Atheismus zugewandt sein, sondern der konkreten Begegnung der Kirche mit der säkularisierten Welt dienen. Diese Bemühungen waren vergebens. Das vatikanische Sekretariat blieb auf der Linie der Kongreß-Dialog-Mentalität.

1.3.4. »Populorum progressio« und »Octogesima adveniens«

Papst Paul VI. äußerte sich nach dem Konzil zweimal ausführlich zu Grundproblemen von Marxismus und Christentum. In der Enzyklika »Populorum progressio« von 1967 über Fortschritt, Entwicklung und Frieden wird der Marxismus nicht ausdrücklich erwähnt, aber es ist nicht zu übersehen, daß verschiedene päpstliche Äußerungen vom Marxismus angeregt sind, insbesondere über Kapitalismus (»ein System, das den Profit als den eigentlichen Motor des wirtschaftlichen Fortschritts betrachtet«), Klassenkampf und Enteignung. Revolution wird vom Papst jedoch nur »im Fall der eindeutigen und lange dauernden Gewaltherrschaft, welche die Grundrechte des Menschen schwer verletzt und dem Gemeinwohl des Landes gefährlich schadet«, akzeptiert. Die Abgrenzung von Marxismus und Christentum wird so vorgenommen: »Der Christ kann kein System annehmen, dem eine materialistische und atheistische Philosophie zugrunde liegt, die weder die Ausrichtung des Menschen auf sein letztes Ziel noch seine Freiheit, noch seine Würde als Mensch achten.« Da der Marxismus von einer derartigen Beschreibung allenfalls partiell betroffen ist, wird er auch gar nicht beim Namen genannt.

Im Apostolischen Brief »Octogesima adveniens« von 1971 wird dagegen näher auf Marxismus und Sozialismus eingegangen. Hinsichtlich des Sozialismus schlägt Paul VI. vor, zwischen ihm als »einem hochherzigen Streben und Suchen nach einer gerechteren Gesellschaft«, als organisierter Bewegung und als Ideologie, »die eine ganzheitliche und autonome Sicht des Menschen zu vermitteln sucht«, zu unterscheiden (Nr. 31). Ähnlich differenziert der Papst den Marxismus: a) als Form des Klassenkampfes angesichts der »unter den Menschen ununterbrochen wiederkehrenden Verhältnisse der Unterdrückung und Ausbeutung«, b) als kollektive Machtausübung »unter der Leitung einer einzigen Partei«, c) als »sozialistische Ideologie auf der Grundlage des historischen Materialismus«,

d) als Wissenschaft von der theoretischen Erkenntnis und der Praxis der Revolution. Paul VI. meint, man könne den grundsätzlichen Konnex aller vier Elemente nicht auflösen und bejahe darum zwangsläufig mit der Analyse die Ideologie, mit dem Klassenkampf die gewalttätige Gesellschaft (Nr. 33 und 34).

Die Vorbehalte, die hier von christlicher Seite eingebracht werden, beziehen sich dementsprechend auf »Ideologie«, d. h. atheistische und materialistische Welt- und Geschichtsinterpretation, und auf (bisher bekannte) sozialistische Praktiken. Gesellschaftskritik und »positive Umwandlung der Gesellschaft« werden jedoch bejaht (Nr. 36 und 37), und zwar in Solidarität und Dialog mit anderen, die Marxisten eingeschlossen. Auf neuere Probleme, z. B. die Frage nach der Berechtigung einer atheistischen Welt- und Geschichtsinterpretation oder des Materialismus (auch vom Christen her) wird hier nicht eingegangen; so müssen auch diese Äußerungen trotz unbestreitbarer Fortschritte in der Beurteilung des Spätkapitalismus als simplifizierend angesehen werden.

1.4. Marxistische Positionen zum Dialog

Es handelt sich hier nicht um Äußerungen marxistischer Einzelpersonen zum Dialog mit Christen, sondern um »offizielle« Stellungnahmen. Solche sind auf verschiedenen Länderparteitagen von kommunistischen Parteien abgegeben worden. Inhaltlich sind sie identisch mit einer Erklärung, die auf der »Moskauer Beratung der Kommunistischen und Arbeiterparteien« 1969 formuliert wurde:

> »Infolge der ernsten Verschärfung der sozialen Widersprüche haben sich in vielen kapitalistischen Ländern Möglichkeiten für ein Bündnis der revolutionären Arbeiterbewegung mit breiten Massen von Gläubigen auf antimonopolistischer und antiimperialistischer Grundlage ergeben. Die katholische Kirche und einige andere Religionen befinden sich in einer ideologischen Krise, die ihre jahrhundertealten Konzeptionen und Strukturen erschüttert. In einigen Ländern entwickeln sich Zusammenarbeit und gemeinsame Aktionen zwischen den Kommunisten und den breiten demokratischen Massen der Katholiken sowie den Anhängern anderer Religionen; große Aktualität erlangte ihr Dialog über solche Probleme wie Krieg und Frieden, Kapitalismus und Sozialismus, Neokolonialismus und Entwicklungsländer. Ihre gemeinsamen Aktionen gegen den Imperialismus, für Demokratie und Sozialismus gewinnen an Bedeutung. Die Kommunisten sind überzeugt, daß gerade auf diesem Wege breitangelegter Kontakte und gemeinsamer Aktionen die große Masse der Gläubigen zur aktiven Kraft im antiimperialistischen Kampf und bei tiefgreifenden sozialen Umgestaltungen wird.«

Nach diesem wichtigen Text ist für den Marxismus-Leninismus der christliche Glaube vereinbar mit einer entschiedenen Position gegen Monopolismus und Imperialismus; Gläubige können Demokraten und Sozialisten sein. Von den drei wesentlichen Komponenten des Marxismus, Philosophie, Ökonomie und politischer Theorie, wird hier die Philosophie ausgeklammert; die beiden anderen werden als vereinbar mit dem Christentum angesehen (insofern dies nicht das »Christentum« der Ausbeuter und Imperialisten ist); die divergierende Philosophie steht Dialog und Zusammenarbeit mit sehr vielen Christen nicht im Weg. Der Dialog soll also nicht mit jedem beliebigen dialogwilligen Christen aufgenommen werden und sich auch nicht auf jedes beliebige Thema erstrecken. In ihm wird nicht Philosophie zur Diskussion gestellt, sondern gemeinsame Interessen und gemeinsame Ziele werden erörtert.

2. *Resultate des Dialogs*

Wenn nach dieser kurzen Darstellung von Geschichte und Grundpositionen des marxistisch-christlichen Dialogs nun auf die Frage eingegangen wird, ob dieser Dialog bereits Resultate vorzuweisen habe, so ist zunächst noch einmal darauf hinzuweisen, daß der Marxismus wenigstens für einen Teil der Christen entdämonisiert wurde und daß in dieser Aufklärung ein erhebliches friedensförderndes Element zu sehen ist. Es kann dann nach systemimmanenten Ergebnissen und nach einer eventuell durch den Dialog angebahnten Gemeinsamkeit gefragt werden.

2.1. Ergebnisse innerhalb des Marxismus

Verschiedenes muß hier als »Resultat« ausscheiden: Es wird nicht danach gefragt, ob Marxisten im Verlauf des Dialogs ihre Position aufgegeben haben und zu einer Konvergenztheorie übergegangen sind; es wird nicht nach Konzessionen gesucht, die der eine oder andere Marxist dem Christentum gemacht haben könnte; es wird auch nicht die Meinung vertreten, jede einzelne und begrenzte Stellungnahme zu einer christlichen Position sei bereits ein »Resultat«. Dies also beiseite gelassen, kann doch gesagt werden: Aus der Beschäftigung von Marxisten mit dem Christentum resultiert innermarxistisch eine größere Aufmerksamkeit für Ethik im allgemeinen [12], für den Sinn des individuellen Lebens [13] und die im Zu-

---

[12] Vgl. dazu das klassische Werk: A. F. Schischkin, Grundlagen der marxistischen Ethik, Berlin 1965, und den neueren Versuch: A. Heller, Hypothese über eine marxistische Theorie der Werte, Frankfurt 1972.

[13] Über marxistisch-leninistische Arbeiten informiert H. F. Steiner, Marxisten-

sammenhang damit zu stellenden Fragen nach der individuellen Persönlichkeit, dem Glück, dem Leid und dem Tod. Die Arbeit an solchen Themen ergab sich gewiß aus der Aufmerksamkeit für den »wirklichen individuellen Menschen« (Marx), die im Marxismus grundlegend ist; sie wurde aber gefördert durch die Auseinandersetzung mit dem Existentialismus und Personalismus, die auf christlicher Seite die Neuscholastik abgelöst hatten. Wenn festgestellt wird, daß sich die ethischen Positionen von Marxismus und (biblischem) Christentum sehr nahe sind, dann ist das nicht eine Konvergenzbehauptung; das Faktum ergibt sich vielmehr aus der Tatsache, daß der Marxismus auf bereits entwickelten Wertvorstellungen und auf Unwertabwehr der Menschheitsgeschichte aufbaut.

2.2. Ergebnisse im Christentum

Entsprechend des vorrangigen Interesses von Theologen am marxistisch-christlichen Dialog hat auf christlicher Seite die Theologie durch diesen Dialog die einschneidendste Veränderung erfahren. Die christliche Theologie (der großen Konfessionen) ist durch die vom Marxismus erfahrenen Impulse in unterschiedlichem Ausmaß – aber überall zu beobachten – zukunftsorientiert, handlungsorientiert und partiell zu einer politischen Theologie geworden.[14] Die Reflexion auf den kommenden Gott, die neue Welt, den neuen Menschen setzte eine produktive Eschatologie frei, während die klassischen Traktate von der Nachgeschichte und Weltjenseitigkeit in sich zusammenfielen.

Vorbehalte der neuorientierten Theologie gegenüber dem Marxismus zeigen, daß es sich nicht um eine bloße Rezeption marxistischer Positionen handelte. Diese Vorbehalte lassen sich folgendermaßen zusammenfassen: Die bisherigen Erfahrungen des Marxismus zeigen die Gefahr, daß »die Zukunft zum Moloch wird, vor dem der reale Mensch für den nie wirklichen, immer ausständigen geschlachtet wird« (K. Rahner), »daß Revolutionsgeschichte in neue Gewalt- und Unterdrückungsgeschichte ausartet« (J. B. Metz) und zu einer Geschichte der Sieger, zu einem Vergessen der Opfer, der Leidenden und des Leids wird.[15] Die hier implizierten

---

Leninisten über den Sinn des Lebens, Essen 1970; über westlich orientierte Marxisten: H. Rolfes, Sinn des Lebens.

[14] Da dieses Buch im einzelnen über diese Neuorientierung der Theologie unterrichtet, wird hier nicht ausführlich darauf eingegangen.

[15] K. Füssel, Erinnerung und Kritik, in: Internationale Dialog Zeitschrift 5 (1972), 335–344; J. B. Metz, Erlösung und Emanzipation, im gleichnamigen Sammelband, hg. von L. Scheffczyk, Freiburg 1973, 120–140.

Anfragen der Theologie an den Marxismus betreffen nicht nur die Mitleidlosigkeit der revolutionären Gewalt, sondern auch die Opfer, die dort leiden, wo Fortschritt mit Produktion identifiziert wird.
Aus der politischen Theologie ging schon bald die Selbstkritik hervor, es handle sich bei einem Kritikanspruch der Theologie gegenüber *allen* Systemen und ihrem Postulat von Freiheitsräumen (für alle: auch für Ausbeuter) um Zweideutigkeit, mindestens aber um bloßes Theoretisieren, um elitäre Enthaltsamkeit gegenüber den konkreten Verhältnissen, nicht aus dem Volk hervorgegangen, nicht für das Volk in Gang gebracht. Christliche Theologen wandten sich dem Tatbestand zu, daß das Christentum den Verheißungen des Reiches Gottes – Gerechtigkeit, Freiheit, Friede, Versöhnung – weder gerecht wird, wenn es sie privatisiert (in den Formen von Seelenfrieden, innerer Freiheit oder dem Eintreten für Brüderlichkeit sogar –!– unter Christen), noch wenn es sie für eine nachgeschichtliche Vollendung des menschlichen Daseins in Aussicht stellt. Das Christentum dieser Verheißungen ist nur dann nicht Ideologie, wenn es Gerechtigkeit und Freiheit in dieser Geschichte erfahrbar realisiert. Der Prozeß des Reiches Gottes beginnt laut Jesus in dieser Geschichte. Von da aus zeichnet sich das Postulat einer christlichen Praxis ab, die den gegenwärtigen spätkapitalistischen Verhältnissen unversöhnlich widersteht, und desgleichen wird das Postulat der radikalen Solidarität der Christen mit allen, die humanistisch-emanzipatorisch tätig sind, sichtbar. Selbstverständlich werden diese Postulate nicht in Beteuerungen einer »folgenlosen Güte« (Brecht) erfüllt; über eine solche hinaus gehen aber beispielsweise die nachkonziliaren Deklarationen der katholischen Amtskirche nicht. Sind also Christen in ihrem Bewußtsein bis zur Veränderungsbedürftigkeit der heutigen Verhältnisse gelangt, dann folgt aus ihren eigenen christlichen Prämissen auch die Verpflichtung zur Veränderung, und da diese nicht von Christen allein herbeigeführt werden kann, ergibt sich daraus die Verpflichtung zum Bündnis mit allen, die sich der Notwendigkeit der humanistischen Emanzipation bewußt geworden sind. Aus Überlegungen in diesen Richtungen gingen – freilich nicht unter den reaktionären Verhältnissen der Bundesrepublik – die »Theologie der Revolution«, die »Schwarze Theologie«, dann unter lateinamerikanischem Vorzeichen die »Theologie der Befreiung« hervor.
Unter den Erfahrungen des gemeinsamen Kampfes von Marxisten und Christen entstand in den letzten Jahren vor allem von Chile aus die Bewegung »Christen für den Sozialismus«. Für römisch-katholische Zustände ist es kennzeichnend, daß relevante Einsprüche gegen die politische

Theologie von seiten der Amtskirche nicht erhoben wurden (und Angriffe des politisch reaktionären »Christentums« nicht deutlich machen konnten, daß solche Angriffe in irgendeiner Hinsicht christlich legitimierbar sind), daß sich jedoch Maßnahmen – wie die Amtsenthebung des Theologieprofessors G. Girardi – gegen die »Christen für den Sozialismus« abzuzeichnen beginnen. Darin liegt der Hinweis, daß die im rein Deklamatorischen bleibenden Formen von Dialog und Zusammenarbeit die hierarchisch erwünschten sind. Das Problem zeigt sich damit als eines der Demokratisierung der Kirche.

3. Zur Kritik am Dialog

Während christlicherseits die bisherigen Dialoge von relevanten Kreisen nicht kritisiert wurden (die den Eigennamen »christlich« usurpierende politische Reaktion zählt auch hier nicht), die verbale Aufforderung zur Fortsetzung des Dialogs im Gegenteil wiederholt wurde, sind innerhalb des Marxismus Kritiken an einer bestimmten Art marxistischer Dialogführung vorgebracht worden, die z. T. mit dem Parteiausschluß der Betroffenen endeten. Die Kritik kann hier nicht im einzelnen dargestellt werden; sie soll am Beispiel R. Garaudys paradigmatisch zu Wort kommen.
Garaudy hatte in die christlicherseits vorgeschlagene anthropologische Humanismusdiskussion eingewilligt und dabei eine Theorie der Subjektivität entwickelt, die im Sinne des Marxismus bei der Bestimmung der gegenwärtigen Epoche einsetzt, jedoch diese nicht, wie der Marxismus-Leninismus, durch den Übergang vom Kapitalismus zum Sozialismus charakterisiert sieht, sondern durch Prozesse der wissenschaftlich-technischen Revolution. Die darin gegen die Widersprüche des technologischen Fortschritts einsetzende Initiative ist nach Garaudy nicht die der Arbeiterklasse, sondern die der menschlichen Schöpferkraft sowohl in Kapitalismus als auch in Sozialismus. Der »totale Mensch« als die Inkarnation des Schöpferischen wird aus seiner dialektischen Einheit mit den Produktionsverhältnissen herausgebrochen. Für den Marxismus-Leninismus ist die Subjektivität so zum subjektivistischen Aktivismus geworden und vom materialistisch-dialektischen Determinismus losgelöst; Garaudy ist in die Nähe der Kritischen Theorie geraten. Konkrete Praxis als Kriterium der Erkenntnis ist bei ihm in allgemeine Praxis aufgelöst: für ihn ist Praxis die Konstruktion von Modellen und Entwürfen, die vom

realen gesellschaftlichen Substrat abstrahiert.[16] Man kann die Kritik des Marxismus-Leninismus so zusammenfassen: Statt daß der Dialog auf dem materiell-gesellschaftlichen Hintergrund der Übergangsphase vom Kapitalismus zum Sozialismus konsequent für den Übergang Partei ergriffen hätte, versuchte er auf der Basis der realen Koexistenz von Kapitalismus und Sozialismus eine geistige Koexistenz von Marxisten und Christen zu begründen. Die konkrete Parteinahme für den realen Sozialismus wurde von den Christen einerseits nicht geleistet, ihnen anderseits von den Marxisten aber auch nicht abverlangt. Die Tendenzen zu geistiger Koexistenz, ja zu theoretischer Konvergenz waren Versuche zu einer vorschnellen Aussöhnung von Marxismus und Christentum; sie führten (wie in der Transzendenztheorie Garaudys) zu einer Art christlich-marxistischer Übergangstheologie. Nimmt man zu den Vorwürfen der Konvergenztheorie, der Klassenindifferenz und des Subjektivismus noch den des Angriffs auf die führende Rolle der Sowjetunion im sozialistischen Bereich hinzu, so wird verständlich, warum der Marxismus-Leninismus seit 1968 *diese* Art von Dialog für beendet ansieht.

4. Konsequenzen

Christen, die von der Notwendigkeit des marxistisch-christlichen Dialogs und der Zusammenarbeit überzeugt sind, stehen angesichts der realen Verhältnisse im Marxismus vor der Frage: Mit wem? Die Beantwortung dieser Frage ist von den Zielen abhängig, die der Dialog verfolgt. Diese Ziele müssen zur Vermeidung folgenreicher Irrtümer und Mißverständnisse von Anfang an klar sein und ausgesprochen werden. Beabsichtigt man zur Klärung des eigenen Selbstverständnisses und zur Erkenntnis zeitgenössischer Denkformen einen theoretischen Dialog mit dem sog. Neomarxismus, so beeinträchtigt man nach den bisherigen Erfahrungen die Bündnisfähigkeit mit dem Marxismus-Leninismus. Ist man entschieden gewillt zu Dialog und Zusammenarbeit mit dem Marxismus-Leninismus, so ist dies nur dadurch anzubahnen, daß Christen sich ihres Klassenstandpunktes bewußt werden und sich für ein aktives Engagement im Klassenkampf entscheiden. Die Reflexion vieler Christen über Klassen und Klassenkampf hat z. T. eben erst begonnen, darum lassen sich noch keine Pro-

---

[16] Eine Zusammenfassung der Kritik bieten H. H. Holz, Strömungen und Tendenzen im Neomarxismus, Frankfurt 1973; R. Steigerwald, Marxismus–Religion–Gegenwart, Berlin 1973 (Hauptwerk).

gnosen darüber anstellen, wie viele Christen sich ihrer Situation als Unterdrückte und Ausgebeutete bewußt werden und wie viele entschlossen sind, die christliche Botschaft parteilich an diejenigen zu adressieren, denen ihr Inhalt bisher versagt blieb, und entschieden unversöhnlich an diejenigen, die bestehende Unterdrückung und Unfreiheit fortschreiben möchten. Solange das Christentum mißbraucht wird als Theorie einer herrschenden Ausbeuterklasse, wird Christen zuerst der Beweis abverlangt, daß sie sich als Christen eindeutig und konsequent auf die Seite der unterdrückten und ausgebeuteten Klasse stellen können und stellen. *Erst danach* können Christen die Fragen anmelden, die an den Marxismus-Leninismus zu stellen sind: Nach Produktions- und Konsumverzicht, nach Abbau der Leistungsmentalität, Förderung der Lebensqualität und auch einer neuen Sensibilität und ebenfalls die Frage nach der »Führung« der Arbeiterklasse durch einen politisch-ideologischen Kern.

Milan Prucha

WANDLUNGEN IM CHARAKTER DES MARXISTISCH-CHRISTLICHEN DIALOGS

Der Dialog verdient neu und grundsätzlich durchdacht zu werden, und zwar in einem umfassenden Sinn. Das, womit er, sagen wir, vor zehn Jahren viel beigetragen hat, hat noch nicht eine soziale Funktion verloren, aber es spielt nicht mehr die Rolle einer theoretischen Errungenschaft.[1] Die Begründungen der Notwendigkeit des Dialogs durch den massenhaften Charakter beider Strömungen (»es ist besser, daß diese Super-Mächte untereinander verhandeln, als kämpfen«), welche als ein Argument vor allem für die Beamten auf beiden Seiten gelten, oder durch die Beweise der gegenseitigen Nähe des originär christlichen und marxistischen Engagements, sind immer noch wichtig bei der Kontestation der reaktionärsten Teile der Institution oder als erster Schritt bei der Bewußtseinsbildung der Menschen guten Willens. Wenn z. B. im Lande eines so hoch kultivierten Katholizismus wie in Frankreich ein Admiral im Streit mit einem Kardinal über die »force de frappe« als Gläubiger ernst die Forderung aufstellen kann, daß sich die Priester um das Heil der Seele kümmern sollen und die Militärs um die Verteidigung (ohne sich für diese öffentlich demonstrierte theologische Ungebildetheit ebenso schämen zu müssen wie, sagen wir, für eine Behauptung, daß der Mississippi in Afrika fließt), dann ist das ein Zeugnis, daß das »vordialogische Stadium« immer noch sehr stark präsent ist und daß es noch nicht seine Bemühungen aufgegeben hat, das Christentum als »Opium des Volkes« auszunützen. Im Milieu des lebendigen Glaubens und des lebendigen Marxismus muten aber mehrere früher bemerkenswerte Gedanken an wie das

---

[1] Erst nach dem Abschluß der Redaktion dieses Aufsatzes las ich den Text eines der bedeutendsten Dialogteilnehmer, Mitglied des Zentral Comittees der PCI, Prof. Lombardo-Radice: »Was war der Dialog«? (in: Lebendiges Zeugnis, 1972, H. 1/2): »Der Dialog zwischen Marxisten und Christen, hat, glaube ich, seine Aufgabe erfüllt. Von diesem Dialog müssen wir bereits in der Vergangenheit sprechen ...«, beginnt er. Ich empfehle die Lektüre dieses Aufsatzes, der zeigt, daß die Nähe der theoretischen und politischen Position uns nicht daran gehindert hat, manche wesentliche Fragen unterschiedlich zu deuten.

Dreschen leeren Strohs: was sie hie und da an rednerischer Eleganz und moralischem Pathos gewonnen haben, das haben sie an Interesse verloren.

Im Vergleich mit der Phase des Dialogs, die die größte Publizität hinsichtlich der Klärung der Vereinbarkeit prinzipieller marxistischer und christlicher Auffassungen über die Welt und den Menschen bot, konzentriert sich heute die Aufmerksamkeit eher auf die »Möglichkeit des gemeinsamen Handelns«.

1. Die Reziprozität im marxistisch-christlichen Dialog

Zwei Umstände erscheinen dabei besonders wichtig. Zuerst die Tatsache, daß die Kritik des Bündnisses der kirchlichen Institutionen mit dem ancien régime jetzt viel weniger in der Form einer äußeren Kritik auftreten muß (als eine Sache der Sozialisten, die keine Christen sind) und daß sie ihre qualifizierten und konsequenten Träger zwischen den Gläubigen und Theologen selbst findet. Ein Beispiel für alle bietet die scharfe Ablehnung der stillen Komplizenschaft von Paul VI. mit dem Militärputsch in Chile, wie sie in einer Oktober-Nummer von »Le Monde« (1973) unser Freund aus dem Dialog, der mißhandelte Professor der katholischen Universität in Rom und des Katholischen Institutes in Paris, G. Girardi, ausgedrückt hat. Ebenso bemerkenswert ist, daß die Christen jetzt öfter und einfacher als in früheren Jahren an verschiedensten Formen des marxistisch orientierten Kampfes für die gesellschaftliche Erneuerung teilnehmen: kommunistische und sozialistische Parteien unterschiedlichster Prägung, Leninismus, Trotzkismus, Guerilla, politische Gewerkschaften, studentische Protestbewegung, Strategie des »langen Marsches durch die Institutionen« ebenso wie die Bewegung für einen »Sozialismus mit menschlichem Antlitz« in den sich als sozialistisch deklarierenden Systemen – alles das schockiert viele Christen nicht mehr, sondern zieht sie an, als eventuelles authentisches Austragen der christlichen Inspiration auf dem Boden der gegenwärtigen Wirklichkeit.

An diesem Punkt haben wir absichtlich eine provozierende Formulierung benützt, um besser den gemeinten Sachverhalt und gleichzeitig den vorhersehbaren Einwand diskutieren zu können, daß wir hier noch einmal den marxistischen Wunsch, sich das Christentum zu unterwerfen und auszunützen, zur Erscheinung bringen: denn – wenn die Christen das marxistische Engagement annehmen, können auch die Marxisten das christliche Engagement akzeptieren? Wie könnte man anders über eine

Reziprozität sprechen, die doch die grundlegende Bedingung eines Dialogs sein sollte?

Die Definierung dieser Reziprozität stellt, natürlich, die Kernfrage des ganzen Dialogs dar, und es ist Sache der intellektuellen Ehrlichkeit, sie so klar wie möglich zu beantworten. Wir werden es versuchen. Zunächst aber scheint es uns notwendig, die Vorurteile auf diesem Gebiet abzubauen.

Die Reziprozität, so streng verstanden, daß man zu ihrem Kriterium die abstrakte Devise macht: »immer den marxistischen und christlichen Standpunkt vergleichen«, impliziert und verdeckt durch ihre unschuldige Form, daß sie ein Produkt der reaktionären Doktrin des Integralismus darstellt. Die Durchführbarkeit dieser Forderung bindet sich nämlich an die Voraussetzung, daß in allen Fragen, über die »der Marxismus« oder »das Christentum« eine Aussage machen, der dialogische Partner auch automatisch imstande ist, seinen Standpunkt zu präsentieren. Das Christentum besitzt nach einer solchen Auffassung die Fähigkeit und Berufung, die individuelle und soziale Existenz des Menschen allseitig zu reglementieren, und auch der Marxismus verändert sich aus einer wissenschaftlichen Theorie der sozialen Emanzipation, die ihr konkretes Thema hat, in eine allumfassende Doktrin, die alles »vom Affen bis zum Kommunismus« behandelt, wie wir in Prag eine solche Tendenz ironisiert haben. Die vollkommene »Reziprozität« kann man nur dann annehmen, wenn wir »den Marxismus« und »das Christentum« als zwei voneinander unterschiedliche allumfassende Systeme interpretieren, also um den Preis, daß wir beide auf das Niveau einer Ideologie degenerieren lassen.

Wenn Karl Rahner den Gedanken ablehnt, daß im Namen des Christentums eine konkrete »innerweltliche Utopie« angeboten werden kann, dann liefert er ein Argument gegen die Idee einer »vollkommenen Reziprozität« in der Schlüsselfrage nach der künftigen sozialen Ordnung: auch für das Christentum gilt also etwas Vergleichbares zu dem, was jede Wissenschaft anerkennt, wenn sie ihren Gegenstand zu definieren versucht. Marxismus und Christentum können nicht in einer Beziehung der »vollkommenen Reziprozität« stehen, darum aber auch nicht in einer strengen Konkurrenzbeziehung, weil sie kein identisches »Thema« besitzen und weil es deswegen kein christliches Gegenüber zu jeder marxistischen These gibt und umgekehrt.

Wenn wir uns in der Perspektive des Kampfes gegen die spätkapitalistischen Repressionsformen situieren, gegen die halb-feudalen kolonialistischen Regime in der »Dritten Welt« wie auch gegen die Deformationen des Sozialismus in den sich durch den Marxismus legitimierenden Systemen in Europa, dann begehen wir kein Übertreten des dialogischen Prinzips durch die Behauptung, daß die Christen immer öfter dieses Engagement annehmen. Auf diesem Gebiet wird das Christentum durch das bloße Nicht-Respektieren der »vollkommenen Reziprozität« mit dem Marxismus keineswegs zur quantité négligeable. Das könnte nur dann in Betracht kommen, wenn unsere Analyse dieses Kampfes zu der Schlußfolgerung führte, daß das Christentum zu ihm nichts beitragen kann – und zwar in keiner der beiden möglichen Deutungen eines solchen Beitrags: in erster Linie als Schaffung der komplementären [2] Motivierung im Sinne ideeller Beweggründe zur Teilnahme am emanzipativen Kampf, wobei diese Beweggründe sogar manchen Mitgliedern der herrschenden Klassen die Möglichkeit vermitteln, auf die Seite der Unterdrückten übergehen zu können; dann aber auch in einem viel anspruchsvolleren Sinn, nämlich als Behauptung der christlichen Inspiration bei der Suche nach den wirksamen und angemessenen Formen des Befreiungskampfes wie auch der Existenzformen der neuen Gesellschaft.

Wenn der Dialog die elementarste Positionsklärung zweifellos schon überschritten hat, wenn der Marxismus als solcher die Christen nicht mehr schockiert und wenn die Aktion mit marxistisch formulierten Zielsetzungen auf viele Christen eine Anziehungskraft ausübt, dann entspricht dem gleichzeitig, daß die Christen an den Marxismus Ansprüche stellen und auch dem Kampf um den Marxismus nicht mehr bloß zusehen wollen.

2. Zur Situation des Dialogs

Am Anfang der sechziger Jahre konnte man vielleicht auf dem europäischen Kontinent meinen, daß der günstige Entwicklungsweg im fortschreitenden Auftauen der politischen doktrinellen Rigidität der marxistischen Parteien und Staaten bestehen werde. Dadurch würden sie auf die Bahn der Erneuerung gebracht, welche dann – in einer Parallelität der Erneuerung der christlichen Institutionen – zu einer friedlichen Konfliktlösung zwischen dem Marxismus und dem Christentum führen sollte. Diese Vorstellung hat sich aber als falsch erwiesen, auf theoretischem wie

---

[2] Im Vergleich mit der Motivierung, die durch die Stellung der Menschen im System der gesellschaftlichen Produktion des materiellen Lebens, dem Klassenkampf, durch Interessen der sozialen Gruppen gegeben ist.

auf praktischem Gebiet. Neben einem dem Dialog nahestehenden Marxismus, der Schritt für Schritt die Änderungen erzielte, die auf dem Hintergrund des Stalinismus immer nur als relativ erschienen, die aber in ihrem Ensemble doch einen grundsätzlichen Strukturwandel vermittelten, hat sich plötzlich eine Welle des ungelegenen Marcusianismus erhoben. Diese Bemühung, mit reinem Tisch zu beginnen, diese Bewegung, die sich schon deshalb als neu fühlt, weil sie zur Bewegung einer neuen Generation wird, hat doch für die Länder an der Schwelle der »post-industriellen« Zivilisation den Wandel der grundsätzlichen Koordination des Kampfes um die Emanzipation angekündigt. Nicht nur Produktionsbeziehungen, sondern auch der Typus der Technik, der hergestellten Dinge und der hervorgerufenen Bedürfnisse sind zum relevanten Gegenstand des Protestes geworden; die Grundeinstellung des Produktivismus, sein Lebensstil und seine Wertskala sind aus dieser Sicht als Verlängerung der Logik des Spätkapitalismus erschienen und eventuell als wahrscheinliche Konsequenz der unkorrigierten stalinistischen Deformationen des Sozialismus. Die entfesselte radikale Welle, wo sie den Kontakt mit der Realität verlor, kompromittierte manchmal wichtige Gedanken, die ihr einen Anhaltspunkt geboten hatten: durch oberflächliche Analogien zwischen der heutigen kommunistischen Bewegung und dem Schicksal der ehemaligen Sozial-Demokratie, durch die Bemühung, der revolutionären Bewegung um jeden Preis den Charakter einer gewaltsamen und halb-illegalen Tätigkeit zu geben, durch den Glauben, daß die Revolution jetzt von den Außenstehenden, von der Periferie des Kapitalismus aus in seine Zitadellen getragen werden muß, und daß sich Hineinstilisieren in diese Rolle, ja sogar durch die Vorstellung, daß die Guerillatätigkeit in den modernen Großstädten wie im Dschungel den richtigen Weg zur Erneuerung der besten revolutionären Tradition garantiert. Im Ganzen handelt es sich aber um eine bedeutende, positive Strömung, welche dem Marxismus neue Aktualität auch dort bietet, wo seine Wirksamkeit und Geltung durch Steigerung der Konsumationsmöglichkeiten der arbeitenden Schichten eliminiert zu sein schienen.

Massiver aber als durch diese neuen Ideen und durch die an sie gebundenen ersten organisatorischen und politischen Schritte wurde der Dialog zuerst durch die radikale Wende im Entwicklungstrend der Existenzformen des europäischen Marxismus verändert, deren äußerster Ausdruck an der Intervention des Warschauer Paktes in der CSSR gesehen werden kann. Diese Wertung ist keineswegs dadurch gegeben, daß der Autor dieser Zeilen ein Tscheche ist. Der heute viel gelesene und übersetzte französische Marxist L. Althusser z. B., der im allgemeinen eine von der unseren weit unterschiedliche Position vertritt, zählt dieses Ereignis neben der Proletarischen Kulturrevolution in China und dem Streik von 10 Millionen Arbeitern in Frankreich zu den wichtigsten in der weltweiten Arbeiterbewegung: »Die Kulturrevolution, der Mai 68 und die Okkupation der Tschechoslowakei hatten politische und ideologische Nachwirkungen in der ganzen kapitalistischen Welt.« [3]

Daß die Unterdrückung des viel versprechenden Versuches um einen »Sozialismus mit menschlichem Antlitz« den Dialog tief getroffen hat, ist sehr verständlich schon darum, weil vielleicht nirgends der dem Dialog angemessene Marxismus so nahe seiner praktischen Behauptung war wie in diesem Lande. Gerade die Niederlage, die er in der Tschechoslowakei erlitten hat, hatte sein systematisches Massakrieren in der europäischen kommunistischen Bewegung zur Folge: der Ausschluß von R. Garaudy aus der K.P. Frankreichs bleibt für den Dialog ein Ereignis von außerordentlicher Bedeutung, gleichzeitig aber leider nur ein besonders spektakuläres Beispiel von vielen ähnlichen Maßnahmen, die auch in den kapitalistischen Ländern von derselben fremden Intervention und Macht verursacht wurden, die sich die Tschechoslowakei unterworfen hat.

Die Situation des Dialogs ist durch seinen Erfolg, aber auch durch die äußeren Ereignisse sicherlich nicht unkomplizierter geworden. Die gewonnene Kommunikation zwischen den Marxisten und den Christen und die Reaktualisierung des Marxismus auf dem Boden der hochentwickelten kapitalistischen Gesellschaften erschreckt mehrere liberale Dialogteilnehmer: Sie sind heute nervös geworden und predigen einen Rückzug, weil sie fühlen, daß der Dialog von den Kathedern heruntergekommen ist und daß nicht irgendwo weit entfernt, sondern bei ihnen zu Hause der Marxismus eine reale Alternative zur bestehenden Ordnung zu werden beginnt. Auch der etatisierte Marxismus meint, daß der Dialog »zu weit gegangen ist«; nach der Eliminierung der wirklich dialogischen Elemente auf eigenem Gebiet versucht er den Dialog weiterzutreiben, nicht mehr aber auf der Grundlage der kommunikativen, sondern der strategischen Prinzipien: der Kampf bleibt ein Kampf, wenn ich an den totalen Sieg und die Vernichtung des Gegners glaube oder auch nur meine, daß ich nichts mehr erzwingen kann, als eine Form des zweckmäßigen Kompromisses. Wie es gewöhnlich ist, die Reaktionäre auf beiden Seiten können sich relativ schnell verständigen und in verschiedenen, mit großer

---

[3] L. Althusser, Réponse à John Lewis, Paris 1973, 10.

Reklame organisierten Veranstaltungen der pseudo-dialogischen Heuchlerei sich gegenseitig ein Alibi versichern. Was ist aber mit wirklichem Dialog?

3. Das »Wesen« des Dialogs

Als Mittel gegen Zweifel und Verwirrung dienen manchmal Versuche um prinzipielle Fragestellungen, Versuche, die Sache in ihrem Wesen zu betrachten. Willkür versteckt sich dabei oft hinter der Methode, welche zum höchsten Moment eine gewisse, vom Standpunkt des Autors »bestimmende« Idee erhebt und dann aus ihr quasi-deduktiv (in der Wirklichkeit aber vermittelst der voreingenommenen Spekulation) »entsprechende« Konsequenzen entwickelt. Versuchen wir diese ideologische Selbsttäuschung durch die Mittel zu vermeiden, welche uns die Marxsche Sozialtheorie zur Verfügung stellt.

Wenn der Dialog etwas mehr bedeuten soll, als daß sich Marxisten und Christen irgendwo begegnet sind und diskutiert haben, und wenn er grundsätzlicher artikulierbar ist, als durch die Folge der Ideen, die man dann und wann ausgesprochen hat, dann muß man ihn in dem gesellschaftlichen Kontext sehen, aus welchem er wächst und auf welchen er auch selbst zurückwirkt. In diesem Sinn ist er unserer Meinung nach als eine wichtige Komponente des Abschieds des Christentums vom Kapitalismus zu definieren, als eine Eröffnung von Änderungen auf dem Gebiet der Institution und des Glaubens, die zu ihren postkapitalistischen und nicht-kapitalistischen Existenzformen führen. Auf diese Weise kommen im Dialog die tiefsten Ursachen von dem zu Worte, was als vielseitige Krise des Christentums erscheint und was sich in einer Reihe der auf den ersten Blick disparaten Konflikte und Krisenphänomene manifestiert. Bei seiner ganzen Schmerzhaftigkeit stellt dieser Abschied vom Kapitalismus einen Prozeß vor, welcher für das Christentum einen erneuernden Sinn gewinnen kann, als Überwindung der repressiven Elemente, die das Christentum für lange Zeit von den Werten entfernt haben, deren Affirmation den konstitutiven Beitrag des Christentums in unserer Zivilisation bedeutete.

Diese Bestimmung des »Wesens« des Dialogs mußte aus mehreren Gründen ziemlich breit bleiben: vor allem weil die Distanzierung des Christentums vom Kapitalismus einen anderen Prozeß stimuliert hat, der manchmal erfolgreicher fortschreitet als die genannte Distanzierung selbst – d. h. einen Abschied vom Kolonialismus und Europozentrismus. Denn die »antikolonialistische Revolution« setzt sich im Christentum schneller durch als die »sozialistische«, obwohl sie sich im epochalen Zusammenhang der letztgenannten entwickelt. Damit ist aber immer noch nicht geklärt (sondern gerade zweifelhaft geworden), warum wir den Dialog nur ziemlich vage ins Verhältnis zu den post-kapitalistischen, nicht aber direkt den sozialistischen Existenzformen des Christentums gebracht haben. Wenden wir uns also jetzt ausführlicher dieser Frage zu.

4. Dialog und die Änderungen des historischen Sinnes des Marxismus in unserer Epoche

Abstrakt gesagt, ist dieser »suspens«, die Zurückhaltung und Spannung um das Wort »Sozialismus« dadurch gegeben, daß man ihn kaum für ein automatisches Produkt des Kapitalismus halten kann und darum auch nicht für die einzig mögliche, garantierte Zukunft der Menschheit. Gerade weil uns die Sache des Sozialismus am Herzen liegt, sind wir uns auch seiner Zerbrechlichkeit bewußt. Zu unserer Zeit bedeuten solche Überlegungen alles andere als entwurzelte Spekulation über die »Pluralität der möglichen historischen Perspektiven«. Sogar der etatisierte Marxismus mußte sich auf seine Weise mit diesem Problem auseinandersetzen, wenn auch nur »global«, seit der realistischen Feststellung von N. Krutschev, daß der nukleare Konflikt keineswegs ein »Ende des Imperialismus« bedeuten müßte, wie es bisher die Propaganda behauptete, sondern eine Katastrophe, vielleicht sogar die Vernichtung der Zivilisation. Noch viel konkreter spielt sich aber das Schicksal des Sozialismus auf dem Boden von beiden entgegengesetzten Machtblöcken ab, deren Konflikt, obwohl er sich als ein Konflikt um den Sozialismus präsentiert, sich doch mit dem Kampf um den Sozialismus nicht deckt.
Es entspricht keineswegs unserer Intention, die beiden Regime in einen Topf zu werfen, und auch nicht, durch die Termini »Staatskapitalismus« oder »neue Klasse« die ersten breit angesetzten Versuche um die Verwirklichung des sozialistischen Gedankens zu erledigen. Die Ablehnung dieses Negativismus bedeutet aber nicht auch gleichzeitig, daß wir die sich als sozialistisch deklarierenden Systeme ohne weiteres für solche halten. Sie zeichnen sich zweifellos durch eine Reihe für den Sozialismus wesentlicher Züge aus, die aber durch die institutionell fixierte Herrschaft der Bürokratie deformiert und relativiert sind. Die letzte mißt die gesellschaftlichen Bedürfnisse an der schiefen Perspektive der eigenen partikulären Interessen und verhindert die Einführung von solchen Formen des Sozialismus, die den erzielten Resultaten der ökonomischen, technischen

und kulturellen Entwicklung in der Sowjetunion und anderen Ländern entsprechen würden, und eine Replik nicht mehr nur an ein halb-feudales despotisches System bieten, sondern auch eine befreiende Alternative angesichts der bürgerlichen Demokratie.

Ohne hier eine tiefere Analyse der Ursachen und Formen von den erwähnten Deformationen entwickeln zu können, die wenigstens in ihren Erscheinungsformen wohl bekannt sind, werden wir doch zu behaupten wagen, daß der Kampf für den Sozialismus auf dem Boden der europäischen, sich durch den Marxismus legitimierenden Systeme noch lange nicht beendet ist und daß er in diesen Ländern seine objektive Basis im Konflikt der Interessen der Arbeitenden mit den Interessen der Bürokratie findet, der sich in der ökonomischen, politischen und ideologischen Sphäre manifestiert. Dieser Konflikt drückt sich aus im Kampf für die Aufhebung des die Beherrschung mit dem Paternalismus kombinierenden Systems, dem jetzt nicht die bloße Freiheit des Erscheinens der gesellschaftlichen Antagonismen entgegengesetzt wird, wie sie aus dem bürgerlichen Parlamentarismus bekannt ist, sondern die auf der Harmonisierung der sozialen Interessen beruhende sozialistische Selbstverwaltung, welche den Individuen mehr als die abstrakte Freiheit des bürgerlichen Rechtsstaates anbieten kann, d. h. die reale Teilnahme an allen gesellschaftlich geschaffenen Werten und gesellschaftlich wichtigen Entscheidungen.

Die Ablehnung der verknöcherten traditionellen Schemata ist aber auch in der Beziehung zu den Ländern berechtigt, die sich bisher ohne Revolution aufgrund der »inneren Transformationen des Kapitalismus« entwickeln. Ein marxistischer *Ideologe* wird in einer solchen Behauptung sofort einen Teufelsstreich des »Revisionismus« suchen: eine Bemühung zu zeigen, daß der Kapitalismus einer Verbesserung fähig ist und daß man sich also auch ohne seine Ersetzung durch den Sozialismus behelfen kann. Wir haben aber nichts solches gesagt. Sind denn nicht auch andere Transformationen des Kapitalismus denkbar? Zum Beispiel, daß er sich in diesem oder jenem Maße in ein *anderes* repressives System zu verwandeln beginnt, dessen Kritik nicht in demselben Maße wie früher zu ihrem Kern die Kritik der politischen Ökonomie machen kann, dessen größte innere Spannung sich nicht immer in der Ausbeutung des Proletariats konzentriert, was dann auch einen Ausdruck in den Änderungen der sozialen Basis der Kontestation dieses Systems findet?

Auch hier können wir nicht mehr machen, als anzudeuten, um welche Prozesse es sich dabei handelt. Durch die Bedeutung der Sache ist es sicherlich gerechtfertigt, daß wir uns das einzige Zitat erlauben, welches die Grenzen, die Marx für die Gültigkeit der Kategorien seiner Kapitalismustheorie zieht, zeigt und gleichzeitig die Offenheit dieser Begriffe für weitere soziale Änderungen beweist:

»Der Austausch von lebendiger Arbeit gegen vergegenständlichte, d. h. das Setzen der gesellschaftlichen Arbeit in der Form des Gegensatzes von Kapital und Lohnarbeit – ist die letzte Entwicklung des Wertverhältnisses und der auf dem Wert beruhenden Produktion. Ihre Voraussetzung ist und bleibt – die Masse unmittelbarer Arbeitszeit, das Quantum angewandter Arbeit als der entscheidende Faktor der Produktion des Reichtums. In dem Maße aber, wie die große Industrie sich entwickelt, wird die Schöpfung des wirklichen Reichtums abhängig weniger von der Arbeitszeit und dem Quantum angewandter Arbeit, als von der Macht der Agentien, die während der Arbeitszeit in Bewegung gesetzt werden und die selbst wieder – deren powerfull effectiveness – in keinem Verhältnis steht zur unmittelbaren Arbeitszeit, die ihre Produktion kostet, sondern vielmehr abhängt vom allgemeinen Stand der Wissenschaft und dem Fortschritt der Technologie, oder der Anwendung dieser Wissenschaft auf die Produktion.« [4]

Vom Standpunkt des Emanzipationskampfes bringt die Etappe der Automation, oder allgemeiner, der wissenschaftlich-technischen Revolution die Änderungen, die wirklich fundamental sind: die herrschende Klasse gewinnt jetzt aufgrund der neuen Produktionsweise die Möglichkeiten, dem Arbeiter die Chance der steigernden Konsumption anzubieten, ohne dabei auf die Steigerung ihres Reichtums und Weiterentwicklung der sozialen Unterschiede verzichten zu müssen. Die Sphäre der Konsumption, die im traditionellen Kapitalismus die Antagonismen zum Ausdruck brachte, welche das revolutionäre Sprengen des Kapitalismus verursachen konnten, wird heute zu einem der wirksamsten Instrumente der Integrierung der früheren potentiellen revolutionären Kräfte in die bestehende Ordnung. Dadurch aber verschwinden keineswegs soziale Gegensätze. Gerade vom Standpunkt des Dialogs ist es wichtig zu konstatieren, daß sie im gewissen Sinne noch tiefer sind als die, welche die Existenz des Proletariers unmenschlich gemacht haben: ohne jedwedes Dramatisieren muß gesagt werden, daß es in diesen Konflikten um nichts weniger geht als um die menschliche Existenz als solche. Der aventurische Charakter der fundamentalen gesellschaftlichen Zielsetzungen und Optionen, wenn sie der blinden Selbstbehauptung des partikulären Interesses preisgegeben sind, die Sackgassen des Produktivismus, welcher uns durch die ökologische Katastrophe bedroht, die Degradierung der Multidimensionalität

[4] K. Marx, Grundrisse der Kritik der politischen Ökonomie, Berlin 1953, 592.

des menschlichen Lebens durch sein Unterwerfen unter die durch das Privatinteresse manipulierte Konsumption, die unkontrollierbare Mafia der herrschenden Eliten, die systematische Indoktrination und Konditionierung, welche die terroristischen Formen der politischen Herrschaft in etwa ersetzen, und schließlich die allgemeine Undurchsichtigkeit der menschlichen Beziehungen, welche den Individuen in weitem Maße die Möglichkeit selbst entzieht, als Einheiten des Urteilens und moralischen Handelns Subjekte zu sein – das alles ist eine nur sehr unvollständige Liste von den existenzgefährlichen Repressionsformen, welche der »transformierte Kapitalismus« aufgrund der früheren entwickelt.

Unter diesen Umständen scheint die Revolte der Kultur, der Universität und der Jugend, trotz mehrerer »Kinderkrankheiten«, keine vorübergehende Mode zu sein, sondern ein Ansatz zur Konstitution einer Bewegung gegen die Herrschaftsformen, welche sich beim geschichtlich konkreten Übergang zu post-industriellen Produktionsweisen entwickelt haben. Es handelt sich also um die Notwendigkeit einer wirklichen Änderung in der marxistischen Strategie. Das post-industrielle Stadium läßt progressiv die *im strengen Sinne* ökonomische Grundlage des Klassenkonfliktes zwischen dem Proletariat und der Bourgeoisie verschwinden; durch eine solche Änderung verschwinden aber nicht die in den sozialen Strukturen fixierten Repressionen und Privilegien. Der Umstand, daß das Establishment den Produktivismus zu seiner Ideologie und Strategie macht, bedroht die traditionell orientierte marxistische Oppositon dadurch, daß sie in die Abhängigkeit von der Programmatik der herrschenden Klassen geraten kann, welche zu den wichtigen Konzessionen gezwungen werden können, gleichzeitig aber erfolgreich die Bemühungen um eine Alternative unterbinden.

Nichts wäre schädlicher, als die bisherigen revolutionären Kräfte aufgrund der neuen Entwicklungstendenzen zu vernachlässigen und die Stadien zu überspringen, wo die angedeuteten Änderungen noch nicht reif geworden und die früheren emanzipativen Möglichkeiten nicht bis zum Grund ausgeschöpft sind. Gleichzeitig wäre es aber auch unberechtigt, die Spannung zwischen der sozialistischen Bewegung des Proletariats und der emanzipativen Auseinandersetzung mit den modernsten Repressionsformen als Spannung zwischen zwei Theorien zu deuten, von welchen die eine wahr und die andere falsch, zwischen zwei Tendenzen, von welchen die eine revolutionär und die andere pseudo-revolutionär sein muß: eher handelt es sich um objektive Widersprüchlichkeit, wenn alte Motivierungen nicht mehr und neue noch nicht zur Änderung auszureichen scheinen und wenn die sozialistischen Kräfte vor eine Aufgabe der Synthese von manchmal ziemlich disparaten Elementen gestellt sind.

5. *Das emanzipative Potential des Christentums und die Grenzen seiner möglichen Verständigung mit dem Marxismus*

Die wichtigste Schlußfolgerung aus dieser außerordentlich kurzen Andeutung der Wandlungen des Sinnes des Marxismus ist, daß die christliche Auseinandersetzung mit ihm sich vor der Tatsache findet, daß der heutige europäische Marxismus in mindestens zwei unterschiedlichen Formen und Funktionen auftritt; erstens: als eine Rechtfertigung des Systems, dessen sozialistische Dimensionen von den in die Strukturen hineingewachsenen bürokratischen Gruppeninteressen wesentlich entkräftet sind, was sehr oft die Sterilität dieses Marxismus, ja sogar seine »Ideologisierung« – im Sinne der Verwandlung in »falsches Bewußtsein« und Instrument der Herrschaft – zur Konsequenz hat; zweitens aber auch als Theorie der Emanzipation, die jetzt als Gegenstand ihrer Kritik nicht nur die kapitalistische, sondern auch post-kapitalistische und deformierte, sich als sozialistisch deklarierende Gesellschaft hat. Die Verbreitung des Feldes der marxistischen Kritik auch auf die letzte bedeutet heute im gewissen Sinne Bedingung der Möglichkeit, daß der Marxismus bei der Erfüllung seiner traditionellen Funktion, d. h. bei der revolutionären Auseinandersetzung mit dem Kapitalismus, nicht versagt: der offizielle Marxismus vernachlässigt mehrere neue Repressionsformen, die sich aus der kapitalistischen Grundlage beim Übergang zur post-industriellen Produktionsweise entwickeln, weil er offensichtlich befürchtet, daß im sozialrelevanten Protest gegen sie die Interessen in Bewegung gebracht werden und entsprechend das theoretische Instrumentarium herausgearbeitet wird, welche sich als wirksam auch bei der Analyse und praktischen Kontestation des von ihm verteidigten Systems erweisen könnten.

Wenn also manchmal schon in der früheren Etappe des Dialogs die Idee auftauchte, die entscheidende Trennungslinie liege nicht zwischen den Marxisten und Christen, sondern sei durch den Charakter des Engagements im Kampf für den Sozialismus gegeben, muß man dann heute diese Idee konsequent auf den Marxismus selbst anwenden; er findet sich keineswegs automatisch auf der Seite des Fortschritts und kann für sich auch nicht ohne weiteres die Würde beanspruchen, Christen auf den Weg des Fortschritts bringen zu können. Obwohl eine solche ungeschützte Formulierung mißbraucht werden kann, wollen wir doch klar unsere Erfahrung aus dem Dialog ausdrücken, daß sich manche Marxisten und Christen in den brennendsten politischen Fragen näher stehen als diese Marxisten zu anderen Marxisten und diese Christen zu anderen Christen. Wenn wir schon konstatiert haben, daß die Christen immer weniger einverstanden sind, dem Kampf um den Marxismus nur zuzusehen, bedeutet das auch, daß sie mit manchen Marxisten und gegen andere Marxisten den Standpunkt des sozialen Fortschrittes und der Emanzipation vertreten können, während ihre – sei es auch »marxistischen« – Gegner die Rolle der politischen Reaktion spielen.

Diese Schlußfolgerungen, wie auch die Tatsache, daß unser kurzer Aufsatz notwendigerweise viele Fragen der Reflexion des Lesers überläßt, verlangen zum Abschluß einige Bemerkungen über die Methode dieses Versuchs, den Dialog aus der veränderten Perspektive zu betrachten. Es wirkt vielleicht ungewöhnlich, daß hier ganz die Berufung auf die unüberschreitbaren Grundsätze des Christentums fehlt, die klar für die positive Einstellung zum Sozialismus oder Kommunismus zu zeugen scheinen. Sicherlich, wir haben mehreres davon ausgelassen, weil wir nicht wiederholen wollten, was schon früher auf diesem Gebiet richtig gesagt wurde; gleichzeitig kommt aber für uns dabei auch ein prinzipieller Grund ins Spiel. Im früheren Dialog hat man verhältnismäßig oft einen Vergleich der Prinzipien angestellt: das war vielleicht in gewissem Grad durch den Umstand bedingt, daß es sich gerade um den Anfang des Dialogs handelte. Daß aber diese Methode nicht ausreichen kann, ist eine Behauptung, welche für den Dialog einen viel unmittelbareren Sinn hat als ein abstrakter Protest gegen die Konzessionen der idealistischen Geschichtsauffassung: Christentum ausschließlich oder überwiegend aus seinen Prinzipien zu beurteilen, bedeutet, ihm das Recht aufs Leben zu verweigern. Haben wir denn nicht im Dialog erlebt, daß man immer solche Christen gefunden hat, welche jede begrifflich konstruierte Mauer zu zerstören wußten [5], die abgrenzen sollte, wie weit die Möglichkeiten der Christen, sich mit den Kräften des sozialen Fortschritts zu identifizieren, reichen und in welchem Sinne das Christentum konservativistisch sein »muß«?

Versagt hat damit die Einstellung, die meinte, daß das Christentum zwar für unsere Zivilisation etwas Wesentliches beigetragen hat, was aber dann durch spätere Strömungen völlig integriert und auch weiterentwickelt wurde, so daß aus dem Christentum nichts mehr zu schöpfen ist. Es ist

[5] Wir betonen, daß die Philosophie kaum eine Ausnahme vorstellen konnte.

aber nicht so einfach; wie alle anderen haben auch die Christen die Möglichkeit, die neue Gesellschaft nicht bloß zu verwirklichen, sondern sie auch zu erfinden. Das Christentum aus den fertigen Ideen zu beurteilen wie eine fixe Doktrin, heißt ihm eine Möglichkeit der Selbstinterpretation abzusprechen: auf ihrer Grundlage aber entscheidet sich unserer Meinung nach vor allem, welchen Standpunkt zum Christentum der Marxismus anzunehmen hat.

Die Grenzen des Dialogs wurden bisher oft vom Standpunkt der Prinzipien beurteilt, auf welchen sich die Marxisten und Christen nicht einigen können; ebenso wichtig ist es aber zu begreifen, daß die Grenzen des Dialogs auch in dem bestehen, worin sich seine Teilnehmer nicht unterschieden wissen.

INTERPRETATION UND AUSWERTUNG

Vorbemerkung

Die einzelnen Beiträge im ersten Teil dieses Materialbuches sind trotz ihres Informationsgehaltes keine positionslosen Berichterstattungen, sondern sie enthalten zumeist auch die Position des jeweiligen Verfassers zum angesprochenen Thema im Kontext der eigenen Einschätzung des Verhältnisses von Marxismus und Christentum. Eine einfache Grenzziehung: hier marxistisch – dort christlich ist nicht möglich. Sie entspräche im übrigen auch nicht der realen Situation – weder in der geistigen Auseinandersetzung noch auf politischem Gebiet. Der Grund dafür ist u. a. auch darin zu sehen, daß in einer Verhältnisbestimmung zwischen Marxismus und Christentum diese beiden Größen sich nicht nur, vielleicht nicht einmal vorrangig, gegenseitig in Bestreitung ihrer jeweiligen weltanschaulichen Grundlagen zum Gegenstand haben, sondern auch darin, daß sich beide einander weithin nur über gemeinsame Problemfragen begegnen.

Unter dieser Rücksicht werden im folgenden zuerst einige wichtige Fragestellungen skizziert, wie sie sich aus der Themenkonzeption des Informationsteiles ergeben. Sie sollen vordringlich dem Leser bei der Beschäftigung mit einzelnen Themenkreisen zur allgemeinen Orientierungshilfe gegeben werden.

Darüber hinaus werden unter den Stichworten »Religionskritik«, »Gesellschaft« und »Geschichte« drei zentrale Themenkreise für die Beschäftigung mit dem Marxismus in der Bildungsarbeit vorgestellt. Zu den einzelnen Themen werden noch einmal jeweils die in den verschiedenen Beiträgen des 1. Teils gegebenen Informationen kurz angesprochen. Dann wird auf einige Fragen und Probleme aufmerksam gemacht, die als Diskussionsanregungen für die Aufnahme des Themas »Marxismus« in die Bildungsarbeit verstanden werden können.

Wenn in einem kurzen Beitrag zum Abschluß einige Bemerkungen zum Thema »Marxismus und Religionsunterricht an öffentlichen Schulen« gemacht werden, soll damit nur angedeutet sein, daß eine konsequente Aufnahme des Themas Marxismus in den Religionsunterricht auch zu konzeptionellen Überlegungen Anlaß zu bieten vermag. Es muß nicht ausdrücklich hervorgehoben werden, daß damit nicht die Komplexität religionspädagogischer Überlegungen im Hinblick auf das Selbstverständnis des Religionsunterrichts, auf Lehrpläne etc. abgedeckt wird.

Helmuth Rolfes

MARXISMUS – CHRISTENTUM

Ein Problemkatalog

Die marxistische Religionskritik ist ein erstes und wichtiges Thema zur Ermittlung der Probleme, vor die Christen durch den Marxismus gestellt werden, geht es hier doch um eine »fundamentale« Bestreitung der Berechtigung einer religiösen Wirklichkeitsdeutung.

Mit Feuerbach geht Marx davon aus, daß die Religion ein Produkt des Menschen ist. Der Mensch projiziert sein Wesen, dessen Vervollkommnung er in Wirklichkeit nicht erreichen kann, aus sich heraus, verselbständigt diese Projektion des eigenen Wesens, das ihm dadurch fremd wird, und nennt es Gott. Hofft nun Feuerbach, diese Selbstentfremdung durch Rückverwandlung von Theologie in Anthropologie zu überwinden, geht Marx einen Schritt weiter, und weist darauf hin, daß die Kritik der religiösen Vorstellung allein dem Menschen sein wahres Wesen nicht zurückzugeben vermag, sondern daß es darauf ankommt, die widersprüchlichen Bereiche menschlichen Lebens zu kritisieren und zu verändern, deren Ausdruck die Religion ist. Diese Grundaussage der Religionskritik hat nun im Laufe der Geschichte der Auseinandersetzung des Marxismus mit dem Christentum recht unterschiedliche Ausformungen erhalten. Der Aufsatz von *W. Kern* informiert darüber ausführlich.

Die verschiedenen Ausrichtungen der Religionskritik erfordern nun eine jeweils entsprechende theologische Reaktion. Der Versuch, die Religionskritik im Kontext des weltanschaulichen Systems des dialektischen Materialismus abzuhandeln, wird sich vor allem auf die Diskussion eben der Prämissen dieses Systems z. B. Ewigkeit der Materie, beziehen müssen. Dagegen wird das Verständnis der Religion als Herrschaftsinstrument der herrschenden Klassen in erster Linie keine philosophische Atheismusdebatte erfordern, sondern es wird im Vordergrund eine den Ideologieverdacht entkräftende theologische Begründung von Religion und Kirche in der Gesellschaft stehen müssen, die in ihrer Begründung zugleich eine produktive Kritik an bestehenden wie zu erstellenden gesellschaftlichen

Systemen darstellt. Das schließt notwendig die vorbehaltlose Analyse der Funktion von Religion und Kirche in der Gesellschaft ein.
Eine weitere, die gegenwärtige Diskussion bestimmende Form der marxistischen Kritik an der Religion ist die Kritik in ausdrücklich humanistischer Absicht. Diese Kritik unterstellt der Religion nicht global, Ideologie zu sein, sondern sie bemüht sich um eine differenziertere Beurteilung der Inhalte und der Traditionen der Religion. Dabei steht im Hintergrund die Überzeugung, daß die Intention der Marxschen Kritik an der Religion nicht etwa in einer Bestreitung der Existenz Gottes bestand, sondern in der Befreiung des Menschen aus den ihn kettenden Widersprüchen des wirklichen Lebens und daß darum die Absetzung Gottes zugunsten des Menschen zu erfolgen habe. Zugleich akzentuiert diese Kritik den Gedanken, der schon bei Marx zu finden ist, daß die Religion nicht nur der Ausdruck des Elends des menschlichen Lebens ist, sondern in eins damit auch der – wenngleich ohnmächtige und hilflose – Protest gegen das wirkliche Elend. So gesehen, enthält Religion ein im Laufe der Geschichte aufgehäuftes Sinnpotential menschlichen Hoffens, das nur um den Preis inhumaner Barbarei vernachlässigt werden kann. Unter dieser Voraussetzung erfährt auch die Geschichte des Christentums eine veränderte Bewertung. In ihr äußert sich nicht nur – vielleicht nicht einmal vorrangig – der Versuch zur Beherrschung des Menschen zum Ziel der Verhinderung seiner Emanzipation, sondern in dieser Geschichte lassen sich Einsichten aufdecken, die zum Besten gehören, was der Mensch über sich und seinen Weg in eine bessere Zukunft weiß. Diese Einsichten gilt es für den Marxismus zu reklamieren, indem dieser Inhalt des Christentums gegen die etablierten Träger des Christlichen verteidigt wird. Eine große Anziehungskraft für die marxistische Auseinandersetzung mit der Christentumsgeschichte üben in diesem Zusammenhang die Ketzerbewegungen aus, denn vor allem an den Rändern des offiziellen Christentums, in den Ketzerbewegungen, lassen sich Vorstellungen, Zielsetzungen und Ideale entdecken, die die großen im Christentum enthaltenen humanen Perspektiven deutlich machen, denen sich auch der Marxismus verpflichtet weiß (vgl. dazu *R. Lay*).
Eine besondere Bedeutung kommt in diesem Zusammenhang der marxistischen Beschäftigung mit Jesus zu. In Jesus wird – allerdings unter der strikten Ablehnung jeglicher theologischer Deutung – das Exemplar gelungenen menschlichen Lebens gefunden, durch das der Sinn menschlicher Wirklichkeit aufgeschlüsselt werden kann. Abgesehen davon, daß die veränderte Bewertung des Christentums auch Gründe hat, die auf

die eigene Entwicklungsgeschichte des Marxismus zurückgehen und darauf zu reagieren versuchen, erfordert diese Situation doch auch eine Selbstbesinnung des Christen im Gespräch mit dem Marxismus. Hier wird ja die marxistische These von der Notwendigkeit der Absetzung Gottes zugunsten der Emanzipation des Menschen durch Berufung gerade auf Jesus gegen das Christentum gekehrt und so in einen Streit um den Menschen und seine Zukunft überführt, bei dem es dann keine a priori sauberen Grenzscheidungen zwischen Christentum und Marxismus mehr gibt. Auf die Religionskritik in dieser Form als Streit um den Menschen kann theologisch nicht mit einem abstrakten Prinzipienvergleich reagiert werden. So läßt sich jedenfalls kaum die Notwendigkeit der Rede von Gott in der Rede von Jesus begründen; ein Zusammenhang, der doch deswegen aufrechterhalten werden muß, um eben jene Dimension im Leben und in der Botschaft Jesu nicht zu verlieren, die in der Reich-Gottes-Botschaft ausgedrückt ist und mit der jeder weltlichen bzw. gesellschaftlichen Totalkonstruktion widersprochen wird. Das allerdings ist nicht nur eine Frage der Theorie, sondern auch der Praxis, in der ein solcher Widerspruch zur Totalkonstruktion eine konkrete Form annimmt und so den in der Berufung auf Jesus liegenden Anspruch legitimiert (vgl. dazu *H. Rolfes)*.

Die marxistische Religionskritik weist deutlich über sich hinaus auf die Bereiche, in denen menschliches Leben sich vollzieht: auf Gesellschaft und Geschichte. Hier hat die reale Befreiung des Menschen ihren Ort. Alle Versuche, außerhalb des gesellschaftlichen Lebens und außerhalb der Geschichte der Menschen eine Versöhnung erreichen zu wollen, werden vom Marxismus als irreal abgelehnt. Solche Bemühungen können letztlich nur als Versuch gewertet werden, die realen Widersprüche menschlichen Lebens zu verschleiern und damit am Ende auch zu rechtfertigen. Der Marxismus will dagegen im Interesse der Veränderung der Wirklichkeit gegenüber religiösen, idealisierenden, nur Scheinversöhnungen produzierenden Konzeptionen zur Deutung und Veränderung der Wirklichkeit ein Handlungsmodell geben, das wirksam das menschliche Leben zu einer nicht von den gegenwärtigen Widersprüchen bestimmten Zukunft zu befreien vermag. Darin beschlossen liegt ein bestimmter Zugriff zur Wirklichkeit, der eine neue Zuordnung von Denken und Sein versucht, die nicht mehr von der Unabhängigkeit des Denkens gegenüber dem gesellschaftlichen Sein und von der Autonomie der Theorie ausgeht. Dieses Denken bestimmt sich wesentlich als Kritik an den gegenwärtigen Verhältnissen. Theorie steht im Dienste der Veränderung. Durch die Geschichte der Entwicklung marxistischer Theorie läßt sich anschaulich dieser Versuch einer veränderten Zuordnung von Theorie und Praxis feststellen, wie *W. Post* nachweist.

Weiterhin beschlossen liegt darin ein bestimmter Begriff vom Menschen. Nicht im Sinne eines abstrakten Humanismus wird das menschliche Wesen in sich bestimmt (wie vom Marxismus z. B. Feuerbach vorgeworfen wird, aber auch allen idealistischen bzw. religiösen Anthropologien), sondern durch seinen gesellschaftlichen Kontext, als Ensemble der gesellschaftlichen Verhältnisse. Damit soll gesagt werden, daß ein humanistisches Interesse so lange irreal bleibt, als nicht die materielle, also die gesellschaftliche Grundlage des menschlichen Lebens mitbedacht wird. Das aber heißt, daß der Begriff des Humanismus nicht spekulativ, sondern über die Sozialgeschichte zu verinhaltlichen ist (dazu vgl. *M. Xhaufflaire*).

Im Gefolge einer Begriffsbestimmung vom Menschen als Ensemble der gesellschaftlichen Verhältnisse und eines Anspruchs zur Befreiung des Menschen aus gesellschaftlichen Widersprüchen stellt sich auch die Frage nach den Implikationen und Möglichkeiten des diesen Vorstellungen zugrunde liegenden Freiheitsverständnisses – gerade nicht im Sinne einer theoretischen Erörterung, sondern als politisches Problem. Nicht nur ein individualistischer Freiheitsbegriff ist aporetisch, sondern auch die Konzeption von Freiheit ist problematisch, die Freiheit des Individuums ausschließlich durch die Konstruktionsprinzipien der sozialistischen Gesellschaft definiert. Gerade reformkommunistische Ansätze machen auf diese Problematik aufmerksam (oft aus eigener schmerzlicher Erfahrung) und versuchen, eine Synthese von liberalen und traditionell marxistischen Freiheitskonzeptionen herzustellen (dazu vgl. *G. Schwan*).

Für das Gespräch zwischen Marxisten und Christen hat sich damit gegenüber der religionskritischen Fragestellung die Thematik erweitert, wenngleich sie nicht außerhalb von dieser erörtert werden kann. Gegen den Verdacht, Vertröstung und Scheinversöhnung in den gesellschaftlichen Konflikten, die ja bis in die Wesensbestimmung des Menschen reichen, zu erzeugen, indem ein abstrakter Begriff vom Menschen letztlich unabhängig von seiner gesellschaftlichen Verfaßtheit konzipiert wird, muß der christliche Glaube seine gesellschaftliche Relevanz kritisch erweisen. Nur eine öffentliche Verantwortung des Glaubens kann diesem Anspruch gerecht werden. Wenn der Marxismus durch Kritik und Veränderung gesellschaftlicher Verhältnisse die notwendigen Bedingungen der menschlichen Selbstverwirklichung schaffen will, um durch Konstruktion einer neuen Gesellschaft diese Verwirklichung einzulösen, so kann der christliche Glaube weder durch politische Abstinenz seine eigene Identität bewahren, noch wird er durch globale Ablehnung des Marxismus das eigene Selbstverständnis für den Sinn und das Ziel menschlichen Lebens vermitteln können. Der Streit um die Zukunft des Menschen wird schwerlich außerhalb der gesellschaftlichen Problemstellungen entschieden.

In diesem Streit um den Menschen und seine Zukunft geht es aber nicht nur um den Kampf zur Beseitigung der Antagonismen innerhalb der sozio-ökonomischen Verhältnisse, sondern damit verbunden als Frage nach dem neuen Menschen auch um die Frage einer neuen Kultur. Hiermit ist eine Problematik für die Auseinandersetzung zwischen Marxismus und Christentum angesprochen, die wohl weithin unbearbeitet und als Problemstellung für den christlichen Glauben noch kaum bewußt ist – vielleicht auch u. a. deshalb, weil das Christentum sich bislang allzu selbstverständlich mit ganz bestimmten kulturellen Formen identifiziert hat. Zu diesem Themenkomplex bietet der Beitrag von *F. Menne* eine Fülle von Informationen.

Der Streit um den Menschen ist immer ein Streit um die gesellschaftliche Zukunft des Menschen und damit auch um den Sinn der Geschichte, denn der Versuch, mit der Veränderung der gesellschaftlichen Verhältnisse die Bedingungen für die Ermöglichung eines geglückten menschlichen Lebens zu schaffen, ist mit bestimmten geschichtsphilosophischen Überzeugungen verbunden. Für eine Bestimmung des Verhältnisses des Christentums zum Marxismus zur Benennung der Probleme, vor die der christliche Glaube durch den Marxismus gestellt wird, ist eine Erörterung des Geschichtsthemas unverzichtbar.

Gegenüber Geschichtstheorien, die einen Sinn der Geschichte außerhalb der realen gesellschaftlichen Prozesse und vorab einer Analyse dieser Prozesse definieren, geht es im marxistischen Denken darum, eine Analyse der wirklichen Triebkräfte der Geschichte durchzuführen. Auf dieser Basis kann Geschichte dann begriffen und in die menschliche Verfügungsgewalt gegeben werden. Der Mensch macht die Geschichte. Er entscheidet deshalb selbst über seine Zukunft. Dabei wird die Ebene der Produktion entsprechend der Bewertung des Menschen als Ensemble der gesellschaftlichen Verhältnisse in der marxistischen Theorie als Basis für die geschichtliche Emanzipation angesehen. Diese Einschätzung der Geschichte bietet die Möglichkeit, die Bewegung der Geschichte selbst wissenschaftlich zu analysieren im Sinne der Feststellung von historischen Gesetzmäßigkeiten. Über die materialistische Geschichtskonzeption informiert ausführlich der Beitrag von *P. Ehlen.*

Die marxistische Geschichtsauffassung wendet sich ausdrücklich gegen jede religiöse Interpretation von Geschichte, durch die die Geschichte der planenden Verfügung des Menschen entzogen werden soll zugunsten von unkontrollierbaren, außermenschlichen Mächten, die dann über den Menschen herrschen. Die Annahme solcher Mächte, gleich ob sie nun mit »Gott«, mit »Vorsehung« oder mit »Schicksal« benannt werden, wird von marxistischer Seite als ideologisch zurückgewiesen, als Versuch, den Menschen die eigenen Verwirklichungsmöglichkeiten zu verweigern. Der christliche Glaube, für den die Botschaft vom Reich Gottes zentral ist, wird sich dieser Deutung von Geschichte stellen müssen und sich dabei ideologiekritisch fragen lassen, ob nicht die Aufrechterhaltung des Herrschaftsanspruchs Gottes über die Geschichte eine letzte Verweigerung und zugleich radikale Unfähigkeit bedeutet, die menschliche Emanzipation zu betreiben. Der Einwand, die marxistische Theorie identifiziere Emanzipation mit ökonomischem Fortschritt und könne deshalb nur die im Emanzipationskonzept angelegte Totalität ökonomisch definieren, kann sich sicher auf bestimmte politische Realisationsformen des Marxismus stützen und läßt sich ebenfalls durch theoretische Äußerungen des orthodoxen Marxismus abdecken. Aber gerade von Marxisten selbst wurde auch darauf hingewiesen, daß es sich bei derartigen Deutungen um Fehldeutungen und ökonomistische Verengungen handle, die auch dadurch möglich wurden, daß der eigentliche Impuls und die Zielrichtung der marxistischen Geschichtsauffassung nicht mehr thematisiert wurden, und damit wurde einfachhin unkritisch jeweils auch die Befreiung des mannigfach unterdrückten und ausgebeuteten Menschen entsprechend der jeweiligen Entwicklungsstufe als realisiert vorausgesetzt. In diesem Zusammenhang muß vor allem auf Ernst Bloch hingewiesen werden, der ausdrücklich diese Zielrichtung im Marxismus ausgearbeitet hat und sie zugleich in die Kontinuität mit den besten Bestrebungen der Menschheitsgeschichte hineinzustellen versucht hat (vgl. *U. Pasterk*).

In der materialistischen Geschichtskonzeption hat der Fortschrittsbegriff einen zentralen Stellenwert. An seiner Verwendung läßt sich zugleich auch eine bestimmte Auffassung vom Imhalt menschlicher Emanzipation ablesen. Wie im einzelnen nun der Fortschrittsbegriff akzentuiert ist und aus welcher Wirkungsgeschichte er zu verstehen ist, legt *K. Füssel* in seinem Beitrag dar. Ein Fortschrittsbegriff, der nicht die Realität menschlicher Leidensgeschichte bedenkt, bzw. der diese Leidensgeschichte in sozio-ökonomische Erklärung auflöst, ist unwahr. Das Problem menschlichen Leidens beinhaltet eine anhaltende Kritik an jeglichem Fortschrittsoptimismus. Es erfordert Differenzierungen im Fortschrittsbegriff. Nur so kann der im Fortschrittsbegriff angelegte Anspruch zur gesamtmenschlichen Emanzipation aufrechterhalten werden, selbst wenn dann als letzte Bestimmung des Fortschritts nur noch an der Verringerung menschlichen Leidens festgehalten wird.

Mit der Frage nach der Deutung und Bewältigung menschlichen Leidens wird sicher eine Grenze marxistischer Wirklichkeitsdeutung erreicht. Diese Grenze versucht der christliche Glaube an die Erlösung zu überwinden. Die Erlösungsbotschaft wird freilich ihre Ernsthaftigkeit am eigenen Plädoyer zur Verringerung menschlichen Leidens bemessen lassen müssen. Jedenfalls ist nicht nur ein ungebrochenes Fortschrittsdenken anfechtbar, sondern auch diejenige Erlösungshoffnung, die es sich leisten kann, die Dinge so zu lassen, wie sie nun einmal sind.

Die in den voraufgehenden Überlegungen genannten Probleme verlangen eine über die einzelnen Fragenkomplexe hinausgehende theologische Reflexion über das Selbstverständnis christlichen Glaubens, denn nur in diesem Zusammenhang lassen sich auch einzelne Probleme befriedigend lösen.

In einer solchen Reflexion kann gezeigt werden, daß der christliche Glaube wesentlich durch eine Haltung der Hoffnung bestimmt ist, die den Gläubigen nicht von innerweltlichen Hoffnungen und Zukunftsentwürfen absondert, sondern ihn im Gegenteil genau an die innerweltlichen Hoffnungen und Zukunftsentwürfe als Ort der Einübung, der Bewährung und damit der Vermittlung der eigenen christlichen Hoffnung verweist. Das heißt aber auch, daß sich der Christ nicht den Fragen nach der Emanzipation zu verschließen braucht (vgl. *F. Kerstiens*).

Voraussetzung dafür ist eine fundamentaltheologische Reflexion, die sich ausdrücklich der marxistischen Ideologiekritik stellt und die die Verantwortung des Glaubens unter den gegenwärtigen Verhältnissen und Bedingungen des Verstehens zu artikulieren in der Lage ist. Die politische Theologie ist ein Resultat der konsequenten Durchführung dieses Anliegens. Sie intendiert weder eine Beschränkung der Theologie auf im engen Sinne politische Fragen, noch will sie alle Glaubensaussagen in Handlungsanweisungen umsetzen, sondern sie versucht, die unaufgebbare geschichtliche und gesellschaftliche Dimension des christlichen Glaubens in den gegenwärtigen Verhältnissen zum Ausdruck zu bringen. Damit nur ist die angemessene Grundlage für eine kritische theologische Auseinandersetzung mit dem Marxismus gefunden, wie *L. Rütti* in seinem Beitrag am Beispiel des Themas Erlösung und Emanzipation aufzeigt. Auf welche

Problemfelder der christliche Glaube bei einem solchen Selbstverständnis auch verwiesen ist, zeigt das komplexe Problem der »Dritten Welt« und die erst langsam in Gang kommende Diskussion um die »Grenzen des Wachstums«.

Die Einsicht, daß der christliche Glaube sich nicht politisch unschuldig und situationslos verhalten kann, drängt vor allen Dingen dort zu theologischen Konkretionen, wo die geschichtlich-gesellschaftliche Situation gespannt ist, wo nicht einfach ein etabliertes Kategoriengefüge zur Interpretation und Veränderung der Wirklichkeit ausreicht, wo die Aufrechterhaltung des Status quo für unzählige Menschen zur Katastrophe wird. Eine solche Konkretion ist der Versuch, im Rahmen des lateinamerikanischen Befreiungsprozesses eine eigene Theologie zu entwerfen. *I. Almeida* skizziert in seinem Beitrag diesen Versuch.

Aber nicht nur in der Konfrontation mit Problemen der Dritten Welt stellt sich die Frage nach der gesellschaftlichen Verfaßtheit theologischen Redens. Wie *A. Holl* und *H. Knienieder* deutlich darstellen, muß sich auch die durch Wissenschaftlichkeit noch so sicher wägende Theologie auf ihre politischen Dimensionen hin befragen lassen. Auch »Sanftlebigkeit« ist nicht politisch unschuldig.

Wenn in den letzten beiden Aufsätzen (*H. Vorgrimler; M. Prucha*) das Dialogthema ausdrücklich aufgegriffen wird, bestätigt sich noch einmal das, was durch die Behandlung einzelner Probleme schon deutlich werden konnte: Die Frage einer Verhältnisbestimmung von Marxismus und Christentum ist nicht eine rein theoretische Frage, sondern ebenfalls ein praktisches Problem. Endgültige Feststellungen lassen sich wohl kaum in dieser Sache treffen. Allerdings – akademisches Debattieren und blinder Aktionismus verbrauchen sich gleichermaßen rasch.

RELIGIONSKRITIK – GESELLSCHAFT – GESCHICHTE

Themen für ein Gespräch Marxismus-Christentum

von
Peter Düsterfeld, Robert Lühker, Hubert Manke,
Helmuth Rolfes

I. RELIGIONSKRITIK

1. Zur Bedeutung des Themas

1. Die Kritik der Religion unter den Voraussetzungen der marxistischen Wirklichkeitsdeutung ist und bleibt ein für das Gespräch zwischen Marxisten und Christen zentrales Problemfeld. Das gilt zunächst, weil der Marxismus in seinen verschiedenen Ausdifferenzierungen die religiöse Interpretation der Wirklichkeit als Ausdruck des noch nicht zu sich selbst gefundenen menschlichen Bewußtseins bewertet. Zum anderen kann eine Verständigung zwischen Marxisten und Christen über die Bedingungen und Strategien der Humanisierung menschlicher Lebensverhältnisse auf die Dauer nicht auf die Erörterung fundamentaler weltanschaulicher Implikationen verzichten, soll das Christen wie Marxisten gemeinsame Interesse an humanem Fortschritt nicht in theorieblinden politischen Aktionismus entarten.
2. Dabei ist es notwendig, sich zunächst Gedanken über den Stellenwert dieses Themas zu machen, ist doch die Kritik der Religion nicht der zentrale Topos in der marxistischen Analyse gesellschaftlicher Wirklichkeit; sie hat ihren spezifischen Ort vielmehr im Zusammenhang mit dem marxistischen Interesse, Ausdrucksformen gegenwärtigen menschlichen Bewußtseins auf ihre jeweiligen gesellschaftlichen Voraussetzungen und Konsequenzen hin zu befragen.

Unter dieser Voraussetzung wird das Thema »Religionskritik« seitens christlicher Gesprächspartner nicht als exklusives Problemfeld behandelt werden dürfen: sein Ort in der marxistischen Interpretation der Wirklichkeit weist es über sich selbst hinaus auf die zur umfassenden Befreiung des Menschen als letzthin bedeutsam erklärten Bereiche von »Gesellschaft«

und »Geschichte«. Dies aber bedeutet eine Erweiterung des Umkreises, in dem sich die Verantwortung christlichen Glaubens angesichts der vom Marxismus formulierten Anfragen zu vollziehen hat. Im folgenden soll der Versuch unternommen werden, zunächst die Konturen der marxistischen Religionskritik zusammenfassend darzustellen. Weiterhin ist zu fragen, welche Problemaspekte im Rahmen der Erörterung des Themas »Religionskritik« für ein Gespräch zwischen Marxisten und Christen von besonderer Bedeutung sind.

II. Differenzierungen innerhalb der marxistischen Religionskritik

1. Religion als Projektion und Opium

(Kern 13–19)
Der religionskritische Ansatz der »Klassiker« des Marxismus basiert zu einem beachtlichen Teil auf der philosophischen Vorarbeit L. Feuerbachs. Dieser geht davon aus, der sich selbst entfremdete Mensch versuche sein eigenes erfahrbares Ungenügen dadurch zu beheben, daß er sein eigenes Wesen in eine Scheinwelt, »Gott« genannt, projiziert, gerade dadurch jedoch verarme. Aus diesem Grunde fordert Feuerbach die Rückverwandlung »des außermenschlichen, übernatürlichen und widervernünftigen Wesens Gottes auf das natürliche, immanente, eingeborene Wesen des Menschen.«
K. Marx übernimmt dieses Postulat von der Reduktion der Theologie in Anthropologie, führt die Kritik der Religion jedoch in eine Kritik der Politik, der sozio-ökonomischen Verhältnisse, weiter. Marx ist davon überzeugt, daß nicht die Kritik der Religion als solche den Menschen mit sich selbst versöhnt: er gewinnt sein eigenes Wesen nur in der Kritik und revolutionären Veränderung jener gesellschaftlichen Zustände, deren Ausdruck das religiöse Bedürfnis letztlich darstellt; »die Kritik des Himmels verwandelt sich damit in die Kritik der Erde«.
Hiermit ist der für die marxistische Religionskritik entscheidende Gedanke formuliert. Dabei ist für Marx die Religion als »Opium des Volkes« nicht nur der Ausdruck des gesellschaftlichen Elends der Menschen, sondern auch eine Form des Protestes dagegen, der freilich die gesellschaftlichen Widersprüche nicht aufzulösen vermag, von denen sich das religiöse Bedürfnis letztlich erst herleitet. Darin aber erweist das religiöse Bewußtsein seinen ideologischen Charakter: es trägt nichts zur grundlegenden sozio-ökonomischen Veränderung bei, vielmehr stabilisiert es ge-

sellschaftliches Unrecht, weil die Versöhnung des Menschen einem imaginären Jenseits vorbehalten bleibt. Mit dieser Deutung der Religion ist aber der Weg marxistischer Religionskritik im wesentlichen vorgezeichnet.

2. Religion im Dialektischen und Historischen Materialismus

(Kern 19–27)

Ein wichtiger und für den Hauptstrom marxistischer Tradition maßgeblicher, neuer Akzent in der Religionskritik wird bei F. Engels sichtbar. Die Kritik der Religion gewinnt ihren Ort in dem nunmehr sich ausbildenden System des Dialektischen und Historischen Materialismus, der – gestützt auf die Ergebnisse der Naturwissenschaft – die der Natur und Geschichte gemeinsamen Bewegungsgesetze zu formulieren versucht. Zwar vermag Engels im frühen Christentum eine Art »Sozialismus« zu entdecken; dieser hatte jedoch nichts zur revolutionären Änderung der damaligen gesellschaftlichen Zustände beizutragen, da er die soziale Umgestaltung nicht auf der Erde, sondern im Jenseits verwirklicht sah.

Für den naturwissenschaftlichem Denken sich verpflichtet wissenden Dialektischen Materialismus besitzt christlicher Gottesglaube keinerlei Erkenntniswert; er ist und bleibt Relikt eines unaufgeklärten vorwissenschaftlichen Bewußtseins. Der methodische Atheismus wissenschaftlichen Denkens wird dabei zugleich doktrinär philosophisch. Diese Bestreitung der Legitimität religiöser Wirklichkeitsdeutung bleibt für die gesamte marxistische »Orthodoxie« selbstverständliche Voraussetzung. Das gilt auch für W. I. Lenin, der Religion nicht nur für eine phantastische Selbsttäuschung des Menschen hält, sondern auch für ein gezielt eingesetztes Herrschaftsinstrument der zu bekämpfenden bürgerlichen Reaktion (»Opium für das Volk«), das die bestehenden Machtverhältnisse sanktionieren hilft. Freilich bleibt auch gerade hier die Religionskritik dem erklärten Ziel der Revolutionsstrategie im Klassenkampf des Proletariats untergeordnet.

Die politisch etablierten kommunistischen Systeme tragen zu dieser Form der Religionskritik kaum Neues bei. Als exklusive Norm zur adäquaten Beschreibung und Veränderung gesellschaftlicher Wirklichkeit gilt das umfassende weltanschauliche System des Dialektischen und Historischen Materialismus.

3. Religion als »Erbe«

(Rolfes, Pasterk)
Nun hat gerade die marxistische Religionskritik angesichts neuer geschichtlicher Erfahrungen sowohl in sozialistischen wie in kapitalistischen Gesellschaften (Prucha 269 ff) eine eigentümliche Differenzierung erfahren, ohne daß damit die fundamentalen Prämissen der Kritik aufgegeben worden wären. Der Versuch einzelner Marxisten (zu nennen sind etwa Bloch, Gardavsky, Machovec, Kolakowski), Gehalte religiösen Bewußtseins und christlicher Tradition im Sinne der eigenen humanistischen Intention zu beerben, geschieht nicht zuletzt im Kontext der Erfahrungen des Marxismus mit seiner eigenen Geschichte und der gerade auch hier immer wieder aufbrechenden Frage nach den Inhalten humanen Fortschritts sowie vor dem Hintergrund des bisherigen christlich-marxistischen Dialogs.
Das Phänomen »Religion« erscheint nun nicht mehr einfach als Produkt verkehrter gesellschaftlicher Verhältnisse, sondern ebenso auch als Ausdruck der »Protestation gegen das wirkliche Elend«. Religion, zumal die christliche, gilt als ein der Intention nach zwar eindrucksvoller, in seiner praktischen Bewältigung jedoch ohnmächtiger Versuch einer inhaltlichen Verwirklichung des »Humanum«. Der Marxismus vermag dennoch Gehalte der Religion seinem eigenen emanzipatorischen Interesse zu assimilieren. Eine besondere Bedeutung gewinnen dabei in der Geschichte des Christentums jene Versuche am Rande des etablierten Großkirchentums, die ursprünglichen und authentischen Gehalte christlichen Glaubens, sein Hoffen auf die Verwirklichung des Gottesreiches auf der Erde, zu formulieren (Lay 65–74).
Im Interesse, humane Inhalte christlicher Religion zu beerben, gewinnt für einige Marxisten auch die Person Jesu von Nazareth eine hervorragende Bedeutung. Weitab jeglicher theologischen Deutung gewinnt Jesu Leben und Botschaft einen nicht beliebig auswechselbaren Modellcharakter für menschliches Leben. So sieht Bloch in Jesus den »Rebellen« und »Erzketzer«, den Gott entthronenden Menschensohn, der »um des in seiner Wirklichkeit noch ungewordenen Menschenwesens« den Gott der Kulte und Priester absetzt und in diesem Sinne als der Kronzeuge eines »Atheismus im Christentum« erscheint; für Gardavsky repräsentiert Jesus von Nazareth den Anwalt für die sich entscheidende und liebend sich jeweils auf neue Möglichkeiten hin transzendierende menschliche Subjektivität; Machovec deutet Jesus als das Exemplar eines Menschen,

der ausstehende Zukunft zu seiner eigenen Gegenwart macht, für diese Einstellung sich total verbürgt und damit dem Menschen als das begegnet, was ihn über alle konfessionelle und weltanschauliche Grenzziehung hinweg unbedingt angehen muß und was Jesus gerade auch für Atheisten anziehend macht. Kolakowski schließlich versucht der unverwechselbaren Bedeutung Jesu von Nazareth für die Ursprünge und den Fortbestand der »abendländischen Kultur« auf die Spur zu kommen.

Diese Versuche einzelner Marxisten dokumentieren insgesamt ein Interesse, über die traditionellen Formen der Religionskritik hinaus dem Phänomen »Religion« eine differenziertere Beurteilung zukommen zu lassen, als das im Rahmen einer ausschließlich auf sozio-ökonomische Verhältnisse bezogenen Betrachtung möglich ist. Nicht zuletzt deshalb gewinnen diese Versuche für das Gespräch zwischen Marxisten und Christen eine besondere Bedeutung.

III. Problemaspekte

1. Atheismus

Werden die religionskritischen Äußerungen der marxistischen Tradition unter dem Thema »Atheismus« behandelt, begibt sich das Gespräch zwischen Christen und Marxisten auf die Ebene weltanschaulicher Diskussion. Sie ist deshalb notwendig, weil hier zentrale Voraussetzungen der jeweiligen Wirklichkeitsdeutung angesprochen werden. Für eine über die Erfahrungen des bisherigen Dialogs hinausgehende Verständigung zwischen Marxisten und Christen (Prucha 262 ff, Vorgrimler 245 ff) hat sie freilich nur eine begrenzte Bedeutung.

Als ein wichtiges Problem wird zunächst die These des Dialektischen Materialismus zu erörtern sein, christlicher Gottesglaube besitze hinsichtlich der Interpretation der Wirklichkeit keinen Erkenntniswert, vielmehr müsse er als Ausdruck eines unaufgeklärten vorwissenschaftlichen Weltbildes abgelehnt werden.

Für Christen stellt sich damit die wichtige Frage nach den Konturen und der Funktion ihres Gottesbildes: Hat nicht »Gott« lange genug als Chiffre für ungelöste Fragen der Menschheit dienen müssen? Hat sich nicht erst unter unsäglichen Mühen und unter erbittertem Widerstand des amtlichen Christentums die Emanzipation kritisch-naturwissenschaftlichen Denkens von einem traditionellen religiösen Weltbild vollziehen können? Und schließlich: Diente nicht die Berufung auf einen allmächtigen Schöpfergott lange Zeit dazu, gesellschaftliches Unrecht zu sanktionieren? Fragen dieser Art können nicht einfach als unzeitgemäß und längst überholt abgetan werden. Freilich wird man aber im Rahmen eines solcherart weltanschaulichen Disputes auch von christlicher Seite aus kritische Rückfragen an die marxistische Interpretation der Wirklichkeit stellen dürfen: So muß man fragen, ob der vom Dialektischen und Historischen Materialismus behauptete fundamentale Gegensatz zwischen Religion und Wissenschaft sich sachlich notwendig einstellen muß (Kern 30f). Ist nicht gerade vom christlichen Schöpfungsglauben aus wissenschaftliche Arbeit des Menschen gefordert, die frei von jeglicher weltanschaulichen Dogmatik sein muß? Gerät nicht der sich dezidiert naturwissenschaftlichem Denken verpflichtet wissende Dialektische Materialismus in seiner Funktion als exklusives Interpretationsinstrumentarium in eine ihre eigenen Voraussetzungen nicht mehr kritisch befragende Form ideologischen Bewußtseins, die die dogmatische Voraussetzung eines Schöpfergottes gegen die These von der Ewigkeit der Materie auswechselt? –

Man wird hier auch auf die Grenzen eines solchen weltanschaulichen Disputes aufmerksam machen müssen: er bleibt notwendig abstrakt. Ein Prinzipienvergleich zweier konkurrierender Deutungssysteme der Wirklichkeit mag zwar dem Aufweis einiger der jeweiligen Position immanenter Aporien dienen, verstellt jedoch leicht den Blick für gemeinsame Intentionen und Möglichkeiten praktischer Verständigung.

Das Thema »Atheismus« besitzt jedoch einen weiteren wesentlichen Problemaspekt, der beim Gespräch zwischen Marxisten und Christen nicht ignoriert werden darf: Der Marxismus meint, die Existenz Gottes um der wahren Bedeutung des *Menschen* willen bestreiten zu müssen. An dieser Stelle aber weitet sich eine abstrakte Atheismusdebatte zur Frage nach der Verhältnisbestimmung zwischen »Erlösung« und »Emanzipation« aus, zum Problem nämlich, ob christlicher Gottesglaube menschliche Selbstverwirklichung verhindert oder erst grundlegend ermöglicht.

Bei der Behandlung dieses Themas wird man vor allem den grundlegenden humanistischen Impetus seitens des Marxismus in Rechnung stellen müssen. Das gilt für die klassische, von Feuerbach/Marx vertretene Projektionstheorie ebenso wie etwa für Bloch, der in Jesu Predigt und Verhalten die Absetzung des alten Herrschergottes zugunsten des »Humanum« proklamiert findet (Pasterk 153ff, Rolfes 42–46). Dieser humanistisch begründete Atheismus fordert eine kritische Revision herkömmlicher Gottesvorstellungen. So ist zu fragen, ob nicht traditionelle Religiosität zu einem beachtlichen Teil auf das Projektionsprinzip zurückzuführen ist und Gott hier nicht tatsächlich oft als Haftpunkt menschlicher Phantasien und unerfüllter Wünsche fungiert. Gleichzeitig aber wird man sich mit der Frage befassen müssen, ob nicht gerade biblischer Gottesglaube und die damit vorausgesetzte Berufung auf den Gott Jesu Christi zu einer produktiven Überwindung des von der marxistischen Religionskritik in Anschlag gebrachten Konkurrenzschemas Gott/Mensch beizutragen vermag (Kern 32f). Gerade hier aber mag deutlich werden, daß christlicher Glaube unter dem Anspruch einer befreienden absoluten Zukunft aus sich heraus Impulse zur Veränderung der Wirklichkeit freisetzt (Kerstiens 203ff). Gleichzeitig scheint gerade er besonders qualifiziert, ein abstraktes neuzeitliches Emanzipationsinteresse angesichts von Leid, Schuld und Tod auf Aporien aufmerksam zu machen (Rütti 210ff, Füssel 185ff). Aus diesem Grunde dürfte sich christlicher Glaube nach eigenem Selbstverständnis dem humanistischen Interesse des Marxismus als Gesprächspartner anbieten.

2. Ideologieverdacht

Unter diesem Stichwort wird ein durchgängiger Aspekt marxistischer Religionskritik problematisiert: der Vorwurf, Religion diene nicht der realen Emanzipation des Menschen, da Versöhnung und Erlösung außerhalb von Gesellschaft und Geschichte einem imaginären Jenseits vorbehalten bleibe und auf diese Weise bewußt oder unbewußt zur Stabilisierung gesellschaftlichen Unrechts beigetragen werde. Diese Kritik befragt die theologische Tradition ebenso wie gegenwärtiges Bewußtsein. Beim Thema »Ideologieverdacht« geht es darum nicht einfach um einen abstrakten Vergleich weltanschaulicher Prinzipien; gefordert ist vielmehr eine unverstellte Bestandsaufnahme ideologischer Formen und Inhalte von Religion, die deren Voraussetzungen und politischen Wirkungen zu reflektieren sucht. Deshalb kann sich auch die Theologie als öffentliche Verantwortung der Inhalte christlichen Glaubens unter den gegenwärtigen Bedingungen des Verstehens den Anfragen der marxistischen Ideologiekritik nicht entziehen.
L. Rütti hat in seinem Beitrag den Ansatz einer fundamentaltheologischen politischen Hermeneutik dargestellt, die bewußt davon ausgeht, daß es keine politisch »unschuldige« Form christlichen Glaubens geben kann (208ff). Eine politische Theologie dieser Art versucht deshalb ausdrücklich die politischen Voraussetzungen und Wirkungen ihrer Rede von Gott zu reflektieren und christliche Überlieferung in den gesellschaftlichen Bedingungen unserer neuzeitlichen Gegenwart kritisch zu formulieren. Daß

dabei angesichts spezifischer historischer und politischer Konstellationen religiöses Bewußtsein und theologische Sprache eine eigentümliche und nicht beliebig auswechselbare Konkretion erfahren können, zeigen die Versuche einer unter den Bedingungen der Dritten Welt formulierten »Theologie der Befreiung« (Almeida). Daß eine betont ideologiekritische Selbstreflexion theologischen Sprechens die scheinbare Neutralität und politische Abstinenz wissenschaftlich begründeter Rede als Selbsttäuschung zu entlarven vermag, wird nicht zuletzt aus der Anfrage an eine sich ihrer Sache sehr sichere Interpretation Jesu deutlich (Holl/Knienieder 232). Schließlich werden unter dem Problemaspekt »Ideologieverdacht« auch die faktische politische Rolle der christlichen Kirchen, ihre Verflochtenheit mit bestimmten gesellschaftlichen Gruppen und Interessen, ihr Einfluß auf den Wandel gesellschaftlichen Bewußtseins und ihre Rolle für den humanen Fortschritt kritisch zu befragen sein.

3. Jesus

Für das Gespräch zwischen Marxisten und Christen verdient das Thema »Jesus« eine besondere Bedeutung. Marxistische Religionskritik jüngeren Datums nämlich ist geneigt, die Gestalt Jesu von Nazareth im Sinne eines exemplarischen Humanitätsideals zu interpretieren. Als ein besonderes Problem stellt sich für das Gespräch die Frage nach den jeweiligen Implikationen der Deutung Jesu. Marxistische Jesusinterpretationen verzichten im Sinne ihrer eigenen Prämissen auf eine religiös-theologische Deutung dieser Gestalt; Jesus selbst erscheint dabei nicht selten als der Advokat der Absetzung Gottes zugunsten der menschlichen Selbstverwirklichung. Auch dieses Thema ist nicht einfach in einem abstrakten Prinzipienvergleich zu behandeln, gewinnt doch gerade an der Person Jesu von Nazareth der Streit um eine sachgerechte Bestimmung des »Humanum« eine unverwechselbare historische Konkretion.

Ohne Zweifel werden Christen der Interpretation Jesu im Sinne eines bestimmten Humanitätsideals wichtige Impulse zur eigenen Deutung Jesu von Nazareth verdanken. Gleichzeitig aber werden sie darauf insistieren müssen, daß eine adäquate Rede über das historische Faktum Jesus von Nazareth nur möglich scheint, wenn gleichzeitig der Zusammenhang seiner Botschaft mit dem umfassenden Horizont der Verkündigung des Reiches Gottes thematisiert wird; die Botschaft, das Reich Gottes sei nahe, relativiert jede innerweltliche Totalkonstruktion von Gesellschaft und Geschichte unter dem Anspruch absoluter Zukunft (Rolfes 57 f). Der Rekurs auf die befreiende Praxis des Lebens Jesu vermag damit als eine

»gefährliche und befreiende Erinnerung« (Metz) politisches Handeln und gesellschaftlichen Fortschritt vor unangemessenen Totalitätsansprüchen zu schützen. Die Erinnerung an Jesus Christus wendet sich kritisch gegen jede universalistische Geschichts- und Gesellschaftstheorie sowie gegen eine totale Subsumierung menschlicher Erfahrungen und Bedürfnisse unter ein abstraktes Humanitätsideal. Gleichzeitig weist sie christlicher Rede von Gott ihren einzig entsprechenden Ort zu: wer christlich von Gott spricht, kann nur vom Gott Jesu Christi reden. Freilich hat auch eine solche Rede ihre eigenen Voraussetzungen und ihre gesellschaftlich-politische Bedingtheit ideologiekritisch ständig neu zu reflektieren (Holl/Knienieder).

4. Religion – Kultur

Das Gespräch zwischen Marxisten und Christen wird sich auch der kritischen Frage nach den Wechselwirkungen zwischen Religion und Kultur nicht entziehen können. Man hat sich vor allem zu vergegenwärtigen, daß das Christentum jahrhundertelang als maßgeblicher Kulturträger fungiert hat und daß westliche wie östliche gegenkulturelle Initiativen meist mit dem Anspruch sozialistischer bzw. kommunistischer Alternativen auftreten (Menne 121). Der Zusammenhang zwischen Religion und Kultur wird dabei vor allem unter Berücksichtigung westlicher soziokultureller Bedingungen zu thematisieren sein. Das etablierte Christentum hat sich jeweils in seiner Funktion als Kulturträger nur in begrenztem Maße als kulturell konfliktfähig erwiesen; gegenkulturelles Potential fand sich allenfalls am Rande der Großkirchen. Das sich in Alternativkulturen dokumentierende Interesse an einem »homo novus« in einer befreiten Gesellschaft wandte sich – wie geschichtliche Erfahrungen belegen – nicht in erster Linie gegen die jeweils herrschende Religion als solche, sondern gegen deren Verflechtungen mit den alten als inhuman empfundenen kulturellen Ausdrucksformen.
Damit aber sind bei der Behandlung dieses Themas in ideologiekritischer Absicht etwa folgende Fragen zu diskutieren: Ist das etablierte Christentum in der Lage, die sich in gegenkulturellen Initiativen anmeldenden Impulse zur umfassenden Humanisierung der Ausdrucksformen menschlichen Bewußtseins produktiv aufzugreifen, vielleicht gar zum Subjekt derartiger Tendenzen zu werden? Könnte nicht gerade ein der befreienden Botschaft des Evangeliums sich verpflichtender Glaube humane Alternativen zu einigen als inhuman empfundenen kulturellen Phänomenen formulieren helfen? Schließlich wird im Gespräch mit Trägern gegen-

kultureller Initiativen angesichts realer geschichtlicher Erfahrungen (etwa der Großen Proletarischen Kulturrevolution in China) über Inhalte und Strategien der Humanisierung menschlicher Lebensverhältnisse zu streiten sein.

II. GESELLSCHAFT

1. Zur Bedeutung des Themas

Zwei Gründe vor allem machen es gegenwärtig notwendig, daß Christen ihr Handeln und Denken, ihre Theologie und ihre Praxis auf die gesellschaftliche Dimension hin befragen und dementsprechend revidieren.

Ein erster Grund liegt in der Notwendigkeit, christliche Praxis im Hinblick auf gegenwärtig existierende Alternativen der Sinn- und Handlungsorientierung sowie im Hinblick auf gegenwärtige Problemstellungen zu verantworten. Im Gefolge der Aufklärung ist es hier insbesondere der Marxismus, der in allen seinen Varianten den Topos Gesellschaft zum Zentrum seiner Theorie und Praxis macht und der dabei betont, daß ohne eine angemessene Berücksichtigung der gesellschaftlichen Konstitution der Wirklichkeit von Freiheit oder von der Aufhebung von Entfremdungen nicht gesprochen werden kann, es sei denn in ideologischer Funktion. Mit dem Hinweis auf die gesellschaftliche Bedingtheit aller Einzelphänomene und auf die politischen Implikationen und Funktionen von Vorstellungen und Lebenspraxen ist so das Christentum in eine Situation hineingestellt, der es nicht allein dadurch genügen kann, daß es auf den ethischen Imperativ der christlichen Botschaft verweist. Es ist zu fragen nach den tatsächlichen Folgen des Christentums, nach der Effizienz der christlichen Botschaft für gegenwärtige gesellschaftliche Probleme und nach einer praktischen und nicht nur theoretischen Überwindung des Ideologievorwurfs.

Einen zweiten Grund dafür, die christliche Botschaft auf gesellschaftliche Problemstellungen hin zu thematisieren, liefert diese Botschaft selber. Mit Recht weist z. B. J. B. Metz darauf hin, daß sich Verkündigung und Praxis Jesu nicht rein individuell bzw. privat deuten lassen *. Die zentralen Inhalte des Evangeliums – Friede, Freiheit, Gerechtigkeit, Versöhnung,

* Vgl. J. B. Metz, Zur Theologie der Welt, Mainz–München 1968, 104 f.

Gottes Herrschaft und Reich – lassen sich nicht unabhängig vom gesellschaftlichen Kontext verstehen. So hatte die Verkündigung Jesu auch ihre öffentlichen Folgen; und nicht zuletzt deswegen geriet Jesus in den Konflikt mit der Herrschaftsstruktur in Israel. Wenn man hinzunimmt, daß auch das alttestamentliche Israel seine politische Geschichte der Unterdrückung und Befreiung als Unheils- und Heilsgeschichte deutet und daß die alttestamentlichen Verheißungen nicht rein privat-jenseitige Glücksversprechungen beinhalten, sondern daß sie sich auf politisch-gesellschaftliche Zustände und deren Verbesserung beziehen, unbeschadet der Tatsache, daß die Verheißungen stets noch darüber hinausgehen, so zeigt auch das noch einmal die notwendige gesellschaftliche Bezogenheit christlicher Verkündigung.
Christentum muß sich heute also – sowohl vom eigenen Ursprung wie von gegenwärtigen Problemstellungen her – in einem Horizont artikulieren, für den die Kategorie des Gesellschaftlichen wesentlich ist. Da sich diese Kategorie vornehmlich im Marxismus konkretisiert, ist es nur folgerichtig, wenn sich Theologie und Kirche mit dem Problemfeld Gesellschaft konfrontieren lassen, wie es der Marxismus vorgibt.

II. Differenzierungen im marxistischen Verständnis von Gesellschaft

Wenn im folgenden anhand des Problems Individuum – Gesellschaft der Stellenwert des Themas Gesellschaft in unterschiedlichen marxistischen Positionen erörtert wird, so ist vorauszuschicken, daß wir den Streit um die Kontinuität oder Identität der »Marxismen« unberücksichtigt lassen. Mit »Marxismus« sind die Positionen gemeint, die sich selbst so bezeichnen oder die sich selbst von der marxistischen Tradition herleiten.

1. Die Zweideutigkeit des Problems Gesellschaft bei Marx

(Füssel 172–179; Post 85–88)
Wenn auch eine radikale Zweiteilung der Marxschen Position in die des jungen, humanistisch orientierten und die des späten, ökonomisch orientierten Marx nicht den adäquaten Zugang zur Marxschen Theorie als ganzer gewährleistet, so lassen sich doch im Hinblick auf das Problem des Verhältnisses von Individuum und Gesellschaft zwei Tendenzen ausmachen, die in der Zeit nach Marx divergierende marxistische Positionen ermöglichten. Auf der einen Seite gibt es den ökonomisch-deterministischen »Lehrbuch«-Marxismus sowjetischer Prägung, auf der anderen Seite stehen der Neomarxismus und der Demokratische Sozialismus, die in

gewisser Weise dem Individuum eine *relativ* eigenständige Bedeutung zukommen lassen.

a. *In seinen Frühschriften* steht Marx vor allem in Auseinandersetzung mit Hegel und den Junghegelianern. In dieser Phase bilden Begriffe wie »Bedürfnis-Natur«, »Entfremdung«, »menschliche Tätigkeit«, menschliche Arbeit« für Marx wesentliche Kategorien. Doch werden diese Begriffe, die durchaus konkrete menschliche Individuen voraussetzen, gerade dadurch neu gesehen, daß Marx sie in einen gesellschaftlichen Zusammenhang stellt. Der Begriff vom Menschen kann nach Marx keine Wesensdefinition enthalten, vielmehr realisiert sich der Mensch wesentlich erst in konkreten, wandelbaren gesellschaftlichen Bedingungen. Der Mensch ist wesentlich gesellschaftlich verfaßt, sein Wesen ist das »Ensemble der gesellschaftlichen Verhältnisse«. Die gesellschaftliche Bedingtheit resultiert dabei aus dem vergangenen wie gegenwärtigen Tätigwerden des Menschen in praktisch intersubjektiver und in praktisch gegenständlicher Hinsicht. Zwar erzeugt das aktive Verhalten des Menschen die jeweiligen gesellschaftlichen Verhältnisse, diese aber sind ihrerseits wiederum für die Bestimmung des menschlichen Wesens konstitutiv. Menschliche Tätigkeit und gesellschaftliche Verhältnisse stehen somit in einem Bedingungsverhältnis, das es unmöglich macht, von autonomen Individuen zu sprechen. Entfremdung ist auf diesem Hintergrund als gesellschaftlich bedingt anzusehen, nicht aber als Resultat rein individueller Tätigkeit.

Für das Problem des Verhältnisses von Individuum und Gesellschaft ist festzuhalten, daß es Marx in dieser Phase um die Aufhebung der Entfremdung des Menschen geht, d. h. um die Verwirklichung einer Gesellschaft, in der jeder Mensch sich in seiner Arbeit (Arbeit ist nach Marx immer gesellschaftliche Tätigkeit) in freier Selbstbestimmung vergegenständlichen kann und so am gesellschaftlichen Zusammenhang teilhat.

Offen und auch wohl nicht eindeutig beantwortbar bleibt die Frage, welche Rolle das Individuum und das individuelle Bewußtsein für die Veränderung der Verhältnisse spielt. Handelt es sich bei der Revolution um einen anonymen Prozeß, der gemäß der Logik des kapitalistischen Systems auf einer bestimmten Produktionsstufe quasi selbständig abläuft, oder bilden die Verhältnisse nur die wesentliche Voraussetzung dafür, daß Individuen in solidarischer Erkenntnis, Entscheidung und Praxis auf der Basis einer Gesellschaftsanalyse die Verhältnisse ändern?

b. *Eine orthodox-ökonomische Gesellschaftsauffassung*, die ihre politische Konkretion im sowjetischen Marxismus erfuhr, basiert vor allem auf dem schon ausgebildeten System des Marxismus-Leninismus. Charakteristisch für diese Auffassung ist es, daß Phänomene des Überbaues fast ausschließlich Bedeutung gewinnen aus ihrer Hinordnung zur ökonomischen Basis. Eine derartige Auffassung hat zur Folge, daß Probleme des Individuums, wie z. B. die Frage nach dem Sinn des individuellen Lebens, tauchen sie in kapitalistischen Verhältnissen auf, *allein* mit diesen Verhältnissen erklärt werden; werden aber solche Probleme in nachrevolutionären Staaten laut, so können sie nur als Relikte aus der kapitalistischen Ära verstanden werden, die mit wachsender Konsolidierung des sozialistischen Systems von selbst verschwinden werden.

2. Betonung des Individuums – anthropologische Orientierung

(Schwan)
Einen gegenüber dem ökonomistischen Ansatz sehr unterschiedenen Akzent erhält das Problemfeld Gesellschaft in den anthropologisch-humanistischen Positionen des Marxismus (z. B. A. Schaff, M. Machovec, L. Kolakowski). Exemplarisch soll das im folgenden an der Position von L. Kolakowski gezeigt werden.

Vor allem in Reaktion auf stalinistische Tendenzen auf dem Boden sozialistischer Staaten entstanden, leitet sich diese Position aus der wechselseitigen Korrektur von Marxismus und Liberalismus her und zeichnet sich insbesondere dadurch aus, daß sie in ihrer eigenen Begründung wie auch in der Zielperspektive nicht nur gesellschaftlichen Zusammenhängen, sondern auch dem Individuum eine unaufgebbare Funktion zuschreibt. Beide Pole, Individuum und Gesellschaft, sind dabei in einer Weise vermittelt, die eine einseitige Interpretation verbietet.

Darin, daß Kolakowski seine Position mit Hilfe anthropologischer Kategorien entfaltet, kommt die enge Bindung dieser Position an eine Theorie des menschlichen Individuums zum Ausdruck. So resultiert *Freiheit* als die menschliche Fähigkeit zur Transzendenz des Gegebenen und zur schöpferischen Aktivität aus den anthropologischen Gegebenheiten der beiden *Grundbedürfnisse* nach technischer Bewältigung der Welt und nach Sinn und Orientierung und aus dem Faktum des menschlichen *Selbstbewußtseins.* Auf die anthropologische Grundlegung dieser Position verweist zudem, daß nach Kolakowski das Handeln an nichtbeliebige *Werte* und *vorgegebene* Imperative gebunden ist.

Die Vermittlung von Individuum und Gesellschaft in dieser Position geschieht in zweierlei Hinsicht: Zum einen mit dem Hinweis darauf, daß das Ziel der menschlichen *Selbstverwirklichung* (auch als Verwirklichung des Individuums) nur in sozialen Beziehungen möglich ist, zum anderen mit dem Hinweis auf die *gesellschaftliche Organisation* als Voraussetzung für die Selbstverwirklichung:

– Selbstverwirklichung meint bei Kolakowski zum einen die technische Beherrschung der Welt zur Stillung der physischen Bedürfnisse *aller;* Selbstverwirklichung ist also noch nicht realisiert, wenn nur die Bedürfnisse einer Gruppe oder Klasse befriedigt werden. Zum anderen verlangt Selbstverwirklichung eine solche Gestaltung der Welt, daß das Dasein als Wert empfunden wird. Das bedeutet, daß die einzelne Persönlichkeit sich als unersetzbar erfährt und daß sie ihr eigenes Erleben und Denken in schöpferischer Produktivität in Sprache, Kunst, Schrift usw. vergegenständlichen kann. Beide Werte sind aber nur in sozialen Beziehungen realisierbar, bzw. auf sie bezogen; denn Unersetzbarkeit kann nur als Unersetzbarkeit *für andere* verwirklicht werden, und die dazu notwendigen sozialen Beziehungen können erst mit Hilfe der schöpferischen Produktivität, der Voraussetzung für Kommunikation und zwischenmenschliche Beziehungen, realisiert werden. Bezogen auf das Verhältnis von Individuum und Gesellschaft bedeutet das: soziale Beziehungen sind konstitutiv für die Persönlichkeit und ihre Selbstverwirklichung.

– In einer zweiten Hinsicht kommt in dieser Position Gesellschaft, auch als ökonomisch organisierte, in den Blick, wenn auf die gesellschaftliche Organisation als Voraussetzung für die Verwirklichung der genannten sozialen Beziehungen verwiesen wird. Zum einen muß die Gesellschaft eine Erziehung gewährleisten, die im einzelnen den Wunsch nach persönlichem Ausdruck in der Kommunikation mit anderen weckt (gegen totale Anpassung oder Desintegration des Individuums). Zum anderen muß die soziale Organisation die Aufhebung ökonomischer und sozialer Ungleichheit (marxistische Tendenz) sowie den Schutz individueller Freiheit und die Regelung von Konflikten (liberalistische T.) gewährleisten.

3. Strukturalistisch-antihumanistische Konzeption

(Xhaufflaire; Post 82–84)
Die strukturalistische Version des Marxismus versteht sich vor allem als Kritik an anthropologischen marxistischen Positionen; sie wirft ihnen vor, daß sie in Kategorien der Identitätsphilosophie (Entfremdung – Wiederaneignung des entfremdeten Wesens) den Marxismus »einzufangen« suchen oder durch den Bezug zu idealen Werten und durch geschichtsphilosophische Überlegungen den Ökonomismus der Marxschen Position vernachlässigen und so die konkreten Formen des Klassenkampfes verschleiern.

Im Zentrum der strukturalistischen Position steht die Interpretation der menschlichen Wirklichkeit als soziales Ensemble, genauerhin als Struktur: die gesamte menschliche Wirklichkeit wird verstanden als ein Beziehungsgefüge auf verschiedenen Ebenen, dessen grundlegendes Konstituens die bestimmte Produktionsweise darstellt. Gesellschaft ist nicht als Interaktion autonomer Individuen zu verstehen; vielmehr sind die Individuen bestimmt durch das soziale Gefüge. Eine substantielle Realität wird dem Individuum abgesprochen. So sind Kapitalisten und Proletarier nicht als Subjekte, sondern nur als Objekte des Systems zu verstehen. Die Veränderung der Verhältnisse ist auf diesem Hintergrund nur aus dem Widerspruch zwischen Produktivkräften und Produktionsverhältnissen zu erwarten. Allgemeine gesellschaftliche Strukturen bestimmen die Praxis der Individuen.

In dieser Position scheint somit das Verhältnis Individuum–Gesellschaft total zu einer Seite hin aufgelöst. Doch muß einschränkend darauf hingewiesen werden, daß nicht immer deutlich wird, ob die Negation des Individuums in erster Linie im Blick auf kapitalistische Verhältnisse ausgesprochen wird. Ebenso muß zur Kenntnis genommen werden, daß mit der strukturalistischen Interpretation nach Xhaufflaire nicht die Gesellschaft das Individuum als Identitätszentrum ablöst. Auch die Einbeziehung einer neuen »Sensibilität« einer nicht für Herrschaftszwecke ausgenutzten Sinnlichkeit als Ziel revolutionärer Veränderung weist auf eine gewisse Berücksichtigung der subjektiven Erfüllung hin.

Allerdings wird durch diese einschränkenden Bemerkungen der Grundansatz nicht betroffen, nach dem das Subjekt durch das System bestimmt wird und nicht umgekehrt.

III. Problemaspekte

1. Zum Theorie-Praxis-Problem

a. Im Theorie-Praxis-Problem stellt sich die Frage nach der Verwirklichung von Vernunft, nach den Kriterien für Praxis und Veränderung, nach der Möglichkeit, Praxis an Idealen zu orientieren. Zum Problem werden diese Fragen in der Neuzeit gerade wegen der Einsicht, daß Subjekt und Objekt, Erkenntnis und Handeln nicht als selbständige Größen einander gegenüberstehen, sondern geschichtlich-gesellschaftlich vermittelt sind: erkennendes Subjekt und erkanntes Objekt sind eingebunden in den gesellschaftlichen Konstituionsrahmen; Kriterien für das Handeln werden als wandelbar und abhängig von gesellschaftlichen Bedingungen erkannt; Praxis ist nicht einlinig abzuleiten aus idealen Prinzipien. (Post 75 f).

b. Für Christen ergibt sich daraus für die Verantwortung ihres Glaubens als Konsequenz, daß Glaube nicht in erster Linie im Hinblick auf abstrakte Vernunftprinzipien zu rechtfertigen ist, sondern im Hinblick auf die Folgen für die gesellschaftliche Praxis (Rütti 206 ff). Fragen zur Revision christlicher Praxis könnten z. B. sein: Führt eine Betonung des abstrakten Prinzips der Liebe nicht zu einer individualistisch-caritativen Praxis, die die Notwendigkeit gesellschaftlicher Organisation von Liebe verdeckt (Kerstiens 204)? Wird nicht durch die Ansiedlung des Glaubens allein im Verhältnis Gott–Einzelmensch der glaubende Christ für herrschendes Bewußtsein verfügbar, weil der Glaube selbst unabhängig von Gesellschaft verstanden wird? Werden bestimmte ethische Imperative als Konsequenz aus dem Glauben interpretiert, obwohl sie vielleicht wesentlich aus überholten gesellschaftlichen Bedingungen resultieren? Hat Mission nicht gerade, weil sie sich als unpolitisch verstand, gesellschaftliche Konsequenzen gehabt (Rütti 214 ff)? Positiv gewendet: es kommt für das Christentum darauf an, den Glauben auf Gesellschaft hin zu artikulieren und zu praktizieren, indem die kritisch-befreienden Inhalte des Glaubens freigesetzt werden (Rütti 210).

c. Hinsichtlich der Kriterienfindung für eine bestimmte gesellschaftliche Praxis hat es in der Geschichte des Marxismus unterschiedliche Modelle gegeben. *Marx* selbst verließ sich auf die Möglichkeit, daß sich durch die radikale Kritik alles Bestehenden die Konstruktion des Kommenden ergebe (Post 75 f). Die *Austromarxisten* binden die Praxis an eine vorausgehende Ethik; Revolution wird zum ethischen Postulat (Post 78). Bei *Lukács* (Post 78 ff) wird Veränderung und Revolution dadurch möglich und legitim, daß das Proletariat, das selbst aufgrund seines Warencharakters zum Objekt der Geschichte wird, zugleich aufgrund seines Status als Ware die Wirklichkeit als Schein durchschaut und so zum Subjekt der Veränderung wird. Im Proletariat fallen Subjekt und Objekt, Erkenntnis und Veränderung, Theorie und Praxis zusammen. Im *strukturalistischen Marxismus* schließlich entfällt das Kriterienproblem: da die Geschichte als Prozeß ohne Subjekt verläuft, kommt es nur darauf an, das Kapital strukturalistisch zu lesen und in die Partei einzutreten (Post 82 ff). In ähnlicher Weise löst sich das Problem im *orthodoxen Marxismus,* wo das Problem reduziert wird auf die Verwirklichung der ökonomischen Theorie mit Hilfe der sozialistischen Partei (Post 77 f).

Für das Gespräch zwischen Marxismus und Christentum ist zunächst darauf zu verweisen, daß die christliche Botschaft selbst noch keine Analyse der gegenwärtigen Gesellschaft liefert; vielmehr sind die Christen, die weder Gott noch die Zukunft durchschaut haben, angewiesen auf die Erfahrungen aller; Christen bedürfen für ihre Praxis des Dialogs mit den Marxisten (Kerstiens 202). Doch kann christliche Praxis nicht in der einfachen Übernahme einer marxistischen Position bestehen (vgl. Almeida 225 ff). Im Blick auf das Theorie-Praxis-Problem wird das Christentum seinen Beitrag – auch als Kritik – einzubringen haben. So stellt sich die Frage, ob tatsächlich durch reine Kritik (Marx) oder durch den Hinweis auf abstrakte ethische Postulate (Austromarxisten) oder durch einen idealistisch anmutenden, oft mit einer orthodoxen Ökonomie-Theorie verbundenen Hinweis auf die Identität von Theorie und Praxis, von Bewußtsein und Wirklichkeit in der Revolution (Lukács, Korsch) eine allgemeingültige Praxis begründet werden kann. Woher nimmt Kritik als Negation ihre Kriterien für die *Position* einer Praxis? Wie läßt sich aus allgemeinen ethischen Postulaten eine bestimmte konkrete Praxis herleiten, und wie lassen sich ethische, gesellschaftlich vermittelte Normen legitimieren? Und stellt sich nicht trotz vorausgesetzter Identität von Subjekt und Objekt dennoch das Problem der Legitimierung einer bestimmten Praxis und einer konkret ausgeformten Gesellschaftsanalyse?
Christlicherseits wird angesichts dieser Fragen darauf hinzuweisen sein, daß in Jesu Praxis schon einmal »Vernunft« anfanghaft verwirklicht wurde. Christliche Praxis sieht in der geschichtlich vermittelten Erinnerung an diese Praxis ein Kriterium, das weder spekulativ-idealistisch begründet wird noch dogmatisch behauptet wird, das gleichwohl inhaltlich bestimmt die Richtung der Praxis angibt. Mit der Bindung an die Praxis Jesu müßte der Christ dann im Gespräch mit dem Marxismus eine Praxis suchen, die jegliche Art totaler Herrschaft verneint, eine Praxis, die das Leid in der Geschichte nicht vergißt angesichts einer besseren Zukunft, eine Praxis, die dem Individuum einen unverzichtbaren Eigenwert zukommen läßt, aber auch eine Praxis, die sich an der gesellschaftlichen Verwirklichung von Freiheit beteiligt.

2. Zum Problem Freiheit und Entfremdung

a. Freiheit als Gegenbegriff zu Entfremdung meint im Marxismus nicht den Freiraum, den das Individuum gegenüber anderen Individuen zu behaupten sucht; der marxistische Freiheitsbegriff ist vielmehr charakterisiert durch den Anspruch, daß Freiheit sich erst realisiert in den gesellschaftlichen Beziehungen selbst, und zwar durch die Revolutionierung der gesellschaftlichen Verhältnisse. Freiheit fordert die Berücksichtigung der historisch-gesellschaftlichen Bedingungen und dient der Verwirklichung des gesellschaftlichen Menschen. Freiheit im marxistischen Sinn richtet sich gegen ein individualistisches und bestimmte Klassen privilegierendes Freiheitsverständnis. (Schwan 108–111)

Im Gespräch zwischen Marxismus und Christentum besitzt das für beide Positionen wesentliche Thema »Freiheit« deswegen einen zentralen Stellenwert, weil gerade hier gemeinsame Intentionen und gegenseitige Anfragen konkret werden können.

b. Die christliche Botschaft der Liebe weist darauf hin, daß das *Heil nicht individualistisch* gesucht werden kann, sondern daß es auf Solidarität, auf zwischenmenschliche Beziehungen verweist. Christen werden von Marxisten lernen können, daß Liebe nicht ein rein personales Problem ist; Liebe fordert auch die Realisierung der gesellschaftlichen Bedingungen von Liebe. (Kerstiens 203 f)

Gegenüber dem Marxismus, und zwar besonders gegenüber der strukturalistischen und ökonomistischen Version, wird allerdings auch einzubringen sein, daß die Berücksichtigung des Eigenwerts der Person, den der Christ in der Liebe Gottes begründet sieht, unaufgebbar ist, will eine Gesellschaft nicht Gefahr laufen, den einzelnen der Gesellschaft oder der Zukunft zu opfern (Kerstiens 203). Freilich wird die Liebe Gottes über die zwischenmenschliche Erfahrung der Unersetzbarkeit (Schwan 115 f) vermittelt, Voraussetzung für die Berücksichtigung des einzelnen und Garant der Sinnerfüllung des einzelnen auch gerade angesichts der Grenzen zwischenmenschlicher Beziehungen jedoch ist für den Christen der Gott des gekreuzigten Jesus.

c. Der Hinweis auf die *Grenzen der gesellschaftlichen Realisierung von Freiheit,* der christlicherseits im Gespräch mit dem Marxismus vorgebracht wird (Kerstiens 204), sollte nicht von vornherein als Versuch mißverstanden werden, Gott zu »retten«. Die Betonung von Schuld, Tod, Leid, nicht zur Rechtfertigung bestehender Herrschaft und bestehender Ungerechtigkeiten oder zur Vertröstung, sondern um des Menschen willen, kann auch unter dem Gesichtspunkt der Vermeidung neuer Ideologisierungen gesehen werden. Führt nicht die Verdrängung von Schuld dazu, daß konkretes Leid entweder der Natur, dem (noch nachwirkenden) kapitalistischen System oder dem Klassenfeind angelastet wird, so daß die Chiffren Natur, System oder Klassenfeind zu neuen Projektionen werden, die der Rechtfertigung von Leid dienen? Die christliche Botschaft vom vergebenden Gott, der einen Neuanfang ermöglicht sowohl für individuelle als auch gemeinsame Schuld, könnte – ohne Verdrängung – zur Sensibilisierung für Leid beitragen, auch in nachrevolutionären Gesellschaften. Die Einbeziehung des Todes, des Leides der Vergangenheit wie der Zukunft in die Reflexion und Praxis könnte vor einem Fortschrittsoptimismus bewahren, für den nur der Erfolg der Sieger, nicht aber das Leid der Zukurzgekommenen Relevanz besitzt. (Kerstiens 204; Rütti 212f) Vor diesem Hintergrund wäre zu fragen, ob nicht eine christliche Hoffnung umfassender dem Menschen gerecht wird, gerade weil Probleme des individuellen Lebens und gesellschaftliche Probleme nicht einfachhin für abschaffbar gehalten werden und weil die absolute Befreiung von Entfremdungen, die Heraufführung der absoluten Zukunft Gott vorbehalten wird.

d. Hier müßte auch die Diskussion um das Problem des *Humanismus* ansetzen, die der strukturalistische Marxismus entschieden in Richtung eines *»Antihumanismus«* beantwortet (Xhaufflaire). Mit Recht wendet sich der Marxismus gegen einen Humanismus, der die ökonomischen Voraussetzungen nicht bedenkt. Doch ist zu fragen, ob eine revolutionäre Veränderung, die als System-Veränderung ohne Subjekt verstanden wird, nicht schon vom Ansatz her die Wahrnehmung von individuellen Problemen, von Entfremdungen, die entweder in der Art der Revolution angelegt sind oder die nicht durch das kapitalistische System erklärt werden können, verstellt. So gesehen könnte ein Humanismus nicht nur verschleiernde Funktion haben (Xhaufflaire 98f), er könnte im Gegenteil auch eine kritische Funktion ausüben gegenüber einer antihumanistischen Konzeption, in der bestimmte Probleme des Menschen ausgeblendet zu werden drohen, weil das System sie nicht erfaßt oder weil sie das System kritisch in Frage stellen.

III. GESCHICHTE

1. Zur Bedeutung des Themas

Die marxistische Kritik an den Inhalten und Wirkungen der Religion an bestimmter Gesellschaft und Kultur hat einen gemeinsamen Nenner. Denn sie ist jeweils auch ein Versuch der Veränderung auf zukünftige Verhältnisse hin, auf zukünftige Selbstverwirklichung des Menschen, impliziert also ein bestimmtes Geschichtsverständnis.

Im Verhältnis von Christentum und Marxismus muß das jeweilige Geschichtsverständnis ein ausdrückliches Thema sein, denn einmal sind Kritik und Geschichtsverständnis kein marxistisches Privileg, zum anderen hat für den Christen das »Reich Gottes« auch eine historische Dimension und will der Geschichte eine bestimmte Richtung geben.
Das Geschichtsthema ist aber nicht einfach nur der weitere theoretische Kontext für eine Verhältnisbestimmung von Christentum und Marxismus. Es bewahrheitet sich auch im Streit um reale politische Probleme, dort, wo es um die aktuelle Selbstverwirklichung des Menschen geht (z. B. bei Bürgerinitiativen, gewerkschaftlichen Aktivitäten, Schul- und Universitätsbildung etc.).

II. Differenzierungen der marxistischen Geschichtstheorie

1. Marx' Intention, die »materialistische Wende«

(Ehlen 139–144, 149 f; Füssel 169–175, 186 f)
In der Bemühung, den Ablauf der Geschichte, ihre Entwicklung, als einen Prozeß zu begreifen, kommt Marx mit Hegel überein. Entscheidende Differenzen werden dort deutlich, wo Geschichte als Selbstverwirklichung des Menschen verstanden wird. Hier wendet Marx gegen Hegel kritisch ein: a) Die *faktische* Geschichte darf nicht ohne weiteres mit der *Wesensgeschichte* des Menschen identifiziert werden. b) Abstrakt-normative Wesensbestimmungen (Mündigkeitsstreben, Vernunft, *Bewußtsein* der Freiheit etc.) degradieren die wirklichen Triebkräfte der Geschichte zu Scheinkräften; sie führen als Elemente von Geschichte (z. B. als »Entfaltung eines großen Gedankens«) dazu, die vorhandene Welt gegenüber Veränderungen abzuschließen. Demgegenüber ist Marx davon überzeugt, daß Geschichte nur »gemacht« werden kann, wenn der Mensch als konkretes, gesellschaftlich verfaßtes Wesen begriffen wird. Freiheitsgeschichte wird dann in Gang gesetzt, wenn durch Analyse der *objektiven* Knechtschaftsverhältnisse diese auf Veränderung hin transparent werden. Solche konkrete Geschichte aber ist nach Marx an eine zentrale Kategorie gebunden: In der *materiellen Arbeit* kommt das menschliche Wesen zur Entfaltung.

2. Objektive Geschichtszusammenhänge

(Ehlen 139–147, 149 f; Füssel 171–178, 188 f; Pasterk 156)
In einer wichtigen Ausprägung der marxistischen Geschichtstheorie wird

der Marxsche Ansatz konsequent entfaltet. Grundlage der *ganzen* Geschichte ist danach der *materielle Produktionsprozeß*, der auch die gesellschaftlichen Bewußtseinsformen bedingt (»Gesellschaft als materielles System«). Erscheint im Produktionsprozeß nun die Arbeit nicht »in brüderlicher und freundlicher Gestalt«, ist also der Mensch in seinem Wesen – nämlich in der Arbeit – entfremdet, so müssen die objektiven Bedingungen der »verkehrten Existenz« analysiert werden: Die Geschichte der sich entwickelnden Produktivkräfte, die allen in gleicher Weise nützen sollen, zeigt einen widersprüchlichen Zusammenhang mit den jeweils herrschenden Produktionsverhältnissen. Dabei erscheint dieser Widerspruch besonders in den Besitzverhältnissen an Produktionsmitteln. Das Privateigentum an Produktionsmitteln entfremdet Produkt und Produzent voneinander und hindert dadurch den Menschen gerade in seinem Wesen an der Entfaltung.

Selbstverwirklichung des Menschen in Geschichte ist in dieser Ausprägung der marxistischen Geschichtstheorie also untrennbar an bestimmte Bedingungen des Produktionsprozesses gebunden. Zu beachten ist, daß der geschichtliche Prozeß der Menschwerdung dabei häufig unter naturgeschichtlichen Prämissen erläutert wird.

3. Ziel der Geschichte

(Pasterk; Füssel 175, 180f)

Nicht eigentlich gegen diese Ausprägung, sondern ihren Veränderungsimpuls erhaltend, tritt eine weitere wichtige Akzentuierung der marxistischen Geschichtskonzeption ins Bild. Die »verkehrte Existenz« ist nicht nur der Ausdruck bestimmter Produktionsverhältnisse, sondern verweist als Protest gegen sie zugleich auf Sinn und Ziel menschlicher Zukunft. So sieht Ernst Bloch in den ökonomischen Gesetzmäßigkeiten, denen man nur nachzudenken brauche, allein nicht das entscheidende Organ von Geschichte. Nichts, was als ohnehin Vorhandenes analysiert werden kann, was einfach zum empirischen Lebensinhalt des Menschen gehört, darf dies Organ charakterisieren, sondern einzig ein Festhalten an *zukünftigen* Möglichkeiten für ein gelungenes Leben, trotz der Erfahrung des Scheiterns. Phänomene des gesellschaftlich-kulturellen Bewußtseins werden in dieser Perspektive nicht nur danach bewertet, welche Funktion der jeweiligen Produktionsverhältnisse sie sind, sondern welchen Hoffnungsgehalt sie bergen. Das »Prinzip Hoffnung« umschließt alle Epochen und Menschen. Die Einheit der Geschichte erwächst aus ihrem Ziel, das freilich Natur und Sinnlichkeit nicht überspringen, sondern befriedigen soll.

4. Konkrete Leidensgeschichte

(Füssel 182–195; Pasterk 155 f, 162 ff; Ehlen 147–149, 151)
Eine andere Perspektive marxistischen Geschichtsdenkens wird vor allem von Vertretern der »Kritischen Theorie« artikuliert. Mehr noch als Blochs Geschichtsphilosophie ist das Denken dieser Marxisten bestimmt von der Erfahrung, wie marxistische Geschichtstheorie sich historisch in bestimmten Gesellschaftssystemen verifiziert hat. Denn, nach dem Sturz dessen, was die Kritik der politischen Ökonomie zum Hauptobjekt hatte, dem Privateigentum an Produktionsmitteln, begann keineswegs die Geschichte von Freiheit und Selbstverwirklichung.*
Das bedeutet nicht die Aufgabe dieser Forderung, wohl aber eine Warnung vor jeder einsinnig rationalen Deduktion von Herrschaftskritik aus universalen (auch utopischen) Prinzipien, die bestimmte Formen von Herrschaft unaufgeklärt läßt und den Menschen daran hindert, seine Geschichte mit vollem Bewußtsein selbst zu machen. Gegenüber solchen Prinzipien wählt die »Kritische Theorie« einen konkret vermittelten, anschaulichen Geschichtszugang. Das Ungeheuerliche des gegenwärtigen und vergangenen Leidens, das nicht verdrängt werden darf, ist evidenter Impuls zu solidarischer Veränderung. Geschichtlicher Fortschritt läßt sich nur negativ messen, in aktuell verminderter Gestalt des anhaltenden Leidens.

III. Problemaspekte

1. Gesetz der Geschichte

Für viele Menschen unserer durch Technologie und Planung bestimmten Zeit ist »Geschichte« auch unter demokratischen Verhältnissen ein dunkler, häufig sogar mit Angst besetzter Begriff geblieben. Unser Sprachgebrauch (»Die Geschichte lehrt...«, »Wohin treibt die Welt...?«, »Was geschieht mit uns?«) mag darauf hindeuten, daß wir eher die Erfahrung machen, daß Geschichte eine eigene uns fremde Macht und Größe ist als die Erfahrung, von der her wir sagen könnten, daß wir selbst unsere Zukunft gestalten.
Mit einer einfachen Antwort, daß alle Geschichte vorherbestimmt sei, ist für dieses Problem wohl keine christliche Lösung gefunden; denn indem sie die konkreten Abhängigkeiten und geschichtswirksamen Mächte

* Vgl. Th. W. Adorno, Negative Dialektik, Frankfurt 1966, 314.

verschweigt, gibt sie auch die christliche Verantwortung für Geschichte auf (Rütti 208ff; Kerstiens 196). Wer ein befreites Verhältnis zur Geschichte gewinnen will, muß sich deshalb fragen, welche mannigfaltigen Verstrickungen sozialer, politischer, wirtschaftlicher und ideologischer Art geschichtliche Prozesse bestimmen (Almeida 218f).

Das Bewußtsein, in geschichtliche Entwicklungen verstrickt, am Gesetz der Geschichte selbst beteiligt zu sein, kann verschiedene Folgen haben oder verschiedene Haltungen implizieren: Einmal dienen die in der Geschichte entdeckten Gesetzmäßigkeiten, Kriterien und Systematisierungen vorwiegend dazu, Geschichte zu verstehen und ihren Ablauf zu beschreiben. Dabei erhält das »Gesetz« zumeist eine recht formale und allgemeine Gestalt, die geschichtliche Divergenzen leicht »harmonisiert«. Demgegenüber möchte die marxistische Analyse der wirklichen Triebkräfte der Geschichte Gesetze anwenden, die die Geschichte verstehen und zugleich verändern. Solche »Logik der Geschichte« soll als Handlungsmuster ergriffen werden und will zugleich Antworten zu Sinn, Ziel und Bestimmtheit der Geschichte geben.

Kann sich christlicher Glaube mit dieser Position identifizieren? Folgende Gründe legen zunächst eine Bejahung der Frage nahe: a) Der christliche Glaube als Freiheit gegenüber fremden Mächten und Gewalten entdeckt in den neuzeitlichen (auch marxistischen) Bestrebungen nach Mündigkeit und Autonomie des menschlichen Subjekts durchaus eigene Traditionen (Rütti 211). Die Befreiung des Menschen von seinem Objekt- und Warencharakter zu einer kritischen, geschichtlich handelnden Person kann als unaufgebbare christliche Aufgabe gelten (Almeida 227). b) Christlicher Glaube ist an eine Praxis verwiesen (Rütti 210), die hoffend die Gegenwart verändert, indem sie die gesetzmäßigen Ursachen der Unfreiheit ermittelt (Kerstiens 201, 204f).

Gerade wegen dieser Gründe muß der Christ aber auch kritische Rückfragen an die marxistische Bestimmung vom Gesetz der Geschichte stellen. Wenn nämlich dieses Gesetz zur Überwindung von Verhältnissen anleiten soll, die den Menschen daran hindern, seine Geschichte mit vollem Bewußtsein selbst zu machen (Füssel 178), dann darf gefragt werden, ob jene »Logik der Geschichte« als *unentscheidbares Naturgesetz* (Ehlen 144ff) dieser Absicht auch gerecht wird. Wieweit also hat das Gesetz der Geschichte selber subjekthafte, fremde Züge, die den Menschen erneut zu einem Rollenträger degradieren (Füssel 171f, 178; Pasterk 156)?

Es müßte diskutiert werden, welche Qualität einer Geschichtsanalyse zukommt, die der Selbstbefreiung des Menschen dienen will: Werden ihre

Gesetze nur als Widerspiegelung objektiver Determinanten aufgefaßt, so wird ihr der Christ nicht folgen können, weil er glaubt, daß der Mensch von der Verantwortung für die Zukunft der Erde nicht dispensiert werden kann. Ist sie aber *entschiedener Entwurf*, dann muß sich die Verantwortung des Christen in planender Veränderung bewähren.*

2. Fortschritt

Wohl kaum ein anderes Wort ist gegenwärtig so sehr zu einer allgemeinen Gütemarke, zu einem Plakat für jede programmatische Aktivität geworden wie der Begriff Fortschritt. Deshalb lohnt es sich, diesen Begriff im marxistisch-christlichen Gespräch zu problematisieren, nicht um seinen Gebrauch zu verhindern, sondern um verschiedene Gehalte des Begriffs herauszustellen und seine Wahrheit zu reklamieren. Dies muß unter geschichtlicher Rücksicht geschehen, denn wo immer von Fortschritt die Rede ist, geht es um eine Wertung des Vergangenen und um die Bestimmung von Zukunft.

Fortschritt, marxistisch gesprochen, intendiert die Emanzipation des Menschen von *fremder* Geschichte (Füssel 168 f). Durch den Abbau entfremdender, den Menschen knechtender Verhältnisse geschieht Fortschritt in der menschlichen Selbstverwirklichung. Worin besteht aber solcher Fortschritt konkret, woran kann er gemessen werden, wie ist er zu planen und festzuhalten? Die Forderung nach strenger Meßbarkeit des Fortschritts und seine geschichtliche Verankerung in ökonomischen Gesetzmäßigkeiten haben dazu beigetragen, daß Fortschritt heute wesentlich als wirtschaftliches Wachstum bestimmt wird (Füssel 169 f). Hierin unterscheidet sich die herrschende Gesellschaftsideologie sozialistischer Systeme keineswegs von den Ideologien des Kapitalismus.

An diese Fortschrittskonzeption müssen Fragen gestellt werden: Wie Almeida (220 ff) dargestellt hat, muß die Theorie der sich aufeinanderzuentwickelnden Länder mit großer Skepsis belegt werden. Wahrscheinlicher ist es, daß die Produktionskapazität der reichen Länder nur *auf Kosten* der Dritten Welt erhalten wird. Wie unschuldig aber ist angesichts dieser Perspektive noch die Rede von Fortschritt? Zweitens muß gefragt werden, ob Unterdrückung ausschließlich in ökonomischen Verhältnissen begründet ist. Führt die Identifizierung von Fortschritt mit ökonomischen Zielen nicht unweigerlich zu einer Blindheit gegenüber anderen Herr-

---

* Vgl. D. Sölle, Das Recht ein anderer zu werden, Neuwied 1971, 104 f.

schaftsformen, z. B. zentralistischen Organisationsformen, politischen Privilegien, Bürokratie? (Prucha 271 ff)

Aus diesen Fragen gewinnen wir zwei Bestimmungen, die dem Fortschrittsbegriff erst Wahrheit und Wirksamkeit verleihen: a) Von Fortschritt sollten wir nur dort reden, wo Veränderungen auch die Abschaffung des Elends anderer, letztlich aller Menschen intendieren (Füssel 169 f). b) Wo ein Fortschritt, der einige Unterdrückungsverhältnisse beseitigt, nur dadurch aufrechterhalten werden kann, daß er andere Unterdrükkung schützt, wird er der Forderung nach gesamtmenschlichem Glück nicht gerecht.

Wenn wir darum zusammenfassend von einer Kurzformel des Fortschritts als des »gesamtmenschlichen Glücks für alle« sprechen, so soll damit keine utopische Überforderung aufgestellt sein, die jeden Veränderungsimpuls verhindert, sondern wir meinen damit ein negatives Kriterium, das davor bewahrt, schon Erreichtes mit dem Fortschritt zu identifizieren (Kerstiens 198).

Jede lineare Geschichtsbetrachtung muß unter dieser Rücksicht abgewiesen werden (Füssel 181, 183 f): Fortschritt ist keine Kategorie der jeweiligen Sieger, sei es, daß sie in einigen Winkeln dieser Erde leben, oder sei es, daß sich eine gerade lebende Generation für den Sieger hält und die Vergangenheit zur »Vorgeschichte« degradiert (Füssel 179; Kerstiens 203). Damit ist auch gesagt, daß wahrer Fortschritt nicht erreicht wird, wo andere nur Werkzeug und Mittel der Veränderung sind: Als Begriff geschichtlicher Selbstverwirklichung des Menschen kann Fortschritt nur durch Freiheit vermittelt werden (Kerstiens 201, 203).

3. Utopie

Die Analyse der Gesetzmäßigkeiten in der Geschichte der Unterdrückung und der Fortschrittsgedanke als Wahrheit ihrer Überwindung leben von einer utopischen Dimension. Marxistische Geschichtsphilosophie spricht das Ziel der Geschichte mit verschiedenen Begriffen an: z. B. »klassenlose Gesellschaft«, »Reich der Freiheit«, »unbeschränkte und herrschaftsfreie Kommunikation«.

Auch der christliche Glaube reklamiert mit dem Begriff »Reich Gottes« eine utopische Dimension der Geschichte.

Können nun marxistische und christliche »Utopien« miteinander konkurrieren, auf welcher Ebene sind sie wirksam und worin unterscheiden sie sich?

Ein Vergleich der verschiedenen Begriffe auf der Ebene »reiner Theorie«

oder »reinen Glaubens« scheint wenig fruchtbar. Das Problem stellt sich weniger in der isolierten Frage nach der Gestalt einer absoluten Zukunft als in der Frage, welche Bedeutung die jeweilige utopische Gestalt für gegenwärtiges Leben und Handeln haben kann. Theologisch gefragt: In welcher Weise wird christliche Eschatologie in den gegenwärtigen Verhältnissen politisch wirksam (Almeida 223)? Mit solcher Frage ist freilich die Entscheidung für ein christliches Selbstverständnis getroffen, das nicht zuletzt durch die Begegnung mit dem Marxismus (Rütti 206 f) grundsätzlich den Zusammenhang von Theologie und (politischer) Praxis anerkennt (Pasterk 153 f, 166 f). Denn selbst der sich unpolitisch wägende Glaube an ein Reich Gottes, der über den Dingen und Verhältnissen steht, der die wahre Freiheit des Reiches als innere Freiheit versteht, zeitigt noch politische Folgen (Holl 238, 242 f).

An dieser Stelle scheint es wichtig, an einige theologische Motive zu erinnern, die gegen eine Scheidung von Heilsgewißheit und Weltverantwortung geltend gemacht werden können (Kerstiens 196):

- Die geschichtlichen, gesellschaftlichen und politischen Ereignisse der Befreiung sind partielle Erfüllungen der Verheißung Gottes auf eine universale, versöhnte Gemeinschaft (Almeida 229 f; Kerstiens 200).
- Gegenwärtiges Engagement für Freiheit, Gerechtigkeit, Selbstbestimmung ist die gläubige Annahme dieser Verheißung (Kerstiens 200; Almeida 225).
- Darum bedeuten solche »zeitlichen Ereignisse« erst eigentlich die Öffnung für künftige Vollendung (Almeida 229); entfremdende Verhältnisse bekämpfen heißt, den Auftrag zur Miterlösung der Welt erfüllen (Kerstiens 199).

Ist aber das Reich Gottes eine Größe, die weder aktuelle Probleme beschwichtigt noch deren Lösung in eine endzeitliche Ankunft verlegt, sondern unter dessen Anspruch der Mensch sich in der gegenwärtigen Geschichte engagiert, dann nähert sich christliche Utopie auch einer wesentlichen marxistischen Bestimmung von Geschichte: Gegen bloße *Erwartung* eines total Künftigen enthält Utopie einen rationalen Charakter, d. h. bestimmte Geschichte ist immer auch herstellbar (Pasterk 160 f).

Bedeutet diese Annäherung aber nicht doch, daß das »Reich Gottes« eine nur theoretisch von marxistischer Utopie unterscheidbare Kategorie ist, oder zeigt sie einen für Praxis relevanten »kritischen Überschuß«? Die Offenheit der Geschichte für wirklich Neues, Ungedachtes, Ungeschehenes ist nicht nur ein Postulat christlicher, sondern auch Blochscher Utopie (Kerstiens 199; Pasterk 156 f). Führt aber nicht eine Begründung der Utopie durch im weitesten Sinne »Vorhandenes«, wozu man auch die »wahre Idee der Materie« rechnen kann (Pasterk 162) dazu, bestimmte Entfremdungen als hoffnungslos zu lassen? Und wie sehr ist das Neue doch immer nur die Zukunft von »Durchgekommenen« (Kerstiens 203)?

4. Leiden

Daß Leiden in seinem vielfältigen Ausdruck in unserer Gesellschaft als Problem empfunden wird, dafür scheint es wenige Hinweise zu geben. Dort wo es ausbricht oder den Mut hat, sich zu zeigen, wird es zumeist verdrängt, vergessen oder tabuisiert. Ein Beispiel dafür, wie wir als Gesellschaft auf Leiden reagieren, ist das öffentliche Verhalten beim Massaker während der Olympischen Spiele in München. Hat sich angesichts dieses fremden Leides nicht unsere Betroffenheit sehr rasch in spektakuläre Teilhabe an Sensation verwandelt, vergegenständlicht? Zu solcher Wandlung mögen die modernen Medien zu einem Teil beitragen, indem sie aktuelle Ereignisse eher punktuell darstellen, als daß sie einen Eindruck vom lebensgeschichtlichen Kontext der betroffenen Menschen vermitteln. Aber das Beispiel von München macht einen wichtigeren Zusammenhang deutlich. Wenn Leiden verdrängt wird, wenn kollektive Trauer als angemessene Bewußtseinsreaktion auf das Ungeheuerliche ausbleibt, dann vor allem deshalb, weil es die *institutionalisierte Leistung* nicht zuläßt: The games must go on!

Es scheint, daß dem Fortschritt in der Produktion im weiten Sinn eine Solidarität im Leiden geopfert wird. So steht zu befürchten, daß wir zugleich mit dem Verlust der Fähigkeit zu trauern die Impulse verlieren, die zur Humanisierung unseres Lebens nötig sind: Was kümmert uns die selbst zum Automaten gewordene Arbeiterin, was der einmal abgeurteilte Verbrecher?

Besonders Benjamin und Adorno auf marxistischer Seite sowie Metz als Theologe halten die Erinnerung von Leidensgeschichte(n) für den entscheidenden Zugang zu Erkenntnis und Veränderung, die es vermag, der Geschichte bestimmte Qualität und Richtung zu geben. Und es ist in der Tat die Frage wert, ob nicht die Bundesrepublik Deutschland einen anderen Weg z. B. im Umgang mit ihren »Gastarbeitern« gegangen wäre, wenn die Menschenverachtung der jüngsten Vergangenheit in Erinnerung geblieben, und nicht historisch objektiviert und so bewältigt worden wäre.

Zwei Seiten des Leidens können wir näher herausstellen: a) Leiden ist ein sinnfälliges Zeichen der bedrohten Subjektivität, d. h. im Leiden erfährt der Mensch Entfremdungen, die ihn an seiner Selbstverwirklichung in Geschichte hindern. b) Die Erfahrung des Leidens hat eine Dimension der Solidarität. Gemeinsam von seiner Negativität betroffen, kann eine gemeinsame Bereitschaft entstehen, Unglück abzuschaffen (Füssel 195).

Trotz dieser scheinbar selbstverständlichen Charakterisierung werden doch das Ausmaß der Betroffenheit durch Leid und der Sinn der Handlungsbereitschaft unterschiedlich beurteilt, was unter den Begriffen Emanzipation und Erlösung verdeutlicht werden kann. *Emanzipation,* verstanden als kollektiver Akt totaler Selbstbefreiung des Menschen von entfremdendem Leid (Rütti 212) stellt nur dort einen Zusammenhang von Bedrohung und Handlungsgemeinschaft her, wo psychosoziale, politische und gesellschaftliche Bedingungen des Leidens auch tatsächlich abgeschafft werden können. Totale Selbstbefreiung erscheint also als Emanzipation vom Elend der »zweiten Natur« (Füssel 188). Leiden, das nicht durch soziale Aktion aufgelöst werden kann (Rütti 213), ist hier eher ein Kennzeichen menschlicher *Wesens*gemeinschaft (Füssel 187, 193).

In diesem Zusammenhang sind drei Differenzierungen des Leidens zu nennen:

- Leid, dessen Ursache in Verhältnissen liegt, die man im politischen Kampf ändern kann.
- Leid, das ertragen werden muß, damit die Verhältnisse geändert werden können.
- Leid, das angenommen und durchlitten werden muß, damit das Leben weitergeht.

Zur letzten Differenzierung wird man auch all jenes Leiden rechnen müssen, das für keine Zeit einen Beitrag zur Veränderung der Verhältnisse bedeutet: nutzloses Sterben der Vorfahren, anonyme Folter, das Leiden von Behinderten. Solches Leid bleibt unabänderlich und sinnlos.

Aus den Differenzierungen geht auch hervor, daß es Leiden anderer gibt, an dem Menschen (z. B. durch vernachlässigten Kampf) schuldig werden können. Oft kann dieses Leid weder durch Reue noch durch Tat wieder geheilt werden. Kann man mit solch konkreter Schuld je fertig werden?

Schuld und sinnloses Leid legen deshalb nahe, von einer weiteren Differenzierung des Leidens zu sprechen, die weder einfach eine religiöse Zugabe zur Emanzipation ist, noch absolute Vertröstung auf Zukunft, Resignation oder Lähmung des politischen Veränderungswillens (Rütti 212 f):

- Leiden, das erlöst werden muß, damit es nicht zum anonymen Opfer wird.

Erlösung zielt auf eine umfassendere Solidarität mit dem Leiden der vielen. Die Hoffnung auf Rettung der Verlorenen gibt erst jeder Veränderung zur Abschaffung von Leid einen Sinn. Freilich, die Gefahr, daß Erlösung als Beschwichtigung mißverstanden wird, kann man nicht ausschließen. Ist aber andrerseits nicht vielmehr zu befürchten, daß die absolute Unaufhebbarkeit der Differenz von Fortschritt und Heil um den Preis des Sinnverlustes für viele Leidensgeschichten erkauft ist und deshalb der politischen Resignation neue Türen öffnet?

»MARXISMUS« UND RELIGIONSUNTERRICHT AN ÖFFENTLICHEN SCHULEN

von
Peter Düsterfeld, Robert Lühker, Hubert Manke, Helmuth Rolfes

Wer heute als Lehrer fragt, ob er im Rahmen des Religionsunterrichts das Thema »Marxismus« behandeln soll, überlegt sich, wenn es ihm nicht eine aktuelle Unterrichtssituation aufdrängen soll, sehr genau, unter welchem Aspekt er seine Lernziele für das Thema formuliert:
Sollen die Schüler primär mit der Religionskritik des Marxismus vertraut gemacht werden? Sollen sie eine der christlichen entgegengesetzte Weltdeutung verstehen können? Sollen sie eher über den Marxismus in seiner Entstehung und Wirkungsgeschichte informiert oder durch Kenntnis der Unterschiede und Analogien zweier Systeme zu einem Bekenntnis befähigt werden? Oder sollen die Schüler im Dialog mit der Religions- und Kirchenkritik des Marxismus ihre eigene christliche Position überprüfen lernen?
In diesen noch sehr allgemeinen Fragen verbergen sich ganz bestimmte Entscheidungen, die auch Sinn, Bedeutung und Funktion des heutigen Religionsunterrichts betreffen.
Eine Überlegung zum Thema »Marxismus« im Religionsunterricht an öffentlichen Schulen muß deshalb das Selbstverständnis des Religionsunterrichts sowohl in Richtung auf den allgemeinen Auftrag der Schule als auch in Richtung auf die theologische Begründung des Religionsunterrichts artikulieren. Beide Problemaspekte lassen sich nicht voneinander trennen.
Dazu sollen in den folgenden Abschnitten einige Bemerkungen gemacht werden.

1. Zum Religionsunterricht an der öffentlichen Schule

Bei den meisten Religionspädagogen besteht Konsens darüber, daß die pädagogisch-theologische und die gesellschaftlich-politische Begründung und Bedeutung des Religionsunterrichts für alle Schüler eigentlich die Möglichkeit, sich aus vordergründig-sekundären Motiven abzumelden, ausschließen sollte. »Der schulische Religionsunterricht wendet sich an alle, an solche, die glauben oder wenigstens glauben wollen und an solche, die dies mehr oder weniger ausdrücklich nicht wollen. Für beide muß sich der Unterricht lohnen.« [1]

Solche Intention führt logischerweise zu einer globalen Lernzielbestimmung für den Religionsunterricht, die nicht *primär* theologisch, spirituell oder religiös-kirchlich formuliert ist, sondern die am pädagogischen Globalziel der öffentlichen Schule partizipiert. Soll Religionsunterricht im Rahmen der öffentlichen Schule veranstaltet werden, so kann er »nicht das Privileg einer Gruppe oder Institution sein. Er muß sich deshalb orientieren an den allgemeinen Bildungsaufgaben und Lernzielen der Schule«.[2]

Der »Strukturplan« der Bildungskommission des Deutschen Bildungsrates hat diese Aufgabe in Hinsicht auf das Grundgesetz so bestimmt, »daß der Mensch befähigt werden soll, seine Grundrechte wahrzunehmen und die ihnen entsprechenden Pflichten zu erfüllen«; [3] er soll zu individuellem und gesellschaftlichem Leben befähigt werden, um jene Freiheiten zu verwirklichen, die ihm die Verfassung gewährt.

Peter Biehl formuliert daran anschließend die Aufgabe des Religionsunterrichtes an öffentlichen Schulen; sie heißt *»Hermeneutik des Daseins und des politischen Existierens, die den Schüler befähigt, die ihm in den Grund- und Menschenrechten gewährte und zugemutete Freiheit und Gleichheit wahrzunehmen«*.[4] Dabei ist selbstverständlich, daß das Gemeinsame, aber auch die Differenz zwischen Freiheit als »Emanzipation«, als »Befreiung« und der christlichen Interpretation zur Geltung kommen soll.

Dürfen wir diese Reflexion für eine Neubestimmung der religionspädagogischen Aufgabe der Schule auf das mögliche Thema »Marxismus« im Religionsunterricht anwenden, so muß bereits aus diesen Überlegungen klar sein (ohne daß weiterführende Konzepte für einen kirchlichen, kon-

---

[1] Adolf Exeler, Kirchenreform, Religionsunterricht, Katechese, in: KatBl 12/1971, 714–727, 722.

[2] Hans-Bernhard Kaufmann, Streit um den problemorientierten Religionsunterricht, in: Ders. (Hg.), Streit um den problemorientierten Unterricht in Schule und Kirche, Frankfurt/M. 1973, 40–48, 40.

[3] Strukturplan für das Bildungswesen, Stuttgart 1970, 25. Zit. n. Peter Biehl, Zur theologischen Bestimmung des RU an öffentlichen Schulen, in: Klaus Wegenast (Hg.), Religionsunterricht wohin?, Gütersloh 1971, 15–38, 17.

[4] Peter Biehl, aaO. 18.

fessionellen, religionswissenschaftlichen Religionsunterricht hier diskutiert zu werden brauchen), daß sich das Thema gleichermaßen für christlich orientierte Schüler wie für möglicherweise marxistisch orientierte Schüler »lohnen« muß, d. h. ein Lernziel des Projekts kann nicht einseitig auf die Selbstvergewisserung einer religiös-gläubigen Gemeinschaft hinauslaufen.

Religionsunterricht als »Hermeneutik des Daseins und des politischen Existierens« kann also das Thema »Marxismus« nicht als taktisch-apologetisches Unterfangen auf der Basis von vornherein gesicherter Überzeugungen organisieren. Der Lehrer wird im Ansatz eine marxistische und christliche Position als jeweils für unsere Welt und Gesellschaft exemplarische Hermeneutik und Möglichkeit des politischen Existierens darstellen und voreinander verantworten wollen.

2. *Zur Kritik der anthropologischen Konzeption des Religionsunterrichts*

Ein Religionsunterricht, der den Anfragen des Marxismus gerecht werden will, muß sich hinsichtlich seiner theologischen Basis neu besinnen. So ist zu fragen, ob die seit der neuzeitlichen Aufklärung gestellten Probleme, für die der Marxismus eine Lösung zu geben sucht, in der Konzeption des Religionsunterrichts verarbeitet oder überhaupt zum Problem geworden sind: Weiß der Religionsunterricht die marxistische Ideologiekritik positiv aufzunehmen? Bedenkt der Religionsunterricht die geschichtlich-gesellschaftliche Bedingtheit und Vermittlung von Denkinhalten und Lebensvollzügen? Werden im Religionsunterricht die gesellschaftlichen Folgen seiner Inhalte bewußt? Kommt der Religionsunterricht der Forderung des Primats der Praxis nach?

Durch die »anthropologische Wende« in der Theologie hat sich in der Religionspädagogik der Gegenwart immer mehr eine Konzeption durchgesetzt, die auch im Religionsunterricht die anthropologische Bedeutung von Glaube und Religion zu thematisieren sucht. Eine solche Konzeption weiß sich auch in der Nähe allgemeindidaktischer Positionen, wie z. B. der bildungstheoretischen Didaktik, die die Frage, ob bestimmte Inhalte eine »Bedeutung für« den zu bildenden Menschen haben, zum Kriterium für Bildung erhebt.[5]

Um die anthropologische Konzeption des Religionsunterrichts auf ihre

---

[5] Vgl. z. B. die »Didaktische Analyse« von Wolfgang Klafki, in: Ders., Studien zur Bildungstheorie und Didaktik, Weinheim/Berlin/Basel 1963, bes. 126–153.

Tragfähigkeit angesichts der vom Marxismus artikulierten Probleme zu überprüfen, sei diese Komzeption kurz skizziert. Eine differenzierte Darstellung kann hier nicht erfolgen, typisierend seien zwei Richtungen charakterisiert.[6]

Ein erster Typ geht von der anthropologischen Annahme vom Menschen als »homo religiosus« aus; zur Definition des Menschen gehöre unaufgebbar eine religiöse Fähigkeit, Religion und Glaube seien ein allgemeines Existential des Menschen, dem sich der Religionsunterricht verpflichtet weiß. Die religiöse Dimension wird in der Regel als die Beziehung des Menschen zu dem, was ihn »unbedingt angeht«, verstanden und läßt sich in der gesamten Wirklichkeit als deren »Tiefendimension« ausmachen. Die Frage nach dem Unbedingten ist zugleich die Frage nach dem Sinn und Ziel; das Unbedingte ist die Kategorie, von der aus auch christlicher Glaube erschlossen wird.

Ein zweiter Typ der anthropologischen Orientierung des Religionsunterrichts, der oft nicht scharf von der ersten Version zu trennen ist, definiert den Menschen nicht von vornherein als religiös.

Diesem Ansatz geht es darum, für menschliche Probleme, insbesondere für die Frage nach dem Sinn des Lebens, in der christlichen Tradition und in anderen weltanschaulichen Traditionen Antworten zu suchen sowie religiöse Traditionen und Wirklichkeitsdeutungen auf menschliche Fragen hin aufzuschließen. Hier ist der religiös relevante Themenkreis nicht eingeschränkt auf die Frage nach dem Unbedingten. Probleme werden als solche wahrgenommen und nicht nur im Hinblick auf die Dimension des Unbedingten. Doch ist eine Konzentration auf Probleme aus dem individuellen Bereich und dem Bereich personaler Beziehungen festzustellen, wobei die Probleme oft als allgemein-menschliche dargestellt werden.

Konfrontiert man den anthropologischen Ansatz mit den oben genannten, vom marxistischen Denken gestellten Anfragen, so dürfte deutlich werden, daß der erste Typ eines anthropologisch orientierten Religionsunterrichts der Kritik nicht standzuhalten vermag: daß der Mensch ein religiöses Wesen sei, wird ja gerade vom Marxismus bestritten und als Ideologie zu entlarven versucht. Will Religion sich vor einem solchen Vor-

[6] Nähere Informationen zur anthropologischen Begründung bietet z. B. Wilhelm Sturm, Religionsunterricht – gestern – heute – morgen. Der Erziehungsauftrag der Kirche und der Religionsunterricht an öffentlichen Schulen, Stuttgart 1971, bes. 108–121 u. 184–196.

wurf verantworten, reicht eine einfache Behauptung einer anthropologisch vorhandenen religiösen Dimension nicht aus, zumal dann nicht, wenn konkrete Phänomene (z. B. »Angst«) nur als Mittel erscheinen, um zum Eigentlichen, zum Unbedingten vorzustoßen. Gerade an diesem Wirklichkeitsverständnis setzt marxistische Kritik an, weil das konkrete Leben mit seinen Widersprüchen und Leiderfahrungen und in seiner gesellschaftlichen Bedingtheit nicht ernst genug genommen wird.

Der anthropologische Ansatz des ersten Typs läuft Gefahr, von konkreten Problemen und deren Lösung durch den Hinweis auf die Dimension des Unbedingten abzulenken und damit ideologisch zu wirken.

Darüber hinaus muß auch gefragt werden, ob ein solcher Religionsunterricht noch offen ist für kontroverse Entscheidungen. Die Forderung eines Religionsunterrichts »für alle« ist mindestens praktisch relativiert. Die Säkularität der öffentlichen Schule wird so mit einer existential-anthropologischen Argumentation durch eine diffuse Religiosität ersetzt bzw. unterlaufen.

Der zweite Typ des anthropologisch orientierten Religionsunterrichts wird der Ideologiekritik eher gerecht. So kann z. B. von diesem Ansatz aus auf die positive Funktion hingewiesen werden, die die religiöse Tradition für die Lösung menschlicher Probleme erfüllen kann. Allerdings birgt auch dieser Ansatz, gemessen an marxistischer Kritik, spezifische Schwächen. So ist z. B. zu bedenken, ob es möglich ist, naiv von *der* Sinnfrage zu sprechen, ohne deren Geschichtlichkeit und Wandelbarkeit sowie Bezogenheit auf gesellschaftliche Bedingungen zu reflektieren. Besteht nicht die Gefahr, mit der inhaltlichen Bestimmung der Sinnfrage schon eine bestimmte Antwort zu präjudizieren?[7] Es sollen damit (Sinn-)Fragen, die gestellt werden, nicht durch den Hinweis auf die Geschichtlichkeit entschärft werden; doch müßte gerade dann, wenn es um einen Vergleich der Antworten geht, die Problematik einer anthropologischen Begründung der Sinnfrage in den Blick kommen. Eine weitere Schwäche dieses

[7] Wenn W. G. Esser den Menschen im Anschluß an Plessner als »offene Frage« oder »weltoffene Transzendenz« definiert und damit eine anthropologische Fundamentalkategorie des Religionsunterrichts gefunden zu haben glaubt, die auch marxistischem und neomarxistischem Selbstverständnis gerecht zu werden sucht, so ist doch zu fragen, wie offen auf mögliche verschiedene Antworten zur Sinnfrage ein Religionsunterricht bleibt, der zugeben muß, daß die »religiöse Dimension« des Unterrichts immer schon von Bekenntnisperspektiven (seitens des Lehrers und der Sache) »durchquert« ist. Vgl. W. G. Esser, Religionsunterricht, Düsseldorf 1973, 97, 204–212, 239, 242, 247.

Ansatzes besteht darin, daß mit der Betonung individueller, existentieller Probleme leicht aus dem Blick gerät, daß auch individuelle Probleme nicht zu isolieren sind vom gesellschaftlichen Kontext, in dem sie gestellt werden und der sie mit bedingt. Diese Schwäche des anthropologischen Ansatzes wird auch dann noch nicht behoben, wenn zusätzlich zu individuellen und interpersonalen Problemen Belange der Gesellschaft in den Religionsunterricht einbezogen werden. Denn die neuzeitliche Forderung, die gesellschaftliche Dimension zu bedenken, zielt darauf ab, alle Probleme in ihrer gesellschaftlichen Bedingtheit und Vermittlung wahrzunehmen, so daß eine Trennung von Problemen des Individuums und der Gesellschaft nicht möglich erscheint.

3. Die Einbeziehung des Anliegens der politischen Theologie in die Konzeption des Religionsunterrichts

Ist somit die gängige hermeneutische Basis des Religionsunterrichts im Hinblick auf den neuzeitlichen Horizont als unzureichend erkannt, so ist nach einer Hermeneutik zu fragen, die sich bewußt der Auseinandersetzung mit der neuzeitlichen Tradition stellt. Die politische Theologie, wie J. B. Metz sie entwickelt hat, ist aus dieser Konfrontation hervorgegangen und könnte deshalb die hermeneutische Basis für den Religionsunterricht bilden. Ludwig Rütti hat in diesem Band auf die Grundintentionen der politischen Theologie hingewiesen; deshalb soll hier auf eine nähere Erläuterung verzichtet werden. Ein Religionsunterricht, der sich von der politischen Theologie leiten läßt[8], kann dem Ideologievorwurf produktiv begegnen, indem er bewußt die gesellschaftlichen Voraussetzungen und Folgen der Botschaft bedenkt und zudem durch die Thematisierung des kritisch-befreienden, gesellschaftsbezogenen Impulses der christlichen Botschaft dazu beiträgt, daß sie sich ihrerseits als ideologiekritisch erweist. Ein solcher Religionsunterricht könnte individualistische

---

[8] Vgl. dazu z. B. H. von Mallinckrodt, Das Anliegen der »politischen Theologie« und der Religionsunterricht, in: H. Assig u. H. von Mallinckrodt (Hg.), Politische Katechese. Theologische und didaktische Skizzen, München 1972, 7–16; Hinrich Buß, Politische Theologie und Religionspädagogik, in: Hans-Bernhard Kaufmann (Hg.), aaO., 49–63; Religionspädagogisches Institut der hannoverschen Landeskirche (Hg.), Zum Verhältnis von Theologie und Didaktik in der Begründung des Religionsunterrichts und in der Entwicklung von Unterrichtsmodellen. Teil A: Theoretische Grundlegung und religionspädagogische Konsequenzen, Loccum 1971.

Engführungen vermeiden, obwohl auch hier Probleme des Individuums zu behandeln wären. Zugleich wäre dieser Unterricht mehr auf Veränderung im Sinne Jesu als auf religiöse Interpretation angelegt, mehr auf Handeln als auf Betrachtung.
Als Fazit kann für die Konzeption des Religionsunterrichts also gezogen werden, daß er, soweit in ihm die christliche Botschaft thematisiert wird, angesichts der Ansprüche, die der Marxismus stellt, ohne die Berücksichtigung der politischen Theologie nicht auskommen kann.

4. Zur Forderung nach einem problemorientierten Religionsunterricht auf der Basis einer politischen Theologie

Die Analyse der Austrittsbewegungen aus dem Religionsunterricht hat Horst Gloy zu der Annahme veranlaßt, daß sie »auch als Ausdruck eines lange angebahnten und zunehmenden Wirklichkeitsverlustes im Religionsunterricht verstanden werden« [9] muß. Die Überwindung dieses Wirklichkeitsverlustes versucht eine Neubegründung des Religionsunterrichts, die in der Diskussion als *problemorientierter Ansatz* gekennzeichnet ist.
Er möchte dem Wandel von einer eher traditionsbestimmten und bildungsorientierten Schule zu einer gesellschafts- und problembezogenen, politischen Schule Rechnung tragen [10] und versucht, sich an den Entscheidungen zu sachgemäßen Curriculum-Inhalten über eine »Neuvermessung der Wirklichkeit« (Th. Wilhelm) zu beteiligen. Im Mittelpunkt des problemorientierten Ansatzes steht »eine Analyse der (gesellschaftlichen) Situationen und Aufgaben, vor die der (junge) Mensch in seiner gegenwärtigen und zukünftigen Existenz gestellt ist«.[11] Damit ist beabsichtigt, daß sich der christliche Glaube nicht als von der Lebenswirklichkeit losgelöstes Gebilde, innerkirchlich und gleichsam systemimmanent präsentiert, sondern sich in den gegenwärtigen realen Konflikten bewährt, engagiert und verantwortet.
Wie sehr sich die Struktur des Religionsunterrichts unter diesem Ansatz ändern kann, wird vielleicht mit einem Zitat von H. B. Kaufmann deutlich: »Wenn die Geschichte der Menschheit und vorrangig der entwik-

---

[9] Horst Gloy, Der umstrittene Religionsunterricht, in: Klaus Wegenast (Hg.), aaO., 194–201, 196.
[10] Vgl. ebd.
[11] Hans-Bernhard Kaufmann, Der problemorientierte Unterricht und sein Kontext, in: Ders. (Hg.), aaO., 9–22, 10.

kelten Gesellschaften davon abhängig ist, daß der Mensch lernt, die zukünftige Gestalt seines Lebens selbst zu entwerfen und zu verantworten, dann muß dieses Lernen an den Herausforderungen und Problemen orientiert sein, von deren Lösung die Humanisierung und die Qualität unseres Lebens abhängen. Dabei ist zu beachten, daß nicht nur die allseitige Abhängigkeit der ökonomischen, sozialkulturellen und politischen Prozesse in den und zwischen den einzelnen Gesellschaften und Hemisphären ständig wächst, sondern daß auch die persönlichen interpersonalen und gesellschaftlich-politischen Lebensvollzüge immer stärker von sekundären Strukturen und Tendenzen überformt werden (z. B. Einfluß der Informationssysteme, Leistungs- und Konsumorientierung; Verdinglichung und Funktionalisierung der menschlichen Grundwerte, Verlust der Sinn- und Wahrheitsfrage unter dem Einfluß technologischer-zweckrationaler Organisationssysteme).« [12]

Anstelle einer Totaldeutung von Wirklichkeit, die allzuschnell über eine bestimmte Wirklichkeit und Geschichte hinweg zum »Sein selbst« schreitet, wird also die problemorientierte Religionspädagogik jene Wirklichkeit auch in ihrer gesellschaftlichen, politischen und ökonomischen Dimension wahrzunehmen haben, d. h. ihr Spezifikum ist nicht primär »die religiöse Dimension« als ein Aspekt der Wirklichkeit, der eigene Begründungen entläßt, sondern die in einem bestimmten Erkenntnisinteresse empirisch analysierte, vorfindliche Wirklichkeit als veränderbare.

Offener – zunächst im Sinne eines Religionsunterrichts, der sich an alle Schüler richtet, dann aber speziell für das Thema »Marxismus«, erscheint der problemorientierte Ansatz (von der zunächst pädagogischen Motivation her) deshalb, weil er erkennen läßt, daß er seinen »Stoff« nicht aus einem gänzlich anderen Bereich bezieht als andere Fächer und daß er sich an den allgemeinen Problemen der politischen Schule beteiligt.

Vom Interesse der meisten Schüler her ist zu erwarten, daß eine öffentliche Verantwortung des Glaubens den Religionsunterricht attraktiv und im Kontext anderer Fächer wirklich konkurrenzfähig macht. Macht der problemorientierte Religionsunterricht daher jenen Aspekt der Frage nach dem Sinn des Lebens, der nach Handlungsorientierungen und -modellen fragt, zum Organ seiner Bildung, antizipiert er damit zugleich die reale gesellschaftliche und persönliche Situation, die den Schüler nach der Schule erwartet und ihn spätestens dann vor die Frage stellt: »Mit wem

[12] Ebd. 16.

kann ich handeln, in welcher Absicht, unter welchen Zielen, mit welchen Vorbehalten?«

Bezieht der Problemorientierte Religionsunterricht so in konsequenter Weise die gesellschaftliche Dimension der Wirklichkeit mit ein, so wird von hier noch einmal deutlich, daß ein existentialanthropologisches Modell als *theologische* Theorie für den Religionsunterricht nicht ausreicht.

Es ist deshalb nicht erstaunlich, daß die problemorientierte Religionspädagogik ihre theologischen Gesprächspartner zunehmend in Vertretern jener Fundamentaltheologie, nämlich der politischen Theologie, erkennt, die die Frage nach der gesellschaftlichen Funktion des Glaubens zu einem ihrer Ansatzpunkte gemacht haben.

Für das Thema »Marxismus« ergibt sich aus Rüttis Beitrag eine Überlegung zur Durchführung. Unbeschadet einer expliziten Information über die philosophischen Positionen sowie über die Geschichte des Verhältnisses Marxismus-Christentum selbst, muß der problemorientierte Religionsunterricht das Thema weiter vorantreiben. Wird nämlich der Marxismus seitens der politischen Theologie nicht vorrangig als ein starres Lehrsystem verstanden, sondern als Ansatz und Methode, »welche die seit der neuzeitlichen Aufklärung gestellten Probleme aufgreift und zu lösen sucht«,[13] dann ist es notwendig, eben diese Probleme in gegenseitiger Verantwortung und gemeinsamem Engagement zur Sprache zu bringen. Damit wird das Verhältnis Marxismus-Christentum auch zu einem länger andauernden »inneren Thema« des Religionsunterrichts, das sich exemplarisch an den in diesem Band immer wieder auftauchenden Problemen wie Freiheit, Gerechtigkeit, Befreiung von Unterdrückung etc. verdeutlicht. Bewährung, Vermittlung und Verantwortung beider Positionen wären mit diesem Vorgehen an gemeinsamen Problemen orientiert und hätten eine reale Basis.

Der in der Diskussion um den problemorientierten Unterricht immer wieder geforderte *alternative* oder *kontroverse* Charakter des Religionsunterrichts verändert sich dann eher zu einem kommunikativen und kooperativen Problemlösungsverhalten.[14] Denn einmal wird ein normativ-deduzierendes Problemlösungsverhalten den genannten Problemen nicht gerecht, zum anderen ist zu fragen, ob die christliche Antwort zu einzelnen Problemen tatsächlich als alternativ zur marxistischen erscheint, oder ob sie nicht allererst noch gefunden werden muß.

---

[13] In diesem Band S. 206.

[14] Vgl. Horst Gloy, aaO., 197.

5. *Zum Thema »Marxismus« in einem problemorientierten Religionsunterricht*

Im bisherigen Religionsunterricht wurde der Marxismus insbesondere im Rahmen der Atheismus-Problematik thematisiert. Die marxistische Religionskritik stand dann in einer Reihe mit der mehr psychologischen Projektionsthese Feuerbachs und mit existentialistischen Anfragen an die Möglichkeit der Existenz Gottes (Existenz des Leides als Widerspruch zur Existenz Gottes – Camus; Die Freiheit des Menschen als Widerlegung der Existenz Gottes – Sartre). Die Argumentation für die Existenz Gottes lief im wesentlichen darauf hinaus, daß zum einen die Unzulänglichkeit der Anfragen aufgewiesen wurde (z. B. die Unzulänglichkeit des Basis-Überbau-Schemas; die Nichtbeweisbarkeit der Projektion) und zum anderen das Gottesbild und der Glaube neu formuliert wurden (Gott nicht als Beschneidung, sondern als Bejahung menschlicher Möglichkeiten; Gott als Bedingung der Möglichkeit existentieller Liebe und Freiheit).

Als gesondert zu behandelndes Thema wird die marxistische Religionskritik auch in Zukunft ihren Platz im Religionsunterricht behalten müssen. Doch wird dabei zu berücksichtigen sein, daß die Religionskritik selbst, vor allem als Bestreitung der Existenz Gottes, im Marxismus nur einen sekundären Stellenwert besitzt. Die Anfrage des Marxismus ist fundamentaler, sie hat für religiöse Inhalte und Praxis in ihrer Gesamtheit Folgen und kann daher auch im Religionsunterricht nicht auf die Atheismus-Problematik reduziert werden (vgl. dazu die Hinweise zum Thema »Religionskritik« im Auswertungsteil). Hinzu kommt, daß auch das Atheismus-Problem nicht durch eine rein negativ-ablehnende Antwort gelöst werden kann, sondern nur durch eine produktive Antwort, die den berechtigten marxistischen Anliegen gerecht zu werden sucht.

Will der Religionsunterricht dem Ziel der Schule dienen, den Schüler für die Bewältigung von Lebenssituationen zu qualifizieren, dann wird in der »Problemorientierung« die zentrale didaktische Struktur des Religionsunterrichts zu sehen sein. Damit ist die Aufgabe einer systematischen Behandlung der christlichen und anderer religiöser Traditionen nicht bestritten, doch muß auch der Traditionsaspekt auf gegenwärtige und zukünftige Probleme hin orientiert sein.

In einem solchermaßen konzipierten Religionsunterricht könte das Thema »Marxismus« in zweierlei Weise relevant sein:

1. Wenn im Kern des Religionsunterrichts das Problem von Sinn und Ziel des menschlichen Lebens, der Gesellschaft und der Geschichte steht, so

wird es unter dieser Rücksicht zu einem *systematischen Vergleich* von Marxismus und Christentum kommen müssen, in Form gegenseitiger Ergänzung und Kritik und des Aufweises alternativer Strukturen. Hier wären das Atheismus-Problem, das Verhältnis von Erlösung und Emanzipation, die Frage nach dem Geschichtssubjekt, das Sinn-Problem in seinen verschiedenen Aspekten, um nur einige wichtige Themen zu nennen, zu diskutieren. Zu problematisieren wäre hier ebenfalls, inwieweit Marxismus und Christentum sich überhaupt vergleichen lassen (vgl. das von M. Prucha angesprochene Problem der Reziprozität, in diesem Band S. 263 ff).
2. Auch im Hinblick auf *Einzelthemen* wie z. B. Glück, Schuld, Gewissen, Gerechtigkeit, Friede, Liebe, Freiheit usw. kann das Verhältnis von Marxismus und Christentum zu einem inneren Moment des Religionsunterrichtes werden, weil nur so die jeweils relevanten Dimensionen der genannten Probleme berücksichtigt werden können.
Ein solcher Religionsunterricht hätte zugleich die Chance, zu einem in der gegenwärtigen pluralistischen Gesellschaft notwendigen dialogischen und kooperativen Verhalten zu befähigen. Um ein solches Verhalten zu ermöglichen, sollte überlegt werden, ob es für den Religionsunterricht nicht angezeigt wäre, in sozialistischen Schülergruppen z. B. einen möglichen Gesprächspartner zu erkennen und kommunikatives und praktisches Handeln mit ihnen auf eine an Problemen orientierte, sachliche Ebene zu führen. Exemplarisch könnten die Schüler so lernen, wie zwei weltanschauliche Überzeugungen in Kritik und Verantwortung voreinander in einen gemeinsamen Dialog treten können, der kooperatives Handeln ermöglicht.

PERSONENREGISTER

SACHREGISTER

AUTORENVERZEICHNIS

Inacio Almeida, geb. 1936 in Belo Horizonte (Brasilien); Lizentiat in Theologie und neulateinischer Literaturwissenschaft; Studienaufenthalte in Rom, Paris, Münster, Brasilien.

Peter Düsterfeld, geb. 1942; Lizentiat in Theologie; Wissenschaftlicher Assistent am Fachbereich Katholische Theologie der Universität Bochum

Peter Ehlen, geb. 1934; Lizentiat der Theologie, Promotion in Philosophie; Dozent für Philosophie an der Hochschule für Philosophie in München.

Kuno Füssel, geb. 1941; Wissenschaftlicher Assistent am Fachbereich Katholische Theologie in Münster (Fundamentaltheologie/Dogmatik).

Adolf Holl, geb. 1930; Promotion in Theologie und Philosophie; Universitätsdozent und freier Schriftsteller, Wien.

Walter Kern, geb. 1922; ord. Professor an der Theologischen Fakultät der Universität Innsbruck (Fundamentaltheologie).

Ferdinand Kerstiens, geb. 1933; Promotion in Theologie; Studentenpfarrer in Münster.

Heinz Knienieder, geb. 1941; Wissenschaftspublizist und freier Mitarbeiter beim Österreichischen Rundfunk und ZDF, Wien.

Rupert Lay, geb. 1929; ord. Professor für Philosophie an der Philosophisch-Theologischen Hochschule St. Georgen, Frankfurt/M.

Robert Lühker, geb. 1947; Dipl.-Theologe, Studienreferendar, Bielefeld.

Hubert Manke, geb. 1948; Dipl.-Theologe, Doktorand (neutestamentlicher Exegese), Münster.

Ferdinand W. Menne, geb. 1941; Promotion in Soziologie; Wissenschaftlicher Assistent am Fachbereich Katholische Theologie in Münster (Fundamentaltheologie).

Ursula Pasterk, geb. 1944; Promotion in Philosophie; Journalistin, Mitarbeiterin im Österreichischen Rundfunk, Wien.

Werner Post, geb. 1940; Promotion in Philosophie; Habilitand; Wissenschaftlicher Assistent an der PH Bonn.

Milan Prucha, geb. 1931; Professor für Philosophie in Nancy, wissenschaftlicher Mitarbeiter von CNRS in Paris.

Ludwig Rütti, geb. 1936; Promotion in Theologie; Habilitand, Stipendiat der DFG, Münster.

Helmuth Rolfes, geb. 1944; Promotion in Philosophie; Wissenschaftlicher Assistent an der Arbeitsstelle Theologie der Universität Bielefeld.

Gesine Schwan, geb. 1943; Promotion in Philosophie; Assistenzprofessorin für politische Wissenschaft an der FU Berlin.
Herbert Vorgrimler, geb. 1929; ord. Professor für Dogmatik und Dogmengeschichte am Fachbereich Katholische Theologie in Münster.
Marcel Xhaufflaire, geb. 1937; Promotion in Theologie, Dipl.-Soziologe, Mitglied der »Groupe de recherche théologique«, Brüssel.

Gesellschaft und Theologie
Systematische Beiträge

Marcel Xhaufflaire
Feuerbach und die Theologie der Säkularisation
298 Seiten. Snolin

Mit seiner These, Religion und säkularisierte Welt seien schlechthin unvereinbar, sagte Feuerbach dem Selbstverständnis des Christentums den Kampf an, einen Kampf, der in der Theologie selbst zuweilen nicht ernst genug genommen wurde.
Xhaufflaire stellt sich der Feuerbachschen Herausforderung. Er kann zeigen, daß die sogenannte »Theologie der Säkularisation« die in Feuerbachs These liegenden Anregungen für eine wirkliche Begegnung mit den heutigen Weltproblemen noch nicht richtig erkannt und durchdacht hat. Hierzu den Blick zu schärfen, möchte und kann das Buch helfen.
Wissenschaftlicher Literaturanzeiger, Freiburg

Frans van den Oudenrijn
Kritische Theologie als Kritik der Theologie
Theorie und Praxis bei Karl Marx – Herausforderung der Theologie
268 Seiten. Snolin

Der Verfasser geht von einer konsequent historischen Marx-Deutung aus, in welcher die These der praktischen Aufhebung der Philosophie im Mittelpunkt steht, um anhand des damit gegebenen Praxis-Theorie-Modells eine Theologie als praktisch-kritische Theorie der Glaubensgeschichte anzudeuten ... Dieser Beitrag zeichnet sich aus durch seine systematische Kraft, durch Belesenheit, Umsicht und klare Stellungnahme.
Das Neueste, Stuttgart

Iring Fetscher / Milan Machovec (Hg.)
Marxisten und die Sache Jesu
115 Seiten. Snolin

Führende Marxisten Europas beschreiben die Bedeutung der Gestalt Jesu für ihr eigenes Leben und das sozialistischer Mitkämpfer oder antifaschistischer Verbündeter. Ein Dokument, das theoretische Reflexionen durch offene existentielle Bekenntnisse ergänzt.

Matthias-Grünewald-Verlag · Mainz
Chr. Kaiser Verlag · München